핵심 개념과
패턴, 설계, 구현으로 배우는
DDD와 MSA

도메인 주도 설계로 시작하는
마이크로서비스
개발

【예제 파일 다운로드】

홈페이지: https://wikibook.co.kr/ddd-msa/

예제코드: https://github.com/CNAPS-MSA/

핵심 개념과 패턴, 설계, 구현으로 배우는 DDD와 MSA

도메인 주도 설계로 시작하는

마이크로서비스 개발

지은이 한정헌, 유해식, 최은정, 이주영

펴낸이 박찬규   엮은이 이대엽   디자인 북누리   표지디자인 Arowa & Arowana

펴낸곳 위키북스   전화 031-955-3658, 3659   팩스 031-955-3660

주소 경기도 파주시 문발로 115, 311호(파주출판도시, 세종출판벤처타운)

가격 28,000   페이지 436   책규격 175 x 235mm

1쇄 발행 2021년 04월 09일

2쇄 발행 2021년 10월 15일

3쇄 발행 2022년 11월 30일

ISBN 979-11-5839-246-8 (93000)

등록번호 제406-2006-000036호   등록일자 2006년 05월 19일

홈페이지 wikibook.co.kr   전자우편 wikibook@wikibook.co.kr

도메인 주도 설계로 시작하는
마이크로서비스 개발

핵심 개념과 패턴, 설계, 구현으로 배우는 DDD와 MSA

한정헌, 유해식, 최은정, 이주영 지음

위키북스

한정헌

벌써 21년차 개발자가 됐다. 2000년 인터넷 업계의 개발자로 시작한 첫 3년 동안은 내가 무엇인가를 창조하고 있다는 생각에 코딩이 마냥 즐겁기만 했고, 왠지 주먹구구식이었던 인터넷 업체의 개발 방식에 실망할 때쯤 소프트웨어 공학을 체계적으로 배우기 위한 욕구로 야간 대학원도 다녔었다. 그다음으로 꽤 인지도가 높은 금융 전문 중견 SI 회사로 이직해서 처음으로 대외 프로젝트를 접했는데 죽음에 행진에 들어섰음을 깨달았다.

이렇게 처음 접했던 SI 현장에서 요구사항은 끊임없이 변경됐고 야근과 장시간 노동에도 불구하고 고객을 만족시키지 못했다. DB와 UI 중심의 설계에서 개발자의 창의력은 전혀 필요하지 않았고 컨베이어 벨트의 노동자처럼 던져준 테이블 명세와 화면 명세를 보고 그것을 이어주는 비슷비슷한 코드를 찍어내는 역할만 해야 했다. 납기 준수의 압박으로 대부분의 코드는 개선 없이 기존 레거시 코드를 새로운 언어로 컨버전한 수준이었다. 또한 이런 코드는 반복적으로 복사한 후 붙여 넣어 중복되기 일쑤였고, 중첩되는 IF~ELSE 조건문, 이해하기 힘든 SQL 문으로 뒤죽박죽된, 새로운 신기술 언어로 만들어졌을 뿐 따끈따끈한 쓰레기 코드들이라 생각했다. 기능은 그럭저럭 수행하지만 개발한 자신조차 유지보수하기 싫어지는 창피한 수준의 코드가 만들어졌다. 이 고되고 의미 없는 프로젝트가 빨리 끝나기만을, 이 막장을 떠나는 날만을 손꼽아 기다리는 나날이었다.

2000년대 말부터는 금융권 차세대 프로젝트의 개발방법론 전문가 역할로 투입되어 전체 개발 프로세스를 설계하고 리딩했다. 내가 리딩하면 더 잘 할 수 있겠다는 의지로 고객에게는 가치를, 개발자에게는 창조의 의미를 찾을 수 있는 서로 행복할 수 있는 개발 방식을 꿈꿨지만, 역시 쉬운 일이 아니었다. 그 당시 한참 유행하던 CBD 방법론, MDD 기법 등을 적용했는데 국내의 CBD/MDD 모델링 방식이 이론적으로 그래야만 하는 객체지향 모델링의 진화/발전된 방식이 아니라 껍데기만 컴포넌트였을 뿐, 그 내부는 예전의 통합 데이터 모델 중심의 절차식 기법을 포장하기만 한 방식이어서 이를 가이드해야 하는 사람으로서 그 한계를 절실히 느꼈고 역시나 막장으로 향해가는 프로젝트를 보며 자괴감을 느꼈다.

MDD 방식은 PIM(Platform Independent Model)이라는 기술에 독립적인 비즈니스 모델을 작성하고, 특정 기술 프로파일(Profile)을 접목하면 특정 프레임워크 기반의 컴포넌트 소스코드를 자동으로 생성하는 기법이었는데, 자동으로 생성된 기술과 비즈니스 로직이 뒤죽박죽 섞긴 복잡한 소스코드를 보면 과연 이러한 코드가 비즈니스 가치를 지속적으로 보장할 수 있는 좋은 코드인가에 대한 의문이 들었다.

그 시점에 느낀 소프트웨어에 대한 내 생각은 좋은 소프트웨어란 빠른 비즈니스 변화를 지원해야 하지만 그것을 위해 소프트웨어를 만드는 개발자도 힘든 야근이나 장시간 노동을 해서도 안 되며, 그러기 위해서는 복잡성을 제거하고 유연한 설계가 필요하다는 것이었다. 빠른 변경을 포용할 수 있는 쉽고 도메인 응집성이 있고 단순하면서 아름다운 설계. 그런 설계에서 비로소 개발자의 노력도 절감되고 긍지와 보람을 느낄 수 있을 것이라 생각했다.

그러한 고민 속에서 처음 접한 것은 빠른 비즈니스 변화를 지원하는 개발 프로세스, 빠른 반복을 통해 피드백을 지향하는 애자일 프로세스였다. 여러 군더더기 프로세스를 제거하고 빠른 개발과 시연을 통해 고객 만족을 추구하는, 작고 자율적이며 협력하는 기민한 팀. 처음 적용할 수 있는 것은 스크럼 프랙티스였고, 애자일 프로세스 자체가 SI 현장에 맞지 않는다고 생각한 사람들이 다수였지만 마음이 맞는 사람들이 모여 전사 개발프로세스 혁신부서가 꾸려졌고, 이러한 동료들을 중심으로 애자일 프랙티스들을 SI 현장에 소개하고 설득하고 접목해 나갔다.

이와 함께 우리가 고민한 것은 애자일 프로세스에 적합한 빠르고, 단순하며 아름다운 설계였다.

마침 눈에 띈 것은 에릭 에반스의 《도메인 주도 설계》였고 순수 도메인 객체 모델로 비즈니스 로직을 표현하는 것이 소프트웨어 복잡성을 제거하고 유연하게 할 것이라고 생각했다. 그렇지만 트랜잭션 중심, DB 중심의 설계가 만연한 국내 환경에서 순수 도메인 객체 모델 중심의 설계 방식을 전파하는 것이 쉽지 않았다. SI 현장은 아예 객체 모델링에 대한 개념이 없었다고 할까, 납기 준수, 오직 기능 구현만을 강요하는 프로젝트 현장에서는 당장 필요하지도 않았고 할 여유도 없었다. 그런 척박한 환경에서는 예전의 폭포수 프로세스, DB 중심 모델링, 절차식 프로그래밍이 당연시될 뿐이었다.

이러한 상황에서 선택한 차선 활동이 애자일 개발 프랙티스 중 하나인 테스트 코드 작성과 지속적 통합을 통한 코드 품질 향상이었다. 내부에서는 이를 소스코드 품질향상 활동이라 칭했는데, 이 활동을 먼저 수행했던 까닭은 이 활동은 어떤 구조의 코드에도 적용 가능하고 구성원들의 소스코드 품질에 대한 관심 수준이 어느 수준에 오면 설계 품질에도 비로소 관심을 기울일 것이라는 판단에서였다. 당시 SI 현장에는 형상관리 체계나 꾸준히 빌드하는 팀 자체가 드물었기 때문에 젠킨스, 소나큐브 기반의 소스코드 품질향상 활동을 전파하기 위해 노력했다.

소스코드 품질향상 활동을 열심히 하던 와중 활동 전환은 뜻하지 않게 찾아왔다. Digital Transformation이라는 화두의 중심에 있던 클라우드 환경과 마이크로서비스 기반의 아키텍처였다. 작은 팀이 모여 협업하면서 시스템을 만드는 애자일 방식에서 작은 팀이 자율적으로 만들어 독립적으로 배포할 수 있는 가장 이상적인 애플리케이션 단위인 마이크로서비스. 그리고 그것을 가능하게 하는 진화된 인프라 환경 클라우드…

세상은 끊임없이 바뀌고 기술 동향도 끊임없이 변화한다. 이미 글로벌 선진업계에서는 대세가 되어 여러 성공사례들이 발표되고 있었고, 어느덧 SI 업계보다 앞선 시스템을 선보이던 국내 인터넷 업계에서도 활발히 적용되고 있어 SI 업계도 이 흐름을 거스를 수 없었다. 그때 누군가 말했다. "이제 물이 들어왔으니 노를 젓자."

독립적으로 배포되는 마이크로서비스를 개발하는 가장 적합한 설계 방법이 도메인 주도 설계(이하 DDD)라 생각했고, 확신도 있었다. 그래서 다시 힘을 내서 기존 활동을 넘어서는 활동을 시작했다. 세상은 변하고 있고 SI 업계에서 설계하고 개발하는 방식도 혁신돼야 한다고 생각했기에 전사 구성원들을 대상으로 애자일 프로세스와 마이크로서비스, 그리고 설계 방식으로의 DDD를 접목하고 설명하기 위해 노력했다.

도메인 모델링이 마이크로서비스를 설계하기 위한 훌륭한 방법이라는 신념으로 여러 방향으로 탐구하다 보니 선진 마이크로서비스 개발 진영에서 DDD를 마이크로서비스를 설계하는 방법으로 이미 사용하고 있다는 것을 깨달았고 다소 어려워서 접근하기 힘든 DDD 기법을 가속화하는 '이벤트 스토밍'이라는 기법을 찾고 익혀 적용할 수 있었으며, 이를 애자일 개발 프로세스에 녹이고 설명할 수 있었다.

새로운 개발 방식을 도전할 수 있는 여러 혁신 프로젝트를 찾아 적용하며 기본 개발 문화에 안주하는 사람들의 저항에 방황도 했지만 설득하고 교육하고 공부했다. 여러 번의 실패도 있었고 기존 방식보다 시간도 오래 걸리고 어렵고 생소하며 SI 업종과 맞지 않다는 의견도 있었다. 이렇게 변화를 받아들이는 과정은 어려운 법이다. 그래서 SI 업계에서 통용되던 프로세스와도 최대한 접목하며 설명하려 노력했다.

이 책은 그러한 우리 팀의 4~5년간의 시행착오와 좌충우돌 노력의 산물이다. 사실 정리하고 보니 별거 없다는 생각도 든다. 소프트웨어 공학이라는 학문이 역사가 오래된 다른 인문학이나 과학, 공학 분야와 달리 법칙과 공식, 선언에 의거하지 않고 역사도 짧은 편이라 완벽한 정답이란 없다고 생각한다.

따라서 앞서간 여러 훌륭한 선배들이나 현시대에 탁월한 활약을 보이고 있는 여러 구루들의 경험을 통해 배우고 우리의 경험과 접목해서 이해하고 정리해 나아가야 한다고 본다. 여러 경험을 담은 책, 업계 동향, 그리고 우리의 경험들을 조각조각 짜맞추고 연계하는 과정에서 전체 흐름과 맥락을 깨달을 수 있었다.

그렇게 변화에 기민한 애자일 개발 프로세스, 독립된 애자일 팀의 애플리케이션 배포 형태인 마이크로서비스, 마이크로서비스를 설계하는 데 가장 적합한 방식인 복잡성을 통제하는 DDD 가 하나의 맥락/흐름으로 이해될 수 있었다.

이 책이 마이크로서비스, 클라우드, MSA, DDD 등의 키워드에 허우적거리는 초심자들, 특히 기존 SI 개발 현장의 방식에 익숙하지만 마이크로서비스 애플리케이션 개발을 처음 시작하는 분들을 위한 입문서가 되길 바란다. 그런 의미에서 이 책은 초심자가 개념과 예제를 통해 쉽게 이해할 수 있도록 구성했다.

1장에서는 클라우드 환경에서 마이크로서비스가 왜 필요한지, 기존 모노리스 애플리케이션 과 무엇이 다른지를 다뤘고, 마이크로서비스의 특성을 살펴본다.

2장과 3장에서는 마이크로서비스가 작동하기 위한 환경인 외부 아키텍처와 패턴, 애플리케 이션 아키텍처를 통해 전반적인 마이크로서비스 아키텍처의 큰 그림을 설명한다.

4장에서는 애자일 프로세스 내에서의 마이크로서비스 설계, 개발 프로세스를 설명하며,

5장에서는 이벤트 스토밍을 포함한 단순한 마이크로서비스 설계의 과정들을 설명한다.

6장부터 10장까지는 사례 연구로 간단한 아키텍처를 만들고, 마이크로서비스를 설계 및 개 발하고 실제 클라우드 환경에 배포하는 과정을 설명한다.

고정불변의 답은 없다. 이 책의 모든 내용이 바람직하거나 모범 답안이라 생각하지 않는다. 다른 책을 통해 배우고 탐구한 사례와 실제 프로젝트를 통해 얻은 경험을 이 책에 최대한 녹이려고 노력했다. 사례로 좀 더 진화된 프로젝트 구조[1]와 코드를 제시하고도 싶었지만 현재 구조가 초심자에게 현실적으로 이해하기가 가장 쉽다고 판단했다.

세상은 변화하고 변하는 흐름과 맥락을 파악해 자신의 것으로 만들되 언제든지 상이한 지점을 받아들일 수 있는 포용력도 있어야 한다고 생각한다. 우리의 부족함에 대한 의견이나 비판은 언제든지 환영한다. 함께 토론하고 발전해 나가고 싶다.

마지막으로 도메인 주도 설계, 마이크로서비스 설계의 본질에 대해 깨달음을 줬던 존경하는 아키텍트 넥스트리컨설팅의 송태국 대표님께 감사하다. 사실 그분의 가르침이 이 책에 많이 녹아 있다. 또한 그동안 우리 팀의 좌충우돌을 항상 지지하고 응원해 주신 사내 선배님들께 감사하

---

1 최근 선진 사례로 레이어별로 프로젝트 구조 자체를 분리하는 방식이 많이 소개된다. 이러한 방식이 좀 더 유연할 수 있다고 생각한다.

다. 초창기 활동을 지지해주고 이끌어 주신 임길재 상무님, 박구 위원님 많이 배웠고 감사했습니다. 그리고 현재의 우리 배의 선장이신 여상훈 상무님, 리더이자 동료 김종남 위원님께 감사드린다. 그분들의 신뢰가 없었다면 이러한 활동이나 이 책이 나올 수 없었을 것이다. 그리고 이책의 공저자이자 나의 든든하고 믿음직한 동료 유해식 수석님, 최은정 수석님, 이주영 선임님께 감사드린다. 그분들이 함께 있어 이 책이 비로소 완성될 수 있었다. 그리고 이 책과 함께하지는 못했지만 묵묵히 이 활동을 확산하고 있는 이정민 수석님, 사내 애자일 확산 히어로인 심상준 수석님에게도 감사하다. 또 1년이면 다 될 줄 알았지만 2년이나 걸려버린 게으른 우리를 진득하게 기다려 주신 위키북스 박찬규 대표님과 부족한 내용을 아름답게 편집해 주신 이대엽님께도 감사의 말씀을 전한다.

마지막으로 급등한 집값 때문에 마음고생이 많은 나의 사랑하는 아내 현정(나 책 드디어 썼어. 그때 집 팔고 말 안 듣고 집 안 사서 정말 미안해~), 질풍노도의 시기를 5년째 보내고 있는 나랑 꼭 닮은 첫째 수정, 나의 단짝이자 까칠해진 둘째 연우에게 사랑하고 고맙다는 말을 전한다.

그리고 언제나 나를 신뢰하고 지지하는 사랑하는 우리 부모님, 항상 건강하시길 바란다.

저자 약력

어느덧 21년차 개발자. 인터넷 서비스 업체를 시작으로 동양시스템즈에 근무했고, 2006년부터 SK(주) C&C에 15년째 근무 중이다. 다양한 SI 프로젝트를 경험했으며 개발방법론/설계 전문가로 다수의 대규모 프로젝트 설계 과정을 리딩했다. 애자일 프랙티스, 애플리케이션 설계에 관심이 많으며 최근에는 클라우드 기반의 애플리케이션 개발, 도메인 주도 설계 확산 활동을 하고 있다. 우리가 살아가는 세상이 지금보다 좀 더 나아지기를 바라며 개발자로써 그에 기여하고자 한다. 천성적인 게으름에도 불구하고 KMOOC 강좌, 사외 전문가 멘토링 활동, 대학 강의 등의 활동을 병행하고 있다.

유해식

요즘에는 비즈니스 민첩성(Business Agility)이 있어야 살아남을 수 있다고 한다. 그럼 우리가 개발하는 시스템이 살아남기 위해서는 시스템을 어떻게 만들어야 할지가 중요하다. 이 책에서는 어떻게 설계해야 비즈니스의 변화에 빠르게 대응할 수 있는지, 어떻게 구현해야 기술의 변화에 유연하게 대응할 수 있는지를 도메인 주도 설계를 통해 설명한다.

이 책은 도메인 주도 설계라는 추상적인 개념을 설계와 개발에 어떻게 적용하는지 설명한다. 특히 기획자, 분석가, 설계자, 개발자가 한 팀으로 빠르고 쉽게 도메인 주도 설계를 할 수 있게 해주는 이벤트 스토밍 워크샵, 도메인의 개념을 도식화하는 도메인 모델링 같은 새로운 기법도 적용했다. 이 책이 좋은 소프트웨어를 만들기 위해 클라우드, MSA, 도메인 주도 설계에 관심 있는 개발자에게 도움이 되었으면 한다.

마지막으로 이 책이 만들어지는 데 도움을 주신 분들께 감사 인사를 드린다. 우리의 활동을 늘 지지해주는 우리 팀 리더인 김종남 위원님, 맨날 툴툴거려도 나를 미워하지 않는 한정헌 위원님, 내가 아는 사람 중에서 가장 코딩을 잘하는 이정민 수석님, 그리고 최은정 수석님, 이주영 선임님께 감사를 전한다. 그리고 지금은 다른 팀에 계시지만 늘 우리 활동을 응원해 주시는 임길재 상무님과 박구 위원님께도 감사드린다.

늘 옆에서 나를 믿고 지지해주는 사랑하는 아내 아름다운 윤지 씨(내 핸드폰에 저장된 이름), 그리고 누구보다 아빠에게 엄격한 외동딸 귀염둥이 유채원(역시 내 핸드폰에 저장된 이름)에게 고마움을 전한다.

저자 약력

대학에서 컴퓨터공학과를 전공하고, 첫 직장인 도담시스템스에서 군용 항공기 시뮬레이터를 개발했다. 2011년 SK(주) C&C로 이직해서 클라우드 기반의 애플리케이션 개발방법론을 정립하고 클라우드 기반 MSA 프로젝트의 설계/개발 기술지원 업무를 수행하고 있다. 올해는 프로젝트 인큐베이션 업무를 수행하고 있으며, 이 활동을 통해 개발이 행복한 회사를 만드는 것이 목표다. 외부 활동으로는 2018년에 K-MOOC에서 온라인 강좌를 개발하는 것을 시작으로, 사외 ICT 멘토링, 그룹 내 MSA 분야에서 마스터로 활동하고 있다.

서·문

—

최은정

처음 MSA를 알게 된 건 2년 전이었습니다. 여러 서비스 기업에서 클라우드와 함께 MSA를 도입하기 시작했고, 그 열풍은 SI 세계에도 도달했습니다. 그렇게 만들어진 시스템을 인수인계 받아 운영하기 시작한 것이 MSA와의 첫만남이었습니다. 이론도 개념도 부족한 상태에서 몸으로 부딪히며 배웠습니다. 그때 이런 책이 있었으면 좋았겠다, 라는 생각이 듭니다. 이제 막 MSA와 DDD를 알아가고 있는 분들에게 많은 도움이 될 것이라고 생각합니다. 저 또한 이 책의 집필을 통해 많은 것을 배울 수 있었습니다.

함께할 수 있는 기회를 주신 한정헌 위원님께 감사 인사를 드리고, 같은 파트의 동료분들께도 감사드립니다.

그리고 언제나 나의 곁에서 정신적 버팀목이 되어주는 사랑하는 밍, 썽, 쏘 그리고 아라 언니, 먹요정들, 진, 나리, 희윤, 정상, 짹짹에게도 고맙다고 전하고 싶습니다.

—

저자 약력

SI와 SM의 경계에서 자바 기반의 백엔드 개발을 해왔습니다. 최근에는 MSA 애플리케이션 개발 지원 업무를 수행하고 있습니다. 언제나 새로운 분야에 열린 마음을 가진 IT 엔지니어가 되고 싶습니다.

이주영

어떤 설계가 올바른 설계인지, 어떤 코드가 좋은 코드인지 결정하는 것은 해당 애플리케이션 또는 시스템의 방향성에 달려있다고 생각한다. 그러나 방향성에 맞는 설계와 개발을 할 수 있는 것은 설계자와 개발자가 가진 스펙트럼에 큰 영향을 받는다고 생각한다.

내가 MSA와 DDD를 알게 된 것은 그 스펙트럼을 넓힐 수 있었던 정말 좋은 기회였다. 또한 MSA와 DDD를 좋은 선배와 동료들을 만나 실제 프로젝트를 지원하면서 몸소 체험해보고, 이 책을 함께 집필하면서 그 깊이를 더할 수 있었다.

이 책은 MSA와 DDD의 기본 개념과 이를 간단하게라도 직접 개발하며 알아가고자 하는 분들, 그리고 이미 개념을 알고 있지만 명확하게 정리되지 않은 독자분들께 많은 도움이 될 것이라 생각한다. 나 또한 책을 집필하고 개발해보며 이전에 MSA와 DDD에 대한 고민들을 정리할 수 있었기 때문이다.

하지만 이 책을 다시 읽어 보니 아직도 스스로에 대한 부족함과 아쉬움이 많이 남는다. 앞으로 더 많은 프로젝트와 다양한 경험들을 통해 그러한 부족함과 아쉬움을 채워나갈 수 있도록 더욱 노력하겠다.

마지막으로 이 책의 공동 저자이자 항상 많은 도움을 주시는 한정헌 위원님, 유해식 수석님, 최은정 수석님께 감사드린다. 또한 같은 파트 동료이자 선배 개발자로서 MSA 개발을 이끌어주시는 이정민 수석님께도 감사하다.

그리고 그 누구보다 많은 사랑을 주시고 멀리서 응원을 아끼지 않으시는 우리 아버지 이충환, 어머니 김지숙! 아버지와 어머니의 무한한 사랑과 응원이 나에게 정말 큰 힘이 된다. 비록 무뚝뚝한 딸이라 평소에 잘 표현하진 않지만 정말 많이 사랑하고 늘 감사하다. 부모님께서 늘 말씀하셨듯 언제나 더 나은 '사람'이 되기 위해 더욱 노력하겠다.

저자 약력

현재 SK(주) C&C에 개발자로 입사하여 MSA 시스템의 개발 지원 업무를 수행하고 있다. 프런트엔드와 백엔드 개발을 넘나드는 풀스택 개발자가 되기 위해 자바, Vue.js, 타입스크립트 등 다양한 언어와 프레임워크를 공부하고 실제 프로젝트에 적용해서 개발하고 있다. 언제나 초심을 잃지 않고 어제보다 나은 오늘이 되기 위해 열심히 살아가는 것이 목표다.

SI 업계에서의 Waterfall이나 Monolithic한 개발 방식이 익숙했던 시기에 급작스럽게 불어온 Agile한 MSA 개발 방식으로의 변화는 한동안 우릴 당혹스럽게 만들었습니다. 이러한 방식을 처음 대기업 SI사업 방식에 적용하면서 수많은 리스크를 떠안아야만 했던 기억이 엊그제 같은데, 최근에는 인터넷 서비스 시장뿐만 아니라 오래된 산업인 금융, 공공사업 차세대까지 모든 사업의 제안요청서(RFP; Request For Proposal)에서 Agile과 MSA라는 단어를 쉽게 찾아볼 수 있게 되었습니다.

5년 전쯤부터 시장에 불어닥친 Digital Transformation이라는 화두 속의 핵심인 클라우드/MSA 기술을 현실 프로젝트에 적용하며 수많은 우여곡절을 거쳐왔지만 아직도 이 신기술들을 적용하는 것이 녹록지 않고 리스크를 항상 각오해야 한다는 점이 아쉬운 현실이기도 합니다.

시장에는 아직도 MSA 기반 애플리케이션의 전체 개발 사이클을 경험해 본 개발자나 설계자를 쉽게 구할 수 없고, 쉽지 않은 학습 곡선(Learning Curve)으로 말미암아 아직까지도 MSA 방식의 느슨함, 유연함의 장점과 기존 개발 방식의 "익숙함, 개발효율성 보장"이라는 장점의 두 마리 토끼를 의사결정 과정에서 맞닥뜨렸을 때 관리자로써 부담스럽지만 기업의 Digital Transformation의 중심에 클라우드와 MSA가 있는 이상 더 이상 피해 갈 수 없는 시기라 판단합니다.

학생도 아니고 학자도 아닌, 뜨거운 현장의 최전선에서 실제 경험을 통해 수년간 만들어진 후배님들의 정성 어린 텍스트와 구성을 보니 제가 느꼈던 그동안의 많은 고민과 머릿속 혼란들을 잘 정리해 준 책이라고 할 수 있어서 고마울 따름입니다.

SK(주) C&C Digital Process 혁신담당 여상훈 상무

2016년 QCon 뉴욕 콘퍼런스에서 실리콘 밸리의 기술 기업들이 보여줬던 새로운 소프트웨어 Delivery 방식에 엄청난 충격을 받고, 최소한 10년 이상 벌어진 기술과 문화의 격차를 따라잡아 보자고 회사 내 Delivery 혁신팀을 만들고 여기에 함께하고자 하는 사람을 모았습니다.

그로부터 5년 동안 우리 팀원들의 고민과 학습, 프로젝트 현장에서 겪었던 저항과 시행착오를 통해 얻어낸 결과를 한 권의 책으로 정리해 냈습니다. 우리가 옳다고 생각하는 MSA에 대한 신념과 혁신 의지가 이제는 모든 혁신 기업들이 원하는 기업 가치를 높이기 위한 소프트웨어 개발 방식으로 인정받고 있는 시장의 흐름 속에서 우리만의 지식과 경쟁력이 아닌 모든 개발자가 행복해지기를 바라는 사회적 가치의 실현을 위해 기꺼이 나누고자 하는 사랑하는 동료분들께 무한한 감동과 칭찬을 바칩니다.

SK(주) C&C SW Delivery Modernization Unit. Leader 김종남 위원

최근 기업들은 급변하는 비즈니스 환경에 빠르게 적응하는 방법이 무엇일까 고민하고 있습니다. 또한 비즈니스의 가치들을 디지털로 변화(Digital Transformation)하려고 끊임없이 노력하고 있습니다. 이를 위해서는 우선, 비즈니스 도메인의 기능들을 명확하게 보여줄 수 있는 도메인 주도 설계(이하 DDD) 방법이 필요합니다.

또한 이를 적용할 수 있는 소프트웨어 기술적 환경도 필요합니다. 요즘 대세로 자리 잡은 클라우드 기반에서 서비스를 빠르게 적용할 수 있는 방법, 즉 마이크로서비스 아키텍처(이하 MSA) 방식이 적합한 대안으로 대두되고 있습니다. 이 책은 DDD 기반에서 MSA를 적용할 수 있는 적합한 솔루션을 제시합니다. 게다가 실무적인 내용을 추가로 반영함으로써 현실의 생동감을 더했습니다.

이 책에서는 도메인 모델을 설계하는 구체적인 DDD 방식을 논하고 있으며, 그 사례를 정리하고 있습니다. 또한 이를 MSA에 적용할 수 있는 이론적 내용과 이를 구현할 수 있는 소스코드 수준의 내용까지 제시합니다. 위의 내용을 충실히 담고 있는 본 책은 비즈니스 업무를 효율적으로 만들고 빠른 변화가 필요한 기업에 필수적입니다.

특히 DDD 기반의 MSA를 구현해야 하는 실무 소프트웨어 개발자들은 반드시 이 책을 읽어보시길 바랍니다. 마지막으로 본인들의 지식을 한권의 책으로 엮기 위해 고생한 한정헌 위원님 이하 저자분들께 경의를 표합니다.

명지대학교 ICT융합대학 융합소프트웨어학부 김정호 교수

02장

MSA의 이해

03장

**마이크로서비스
애플리케이션
아키텍처**

07장

사례연구 –
백엔드
마이크로서비스
구현

아마존 비즈니스
민첩성의 비밀

1.1 성공한 인터넷 기업들과 비즈니스 민첩성

아마존(Amazon)과 넷플릭스(Netflix), 우버(Uber)를 비롯해 성공한 유니콘 기업들의 공통점이 있다면 이미 익숙한 비즈니스에 새로운 비즈니스 개념과 기술을 융합해 자신만의 특화된 서비스를 제공한다는 점이다.

이러한 기업들은 자신만의 특화된 서비스를 제공하려는 시도를 누구보다 빨리 실행했고 사용자 피드백을 반영해 끊임없이 서비스를 개선한다. 우리는 이러한 기업들의 특출난 장점으로 비즈니스 민첩성(Agility)을 꼽고, 이를 기업 성공의 가장 큰 요인이라고 말한다. 지금까지 인터넷의 발전과 모바일 환경의 대중화로 이 같은 비즈니스 민첩성에 대한 중요성은 항상 강조돼 왔고, 비즈니스 민첩성을 지원하기 위한 시스템 측면의 많은 투자와 시도가 이뤄져 왔으나 성공 사례가 많지 않았다. 그러나 이처럼 지지부진했던 노력이 클라우드 환경의 등장과 이를 잘 활용한 아마존, 넷플릭스 같은 기업의 사례에서 증명돼 실질적인 비즈니스 성과로 나타나고 있다.

그렇다면 구체적으로 비즈니스 민첩성이라는 것이 기업의 어떠한 활동으로 나타나는가와 클라우드 환경이 그것을 어떻게 촉진했는지 살펴보자.

1.1.1 성공 사례: 아마존의 배포 속도

11.6초. 2011년 Velocity라는 해외 콘퍼런스[1]에서 언급된 숫자다. 11.6초는 100미터 달리기 기록으로 치기에도 매우 빠른 속도인데, 이 수치는 아마존의 비즈니스 서비스가 배포되는 주기라고 한다. 즉, 11.6초마다 아마존 쇼핑몰의 소스코드가 변경되어 배포된다는 말이다.

그림 1.1은 2019년에 국내 AWS[2] 콘퍼런스에서 발표된 내용인데, 아마존 서비스의 배포 주기가 초당 1.5번으로 향상된 것을 볼 수 있다. 가늠조차 안 될 정도로 빠른 속도인데, 그렇다면 이 수치가 의미하는 바는 무엇일까?

1 　 https://youtu.be/dxk8b9rSKOo
2 　 AWS(Amazon Web Service)는 아마존의 클라우드 사업을 하는 회사명이다.

그림 1.1 2019년 AWS DEV Seoul의 발표 중 한 장면

비즈니스는 계속 변경되므로 이에 따라 개선된 시스템도 계속 배포돼야 한다. 기업은 새로운 아이디어를 시스템에 반영해 적시에 오픈하고 그 반응을 살펴보고자 한다. 또한 기존 서비스를 보완하는 부가 서비스가 필요한 시점이나 새로운 서비스를 공개했지만 반응이 좋지 않아 이를 개선해야 할 때도 시스템을 빠르게 변경해서 배포해야 한다. 따라서 빠른 배포 주기는 비즈니스의 민첩성을 간접적으로 보여주는 지표라 할 수 있다.

보통 서비스는 기획, 분석, 설계, 구현 과정을 거쳐 빌드되고 배포된다. 그 과정이 길게는 몇 개월 걸리고, 규모가 작은 수정이라 하더라도 몇 주가 걸리기 마련이다. 그런데 아마존 쇼핑몰은 이 같은 전체 과정이 독립적으로 완료되어 초당 1.5번씩 서비스가 변경, 개선되고 있다. 비유하면 인간의 몸에서 낡은 세포가 죽고 새로운 세포가 생겨나는 것처럼 시스템이 살아 숨 쉬는 것과 같다.

그렇다면 국내의 한 쇼핑몰과 비교해 보자. 국내 한 쇼핑몰의 시스템 배포 주기는 1주다. 중간에 긴급 배포가 필요하면 주중에 1번 더 배포한다. 그럼 가장 빠른 배포 주기를 3일이라 볼 수 있다. 즉, 비즈니스 개선 주기가 3일인 것이다. 초당 1.5번이면 0.66초에 1번이다. 즉, 아마존의 서비스는 0.66초마다 진화하고, 국내 쇼핑몰은 3일마다 진화하는 셈이다. 이는 3일마다 새로운 상품을 전시하고 매장 환경을 개선하는 상점과 0.66초마다 변화하는 상점과도 같다. 두 상점이 경쟁하면 어떤 회사가 우위에 있을지 답은 자명하다.

이것이 비즈니스 민첩성의 차이다. 그럼 아마존이 어떻게 이 같은 비즈니스 속도를 갖게 됐는지 살펴보자. 여기에는 여러 요인이 있겠지만 이 책에서는 시스템 관점에서 시스템을 구성하는 인프라와 애플리케이션 측면에서 살펴보고자 한다.

1.1.2 클라우드 인프라의 등장

전형적인 시스템 인프라 구축 과정을 살펴보면 그림 1.2와 같이 서버를 도입하고 네트워크를 구축한 뒤 각 서버마다 운영체제를 설치하고 서비스에 필요한 소프트웨어를 설치하는 과정으로 진행되고, 전 과정을 완료하기까지 적게는 며칠에서 몇 주, 길게는 몇 달이 걸리기도 한다. 이처럼 애플리케이션을 개발하기 위한 인프라 환경을 준비하는 작업은 간단하지 않았다. 어떤 기업에서는 아예 이 작업만 전담하는 인프라 조직을 두기도 한다. 그래서 이러한 활동을 개발 조직이 직접 담당하지 않고 인프라 조직에 요청한다면 의사소통 시간이 더해지므로 더 오랜 시간이 걸리기 마련이다.

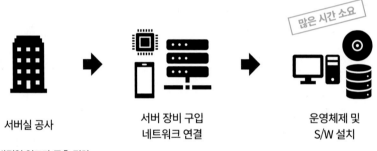

서버실 공사   서버 장비 구입 네트워크 연결   운영체제 및 S/W 설치

그림 1.2 일반적인 인프라 구축 절차

새로운 서비스 개발을 위한 프로젝트를 시작한다고 생각해 보자. 당연히 서버나 스토리지 같은 하드웨어, 네트워크, 운영체제 등을 위한 초기 투자 비용을 고려해야 하고, 그것들을 지속적으로 관리하는 비용 또한 적지 않다. 이러한 환경에서는 좋은 아이디어가 있고, 직접 애플리케이션을 개발할 능력이 있더라도 빨리 서비스를 런칭해 볼 수가 없다. 또한 운 좋게 아이디어에 대한 투자를 받고 어찌어찌해서 어렵게 개발 환경을 구축한 뒤 서비스를 개발해 런칭했지만 서비스가 실패로 끝났다면 초기 투입된 인프라 비용을 건질 수 없다.

그런데 최근에는 이러한 문제가 클라우드 인프라의 등장으로 말끔히 해결됐다. 우선 이제는 서비스 개발에 필요한 시스템 인프라를 준비하는 데 오랜 시간이 들지 않는다. 적당한 클라우드 플랫폼 벤더를 선택해 필요한 시점에 몇 번의 클릭으로 손쉽게 개발 시스템 인프라를 마련할 수 있다.

아마존은 자사의 풍부한 클라우드 서비스 경험을 아마존 웹서비스(AWS: Amazon Web Service)라는 사업으로 제공한다. 그뿐만 아니라 마이크로소프트사의 애저(Azure), 구글의 구글 클라우드 플랫폼(Google Cloud Platform)이 있고, 최근에는 오라클까지 클라우드 플랫폼 사업[3]을 벌이고 있다. 수많은 스타트업이 생겨나고 참신한 서비스를 빠르게 선보이는 것을 보면 이러한 클라우드 인프라가 얼마나 강력하게 비즈니스 개발의 민첩성을 촉진하는지 알 수 있다.

1.1.3 클라우드 인프라에 어울리는 애플리케이션의 조건

클라우드 인프라를 사용하면 사용량에 따라 비용을 유연하게 조정할 수 있다. 즉, 사용한 만큼만 비용을 지불한다. 쇼핑몰을 예를 들면, 쇼핑몰 운영자는 타임세일이 진행되는 1주일간의 사용자 트래픽을 예상해 시스템 용량을 증설하고, 세일 기간이 지나면 다시 원래의 용량으로 줄이고자 한다. 따라서 당연히 1주일간의 용량 증가 비용만 추가로 지불하고 싶을 것이다. 클라우드에서는 이 같은 유연한 용량 증감을 손쉽게 설정할 수 있다. 이렇게 조절할 수 없다면 운영자는 처음부터 타임세일을 고려해 용량을 크게 계획해서 미리 증설해야 하고, 나중에 이를 되돌릴 수도 없다. 그러나 클라우드 인프라에서는 그럴 필요가 없다. 클라우드 인프라의 등장으로 필요할 시점에 필요한 만큼만 쉽고 빠르게 시스템 인프라 환경을 준비할 수 있는 것이다.

그럼 실제로 서비스를 제공하는 애플리케이션 측면을 살펴보자. 비즈니스 민첩성을 지원하기 위해 인프라와 마찬가지로 필요한 시점에 필요한 만큼만 애플리케이션을 변경해 배포하고 싶다. 그러려면 애플리케이션의 구조를 어떻게 만들어야 할까? 클라우드 인프라를 닮으면 되지 않을까?

클라우드는 여러 개의 서버 장비가 모여 논리적으로 하나처럼 관리된다. 즉, 레고처럼 조각 조각이 모여 하나의 큰 덩어리가 되고 쉽게 분리되기도 한다. 애플리케이션도 이러한 형태라면 효율성을 극대화할 수 있다. 특히 이러한 애플리케이션이 탑재되는 클라우드 인프라는 사용한 단위 만큼만 비용을 지불하므로 애플리케이션 블록이 작으면 작을수록 효율적이다. 특히 사용량이 증가할 운영 시점이라면 서비스 비용을 유연하게 관리할 수 있다. 왜 그러한지 우선 서비스 사용량 증가에 따른 인프라 용량의 성능과 가용성을 높이는 일반적인 방법을 알아보자.

스케일 업과 스케일 아웃

사용량 증가에 따른 성능 및 가용성을 높이는 방법으로 그림 1.3에 나오는 스케일 업(Scale-up)과 스케일 아웃(Scale-out)이 있다.

---

3 이처럼 클라우드 원천 서비스를 제공하는 업체를 CSP(Cloud Service Provider)라고 한다. 최근에는 MSP(Managed Servcie Provicer)라는 용어도 언급되고 있는데, 재료를 제공하는 CSP와 달리 CSP의 다양한 서비스를 활용해 고객 환경에 최적화된 컨설팅, 아키텍팅, 구축 등의 상품을 제공하는 클라우드 매니지드 서비스를 의미한다.

- 스케일 업은 기존 시스템 자체의 물리적 용량을 증가시켜 성능을 높이는 방법이다. 사용량이 많아진다는 것은 데이터 처리가 증가한다는 것이고 시스템을 담을 그릇도 커져야 한다.
- 스케일 아웃은 기존 시스템과 용량이 같은 다수의 장비를 병행 추가해서 가용성을 높이는 방법이다. 즉, 사용량을 분산시켜 전체적으로 장애 없이 운영되게 한다.

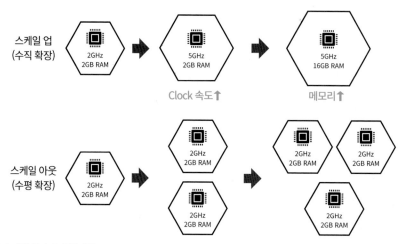

그림 1.3 스케일 업과 스케일 아웃

다시 쇼핑몰 시나리오로 돌아가자. 시스템 운영자는 타임세일 기간에 밀려올 트래픽에 대비하려고 쇼핑몰 시스템의 용량을 증설하려 한다.

- 첫 번째 단계는 스케일 업 작업이다. 전체 시스템의 트래픽 최대치를 계산해서 대용량 처리가 가능하도록 시스템 용량을 증설하는 것이다. 그럼에도 예상 트래픽을 초과해 시스템이 다운될 수 있다.
- 두 번째 단계는 확장 탄력성을 보장하는 스케일 아웃을 설정하는 것이다. 이 경우 CPU나 메모리의 트래픽 양이 한계 수치에 도달하면 시스템의 인스턴스를 설정된 개수로 복제해서 증가시킨다. 즉, CPU 사용량이 70% 이상으로 증가하면 1개였던 쇼핑몰 인스턴스가 2개로 늘어난다. 그럼 사용량이 2대의 인스턴스로 적절히 분산된다.

특정 서비스만 탄력성 있게 확장(스케일 아웃)

그런데 시스템 운영자 입장에서 생각해 보면 더 좋은 방법이 있다. 1주일간의 세일 기간 중 정작 바쁜 업무는 세일 이벤트를 수행하는 부분이다. 나머지 부분은 사용자가 몰리지 않아 더 한가해질 수도 있다. 그런데 이 모든 서비스의 시스템 용량을 증설하고 사용량이 몰리면 이 모든 것을 복제할 필요가 있을까? 당연히 낭비다. 세일 이벤트를 담당하는 조각만 용량이 증설되고 사용량에 따라 복제되어 트래픽에 대비하면 된다.

그럼 어떻게 해야 할까? 앞에서 언급했다시피 전체가 한 덩어리로 묶여 있는 애플리케이션을 레고 블록처럼 분리하면 된다. 레고 블록과 같다면 세일 기간에 타임세일 이벤트를 수행하는 레고 모듈만 열심히 일할 수 있도록 용량을 증설하고 트래픽에 반응해 복제되게 설정하면 된다. 즉, 시스템을 작은 단위의 독립적인 서비스 연계로 구성해야 한다. 이러한 경우를 가정하고 다시 쇼핑몰 세일을 준비하는 운영자의 운영 시나리오를 상상해 보자.

- 첫 번째 단계에서 운영자는 타임세일 서비스만 분리돼 있으므로 타임세일 서비스의 용량만 고려해서 증설한다. (스케일 업)

- 두 번째 단계에서는 독립된 타임세일 서비스의 사용량을 고려해서 트래픽이 증가하면 타임세일 서비스 인스턴스만 복제되도록 설정한다. (스케일 아웃)

- 전체 시스템이 사용할 메모리 크기가 16GB였다면 타임세일 서비스에 필요한 용량은 3~4GB 정도에 불과하다. 이전 시나리오에서는 전체 시스템에 할당된 16GB의 메모리 크기를 32GB로 증설한 후 32GB가 여러 개로 복제된 비용을 지불했는데 이제는 타임세일 서비스에 필요한 3GB를 8GB로 증설하고 8GB가 여러 개로 복제된 비용만 지불한다.

- 또한 조각으로 세일 서비스만 분리돼 있기 때문에 나머지 서비스는 가동된 상태에서 변경하고 싶은 일부분만 변경해 배포할 수도 있다.

이것이 아마존 0.66초의 비밀이다. 어떤 형태가 더 효율적이고 빠른 비즈니스를 제공하겠는가?

클라우드 프렌들리와 클라우드 네이티브

물론 작은 단위의 서비스 연계로 시스템을 구성하지 않고 그림 1.4의 왼쪽처럼 전체 시스템을 하나의 덩어리로 만들어 클라우드 인프라에 올려도 비즈니스를 제공하는 데 전혀 문제가 없다. 그렇지만 특정 기능만 확장하거나 배포할 수 없는 비효율을 감수해야 한다. 클라우드 플랫폼 중 하나인 클라우드 파운드리(Cloud Foundry)를 서비스하는 피보탈(Pivotal)에서는 이처럼 큰 덩어리로 클라우드 환경에 올라갈 수 있게만 한 애플리케이션을 클라우드 친화 애플리케이션 (Cloud Friendly Application)이라 하고, 독립적으로 분리되어 배포될 수 있는 조각으로 구성된 애플리케이션을 클라우드 인프라에 가장 어울리고 효과적이라는 의미로 클라우드 네이티브 애플리케이션(Cloud Native Application)이라 부른다. 그리고 궁극적으로 '클라우드 프렌들리'에서 '클라우드 네이티브'로 전이해야 한다고 말한다.

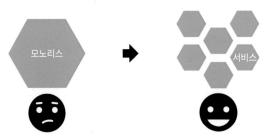

그림 1.4 클라우드 친화 애플리케이션과 클라우드 네이티브 애플리케이션

시스템이 비즈니스 민첩성을 잘 지원하기 위해서는 클라우드 인프라를 효율적으로 활용하도록 애플리케이션 조각으로 구성된 클라우드 네이티브 애플리케이션이 가장 효과적이다. 아마존의 사례가 그것을 증명하며, 비즈니스 개선 속도인 0.66초를 만들어 낸 것이다.

1.2 마이크로서비스란 무엇인가?

2014년 유명한 아키텍트 구루(Achitect Guru)[4]인 마틴 파울러(Martin Fowler)는 그동안의 마이크로서비스(microservice) 발전 흐름을 정리해 마이크로서비스의 등장 배경과 개념, 특징을 설명한 바 있다[5]. 마틴 파울러의 설명을 참고해서 마이크로서비스의 개념과 이를 가능케 하는 조건들을 살펴보자.

1.2.1 모노리스와 마이크로서비스 비교

먼저 전통적인 시스템 구조인 모노리스(monolith) 구조부터 살펴보자. 모노리스는 하나의 단위로 개발되는 일체식 애플리케이션이다. 그림 1.5와 같이 보통 3티어[6]라 불리는 사용자 인터페이스와 데이터베이스, 서버 쪽 애플리케이션의 3개 부분으로 구성된다.

스케일 아웃 시 모노리스 전체가 확장

그림 1.5 모노리스 시스템

---

4   구루는 산스크리어로 스승이나 지도자를 뜻하는 말이며, 소프트웨어 업계에서는 전문가, 권위자를 의미한다.

5   https://martinfowler.com/articles/microservices.html

6   보통 티어(tier)는 서버와 같은 물리적인 분리를, 레이어(layer)는 논리적인 분리를 말한다. 하나의 티어 내부를 여러 개의 논리 레이어로 나눌 수 있다.

서버 측 애플리케이션이 일체, 즉 논리적인 단일체로서 아무리 작은 변화에도 새로운 버전으로 전체를 빌드해서 배포해야 한다. 그리고 일체식 애플리케이션은 단일 프로세스에서 실행된다. 따라서 확장이 필요할 경우 마이크로서비스 기반 시스템을 나타낸 그림 1.6처럼 특정 기능만 확장할 수 없고 반드시 전체 애플리케이션을 동시에 확장해야 한다. 보통 로드 밸런서를 앞에 두고 여러 인스턴스 위에 큰 덩어리를 복제해 수평으로 확장한다.

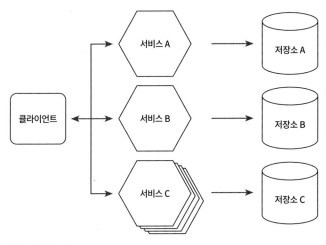

그림 1.6 마이크로서비스 기반 시스템

이런 상황에서 변경이 발생하면 모노리스 시스템의 단점이 극대화된다. 즉, 여러 개의 모노리스가 수평으로 확장된 상태이므로 여러 개의 모노리스 시스템 모두를 전부 다시 빌드하고 배포해야 한다. 또한 확장 시 애플리케이션이 병렬로 확장되어 사용량 증가에 대응할 수 있지만 데이터베이스는 통합되어 하나이므로 탄력적으로 대응할 수 없다. 따라서 사전에 성능을 감당하기 위해 스케일 업을 통해 용량을 증설해야 한다.

반면 마이크로서비스는 서버 측이 여러 개의 조각으로 구성돼 각 서비스가 별개의 인스턴스로 로딩된다. 즉, 여러 서비스 인스턴스가 모여 하나의 비즈니스 애플리케이션을 구성한다. 또한 각기 저장소가 다르므로 업무 난위로 모듈 경계가 명확하게 구분된다. 따라서 확장 시에는 특정 기능별로 독립적으로 확장할 수 있고, 특정 서비스를 변경할 필요가 있다면 해당 서비스만 빌드해서 배포하면 된다. 또 각 서비스가 독립적이어서 서로 다른 언어로 개발하는 것도 가능하므로 각 서비스의 소유권을 분리해 서로 다른 팀이 개발 및 운영할 수 있다.

그림 1.6을 보면 각기 서비스가 분리되어 별도의 저장소를 가지고 있고, 서비스 C의 확장이 필요하면 서비스 C만 스케일 아웃하면 된다.

1.2.2 SOA와 마이크로서비스

소프트웨어 공학에서 말하는 모듈화(modularity) 개념의 발전 흐름을 보면 단순히 기능을 하향식 분해해서 설계해 나가는 구조적(structured) 방법론부터 시작해 객체 단위로 모듈화하기 위한 객체지향(object-oriented) 방법론, 모듈화의 단위가 기능별로 재사용할 수 있는 좀더 큰 컴포넌트가 되는 CBD(Component Based Development), 그리고 컴포넌트를 모아 비즈니스적으로 의미 있고 완결적인 서비스 단위로 모듈화하는 SOA(Service Oriented Architecture)로 이어지는 발전 과정을 거쳤다.

따라서 CBD와 SOA도 넓게 보면 단위 컴포넌트나 서비스를 구성해서 시스템을 만드는 개념이고 마이크로서비스 시스템의 구조와 매우 유사하다. 보통 마이크로서비스 기반으로 시스템을 개발하는 아키텍처 및 개발 방식을 마이크로서비스 아키텍처(MSA; Microservice Architecture)라고 하는데, 그렇다면 서비스 기반 아키텍처를 칭하는 SOA와는 어떤 개념적 차이가 있을까?

넓게 보면 여러 개의 응집된 비즈니스 서비스의 집합으로 시스템을 개발한다는 점에서 SOA와 MSA는 개념적으로는 큰 차이가 없다. 그러나 SOA는 구체적이지 않고 이론적이며, 실제 비즈니스 성공 사례가 많지 않았다. 반면 MSA는 클라우드 인프라 기술의 발전과 접목되어 아마존과 넷플릭스에 의해 구체화되고 비즈니스 성공 사례로 널리 공유된 바 있다. 즉, 이상적이었지만 성공을 증명하지 못했던 SOA가 클라우드 인프라의 등장으로 하드웨어를 유연하게 다룰 수 있게 되면서 비로소 실현되어 성공적으로 증명된 시스템 구조가 MSA라 할 수 있다.

아마존과 넷플릭스로 일컬어지는 인터넷 유니콘의 성공 과정을 계속 지켜본 마틴 파울러는 2014년에 이러한 여러 성공 사례의 특징을 뽑아 마이크로서비스를 다음과 같이 정의했다.

> *"마이크로서비스는 여러 개의 작은 서비스 집합으로 개발하는 접근 방법이다. 각 서비스는 개별 프로세스에서 실행되고, HTTP 자원 API 같은 가벼운 수단을 사용해서 통신한다. 또한 서비스는 비즈니스 기능 단위로 구성되고, 자동화된 배포 방식을 이용하여 독립적으로 배포된다. 또한 서비스에 대한 중앙 집중적인 관리는 최소화하고, 각 서비스는 서로 다른 언어와 데이터, 저장 기술을 사용할 수 있다."* [7]

---

7   https://martinfowler.com/articles/microservices.html

그림 1.7은 마틴 파울러가 정의한 마이크로서비스 개념을 표현한 개념도다. 각 서비스와 저장소는 다른 서비스 및 저장소와 격리돼 있으며, API를 통해서만 느슨하게 연계된다. 따라서 독립적으로 확장 가능하고 하나의 서비스만 독립적으로 배포 가능하다. 또한 다른 서비스와 연계된 API에 영향을 주지 않는다면 내부의 언어나 저장소는 자율적으로 선택할 수 있다. 그림을 보면 한 서비스에는 자바와 오라클을, 다른 서비스에는 Node.js와 마리아DB(MariaDB)를 선택한 것을 볼 수 있다.

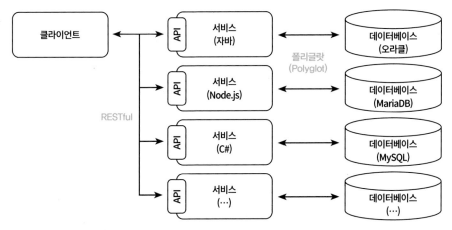

그림 1.7 마이크로서비스 개념도

이처럼 특정 서비스를 구축하는 데 사용되는 언어나 저장소를 자율적으로 선택할 수 있는 방식을 가리켜 '폴리글랏(Polyglot)하다'라고 표현한다. 클라우드 등의 가상 인프라가 지닌 유연성이 이를 가능하도록 지원한다.

여기서 이러한 폴리글랏 저장소 같은 특성을 통해 CBD/SOA가 추구했지만 미흡했던 모듈화를 비로소 실현할 수 있었던 MSA와 CBD/SOA와의 차이를 발견할 수 있다. CBD/SOA의 접근법에서는 애플리케이션은 모듈별로 분리했으나 데이터 저장소까지는 분리하지 못했다(즉, 여러 애플리케이션이 하나의 저장소를 통합해서 공유했다). 따라서 데이터의 강한 결합으로 애플리케이션도 독립적으로 사용하기가 힘들었다. 그러나 MSA에서는 SOA에는 없었던 다음의 두 가지 개념으로 모듈화 방식을 강화했고 이를 진정으로 실현한다.

1. 서비스별 저장소를 분리해서 다른 서비스가 저장소를 직접 호출하지 못하도록 캡슐화한다. 즉, 다른 서비스의 저장소에 접근하는 수단은 API밖에 없다.

2. REST API 같은 가벼운 개방형 표준을 사용해 각 서비스가 느슨하게 연계되고 누구나 쉽게 사용할 수 있다.[8]

이것이 바로 MSA 시스템의 구조를 SOA와 구분하는 큰 차이점이자 모듈화를 극대화하는 특징이다.

1.3 마이크로서비스를 위한 조건은 무엇인가?

그럼 마틴 파울러가 언급한 MSA의 주요 특징을 좀 더 살펴보자. 특히 이번에 설명할 특징들은 마이크로서비스를 잘 구현하고 있는 조직들의 사례이며, 동시에 마이크로서비스를 구현하기 위한 필요 조건이 된다. 이러한 시각은 MSA의 성공이 CBD, SOA처럼 기술에만 의존한 아키텍처 스타일을 추구하는 데 그치지 않고 개발 환경, 문화, 일하는 방식과도 연계돼 있음을 보여준다.

1.3.1 조직의 변화: 업무 기능 중심 팀

콘웨이 법칙(Conway's law)은 멜빈 콘웨이(Melvin E. Conway)가 정의한 조직과 조직이 개발한 소프트웨어의 관계를 정의한 법칙이다. 쉽게 설명하면 시스템을 개발할 때 항상 시스템의 모양이 팀의 의사소통 구조를 반영하는 것을 말한다. 그림 1.8과 같이 예전의 일하는 방식을 보면 하나의 애플리케이션을 만드는 데 UI팀, 서버개발팀, DB팀과 같은 기술별로 팀이 나눠져 있고, 하나의 애플리케이션을 만드는 데는 세 팀 간의 의사소통이 필요하다. 따라서 시스템도 이러한 의사소통 구조를 그대로 반영하고, 이러한 팀 구조에서는 팀 간의 의사결정도 느리고 의사소통도 어렵다.

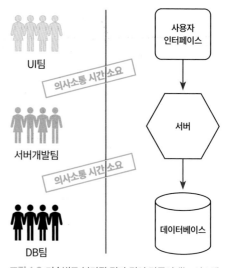

그림 1.8 기술별로 분리된 팀과 팀이 만들어내는 시스템

---

8 REST API가 가볍다는 의미는 SOA에 사용되는 SOAP 프로토콜과 XML보다 HTTP 프로토콜과 JSON 데이터의 형태가 단순하고 쉽다는 것을 나타낸다.

그렇다면 마이크로서비스팀의 구조는 어떻게 돼야 할까? 마이크로서비스를 만드는 팀은 업무 기능 중심의 팀이어야 한다. 업무 기능 중심 팀은 역할 또는 기술별로 팀이 분리되는 것이 아니라 업무 기능을 중심으로 기술이 다양한 사람들이 하나의 팀이 되어 서비스를 만드는 것을 의미한다.

업무 기능 중심 팀은 그림 1.9와 같이 다양한 역할(기획자, 디자이너, 프런트엔드 개발자, 벡엔드 개발자, 설계자, 테스터 등)로 구성되고, 이 팀은 서비스를 처음부터 끝까지 만들기 위한 모든 단계의 역할을 모두 갖추고 있다. 이 팀은 같은 공간, 같은 시간을 공유하기 때문에 의사소통도 원활하고 의사결정도 빠르게 진행될 수 있다.

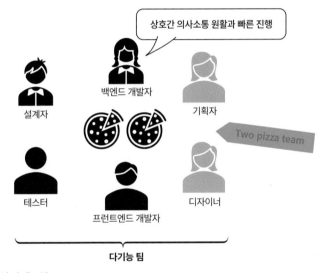

그림 1.9 업무 중심의 다기능 팀

이 팀을 여러 기능들이 모여 있다는 의미에서 다기능 팀(Cross-Functional Team)이라고도 한다. 이 팀은 자율적으로 담당 비즈니스에 관련된 서비스를 만들뿐만 아니라 개발 이후에 운영할 책임까지 진다. 아마존에서는 이런 팀을 'two pizza team'이라고 표현하는데, 이는 피자 두 판으로 서로 빈번히 의사소통하며 함께 식사할 수 있는 정도의 팀원 수를 의미하며, 한 팀에 다양한 역할을 수행하는 사람들이 모여 있으며 개발과 운영을 동시에 수행하는 팀이다.

이러한 팀은 마이크로서비스를 만드는 데 필요한 기능과 기술을 팀 내부에 모두 가지고 있으므로 다른 마이크로서비스팀과는 협력할 일이 적을 수밖에 없다. 따라서 콘웨이 법칙에 의해 그림 1.10과 같이 이 팀이 만든 마이크로서비스도 다른 팀이 만든 마이크로서비스와는 느슨하게 연계된다.

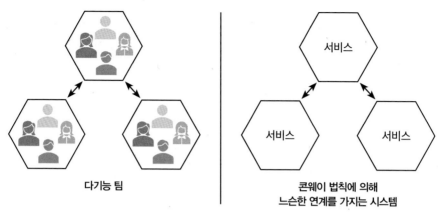

그림 1.10 업무 중심 팀과 해당 팀이 만들어 낸 느슨한 연관관계를 맺는 마이크로서비스

1.3.2 관리체계의 변화: 자율적인 분권 거버넌스, 폴리글랏

앞서 아마존에서는 다기능 팀이 개발과 운영을 책임진다고 했는데, 이러한 조직문화를 가리켜 "you built it, you run it"이라는 모토로 표현한다. 간단히 의역하면 "우리가 만들고 우리가 직접 운영한다"라는 의미다. 마이크로서비스를 만드는 조직은 중앙의 강력한 거버넌스를 추구하지 않는다. 따라서 마이크로서비스팀으로 구성된 조직은 중앙의 강력한 표준이나 절차 준수를 강요하지 않는다. 각 마이크로서비스팀은 빠르게 서비스를 만드는 것을 최우선 목적으로 두고 스스로 효율적인 방법론과 도구, 기술을 찾아 적용한다. 현실 세계에 비유하자면 작은 정부나 지방자치제도와 유사할 것이다.

그림 1.11은 각 마이크로서비스팀이 자신의 서비스 성격에 맞는 최적의 언어와 저장소를 자율적으로 선택하는 모습을 보여준다. 상품팀은 상품 검색 서비스를 위해 빠른 검색에 특화된 NoSQL인 몽고디비(MongoDB)와 Node.js를 선택했고, 계약팀은 계약 서비스를 위해 자바 언어와 오라클, 레디스(Redis)를 선택했다. 이처럼 각 서비스 팀이 팀에 맞는 개발 언어 및 저장소를 선택하는 것을 각각 폴리글랏 프로그래밍, 폴리글랏 저장소라고 한다.

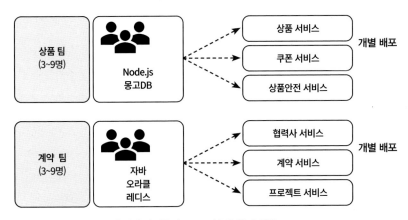

그림 1.11 자율적인 거버넌스 체계

1.3.3 개발 생명주기의 변화: 프로젝트가 아니라 제품 중심으로

기존에는 대부분의 애플리케이션 개발 모델이 프로젝트 단위였다. 그래서 필요한 기술을 사용하는 인력들이 한시적으로 모여 장기간의 프로젝트를 통해 개발을 완료하고 나면 이를 운영 조직에 넘기는 방식으로 진행됐다. 즉, 개발 조직과 운영 조직이 분리돼 있다.

또한 초기에 모든 일정을 계획했다. 요구사항 정의를 통해 개발할 기능을 나열하고, 이에 대한 설계를 진행하며, 설계가 완료돼야 개발이 진행되고, 각 단계는 완료 데드라인이 있어 그 일정을 완료함으로써 최종 기능을 제공한다. 따라서 프로젝트 기간 중에 발생한 변경이나 새로운 아이디어를 포용하지 못했다.

그러나 마이크로서비스팀의 개발은 비즈니스의 갑작스런 트렌드 변화에 유연하게 대처해야 하고 개발뿐만 아니라 운영을 포함한 소프트웨어의 전체 생명주기를 책임져야 한다. 따라서 소프트웨어를 완성해야 할 기능들의 집합으로 보는 것이 아니라 비즈니스를 제공하는 제품(product)으로 바라보고, 우선 개발한 뒤에 반응을 보고 개선하는 방식으로 소프트웨어를 개발한다. 즉, 소프트웨어를 개발하는 빙식 측면에서 프로젝트 형태의 폭포수 모델 또는 빅뱅 방식으로 진행하는 것이 아니라 점진 반복적인 모델, 제품 중심의 애자일(agile) 개발 방식을 채용한다.

이 같은 방식은 약 2~3주 단위의 스프린트(Sprint)를 통해 소프트웨어를 개발 및 배포해서 바로 피드백을 받아 소프트웨어에 반영할 수 있게 해준다. 따라서 소프트웨어를 한시적 프로젝트를 통해 고객의 고정된 요건을 받아 기능이 만족되면 제공 및 전달하는 개념으로 보지 않고 요건의 변화에 따라 지속적으로 개선되고 발전시킬 제품으로 바라본다.

그림 1.12의 왼쪽은 기존의 고정된 요건을 단계별 프로젝트 중심의 생명주기로 구현하는 모습을 보여주고, 오른쪽은 요건의 변경에 따라 지속적으로 개선되는 제품 중심의 소프트웨어 개발 생명주기를 보여준다.

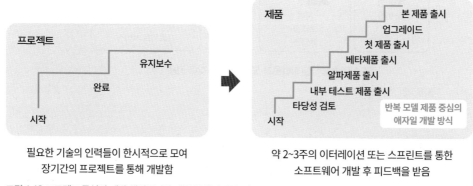

그림 1.12 프로젝트 중심의 개발 생명주기와 제품 중심의 개발 생명주기

즉, 마이크로서비스는 계속 피드백을 받아 지속적으로 변화, 개선되고 향상되는 존재다.

1.3.4 개발 환경의 변화: 인프라 자동화

마이크로서비스는 독립적으로 배포된다. 모노리스처럼 한 덩어리로 배포한다면 수동으로 배포하는 방식도 크게 문제가 없겠지만 마이크로서비스처럼 여러 개로 쪼개진 상태에서는 수동으로 배포하는 방식은 바람직하지 않다. 따라서 여러 개의 마이크로서비스를 빠르게 배포하기 위한 방법이 필요하다.

마이크로서비스가 화려하게 등장한 이유는 클라우드라는 가상 인프라 발전에 기인한다. 그림 1.13과 같이 전체 소프트웨어를 구현하는 과정은 개발 환경을 준비하는 과정, 실제로 소프트웨어를 개발하는 과정, 개발 완료된 소프트웨어를 빌드, 테스트, 배포하는 개발지원과정으로 구분된다.

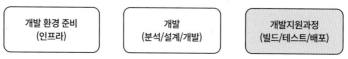

그림 1.13 전체 소프트웨어 구현 과정

앞에서 살펴본 것처럼 첫 단계인 개발 환경 준비 과정에 개발 환경으로 클라우드 인프라를 활용하면 쉽고 빠르게 개발 환경을 준비할 수 있어서 팀의 개발 속도가 높아진다. 그렇다면 개발이 완료된 후에 필요한 빌드, 테스트, 배포와 같은 개발지원과정의 속도는 어떻게 높일 수 있을까? 당연히 이러한 개발지원 활동도 팀의 속도와 품질에 많은 영향을 미치므로 쉽고 빠르게 처리할 수 있으면 좋을 것이다.

가장 좋은 방법은 자동화다. 개발지원 환경을 자동화하는 데는 소스코드를 빌드하는 도구와 빌드와 동시에 테스트하는 도구, 가상화된 인프라에 배포하는 도구가 모두 필요하다. 마이크로서비스팀이 단기간에 제품을 빨리 개발하고 피드백을 받기 위해서는 이러한 개발지원 환경의 자동화가 반드시 갖춰져야 한다. 이 같은 환경은 개발과 운영을 동시에 수행하는 데브옵스(DevOps)를 궁극적으로 가능하게 하므로 데브옵스 개발 환경이라 속칭하기도 한다.

또한 이러한 개발 환경, 개발지원 환경을 자동화하는 것을 모두 통틀어 인프라 자동화라고 하기도 한다. 인프라 자동화는 마이크로서비스 개발 과정의 필수조건이 돼야 한다.

그림 1.14는 이러한 과정을 묘사한 빌드/배포 파이프라인이다.

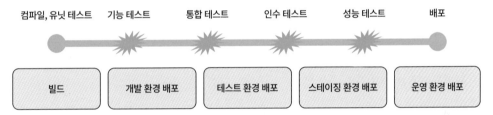

그림 1.14 배포 파이프라인의 자동화

빌드/배포 파이프라인은 일반적으로 '소스코드 빌드' → '개발 환경 배포' → '스테이징(Staging) 환경[9] 배포' → '운영 환경 배포'로 구성된다. 이러한 빌드/배포 파이프라인 프로세스는 도구를 통해 자동화해야 한다. 최근에는 배포 환경이 마이크로서비스 개수에 따라 급격하게 늘어나기 때문에 이를 효율적으로 관리하기 위해 인프라 구성과 자동화를 마치 소프트웨어처럼 코드로 처리하는 방식인 'Infrastructure as Code'가 각광받고 있다. 'Infrastructure as Code'란 코드를 이용해 인프라 구성부터 애플리케이션 빌드, 배포를 정의하는 것을 의미하는데, 이렇게 되면 수많은 하드웨어 리소스 설정을 동일하게 통제할 수 있으며, 상황에 따른 검증되고 적절한 설정을 쉽게 복제하고 누구한테나 공유할 수 있게 돼서 인프라를 매우 효율적으로 관리할 수 있다.

---

9 운영환경과 거의 동일한 환경으로 구성해서 최종 운영환경으로 이관하기 전 여러 가지 비기능 요건(성능, 가용성, 보안, 유지보수성, 확장성 등)을 점검하는 환경이다.

1.3.5 저장소의 변화: 통합 저장소가 아닌 분권 데이터 관리

이전의 모노리스 시스템을 살펴보면 단일 통합 데이터베이스를 사용한다. 이러한 단일 데이터 베이스를 유지하는 방식은 과거 스토리지 가격 및 네트워크 속도에 따른 데이터의 안정성과 효율성을 추구한 결과다. 따라서 데이터를 잘 정리하는 정규화가 반드시 추구해야 할 가치였다. 그러나 지금은 스토리지 가격이 저렴하고 네트워크 대역폭이 매우 커졌다. 데이터를 억지로 꾸깃꾸깃 뭉쳐서 작은 공간에 넣을 필요가 없다.

마이크로서비스는 폴리글랏 저장소(polyglot persistence) 접근법을 선택하며, 서비스별로 데이터베이스를 갖도록 설계한다. 즉, 각 저장소가 서비스별로 분산돼 있어야 하며, 다른 서비스의 저장소를 직접 호출할 수가 없고 API를 통해서만 접근해야 한다는 의미다.

그런데 이러한 구조에서는 비즈니스 처리를 위해 일부 데이터의 복제와 중복 허용이 필요하다. 여기서 반드시 등장하는 문제가 있는데, 바로 각 마이크로서비스의 저장소에 담긴 데이터의 비즈니스 정합성을 맞춰야 하는 데이터 일관성 문제다.

데이터 일관성 처리를 위해서는 보통 2단계 커밋(two-phase commit) 같은 분산 트랜잭션 기법을 사용하는데, 각각 다른 서비스를 하나의 트랜잭션으로 묶다 보면 각 서비스의 독립성도 침해되고 NoSQL 저장소처럼 2단계 커밋을 지원하지 않는 경우도 있다. 따라서 마이크로서비스는 데이터 일관성 문제를 해결하기 위해 두 서비스를 단일 트랜잭션으로 묶는 방법이 아닌 비동기 이벤트 처리를 통한 협업을 강조한다.

이를 가리켜 결과적 일관성(Eventual Consistency)이라는 개념으로 표현하기도 하는데, 간단히 말해 두 서비스의 데이터가 일시적으로 불일치하는 시점에 있고 일관성이 없는 상태지만 결국에는 두 데이터가 같아진다는 개념이다. 즉, 여러 트랜잭션을 하나로 묶지 않고 별도의 로컬 트랜잭션을 각각 수행하고 일관성이 달라진 부분은 체크해서 보상 트랜잭션으로 일관성을 맞추는 개념이다.

다음 페이지의 그림 1.15를 보면 주문 서비스와 배송 서비스가 있고 각 저장소가 분리돼 있다. 주문이 발생하면 반드시 배송 처리가 돼야 하는 비즈니스가 있다고 생각해 보자. 두 업무를 2단계 커밋과 같은 분산 트랜잭션 기법을 사용해 하나로 묶으면 배송 서비스가 실패했을 때 트랜잭션에 포함되는 주문 서비스도 함께 롤백(rollback) 처리해서 데이터의 일관성을 맞출 수 있을 것이다. 그렇지만 하나의 데이터 저장소가 2단계 커밋을 지원하지 않는 저장소라면 이렇게 하기가 불가능할 것이다. 또한 분산 트랜잭션으로 묶는다면 두 서비스가 강하게 결합돼 있어 서비스를 분리한 효과를 누리기 힘들 것이다. 마이크로서비스가 추구하는 다른 방법은 각 트랜잭션을 분리하고 큐(queue) 메커니즘을 이용해 보상 트랜잭션을 활용하는 방법이다.

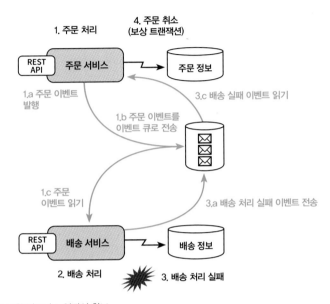

그림 1.15 협업을 통한 비즈니스 일관성 확보

이 경우 다음과 같이 처리해서 비즈니스 일관성을 맞출 수 있다.

1. 주문 서비스가 주문 처리 트랜잭션을 수행한다.

   a. 동시에 주문 이벤트를 발행한다.

   b. 주문 이벤트가 메시지 큐로 전송된다.

   c. 배송 서비스가 주문 이벤트를 인식한다.

2. 배송 서비스가 주문 처리에 맞는 배송 처리 트랜잭션을 수행한다. (비즈니스 일관성 만족)

3. 배송 처리 트랜잭션 중 오류로 트랜잭션을 실패한다.

   a. 배송 처리 실패 이벤트를 발행한다.

   b. 배송 처리 실패 이벤트가 메시지 큐로 전송된다.

   c. 주문 서비스가 배송 처리 실패 이벤트를 인식한다.

4. 주문 서비스는 주문 취소(보상 트랜잭션)를 수행한다. (비즈니스 일관성 만족)

1.3.6 위기 대응 방식의 변화: 실패를 고려한 설계

아마존의 부사장인 버너 보겔스(Werner Vogels)는 '소프트웨어는 모두 실패한다'라고 말한 바 있다. 즉, 시스템은 언제든 실패할 수 있으며, 실패해서 더는 진행할 수 없을 때도 자연스럽게 대응할 수 있도록 설계해야 한다는 말이다. 이러한 성격을 내결함성(fault tolerance)이라 한다.

예전의 시스템 아키텍처는 무결함이나 실패 무결성을 추구했다. 시스템이 다운되지 않고 중단되지 않기 위해서는 완벽을 추구해야 하며 강건해야 했다. 그렇지만 버너 보겔스의 말처럼 어떤 시스템도 실패하지 않을 수 없다. 실패하지 않는 시스템을 만드는 것보다 실패에 빠르게 대응할 수 있는 시스템을 만드는 편이 더 쉽고 효율적이다.

이를 위해서는 다양한 실패에 대비해서 완벽히 테스트할 수 있는 환경을 마련해야 하고, 시스템의 실패를 감지하고 대응하기 위해 실시간 모니터링 체계도 갖춰야 한다. 이러한 예로 서킷 브레이커(circuit breaker) 패턴을 들 수 있는데, 이 패턴은 회로 차단기처럼 각 서비스를 모니터링하고 있다가 한 서비스가 다운되거나 실패하면 이를 호출하는 서비스의 연계를 차단하고 적절하게 대응하는 것을 말한다. 이러한 설계는 서비스가 긴급 장애 상황에 빠르고 유연하고 탄력적으로 대응할 수 있게 한다. 넷플릭스에서는 카오스 몽키(chaos monkey) [10]라는, 장애를 일부러 발생시키는 도구를 만들어 이러한 탄력적인 아키텍처가 제대로 동작하는지 점검하기도 한다.

1.4 정리

1장에서는 클라우드 환경에서 비즈니스 민첩성을 위한 시스템의 조건으로 마이크로서비스의 개념과 특성을 살펴봤다.

국내 소프트웨어 업계에서는 흔히 엄청난 혁신을 가져온 기업들을 살피며 그들의 선진 기술력과 직원들의 뛰어난 개인 능력만 부러워하는 경향이 많았다. 그래서 추구하는 방향성이 이러한 선진 기술을 모방하고 직원 개개인의 역량을 쌓는 것만 강조했다. 그렇지만 앞에서 언급한 아마존 사례 및 마이크로서비스의 개념과 특성들을 보면 혁신의 동력이 단지 우수한 기술과 개인 역량에만 의존하는 것은 아니라는 점을 알 수 있다.

---

10 카오스 엔지니어링(chaos engineering)의 주요 애플리케이션 중 하나. 카오스 엔지니어링이란 운영 중인 서비스에서 발생할 수 있는 각종 장애 조건을 견딜 수 있는 신뢰성을 확보하기 위해 분산 시스템을 테스트하는 것을 의미한다.

그렇다면 혁신이나 비즈니스 민첩성의 진정한 동력은 무엇일까? 앞에서 살펴봤다시피 기술이나 아키텍처만 파고든다고 되는 것은 아니다. 특히 마이크로서비스 기반의 시스템을 구축할 때 언급되는 MSA(Microservice Architecture)라는 용어를 문자 그대로 아키텍처나 기술로만 생각하는 경향이 있는데 이는 바람직하지 못하다. 왜냐하면 소프트웨어 개발 활동은 홀로 진행하는 것이 아니기 때문이다. 인간 생활을 편리하게 만들고, 업무의 혁신을 가져오는 소프트웨어는 혼자서만 개발할 수 없다. 다양한 사람들의 의견을 받아 나누는 논의 중에 진정 가치 있는 아이디어가 나오고, 협업을 통해 개발하며, 또 다른 사람들의 피드백을 통해 끊임없이 개선해야 하는 창의적인 활동이다.

즉, MSA는 다양한 사람들이 만나서 협업하는 방식, 조직 문화의 진화된 결과물이라고 생각해야 한다. 따라서 MSA의 성공을 위해서는 아키텍처 및 개인 역량에만 집중할 것이 아니라 조직 문화, 일하는 절차 등을 고려해야 한다. 이 모든 것들이 서로의 필요조건 및 충분조건이 되고 모두 어우러질 수 있을 때 잘 구조화된 아키텍처도 빛을 볼 수 있다.

따라서 그림 1.16과 같이 MSA를 지향하려면 클라우드 환경에서 비즈니스 민첩성을 강화하기 위한 3가지 요소, 즉 기술 측면에서는 자동화된 개발 환경 기반의 마이크로서비스 아키텍처, 일하는 방식 측면에서는 점진 반복적인 개발 프로세스, 조직문화 측면에서는 자율적인 업무 기능 중심 팀과 자율적인 개발 문화가 필요하다는 사실을 이해해야 할 것이다.

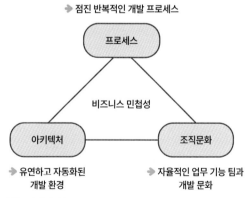

그림 1.16 비즈니스 민첩성을 위한 3가지 요소

MSA의 이해

1장에서 MSA의 성공을 위해서는 기술 역량이 전부는 아니라는 점을 살펴보고 마이크로서비스 개발을 위한 조직, 개발 문화, 프로세스에 대해서도 잠시 알아봤다. 이번 장에서는 본격적으로 기술 영역인 아키텍처에 대해 살펴보자.

우선 리액티브 선언을 통해 현대 아키텍처의 경향과 방향성을 알아보고 한덩어리로 구성된 모노리스 시스템에서 여러 조각으로 구성되는 마이크로서비스 서비스 시스템으로 변화함에 따라 발생하는 문제점들을 해결하기 위해 등장했던 MSA 패턴들을 살펴보겠다.

2.1 리액티브 선언: 현대 애플리케이션이 갖춰야 할 바람직한 속성들

소프트웨어 아키텍처란 소프트웨어를 구성하는 요소와 그 구성요소 간의 관계를 정의한 것이다. 또한 아키텍처를 정의하는 과정은 시스템 구축을 위한 여러 가지 비기능 요건(성능, 가용성, 보안, 유지보수성, 확장성 등)을 만족하는 다양한 해결 방법을 찾는 과정이다. 다른 말로 표현하면 여러 문제 영역에 대한 해결책을 찾는 과정이다.

특히 마이크로서비스 아키텍처는 클라우드라는 가상화된 인프라를 활용해서 구조화하는 것이기 때문에 가상화된 인프라의 특징을 고려해서 설계해야 한다. 그렇다면 이러한 클라우드 인프라를 고려했을 때 가장 신경 써야 할 요소는 무엇일까?

현대의 애플리케이션은 도처에 존재한다. 가깝게는 스마트폰이나 데스크톱 컴퓨터에 탑재되는 애플리케이션부터, 멀게는 생활가전이나 IoT 기기에 탑재되는 애플리케이션 등이 있다. 사람들은 이러한 기기에 포함된 애플리케이션이 요청에 즉각 응답하고 항상 가동되길 기대한다. 이 같은 현대 애플리케이션에 대한 기대를 잘 표현한 문서가 있는데, 바로 2014년 요나스 보네르(Jonas Bonér) 등이 선언한 리액티브 선언문(The Reactive Manifesto)이다. 리액티브 선언문에서는 그림 2.1과 같이 응답성(Responsive), 탄력성(Resilient), 유연성(Elastic), 메시지 기반(Message Driven)이라는 4가지 특성을 강조하고, 이러한 요건을 만족하는 시스템을 리액티브 시스템이라고 정의한다.

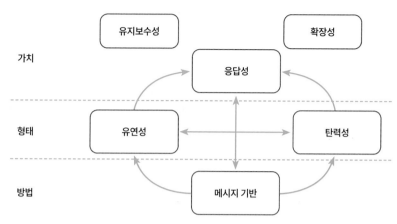

그림 2.1 리액티브 선언의 4가지 요소

- **응답성(Responsive)**: 사용자에게 신뢰성 있는 응답을 빠르고 적절하게 제공하는 것을 의미한다.
- **탄력성(Resilient)**: 장애가 발생하거나 부분적으로 고장 나더라도 시스템 전체가 고장 나지 않고 빠르게 복구하는 능력을 의미한다.
- **유연성(Elastic)**: 시스템의 사용량에 변화가 있더라도 균일한 응답성을 제공하는 것을 의미하며, 시스템 사용량에 비례해서 자원을 늘리거나 줄이는 능력을 말한다.
- **메시지 기반(Message Driven)**: 비동기 메시지 전달을 통해 위치 투명성, 느슨한 결합, 논블로킹 통신을 지향하는 것을 의미한다.

이러한 4가지 요소는 모두 리액티브 시스템을 만들기 위한 요소이고, 각 요소는 상호 보완적이다. 4가지 요소를 묶어서 설명하면 리액티브 시스템은 첫 번째 요소인 사용자에게 가장 빠르고 적절한 응답을 제공하기 위해 장애로부터 빠르게 회복하고(탄력성), 시스템은 사용량 트래픽에 반응해 시스템 자원 조절을 유연하게 수행하며(유연성), 메시지 기반 통신을 통해 느슨한 결합과 위치 투명성을 제공해야 한다는 의미다.

그렇다면 이러한 시스템을 왜 리액티브 시스템이라 할까? 왜 리액티브(reactive)라는 단어를 사용할까? reactive의 사전적 의미는 '반응을 보이는'이다. 이는 다양한 상황에 따라 빠르고 적절하게 반응하는 시스템을 의미한다. 여기서 '다양한 상황'이란 여러 프런트엔드 장비나 시스템이 연계하는 레거시 시스템과 내부 장비들, 그리고 빈번히 발생하는 장애나 트래픽 증감을 의미한다. 즉, 급변하는 상황에 적응할 수 있는 시스템을 요구하는 것이다.

여기서 리액티브 시스템이 반드시 갖춰야 할 공통적인 특성 하나를 발견할 수 있다. 바로 아키텍처 유연성[1](flexibility)이다. 리액티브 시스템이 신뢰성 있는 응답을 빠르게 제공하고 부분적 장애가 빨리 복구되고 수요 증가에 탄력적으로 대응하기 위해서는 시스템 자체가 변화와 확장에 언제든지 대응할 수 있는 아키텍처 유연성을 갖추는 것이 필수다.

아키텍처 유연성은 시스템을 구성하는 구성요소 간의 관계들이 느슨하게 맺어져 있어 언제든지 대체되거나 추가 확장될 수 있는 특성을 말한다. 특히 클라우드 인프라 자체가 변화무쌍한 비즈니스 환경에 대응할 수 있는 유연성과 확장성을 갖추고 있기 때문에 그것을 사용하는 애플리케이션 아키텍처도 반드시 이 같은 아키텍처 유연성을 갖춰야 한다.

앞에서 설명한 4가지 요소 중에서 '메시지 기반'이라는 요소가 이러한 아키텍처 유연성을 만족시키는 요소라 할 수 있다. 메시지 기반 특성은 이후에 살펴볼 마이크로서비스 아키텍처에서도 마이크로서비스 간의 의존성을 줄이는 중요한 특성이 된다. 이어지는 절에서 의존성을 줄이는 아키텍처가 어떻게 변화해 왔는지 살펴보자.

2.2 강 결합에서 느슨한 결합의 아키텍처로의 변화

예전에는 아키텍처의 구성요소들을 각 기업이나 특정 벤더의 제품에 전적으로 의존해서 구축하거나 수정이 필요한 부분만 별도로 직접 개발하는 경우가 많았다. 따라서 특정 벤더 솔루션이나 프레임워크가 변경될 경우 그것에 의존하는 애플리케이션의 많은 부분들을 변경해야 할 정도로 강 결합돼 있었다. 이처럼 특정 벤더 중심의 아키텍처는 검증된 유명 제품군을 사용한다는 점에서 품질이 보장된다고 생각할 수 있는 반면, 특정 벤더에 의존한다는 점에서 특정 기술에 락인(lock-in)되어 쉽게 변경하거나 확장하지 못한다는 단점이 있다.

그러나 최근에 이러한 분위기를 바꿔 하나의 벤더에 의존하거나 직접 구축할 필요가 적어졌다. 왜냐하면 클라우드 환경하에서 사용되는 오픈소스 또는 오픈소스를 기반으로 한 상용 제품들이 이전의 유명 벤더의 제품군 만큼이나 품질이 높아지고 다양한 기능을 지원하면서 서로 다른 오픈소스 제품 간에도 충분한 호환성을 제공하기 때문이다.

1 　보통 flexibility를 한국어로 '유연성, 적응성, 탄력성'이라 해석하는데 앞의 리액티브 시스템의 특성 중 elastic도 유연성이라 해석했으므로 구분해서 이해할 필요가 있다.

이러한 흐름은 아키텍처 설계 활동에도 변화를 가져왔는데, 예전에는 검증된 기술이나 솔루션을 기반으로 기술을 직접 구현하는 폐쇄적인 방식이었던 것에 비해 최근의 아키텍처 설계는 필요한 영역에 적절한 솔루션을 선택하고 조합하는 개방적인 방식으로 바뀌고 있다.

최근 아키텍처 설계 문서들을 보면 그림 2.2와 같이 각 솔루션의 로고로 채워지는 경향이 있는데, 이것은 아키텍처링이 유연하고 호환성 있는 적절한 솔루션 및 오픈소스를 선택하는 과정임을 보여준다. 그림 2.2를 보면 하부에서 상부까지 이르는 각 시스템 레이어에서 어떤 제품을 선택했는지 확인할 수 있다.

그림 2.2 레이어별로 선택된 애플리케이션

그림 2.3은 클라우드 네이티브 컴퓨팅 재단(CNCF)[2]에서 제공하는 클라우드 네이티브 지형도(cloud native landscape)[3]다. 보다시피 클라우드 기반의 애플리케이션을 구축하는 데 필요한 인프라 및 애플리케이션 영역에서 다양한 오픈소스 제품이나 상용 제품이 사용되고 있다. 특히 이 클라우드 네이티브 지형도는 매년 매분기마다 업데이트되고 있는데, 얼마나 많은 영역에서 다양한 오픈소스 및 제품들이 생겨나고 포진돼 있는지 알 수 있다. 따라서 아키텍트는 이처럼 다양한 기술 영역의 변화 흐름을 이해하고 따라가야 하며, 최적의 클라우드 환경을 구성할 적절한 제품 및 솔루션을 선택해서 조합할 필요가 있다. 또한 이러한 모습은 강 결합 위주의 모노리스 아키텍처가 유연하고 느슨하게 결합되는 마이크로서비스 기반 아키텍처로 변화되고 있음을 보여주기도 한다.

---

2 2015년에 출범한 CNCF(Cloud Native Computing Foundation, https://www.cncf.io/)는 컨테이너와 관련된 다양하고 기술적인 문제들을 오픈소스로 해결하는 것을 목표로 삼아 리눅스 재단 산하에 설립된 재단이다. 대표적으로 쿠버네티스(Kubernetes)와 프로메테우스(Prometheus) 같은 클라우드 네이티브 오픈소스 기술들을 추진하고 관리하는 단체다.

3 https://landscape.cncf.io/

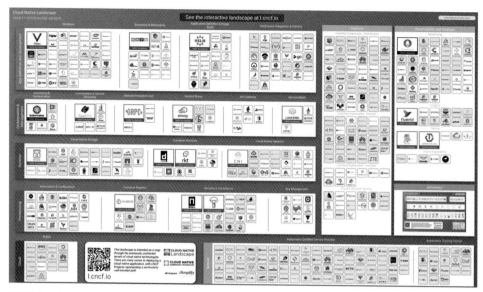

그림 2.3 클라우드 네이티브 지형도

2.3 마이크로서비스의 외부 아키텍처와 내부 아키텍처

그림 2.4는 실제로 구현했던 마이크로서비스 아키텍처의 예다. 각 구성요소들은 대체하거나 변경할 수 있도록 구성했다.

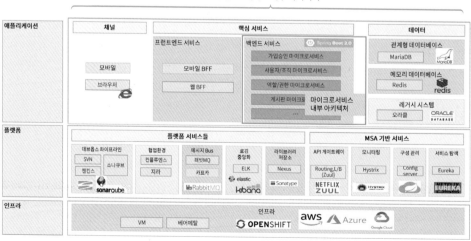

그림 2.4 아키텍처 구조

밑에서부터 인프라, 플랫폼, 애플리케이션 영역으로 구분되며, 각 관계를 설명하면 맨 아래에 기반이 되는 하드웨어 인프라가 있고, 인프라 영역 위에 애플리케이션을 운영 및 구동하기 위한 플랫폼이 올라가며, 플랫폼 위에 애플리케이션인 서비스가 구동된다. 여기서 아래의 인프라 영역과 플랫폼 영역, 애플리케이션 영역에 있는 구성요소 및 그것들의 관계를 정의하는 것을 MSA 외부 아키텍처(outer architecture) [4]라 한다.

외부 아키텍처는 마이크로서비스가 운영되는 환경을 정의한다. 여기에는 인프라 환경, 플랫폼 환경, 마이크로서비스가 운영되는 애플리케이션 환경이 모두 포함되며, 특히 애플리케이션 측면에서는 여러 개의 마이크로서비스를 관리하고 운영하기 위한 애플리케이션도 모두 포함된다. 이러한 환경을 클라우드 아키텍처가 요구하는 유연성과 확장성을 고려해서 정의해야 하는 것이다.

또한 실제로 비즈니스가 실행되는 비즈니스 애플리케이션, 즉 각 마이크로서비스의 내부 구조도 정의해야 하는데, 이를 MSA 내부 아키텍처(inner architecture)라고 한다. 내부 아키텍처는 마이크로서비스가 제공하는 API, 비즈니스 로직, 이벤트 발행, 데이터 저장 처리 등을 어떻게 구조화해야 하는가에 관한 내용이다. 당연히 이 구조도 변화에 적응 가능하도록 유연하고 확장성 있게 구현해야 한다.

2.4 MSA 구성요소 및 MSA 패턴

앞에서 아키텍처가 문제 영역에 대한 솔루션을 제공하는 것이라 했는데, MSA에서는 어떤 문제 영역이 있을까? 또한 어떤 해법으로 그 문제를 해결할까? 이처럼 어떤 문제 영역에 대해 여러 사람들에 의해 검증되어 정리된 유용한 해법을 아키텍처 스타일 또는 아키텍처 패턴이라고 부르며, 마이크로서비스 아키텍처에도 이 같은 패턴이 존재한다.

저명한 소프트웨어 아키텍트인 크리스 리처드슨(Chris Richardson)은 마이크로서비스 관련 기술을 설명하는 자신의 온라인 매체인 microservices.io [5]에서 이러한 마이크로서비스 아키텍처 패턴을 인프라 패턴, 애플리케이션 인프라 패턴, 애플리케이션 패턴 등으로 분류해서 정의했다.

---

[4] 외부 아키텍처에 대한 InfoQ 자료: https://www.infoq.com/articles/navigating-microservices-architecture/
[5] https://microservices.io/patterns/index.html, 《마이크로서비스 패턴》(길벗, 2020)에서도 각 패턴이 상세히 정리돼 있다.

크리스 리처드슨의 아키텍처 패턴도 유용한 분류 방법이지만 여기서는 실제로 시스템을 개발하는 개발자의 입장에서 마이크로서비스 시스템을 구현하기 위해 밟아야 할 단계들을 순서대로 살펴보겠다.

우선은 인프라가 구축돼야 하고, 그 위에 미들웨어가 올라가고, 미들웨어 위에서 애플리케이션이 동작해야 한다. 따라서 인프라, 미들웨어 영역을 대신하고 있는 플랫폼, 애플리케이션 순으로 살펴보자.

먼저 클라우드 인프라 패턴이라고도 부를 수 있는 클라우드 인프라 영역의 구성요소를 살펴보겠다. 그다음부터 선택한 인프라 위에 구성해야 하는 플랫폼, 애플리케이션 관련 패턴들을 살펴보겠다.

표 2.1 MSA 구성요소 및 패턴의 유형

패턴 유형	설명
인프라 구성요소	마이크로서비스를 지탱하는 하부구조 인프라를 구축하는 데 필요한 구성요소
플랫폼 패턴	인프라 위에서 마이크로서비스의 운영과 관리를 지원하는 플랫폼 차원의 패턴
애플리케이션 패턴	마이크로서비스 애플리케이션을 구성하는 데 필요한 패턴

이번 장에서는 먼저 마이크로서비스가 동작하고 운영되는 그릇인 마이크로서비스 외부 아키텍처 중심으로 설명하며, 시스템의 기반을 지탱하는 인프라 구성요소부터 살펴보자.

2.4.1 인프라 구성요소

IT 업계에서 '인프라'의 의미는 엔터프라이즈 IT 환경을 운영하고 관리하는 데 필요한 근간이 되는 하드웨어, 소프트웨어, 네트워킹 구성요소, 운영체제, 데이터 스토리지 등을 모두 포괄한다. 클라우드 환경에서는 이러한 인프라 구성요소가 가상화되어 제공되며, 각 유형을 살펴보면 다음과 같다.

퍼블릭 클라우드와 베어 메탈[6], 프라이빗 클라우드 환경

예전에 오랜 시간에 걸쳐 힘들게 구축했던 인프라를 이제는 AWS, 구글, 마이크로소프트, IBM 등 세계적인 플랫폼 사업자들이 자동화된 IaaS(Infrastructure as a Service), PaaS(Platform

---

6 어떤 소프트웨어도 담지 않은 하드웨어 서버 제품군 자체를 의미한다.

as a Service) 서비스[7]를 통해 쉽고 편하게 이용할 수 있게 제공한다. 예를 들면, 시스템의 자원 구성, 할당, 관리, 모니터링 등이 클라우드 서비스로 구성돼 있어 일련의 설정 작업을 몇 번의 버튼 클릭만으로 처리할 수 있다.

이 같은 환경에서 아키텍트가 해야 할 일을 하나씩 살펴보면 먼저 맨 하부의 시스템의 기반이 되는 인프라를 구축해야 한다. 여기서 고민은 기존의 물리적인 베어 메탈 장비를 구매해서 구축해야 하느냐, 아니면 가상화 환경을 선택해서 이용하느냐다. 또 가상화 환경에 구축하기로 결정했더라도 클라우드 사업자가 서비스로 제공하는 퍼블릭 IaaS, PaaS를 선택할지 또는 직접 구매하거나 기존의 보유한 베어 메탈 서버에 프라이빗 PaaS를 구축할지를 고민해야 한다.

사실 마이크로서비스는 어떠한 장비에도 구동될 수 있다. 마이크로서비스는 어떠한 환경에서도 유연하도록 구성돼야 하므로 특정 인프라를 고집하지 않는다. 그렇지만 가상화 장치 없이 베어 메탈 장비로 마이크로서비스 애플리케이션을 구동한다면 마이크로서비스마다 베어메탈 장비를 구축해야 하고, 인프라의 유연한 확장/축소를 기대하기 힘든 무모한 작업이 될 것이다. 따라서 당연히 가상 인프라 환경을 검토할 필요가 있으며, MSA 시스템을 위한 베어 메탈을 고려한다면 그것은 베어 메탈에 별도의 프라이빗 클라우드 환경을 구축하는 것을 의미한다.

예전 같으면 이러한 하위의 인프라 선택이 그 위에 올라가는 다른 소프트웨어 구성요소에 영향을 끼쳤겠지만 요즘은 인프라환경으로 퍼블릭 클라우드 환경이나 프라이빗 클라우드 환경이나 어떤 것을 선택하든 다른 아키텍처 요소와 유연하게 결합할 수 있어 크게 신경 쓸 필요가 없다. 이것은 이러한 모든 소프트웨어들이 상호 독립적이고 서로 호환되도록 유연한 구조로 만들어졌기 때문이다. 이처럼 유연성이 클라우드 기반 소프트웨어의 필수 요소로 자리 잡고 있는 것이 요즘 추세다.

VM과 컨테이너

가상 인프라 환경을 활용하기로 선택했다면 그다음으로 가장 먼저 고민해야 할 사항은 가상 머신(VM; Virtual Machine) 제품과 컨테이너 기반 제품 중 하나를 선택하는 문제다.

우선 차이점을 살펴보면 가상 머신은 그림 2.5의 왼쪽과 같이 하이퍼바이저(hypervisor)라는 소프트웨어를 이용해 하나의 시스템에서 여러 개의 운영체제를 사용하는 기술이다. 반면 그림 오른쪽의 컨테이너는 하이퍼바이저 없이 컨테이너 엔진을 사용해 가상의 격리된 공간을 생성한다.

---

7 클라우드 서비스의 유형으로 크게 인프라를 가상으로 제공하는 서비스인 IaaS(Infrastructure as a Service), 인프라 위에 개발 환경까지 가상으로 제공하는 PaaS(Platform as a Service), 그 위에 애플리케이션까지 제공하는 SaaS(Software as a Service)가 있다.

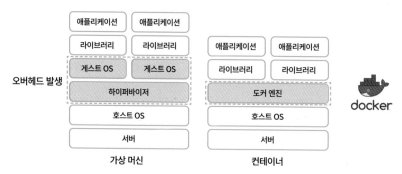

그림 2.5 가상 머신과 컨테이너

차이점은 게스트 OS의 유무로 볼 수 있는데, 게스트 OS를 사용하는 가상 머신에서는 운영체제 패치 설치나 관련 라이브러리 설치 같은 오버헤드가 지속적으로 발생한다. 따라서 마이크로서비스 같은 작은 서비스를 패키지하고 배포하기에는 컨테이너 환경이 더 적합하다. 가장 대표적인 컨테이너 기술로는 필요 라이브러리나 실행 파일을 여러 개의 레이어 이미지로 추가하거나 변경할 수 있는 도커(Docker)가 유명하고 가장 많이 사용된다.

도커 컨테이너는 그림 2.6과 같이 레이어 단위의 이미지를 포개는 방식으로 구성되며, 밑에서부터 애플리케이션 구동을 위한 기반 이미지, 운영체제, 런타임, 애플리케이션이 이미지로 정의된다.

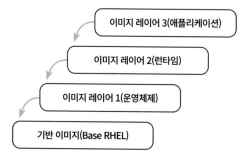

그림 2.6 컨테이너 이미지 레이어

도커 컨테이너는 다음과 같은 이점이 있다.

- **이식성**: 어떠한 호스트 커널이나 플랫폼 버전에 상관없이 도커만 실행할 수 있으면 사용 가능하며 동일하게 동작된다.

- **신속성**: 크기가 작고 가볍기 때문에 빠르게 배포 가능하며, 문제 발생 시 수정할 필요 없이 새로 기동하면 된다.

- **재사용성**: 동일한 환경을 재사용해서 쉽게 설정 가능하기 때문에 개발, 테스트, 스테이징, 프로덕트 환경을 동일한 환경으로 구축하기가 쉽다.

앞서 언급했지만 마이크로서비스 같이 독립적으로 배포되고 수정되기 위한 환경은 가상 머신보다는 컨테이너가 더 적절하다. 왜냐하면 마이크로서비스의 가변적이고 유연한 속성을 컨테이너가 쉽고 빠르게 지원할 수 있기 때문이다.

가장 많이 사용하는 가상 머신 제품군으로는 AWS EC2, 애저(Azure) VM 등이 있고, 컨테이너 기술로는 도커 외에 Unikernels, LXD, OpenVZ, RKt 등이 있으나 도커가 가장 유명하고 실질적 표준으로 자리 잡고 있다.

컨테이너 오케스트레이션

컨테이너 기술을 선택했다면 컨테이너를 관리하기 위한 기술 또한 필요하다. 컨테이너가 많아지면 그에 따라 컨테이너의 자동 배치 및 복제, 장애 복구, 확장 및 축소, 컨테이너 간 통신, 로드 밸런싱 등의 컨테이너 관리를 위한 기능이 필요해진다.

이러한 기술을 컨테이너 오케스트레이션(Container Orchestration)이라 한다. 컨테이너 오케스트레이션 도구로는 도커 스웜(Docker Swarm), 아파치 메소스(Apache Mesos) 등이 있다. 최근에는 구글이 자사의 도커 컨테이너 관리 노하우를 CNCF 재단에 제공해서 공개한 쿠버네티스(Kubernetes)[8]가 큰 인기를 끌고 있는데, 쿠버네티스를 이용하면 손쉽게 사설 컨테이너 플랫폼 환경을 구축할 수 있기 때문이다.

그림 2.7은 쿠버네티스를 설치하면 볼 수 있는 대시보드 화면이다.

---

8 2014년 구글의 의해 처음 발표됐으며, 리눅스 재단 산하에 설립된 CNCF(Cloud Native Computing Foundation)에 쿠버네티스를 제공하고 대중화됐다. 현재 쿠버네티스는 CNCF에서 관리되고 있다. 쿠버네티스를 K8s라는 약칭으로 표기하기도 하는데, 숫자 8은 K와 s 사이에 포함된 문자 수를 의미한다.

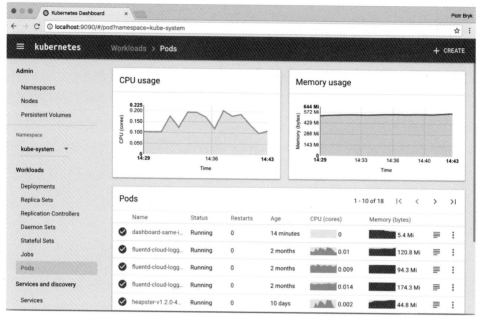

그림 2.7 쿠버네티스 대시보드

쿠버네티스나 AWS 같은 플랫폼 사업자가 제공하는 대부분의 PaaS UI는 대부분 이와 유사한 시각적인 대시보드를 제공하는데, 이곳에서 컨테이너 배포의 기본 단위에 해당하는 파드(Pod), 디플로이먼트(Deployment), 레플리카셋(Replica Sets) 정보를 확인하고 설정할 수 있다. 쿠버네티스는 다음과 같은 주요 기능을 제공한다.

- **자동화된 자원 배정(Automatic binpacking)** [9]: 각 컨테이너가 필요로 하는 CPU와 메모리를 쿠버네티스에 요청하면 컨테이너를 노드에 맞춰 자동으로 배치한다.

- **셀프 치유(Self-healing)**: 컨테이너의 이상 유무를 점검(health check)해서 실패한 경우 자동으로 교체하고 재스케줄링한다.

- **수평 확장(Horizontal scaling)**: 일정 CPU 및 메모리 사용량을 초과하면 자동으로 확장한다.

또한 쿠버네티스는 이후에 설명할 애플리케이션으로 구현 가능한 일부 마이크로서비스 운영/관리 패턴을 자체적으로 내장하고 있기도 하다. 이러한 대중성과 인기에 힘입어 최근에는 AWS,

---

9   Binpacking problem이란 n개의 아이템을 m개의 통(bin)에 채워 넣는 문제로, 최소의 공간에 최대의 아이템을 채워 넣는 알고리즘을 말하며, 리소스를 효율적으로 사용하는 것을 의미한다.

애저, Pivotal, IBM 등 자체적인 컨테이너 기반의 PaaS 서비스를 제공하는 CSP 사업자들도 별도로 쿠버네티스 기반의 컨테이너 서비스를 제공하고 있다.

그 밖의 다양한 클라우드 인프라 서비스

앞에서 기존의 베어 메탈 서버의 역할을 대체할 가상 머신, 도커, 쿠버네티스 등을 살펴봤는데, 이 밖에도 다양한 클라우드 인프라 환경과 서비스가 있다.

AWS, Azure, GCP 등의 CSP 사업자 모두 기존의 물리 서버, 네트워크, 스토리지, DB를 대체할 다양한 가상 서버, 가상 네트워크 및 가상 스토리지, 가상 DB 등을 제공하고 있으며, 이들의 연계는 퍼블릭/프라이빗 간, 가상/물리 레거시 시스템 간에 모두 가능하다.

따라서 클라우드 인프라 선택지는 다양하다. 애플리케이션 형태를 MSA가 아닌 모노리스 시스템으로 구축하기 위해서는 가상 머신 클라우드 제품군인 AWS EC2, Azure VM을 사용할 수도 있고 모노리스 시스템이 아니라 MSA 시스템으로 간다고 해도 쿠버네티스는 아니지만 동일하게 컨테이너 기반인 AWS Elastic Beanstalk나 Elastic Container Service(ECS), Azure Web App, Google App Engine 등의 PaaS를 고려할 수도 있다.

처음에 클라우드 서비스 제품군을 접하면 각 벤더가 위와 같이 매우 다양한 제품군을 제공하기 때문에 선택하기가 어렵다. 그렇지만 이러한 서비스들을 클라우드 서비스 유형(IaaS, PaaS, CaaS)으로 묶어서 보면 단순해진다. 다음은 앞에서 언급한 다양한 클라우드 환경을 서비스 유형으로 분류하고 이에 따른 각 벤더의 대표 서비스를 나열한 것이다.

서비스 유형별 대표적인 클라우드 서비스

▪ **IaaS(Infrastructure as a Service)**: 가상 머신, 스토리지, 네트워크 같은 인프라를 필요한 만큼 적시에 제공하는 서비스로서 사용자는 이러한 인프라를 이용해 개발 환경을 구성한 후 애플리케이션을 배포한다. 가상 서버, 가상 네트워크, 가상 스토리지라 생각하면 이해하기 쉽다.

　예) AWS EC2(Elastic Compute Cloud), GCP Compute Engine, Azure VM

▪ **CaaS(Container as a Service)**: 컨테이너 기반 가상화를 사용해 컨테이너를 업로드, 구성, 실행, 확장, 중지할 수 있는 서비스다. 애플리케이션을 바로 구동할 수 있는 환경을 제공한다는 점에서 PaaS와 유사하지만 다른 환경에도 이식 가능한 컨테이너 기반 가상화를 제공한다는 점이 다르다.

　예) 마이크로소프트의 Azure Kubernetes Service(AKS), 아마존의 Elastic Kubernetes Service(EKS), Google Kubernetes Engine(GKE), AWS ECS

- PaaS(Platform as a Service): 복잡함 없이 애플리케이션을 곧바로 개발, 실행, 관리할 수 있는 플랫폼 환경을 서비스 형태로 제공한다. IaaS 위에 실제로 애플리케이션이 실행될 수 있는 미들웨어나 런타임까지 탑재된 환경이라 생각하면 이해하기 쉽다.

  예) Azure Web App, Google App Engine, Cloud Foundry, Heroku, AWS Elastic Beanstalk

2.4.2 마이크로서비스 운영과 관리를 위한 플랫폼 패턴

지금까지 마이크로서비스를 적재하기 위한 기반이 되는 클라우드 인프라 요소를 살펴봤다. 다음으로 마이크로서비스의 원활한 동작을 지원하는 플랫폼 환경을 살펴보자.

애플리케이션이 실제로 구동되는 인프라 환경을 결정했다면 그다음으로 선택한 인프라 환경 위에서 애플리케이션을 운영하고 관리하는 환경을 구성하는 방법을 생각해야 한다. 특히 애플리케이션을 빌드하고 인프라에 배포할 수 있는 환경이 중요하다.

왜냐하면 앞서 살펴본 마이크로서비스의 개념에서 마틴 파울러도 강조했지만 MSA 시스템을 구성하는 수많은 마이크로서비스를 하나하나 수동으로 빌드하고 배포한다면 비효율적이고 큰 혼란을 가져올 것이기 때문이다. 따라서 이러한 과정을 하나하나 통제하고 자동화하는 것이 중요해졌다.

개발 지원 환경: 데브옵스 인프라 구성

그래서 필요한 요소가 마이크로서비스를 빌드하고 테스트한 뒤 배포할 수 있게 도와주는 개발 지원 환경인 데브옵스(DevOps) 환경이다. 데브옵스는 앞에서 언급한 것처럼 개발과 운영이 분리되지 않은 개발 및 운영을 병행할 수 있는 조직 또는 그 문화를 일컫는데, 여기서는 협의의 의미로 개발과 운영을 병행 가능하게끔 높은 품질로 소프트웨어를 빠르게 개발하도록 지원하는 빌드, 테스트, 배포를 위한 자동화 환경을 말한다.

그렇다면 이러한 자동화 환경이 왜 필요하게 됐는지 과거의 수동 빌드 및 배포 과정을 그림 2.8을 통해 살펴보자.

그림 2.8 수동 배포 절차

1. 개발자는 개발 환경에서 애플리케이션을 완성하고, 컴파일하고 수동으로 테스트한 후 발생한 오류를 수정한 뒤 스테이징 환경에 배포한다.

2. 개발자는 운영 환경에 배포하기 전에 스테이징 환경에서 다시 수동으로 테스트한다. 그러다 오류가 발생하면 첫 환경인 개발 환경으로 돌아가 오류를 수정한 뒤 스테이징 환경에서 다시 테스트를 수행한다.

3. 이러한 과정이 무사히 끝나면 배포 승인을 받고 승인 완료 후 배포 담당자가 애플케이션을 운영 환경에 배포한다.

이러한 수동 빌드/배포 과정에는 정말 많은 시간이 소요된다. 또한 마지막에 배포를 처리하는 배포 담당자는 보통 시스템 사용률이 낮은 야간에 시스템을 장시간 멈추고 배포 작업을 진행하는 경우가 많다. 당연히 이러한 환경에서는 비즈니스 민첩성이 높을 수 없다. 따라서 이 같은 활동을 자동화할 필요가 생기는데, 특히 여러 개의 마이크로서비스를 배포해야 하는 환경에서는 배포가 잦을 수밖에 없기 때문에 자동화가 절실하다.

자동화된 빌드나 배포 작업을 보통 CI/CD라고 하며, 여기서 CI는 지속적 통합(Continuous Integration)을 가리킨다. 원래 지속적 통합은 애자일 방법론 중 켄트 벡(Kent Back)이 만든 XP(eXtreme Programming)의 주요 프랙티스로 시작됐으며, 오랜 시간이 걸리는 빌드를 매일 자동화해서 수행한다면 개발 생산성이나 소스코드 품질이 높아진다는 경험에서 출발했다.

이번에는 그림 2.9를 통해 지속적 통합/배포가 진행되는 과정을 살펴보자.

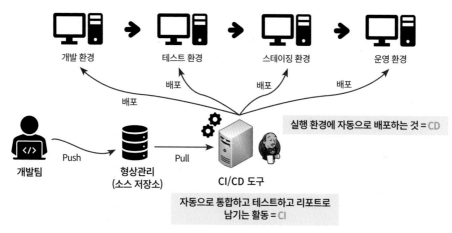

그림 2.9 자동 빌드 및 배포 절차

1. 개발자들이 퇴근할 때 매일 자신이 작성한 소스코드와 그것을 테스트한 테스트 코드를 형상관리 시스템에 보낸다(Push).

2. 빌드 도구에서 매일 밤 형상관리 서버의 코드를 가져와(Pull) 통합한 다음, 자동으로 빌드하고 테스트 코드를 실행해 테스트를 수행한다.

3. 테스트 수행 결과를 리포트 문서로 기록하고, 빌드된 소스코드를 스테이징 환경에 자동으로 배포한다.

4. 다음날 테스터가 스테이징 환경에서 테스트를 수행한다. 또는 빌드 및 단위 테스트 결과를 개발자가 확인하고 문제가 있다면 즉시 소스코드를 수정한다.

자동으로 통합 및 테스트하고 그 결과를 리포트로 기록하는 활동을 CI라 하고, 실행 환경[10]에 내보내는 활동을 CD라 한다.

이번에는 CD에 대해 좀 더 살펴보자. CD는 지속적 제공(Continuous Delivery) 및 지속적 배포(Continuous Deployment)를 의미하며, 두 가지 의미를 모두 포함하고 있다. 그림 2.10을 통해 차이점을 살펴보자면 먼저 지속적 제공은 빌드된 소스코드의 실행 파일[11]을 실행 환경에 반영하기 전 단계까지 진행하는 방식이다. 따라서 아직 실행 환경에 배포되지 않았고 실행 환경에 반영하기 위해서는 승인 및 배포 담당자의 허가를 받아야 하며, 배포도 수동으로 처리한다. 다소 엄격한 배포 절차를 밟는다고 할 수 있다. 반면 지속적 배포[12]는 소스코드 저장소에서 빌드

---

10 여기서는 애플리케이션이 동작하는 환경, 개발 환경, 테스트 환경, 스테이징 환경, 운영 환경을 모두 실행 환경이라고 표현했다.

11 실행 파일은 애플리케이션이 동작하도록 컴파일되어 패키징된 실행 단위를 의미한다. 자바의 .war, .jar 파일 또한 이 모든 것을 묶은 도커 컨테이너 인스턴스가 될 수 있다.

12 지속적 배포는 본문에서 언급한 것처럼 정확히는 모든 영역을 자동화하는 것을 의미하나 통칭해서 배포를 자동화는 모든 활동, 즉 CD의 의미로 사용된다. 이후에는 CD를 지속적 배포로 해석하고 자동 배포하는 활동을 의미하는 범용적인 용어로 사용하겠다.

한 소스코드의 실행 파일을 실행 환경까지 자동으로 배포하는 방식을 말하며, 모든 영역을 자동화하는 것에 해당한다. 또 더 넓은 의미로 살펴보면 지속적 제공은 비즈니스 속도에 민첩하게 대응하기 위해 소프트웨어를 짧은 주기로 빈번하게 빌드, 테스트, 시장에 출시하는 모든 활동을 의미하기도 한다.

그림 2.10 Continuous Delivery와 Continuous Deployment

빌드/배포 파이프라인 설계

그럼 CI/CD 과정을 어떻게 구성해야 할지 살펴보자. 보통 빌드/배포되는 과정 동안 수행해야 할 태스크가 정의된 것을 빌드/배포 파이프라인이라고 한다. 즉, 빌드/배포 파이프라인은 통합 및 배포까지 이어지는 일련의 프로세스를 하나로 연계해서 자동화하고 시각화된 절차로 구축하는 것을 말한다.

이때 어떤 단계를 거치고, 어떤 도구로 그 단계를 구성할지 결정해야 한다. 그림 2.11에서 전형적인 파이프라인 흐름도를 볼 수 있는데, 빌드, 단위 테스트, 정적 분석, 배포 과정을 거치는 것을 볼 수 있다. 여기에 배포 절차 전에 UI 테스트, 통합 테스트, 배포 승인 프로세스 등을 추가해서 재설계할 수도 있다. 그리고 이를 구현하기 위해 어떠한 도구를 활용할지 결정하고, 도구 사이의 연계 방법을 정의해야 한다. 이러한 전 과정을 빌드/배포 파이프라인 설계라고 한다.

그림 2.11 배포 파이프라인 절차

클라우드 환경이 활성화되기 이전에는 배포 환경으로 베어 메탈 하드웨어를 사용하는 경우가 있어 일부 과정에서 수동으로 처리하는 절차가 있었지만 최근 클라우드 같은 가상 환경이 대중화되면서 완전한 자동화가 가능해졌다. 즉, 인프라 구성을 마치 프로그래밍하는 것처럼 처리하고 소수의 인원으로 많은 컨테이너 배포 처리를 할 수 있게 됐는데, 이를 가리켜 Infrastructure as Code라 한다. Infrastructure as Code를 이용하면 배포 파이프라인 절차를 완벽하게 자동화할 수 있으며, 대규모 인프라 관리를 수행할 수 있고, 코드이기 때문에 쉽게 공유 및 재사용이 가능하다.

그럼 Infrastructure as Code를 통해 CI/CD에서 자동화할 요소들을 살펴보면 형상관리 리포지토리에서 소스코드를 가져와 빌드해서 실행 파일을 만드는 작업, 실행 파일을 실행 환경에 배포하는 작업, 그리고 이런 작업들을 통제하고 연결해서 전 작업이 성공하면 다음 작업이 자동으로 수행되게 하는 연계 자동화 작업으로 나눌 수 있다. 이를 모두 코드로 정의 및 설정할 수 있고 이를 지원하기 위한 여러 오픈소스나 솔루션을 이용할 수 있다.

그렇지만 모든 과정을 자동화하는 과정은 매우 힘든 작업이기 때문에 일부는 자동화, 일부는 수동으로 처리할 수도 있다. 또한 어떤 애플리케이션은 성격에 따라 이 같은 전체적인 자동화가 필요할 수도 있고 아닐 수도 있다. 이에 맞게 빌드/배포 파이프라인도 애플리케이션마다 다르게 설정할 수 있다.

MSA 시스템도 마찬가지다. 마이크로서비스는 각각 별도의 리포지토리를 가지고 있고 독립적으로 수정 및 빌드하고 배포해야 한다. 따라서 그림 2.12와 같이 빌드/배포 파이프라인도 마이크로서비스별로 별도로 설계해야 한다.

그림 2.12 마이크로서비스별 빌드/배포 파이프라인 설계

마이크로서비스 생태계와 운영 관리 요소의 탄생

다음으로 이렇게 배포된 마이크로서비스가 실제로 구동되는 환경에서 문제 없이 동작될 수 있게 해주는 운영 관리를 위한 요소에 대해 살펴보자. 우선 마이크로서비스 생태계가 어떻게 발전했는지를 나타내는 발전 흐름을 알아보면 운영 관리 패턴의 발전 과정을 이해할 수 있다. 그림 2.13을 보자.

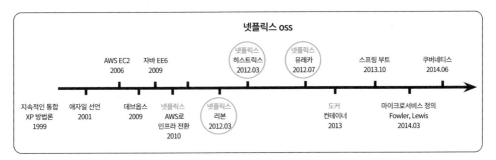

그림 2.13 마이크로서비스 생태계의 탄생[13]

이전에 설명했던 CI의 개념이 켄트 벡에 의해 XP 방법론의 프랙티스로 1999년에 소개되고 켄트 벡, 스크럼의 켄 슈와버, 마틴 파울러 등 여러 소프트웨어 업계의 구루들이 모여 2001년에 애자일 선언을 한다. 그때부터 소프트웨어 업계가 장기적인 계획이나 단계적 프로세스 대신 빠른 실패와 피드백을 기반으로 하는 실용적인 실천법을 선호하게 됐다.

한편 다른 쪽에서는 아마존이 2006년에 IaaS 서비스인 EC2를 발표하며 최초로 클라우드 사업을 시작한다. 그즈음 DVD 대여 서비스로 출발했던 넷플릭스가 스트리밍 사업을 시작했는데, 얼마 후에 스트리밍 데이터베이스의 스토리지가 손실되는 대규모 서비스 장애를 겪게 된다. 이를 계기로 넷플릭스는 한 덩어리의 모노리스 시스템에서 마이크로서비스 기반의 시스템으로 전환하는 작업을 시작한다. 이때 선택한 것이 AWS의 EC2[14]였다.

그러나 클라우드 기반에서 마이크로서비스로 전환하는 과정은 쉽지 않았다. 우선 애플리케이션이 한 덩어리였을 때 발생하지 않았던 여러 문제점이 불거졌다. 전체 서비스를 여러 개의 서비스로 분산 구성했을 때 한 서비스에서 발생한 장애가 다른 서비스로 전파된다거나 여러 서비스에 분산된 로그를 관리해야 하는 불편함, 서비스 하나가 동작하지 않아 시스템의 일부 기능이 동작하지 않아도 그것을 알아채지 못하고 장애가 방치되는 문제들이 발생했다.

13 https://www.slideshare.net/DanielOh20/microservice-40-journey-from-spring-netflix-oss-to-istio-service-mesh-and-serverless-at-open-source-summit-japan

14 https://aws.amazon.com/ko/ec2/

넷플릭스는 이러한 문제의 해결법으로 다양한 서비스와 도구를 개발하게 된다. 그리고 넷플릭스의 기술력에 의구심을 갖는 사람들에게 보란듯이 오픈소스로 공개한다. 그것이 바로 넷플릭스 OSS[15]다. 넷플릭스 OSS에는 여러 마이크로서비스 간의 라우팅과 로드 밸런싱을 위한 줄(Zuul)과 리본(Ribbon), 모니터링을 위한 히스트릭스(Hystrix), 서비스 등록을 위한 유레카(Eureka) 등이 포함돼 있다. 이러한 넷플릭스의 공유 활동이 마이크로서비스 기술을 발전시키는 시초가 됐다. 이를 기반으로 주요 마이크로서비스 운영 관리를 위한 문제 영역들이 활발히 논의되고, 이를 해결한 기술들이 공유되고 자연스럽게 개발자 간 협업 및 오픈소스에 대한 기여가 이뤄졌고 이로 인해 업계가 함께 발전하게 됐다.

이후 2013년에는 가장 유명한 컨테이너 기술인 도커[16]가 세상에 등장한다. 또한 이쯤에 스프링 진영에서는 마이크로서비스를 쉽게 개발할 수 있는 프레임워크인 스프링 부트를 발표하고, 최근에는 컨테이너 오케스트레이션 기술인 구글의 쿠버네티스[17]가 등장했다. 1장에서 살펴본 마이크로서비스의 개념을 마틴 파울러가 정리한 시점이 바로 이 시점이다.

이렇게 해서 마이크로서비스 생태계의 발전 과정을 살펴봤는데, 간단히 정리하면 AWS의 클라우드 환경, 도커 컨테이너, 넷플릭스가 공유한 오픈소스, 스프링 프레임워크, 구글의 쿠버네티스 같은 것들이 마이크로서비스 생태계의 발전을 계속 이끌었고, 이러한 과정을 거쳐 마이크로서비스 아키텍처의 주요 문제 영역들이 논의되고 그에 대한 해결책이 제시돼 왔음을 알 수 있다.

경험으로 획득한 지혜: 마이크로서비스 관리/운영 패턴

마이크로서비스 구축 시 발생하는 문제는 주로 시스템을 여러 개의 서비스로 구성하기 때문에 발생하는 문제다. 앞에서 언급했다시피 넷플릭스가 이 문제를 해결하는 데 크게 기여했는데, 넷플릭스 OSS는 넷플릭스가 마이크로서비스를 개발하고 운영하면서 생긴 노하우를 다른 사람들도 쉽게 사용할 수 있도록 공유한 오픈소스다. 이는 마이크로서비스 생태계에 크게 도움이 됐고, 특히 마이크로서비스 관리와 운영을 지원하는 전형적인 마이크로서비스 애플리케이션 패턴으로 자리 잡았다. 예를 들어, API 게이트웨이, 서비스 디스커버리, 모니터링, 트레이싱 등이 다수의 마이크로서비스를 관리 및 운영하기 위한 플랫폼 패턴으로서 넷플릭스에서 소스를 공개

---

15 https://netflix.github.io/
16 https://docs.docker.com/
17 https://kubernetes.io/

하고 나서 패턴으로 정착되고 나중에 이러한 패턴을 적용한 다른 여러 도구와 오픈소스들이 생겨나는 밑거름으로 작용했다.

또한 넷플릭스 OSS를 더 쉽게 쓸 수 있도록 스프링 진영의 피보탈[18]에서는 기존의 스프링 부트 프레임워크에서 잘 돌아갈 수 있도록 넷플릭스 OSS 모듈들을 스프링 프레임워크로 감싸서 스프링 클라우드(Spring Cloud)[19]라는 명칭으로 발표했다. 이를 통해 스프링 부트와 스프링 클라우드는 마이크로서비스를 개발하기 위한 가장 대중적인 기본 프레임워크로 자리매김했다. 스프링 부트와 스프링 클라우드를 이용하면 마이크로서비스 애플리케이션의 운영 환경을 쉽게 구축할 수 있다. 이어서 스프링 클라우드를 중심으로 주요 관리 및 운영 플랫폼 패턴을 살펴보겠다.

스프링 클라우드: 스프링 부트 + 넷플릭스 OSS

그림 2.14는 스프링 클라우드를 기반으로 한 아키텍처 구성이다. 앞에서 언급한 바와 같이 스프링 클라우드는 스프링 프레임워크를 개발하고 있는 피보탈에서 넷플릭스가 공개한 줄, 유레카, 히스트릭스, 리본 등의 넷플릭스 오픈소스를 스프링 부트 프레임워크 기반으로 사용하기 쉽게 통합한 것이다.

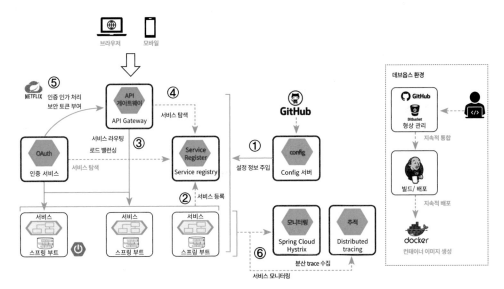

그림 2.14 스프링 클라우드를 기반으로 한 아키텍처

---

18 피보탈은 VMware에 인수되어 2000년 3월 사명을 VMware Tanzu로 변경했다.
19 https://spring.io/cloud

그림 2.14를 보면 데브옵스 환경과 스프링 클라우드 서비스가 있고, 그것을 기반으로 업무 처리 마이크로서비스가 운용된다. 이어서 그림 2.14를 통해 비즈니스를 구현한 마이크로서비스 서비스와 스프링 클라우드 서비스의 연계 흐름을 대략적으로 살펴보자.

1. 모든 마이크로서비스(스프링 클라우드 서비스를 포함한)는 인프라에 종속되지 않도록 데이터베이스, 파일 등에 저장된 환경 설정 정보를 형상관리 시스템에 연계된 'Config 서비스'에서 가져와 설정 정보를 주입한 후 클라우드 인프라의 개별 인스턴스로 로딩된다.

2. 로딩과 동시에 '서비스 레지스트리'에 자신의 서비스명과 클라우드 인프라부터 할당받은 물리 주소를 매핑해서 등록한다.

3. 클라이언트가 'API 게이트웨이'를 통해 마이크로서비스에 접근하고, 이때 API 게이트웨이는 적절한 라우팅 및 부하 관리를 위한 로드 밸런싱을 수행한다.

4. 또한 API 게이트웨이에서 클라이언트가 마이크로서비스에 접근하기 위한 주소를 알기 위해 '서비스 레지스트리' 검색을 통해 서비스의 위치를 가져온다.

5. 동시에 API 게이트웨이는 클라이언트가 각 서비스에 접근할 수 있는 권한이 있는지 '권한 서비스'와 연계해 인증/인가 처리를 수행한다.

6. 이러한 모든 마이크로서비스 간의 호출 흐름은 '모니터링 서비스'와 '추적 서비스'에 의해 모니터링되고 추적된다.

간단하게 마이크로서비스와 기반 서비스의 연계 흐름을 스프링 클라우드 중심으로 살펴봤는데, 이러한 처리 흐름은 여러 개의 마이크로서비스로 시스템을 개발하면서 발생한 문제를 해결하기 위한 MSA 주요 아키텍처 패턴으로 자리 잡았기 때문에 스프링 클라우드 외에 각 클라우드 제공 업체의 플랫폼에도 유사한 형태의 서비스로 각기 존재한다. 즉, AWS, Azure, GCP 등에서 PaaS 자체 기능이나 과금되는 별도 서비스로 제공된다. 따라서 특정 제품 중심으로 살펴보기보다는 전반적인 패턴을 이해하는 것이 중요하다.

이어서 널리 사용되는 MSA 패턴 중심으로 하나씩 자세히 살펴보자.

다양한 서비스의 등록 및 탐색을 위한 서비스 레지스트리, 서비스 디스커버리 패턴

프런트엔드 클라이언트가 여러 개의 백엔드 마이크로서비스를 어떻게 호출해야 할까? 또한 스케일 아웃을 통해 인스턴스가 여러 개로 복제됐다면 어떻게 부하를 적절히 분산할 수 있을까?

이를 위한 패턴이 서비스 디스커버리(Service Discovery) 패턴이다. 클라이언트가 여러 개의 마이크로서비스를 호출하기 위해서는 최적 경로를 찾아주는 라우팅 기능과 적절한 부하 분산을 위한 로드 밸런싱 기능이 제공돼야 한다. 넷플릭스의 OSS로 예를 들면 라우팅 기능은 줄(Zuul)이, 로드 밸런싱은 리본(Ribbon)이 담당한다.

라우터는 최적 경로를 탐색하기 위해 서비스 명칭에 해당하는 IP 주소를 알아야 한다. 그런데 이러한 라우팅 정보를 클라이언트가 가지고 있으면 클라우드 환경에서 동적으로 변경되는 백엔드의 유동 IP 정보를 매번 전송받아 변경해야 한다. 따라서 제3의 공간에서 이러한 정보를 관리하는 것이 좋다. 즉, 백엔드 마이크로서비스 서비스의 명칭과 유동적인 IP 정보를 매핑해서 보관할 저장소가 필요하다. 넷플릭스 OSS의 유레카(Eureka)가 그 기능을 담당하고, 이러한 패턴을 서비스 레지스트리 패턴이라 한다.

그림 2.15처럼 각 서비스 인스턴스가 로딩될 때 자신의 서비스 이름과 할당된 IP 주소를 레지스트리 서비스에 등록한다. 그런 다음, 클라이언트가 해당 서비스명을 호출할 때 라우터가 레지스트리 서비스를 검색해 해당 서비스의 이름과 매핑된 IP 정보를 확인한 후 호출한다. 이 레지스트리 서비스는 모든 마이크로서비스의 인스턴스의 주소를 알고 있는 서비스 매핑 저장소가 된다. 모든 마이크로서비스가 처음 기동할 때 자신의 위치 정보를 저장하고 서비스가 종료될 때 위치 정보가 삭제된다.

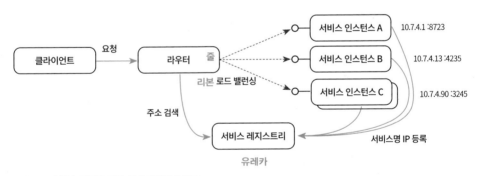

그림 2.15 서비스 레지스트리, 디스커버리 흐름도

서비스 레지스트리에는 업무 처리를 위한 마이크로서비스뿐만 아니라 관리와 운영을 위한 기반 서비스의 주소도 함께 보관한다. 예를 들면, Config 서비스, 모니터링 서비스, 추적 서비스도 모두 이름을 가지고 있기 때문에 주소를 가지고 있어야 한다.

다음 페이지의 그림 2.16은 스프링 유레카로 레지스트리 서비스를 구현한 모습이다. 중간에 보면 서비스 이름과 IP 포트 정보가 매핑된 것을 확인할 수 있다. 특히 다수의 인스턴스가 하나의 서비스 이름으로 등록될 때 다수의 IP 주소와 포트 정보가 매핑되고, 라우터는 이 정보를 질의해서 로드 밸런싱도 할 수 있다.

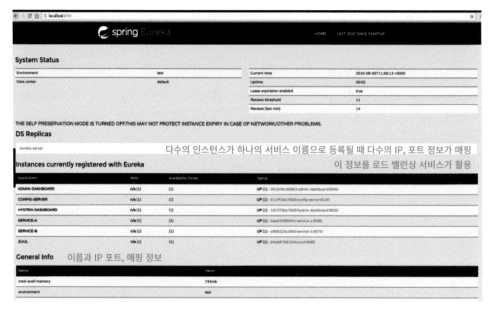

그림 2.16 스프링 클라우드의 유레카 서비스

이 패턴을 다른 솔루션에서도 제공하는데, 쿠버네티스의 경우 이 같은 서비스 레지스트리, 디스커버리 기능을 자체 기능인 쿠버네티스 DNS 및 서비스(Kubernetes Service)로 제공한다.

서비스 단일 진입을 위한 API 게이트웨이 패턴

여러 클라이언트가 여러 개의 서버 서비스를 각각 호출하게 된다면 매우 복잡한 호출 관계가 만들어질 것이다. 이러한 복잡성을 통제하기 위한 방법이 필요하다.

한 가지 해결책은 API 게이트웨이(Gateway)다. 다음 페이지의 그림 2.17과 같이 다양한 클라이언트가 다양한 서비스에 접근하기 위해서는 단일 진입점을 만들어 놓으면 여러모로 효율적이다. 다른 유형의 클라이언트에게 서로 다른 API 조합을 제공할 수도 있고, 각 서비스에 접근할 때 필요한 인증/인가 기능을 한 번에 처리할 수도 있다. 또 정상적으로 동작하던 서비스에 문제가 생겨 서비스 요청에 대한 응답 지연이 발생하면 정상적인 다른 서비스로 요청 경로를 변경하는 기능이 작동되게 할 수도 있다.

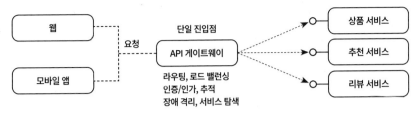

그림 2.17 API 게이트웨이 개념도

이러한 서비스 흐름 제어를 위한 서비스 라우팅 기능은 L4 같은 하드웨어 장비로 구현할 수도 있고 소프트웨어로 구현할 수도 있는데, 소프트웨어로 구현할 경우 API 게이트웨이가 애플리케이션 레벨의 라우팅 기능을 수행한다. 또한 여러 인스턴스로 부하를 분산하는 로드 밸런싱도 수행하고, 라우팅 시 필터를 둬서 라우팅 전과 후에 각각 수행되는 선행 처리와 후행 처리, 에러 처리 등을 손쉽게 구현할 수 있다.

정리하면 API 게이트웨이는 다른 서비스와 연계해서 다음과 같은 기능을 제공한다.

- 레지스트리 서비스와 연계한 동적 라우팅, 로드 밸런싱

- 보안: 권한 서비스와 연계한 인증/인가

- 로그 집계 서비스와 연계한 로깅. 예: API 소비자 정보, 요청/응답 데이터

- 메트릭(Metrics). 예: 에러율, 평균/최고 지연시간, 호출 빈도 등

- 트레이싱 서비스와 연계한 서비스 추적. 예: 트래킹 ID 기록

- 모니터링 서비스와 연계한 장애 격리(서킷 브레이커 패턴)

이러한 API 게이트웨이 패턴은 스프링 클라우드의 스프링 API 게이트웨이 서비스(Spring API Gateway Service)라는 제품으로 구현할 수 있다. 스프링 게이트웨이 서비스는 스프링 웹사이트(spring.io)에서 내려받아 간단한 스프링 애너테이션(Annotation)[20] 설정만으로 손쉽게 적용할 수 있다.

마찬가지로 다른 클라우드 플랫폼에서도 이러한 API 게이트웨이 패턴을 지원하는데, 쿠버네티스의 경우 자체 기능인 쿠버네티스 서비스(Kubernetes Service)와 인그레스 리소스(ingress resources)로 제공한다.

---

20 자바 코드에 메타데이터 형태의 주석을 달아 컴파일 혹은 런타임 시 해석되게 하는 기법. 코딩 양을 줄이고 기술 설정 등을 추상화해서 코드 복잡도를 줄이는 효과가 있다.

참고로 앞에서 API 게이트웨이는 프런트엔드가 백엔드를 호출할 때 필요하다고 했는데, 그뿐만 아니라 외부 레거시 시스템과 단일 지점에서 서로 다른 형태의 API를 연계하는 용도로도 사용되기도 한다.

BFF 패턴

최근에는 PC뿐만 아니라 다양한 모바일 장비를 사용하기 때문에 다양한 클라이언트를 고려해야 한다. 이처럼 다양한 클라이언트를 위해서는 특화된 처리를 위한 API 조합이나 처리가 필요하다. 이를 위한 해결 방법으로 BFF(Backend for Frontend) 패턴이 있다.

BFF 패턴은 API 게이트웨이와 같은 진입점을 하나로 두지 않고 프런트엔드의 유형에 따라 각각 두는 패턴이다. 프런트엔드를 위한 백엔드라는 의미로 BFF(Backend For Frontend)라고 부른다. 그림 2.18과 같이 웹을 위한 API 게이트웨이, 모바일을 위한 API 게이트웨이 등 클라이언트 종류에 따라 최적화된 처리를 수행할 수 있게 구성할 수 있다. 이로써 모바일을 위한 API만 선택해서 제공하거나 웹을 위한 API만 적절하게 제공할 수 있다. 또한 각 프런트엔드에 대한 처리만 수행하는 BFF를 두고 이후에 통합적인 API 게이트웨이를 둠으로써 공통적인 인증/인가, 로깅 등의 처리를 통제하는 구조로 구성할 수도 있다.

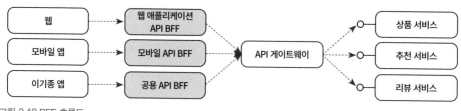

그림 2.18 BFF 흐름도

외부 구성 저장소 패턴

다음은 애플리케이션 구성 정보 설정에 관련된 패턴이다. 클라우드 인프라와 같이 유연한 인프라를 사용하는 상황에서 데이터베이스 연결 정보, 파일 스토리지 정보 같은 내용을 애플리케이션에 포함하면 변경 시 반드시 재배포해야 하는데, 이 경우 서비스를 중단해야 한다. 또한 여러 마이크로서비스가 동일한 구성 정보를 사용하는 경우에도 일일이 변경하기가 어렵고 변경 시점에 일부 마이크로서비스의 구성 정보가 불일치할 수도 있다. 따라서 마이크로서비스가 사용하는 자원의 설정 정보를 쉽고 일관되게 변경 가능하도록 관리할 필요가 있다.

이를 위한 방법이 외부 저장소 패턴이다. 외부 저장소는 각 마이크로서비스의 외부 환경 설정 정보를 공동으로 저장하는 백업 저장소다. PaaS 솔루션 개발사인 Heroku에서 발표한 Twelve-Factor [21]라는 클라우드 네이티브 애플리케이션을 만들기 위한 체크리스트가 있는데, 여기서 '컨피그(Config)'라는 원칙을 언급한다. 이것은 애플리케이션이 배포되는 환경(스테이징, 프로덕션, 개발, 테스트 환경)이 매번 달라지기 때문에 코드에서 사용하는 환경 설정 정보는 코드와 완전히 분리되어 관리해야 한다는 원칙을 가리킨다.

이를 좀 더 구체적으로 풀어서 설명하면 클라우드에서 운영되는 애플리케이션은 특정한 배포 환경에 종속된 정보를 코드에 두면 안 된다는 원칙이다. 왜냐하면 이러한 정보를 애플리케이션에 두면 배포 환경이 변경됐을 때 애플리케이션 또한 변경해야 하기 때문이다. 이렇게 분리해야 할 환경 정보로는 데이터베이스 연결 정보, 배포 시 변경해야 할 호스트명, 백엔드 서비스의 연결을 위한 리소스 정보 등이 있다. 또한 서비스가 기동되는 개발 서버, 테스트, 운영 서버의 IP 주소와 포트 정보 등을 분리해서 환경 변수로 사용한다.

예를 들어, 그림 2.19와 같이 스프링 클라우드 컨피그(Spring Cloud Config)를 이용하면 이러한 환경 정보를 코드에서 분리하고 컨피그 서비스를 통해 런타임 시 주입되게 할 수 있다. 환경 정보는 Git 같은 별도의 형상관리 리포지토리에 보관하고 컨피그 서비스는 해당 서비스에 특정 환경에 배포될 때 적절한 환경 정보를 형상관리 리포지토리에서 가져와 해당 서비스에 주입한다.

쿠버네티스에서는 이러한 외부 구성 저장소 패턴을 쿠버네티스 컨피그맵(ConfigMap)으로 제공한다.

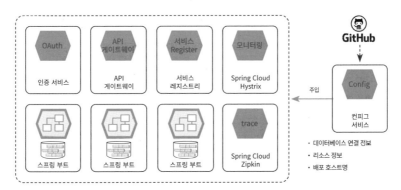

그림 2.19 스프링 컨피그 서비스 사용을 위한 구성도

인증/인가 패턴

여러 마이크로서비스에 대한 인증/인가[22] 등의 접근 제어는 어떻게 구현해야 할까?

각 서비스가 모두 인증/인가를 중복으로 구현한다면 비효율적이다. 따라서 마이크로서비스 인증/인가를 처리하기 위해서는 일반적으로 다음과 같은 패턴을 활용한다.

중앙 집중식 세션 관리

기존 모노리스 방식에서 가장 많이 사용했던 방식은 서버 세션에 사용자의 로그인 정보 및 권한 정보를 저장하고, 이를 통해 애플리케이션의 인증/인가를 판단하는 것이다. 그렇지만 마이크로서비스는 사용량에 따라 수시로 수평 확장할 수 있고 로드 밸런싱 처리가 되기 때문에 세션 데이터가 손실될 수 있다. 따라서 마이크로비스는 각자의 서비스에 세션을 저장하지 않고 공유 저장소에 세션을 저장하고 모든 서비스가 동일한 사용자 데이터를 얻게 한다. 이때 세션 저장소로 보통 레디스(Redis)나 멤캐시드(Memcached)를 사용한다.

클라이언트 토큰

세션은 중앙 서버에 저장되고 토큰은 사용자의 브라우저에 저장된다. 토큰은 사용자의 신원 정보를 가지고 있고 서버로 요청을 보낼 때 전송되기 때문에 서버에서 인가 처리를 할 수 있다. JWT(JSON Web Token)는 토큰 형식을 정의하고 암호화하며 다양한 언어에 라이브러리를 제공하는 공개 표준(RFC 7519)이다. 토큰을 통한 사용자 인증 흐름은 그림 2.20과 같다.

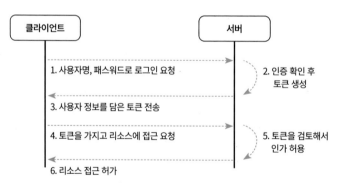

그림 2.20 클라이언트 토큰 흐름도

1. 브라우저가 서버에 사용자명과 패스워드로 인증을 요청한다.

2. 서버는 인증 후 토큰을 생성하고 브라우저에 토큰에 사용자 정보의 인증/인가 정보를 포함에 전송한다.

3. 브라우저는 서버 리소스를 요청할 때 토큰을 함께 보낸다. 서버의 서비스는 토큰 정보를 확인한 후 자원 접근을 허가한다.

---

22 인증(authentication)은 접근이 허가된 사용자인가를 판단하며, 인가(authorization)는 접근하는 리소스에 대한 권한이 있는지를 판단한다.

API 게이트웨이를 사용한 클라이언트 토큰

사용자 인증 프로세스는 토큰 인증 프로세스와 유사하다. 차이점은 API 게이트웨이가 외부 요청의 입구로 추가된다는 것이다. 또한 인증/인가를 처리하기 위한 별도의 전담 서비스를 만들어서 다른 서비스의 인증/인가 처리를 위임할 수 있다. 이러한 서비스를 인증 서비스(auth service)[23]라 하는데, API 게이트웨이와 연동해서 인증/인가를 처리한다. 인증 서비스를 이용하면 각 리소스 서비스가 자체적으로 인증/인가를 처리하지 않고 업무 처리에 집중할 수 있다. 그림 2.21을 통해 동작 메커니즘을 살펴보자.

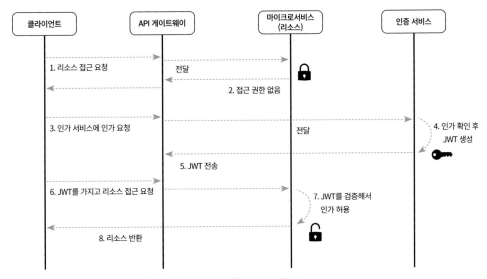

그림 2.21 API게이트웨이와 인증 서비스를 활용한 클라이언트 토큰 흐름도

1. 클라이언트가 리소스 서비스에 접근을 요청하면 API 게이트웨이는 인증 서비스에게 전달한다.

2. 인증 서비스는 해당 요청이 인증된 사용자가 보낸 것인지(인증), 해당 리소스에 대한 접근 권한이 있는지 (인가) 확인하고, 모두 확인하고 나면 리소스에 접근 가능한 증명서인 액세스 토큰을 발급한다.

3. 클라이언트는 다시 액세스 토큰을 활용해 접근을 요청한다.

4. 그럼 각 리소스 서비스는 이러한 요청이 액세스 토큰을 포함하고 있는지 판단해서 리소스에 대한 접근을 허용한다.

---

23 이러한 인증 서비스와 연계해서 OAuth 서비스를 구현할 수도 있는데, OAuth는 인터넷 사용자들이 비밀번호를 제공하지 않고 다른 웹 애플리케이션에 접근 권한을 부여할 수 있는 공통 접근 위임을 위한 개방형 표준이다. 이 기술을 이용하면 구글이나 페이스북의 아이디로 특정 애플리케이션을 사용할 수 있다. 상세한 내용은 https://oauth.net/2/를 참고한다.

장애 및 실패 처리를 위한 서킷 브레이커 패턴

여러 서비스로 구성된 시스템에서는 한 서비스에 장애가 발생했을 때 다른 서비스가 영향을 받을 수 있다. 이때 장애가 발생한 서비스를 격리해서 유연하게 처리할 수 있는 방법이 필요한데, 이를 위한 한 가지 방법이 서킷 브레이커 패턴이다.

서비스의 수가 많아지면 장점도 있지만 단점도 있다. 예를 들면, 사용자가 접하는 전체 시스템은 정상적인데 특정 기능을 선택하면 즉각 에러가 발생하지도 않고 한참 동안 대기하는 상황이 발생할 수 있다. 사용자는 이 같은 상황이 장애인지 아닌지 파악도 안 되고 단순히 시스템이 느려졌다고 판단할 수도 있다. 이러한 상황은 정상적인 서비스가 장애가 발생한 서비스에 의존해서 서비스를 제공할 때 발생하는 상황으로서 장애가 다른 서비스로 전이된 상태다. 시스템 과부하나 특정 서비스에 문제가 생겼을 때 자연스럽게 다른 정상적인 서비스로 요청 흐름이 변경되게 해야 한다. 그러자면 서비스 상태를 항상 실시간으로 관리해서 시각화하고 모니터링할 수 있어야 하고, 특정 서비스에서 장애가 감지되면 장애가 다른 서비스로 전이되지 않게 하는 방법이 반드시 필요하다. 이를 전기회로 차단기와 비슷하다고 해서 서킷 브레이커 패턴이라고 한다.

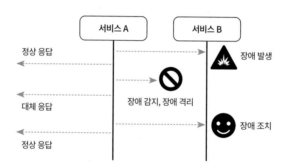

그림 2.22 서킷 브레이커 패턴의 흐름도

그림 2.22를 간단히 설명하면 A라는 서비스가 B라는 서비스를 호출해서 자신의 서비스를 제공하는데, B 서비스에서 장애가 발생하면 이러한 동기 요청(request)의 성격상 A는 계속 기다리게 된다. 이 경우 A라는 서비스까지도 장애가 발생한 것처럼 사용자가 느끼게 된다. 서킷 브레이커 패턴은 이 같은 경우에 B 서비스 호출에 대한 연속 실패 횟수가 임곗값을 초과하면 회로 차단기가 작동해서 이후에 서비스를 호출하려는 모든 시도를 즉시 실패하게 만든다.

그리고 폴백(fallback) 메서드를 지정해 두면 장애가 발생했을 때 폴백 메서드가 자연스럽게 처리를 진행하게 된다. 그럼 사용자는 특정 서비스에 장애가 발생했는지 눈치채지 못하고 시간이 흘러 장애가 복구됐을 때 다시 호출을 정상화하면 된다.

모니터링과 추적 패턴

그럼 마이크로서비스의 장애는 어떻게 감지할 수 있을까? 서킷 브레이커 패턴을 가능하게 하려면 각 마이크로서비스의 장애를 실시간으로 감지해야 하고, 서비스 간의 호출이 어떤지 알아야한다. 즉, 모니터링하고 추적하는 패턴이 필요하다. 스프링 클라우드에서는 히스트릭스라는 라이브러리를 제공하고, 히스트릭스 라이브러리가 배포된 서비스를 모니터링할 수 있는 히스트릭스 대시보드(Hystrix Dashboard)를 제공함으로써 그림 2.23과 같이 마이크로서비스의 요청을 실시간으로 모니터링할 수 있다.

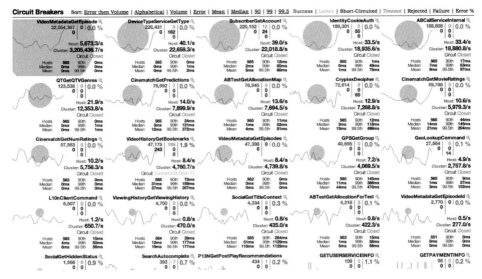

그림 2.23 히스트릭스 대시보드[24]

보다시피 각 요청이 차지하는 트래픽이 원형으로 표현되는 것을 볼 수 있다. 원이 클수록 트래픽이 많다는 의미다. 그러다 서비스 성능에 문제가 발생하면 서킷이 오픈되어 서킷 브레이커가 발동하고 적색으로 표현된다. 이를 통해 마이크로서비스를 모니터링하다가 문제가 발생했을 때 적절한 조치를 취할 수 있게 된다.

다음은 분산 트레이싱 서비스다. 모니터링과 함께 각 서비스 트랜잭션의 호출을 추적하면 마이크로서비스 운영에 매우 유용하다. 다음은 트위터에서 공개한 집킨(Zipkin)이라는 오픈소스 프로젝트의 대시보드로서 분산된 서비스 간의 호출이나 지연 구간별 장애 포인트를 확인할 수 있다.

24 https://netflixtechblog.com/hystrix-dashboard-turbine-stream-aggregator-60985a2e51df

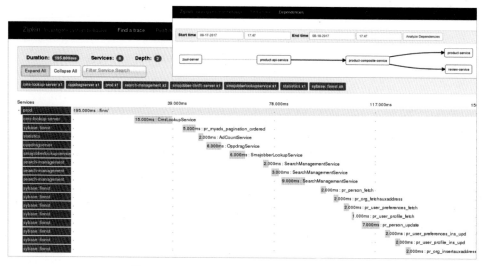

그림 2.24 트레이싱 도구인 집킨[25]

또한 서비스 API를 선택하면 그림의 왼쪽과 같이 각 API가 다른 API를 어떻게 호출하는지 호출 시의 반응 시간이나 지연 구간 등을 확인할 수 있다. 또한 정적인 다이어그램을 통해 전체적인 API 간의 호출 빈도도 확인할 수 있다. 운영자가 이 다이어그램을 실시간으로 보다가 만약 호출 빈도가 너무 많은 API나 반응 시간이 높은 API가 있다면 이를 개선할 수 있을 것이다.

중앙화된 로그 집계 패턴

마이크로서비스의 로그는 어떻게 관리해야 할까? 마이크로서비스가 사용량에 따라 탄력적으로 변화하면서 언제든지 인스턴스가 생성/삭제되는 과정에서 로컬 로그가 초기화될 수 있다.

앞에서 언급한 Twelve-Factor의 '로그(Logs)' 원칙을 보면 로그를 이벤트 스트림(event streams)으로 처리하라고 한다. 로그는 시작과 끝이 고정된 것이 아니라 서비스가 실행되는 동안 계속 흐르는 흐름이라는 말이다. 그리고 서비스는 스트림의 전달이나 저장에 절대 관여하지 않아야 한다고 말한다. 왜냐하면 로그를 전달 및 저장하는 메커니즘 자체가 특정 기술이나 인프라에 의존할 수밖에 없고 이러한 메커니즘을 직접 마이크로서비스에서 구현한다면 유연성이 떨어지기 때문이다.

그래서 필요한 것이 중앙화된 로그 집계 패턴이다. 서비스에서 발생한 이벤트 스트림 형태의 로그를 수집하고 살펴볼 도구가 필요한데, 대표적으로 많이 쓰이는 기술이 ELK 스택이다. ELK

스택은 엘라스틱서치(Elasticsearch), 로그스태시(Logstash), 키바나(Kibana)라는 세 가지 오픈소스 프로젝트를 기반으로 데이터 분석 환경을 구성한 것이다. 여기서 엘라스틱서치는 분석 엔진이고, 로그스태시는 서버 측 로그 집합기다. 키바나는 시각적으로 로그 내역을 보여주는 대시보드다.

![Elasticsearch]	Elasticsearch	**분산형 검색·분석 엔진** 정형, 비정형, 위치 정보, 메트릭 등 원하는 방법으로 검색을 수행·결합 가능
![Logstash]	Logstash	**로그 집합기** 데이터 처리 파이프라인. 다양한 소스에서 동시에 데이터를 수집해 변환한 뒤 특정 보관소로 데이터를 보냄
![Kibana]	Kibana	**시각화** 히스토그램, 막대 그래프, 파이차트 등 표현. 위치 데이터, 시계열 분석, 그래프 관계 탐색 등 지원

그림 2.25 ELK 스택

ELK 스택을 이용하면 각 서비스의 인스턴스 로그를 집계해서 중앙에서 집중 관리할 수 있으며, 손쉽게 특정 로그를 검색 및 분석할 수 있다. 또한 특정 메시지가 로그에 나타나거나 특정 예외가 발생할 때 운영자나 개발자에게 직접 통보하게 할 수도 있다.

그림 2.26은 마이크로서비스의 로그 수집을 위한 ELK 스택 기반 아키텍처다. 각 서비스에 로그스태시가 설치되어 각 로그를 수집해서 레디스 저장소에 보낸다. 또 다른 서비스에서는 엘라스틱서치와 키바나로 로그 중앙 관리 저장소와 대시보드 서비스를 각각 구축한다.

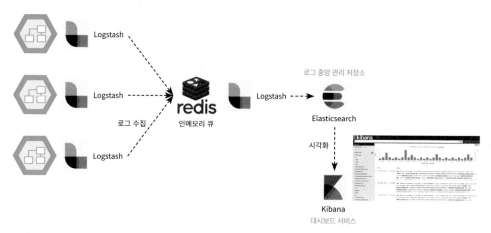

그림 2.26 로그 집계 아키텍처

마이크로서비스에서 보낸 로그가 중앙 레디스에 쌓이면 레디스에서 중앙 관리 저장소에 로그를 보내고, 이 로그 저장소에 엘라스틱서치 엔진이 로그를 인덱싱하고 해당 로그 정보가 키바나 대시보드를 통해 보여진다. 중간에 레디스 데이터베이스를 둔 까닭은 마이크로서비스의 로그스태시가 바로 로그 저장소에 로그를 보낼 수 있지만 로그 스트림이 너무 몰리면 로그 저장소 서비스에도 성능 문제가 생기기 때문에 중간에 임시 저장소를 추가한 것이다.

MSA 기술 변화 흐름

지금까지 여러 가지 플랫폼에 관련된 마이크로서비스 패턴을 살펴봤다. 앞에서 언급한 패턴들은 모두 모노리스 시스템이 여러 조각의 마이크로서비스로 나눠져서 발생하는 문제들을 해결한다. 그러한 문제들을 그림 2.27과 같이 분류할 수 있으며, 추적, 모니터링, 로깅, 인증, 탐색, 유연성, 탄력성 등이 여기에 해당한다.

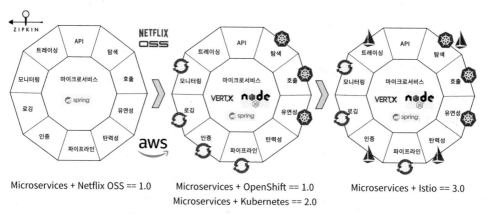

Microservices + Netflix OSS == 1.0

Microservices + OpenShift == 1.0
Microservices + Kubernetes == 2.0

Microservices + Istio == 3.0

그림 2.27 MSA 기술 변화 흐름[26]

이러한 문제를 해결하기 위해 그림 2.27의 왼쪽 그림과 같이 초기 MSA 생태계에서는 넷플릭스 OSS나 스프링 클라우드를 이용해 각각의 서비스를 별도로 만들어서 해결하거나 유연성처럼 수평 확장이 필요한 요소는 AWS IaaS 서비스를 이용해 해결했다. 즉 문제마다 상이한 기술로 해결할 수밖에 없었다.

그러나 이후 여러 문제의 해결책을 한꺼번에 제공하는 솔루션들이 등장했는데, 바로 쿠버네티스나 오픈시프트(OpenShift) 같은 제품이다. 따라서 그림 2.27의 가운데처럼 기존에 넷플릭스 OSS 기반의 여러 서비스로 처리했던 문제들을 묶어서 하나의 쿠버네티스 또는 오픈시프트로

26 https://www.slideshare.net/DanielOh20/microservice-40-journey-from-spring-netflix-oss-to-istio-service-mesh-and-serverless-at-open-source-summit-japan

해결할 수 있게 됐다. 특히 인프라 유연성을 보장하기 위해 AWS IaaS의 인프라 차원에서 해결했던 역할을 쿠버네티스가 소프트웨어 차원, 즉 컨테이너의 레플리카 기술로 탐색, 호출 문제와 함께 통합해서 지원하면서 쿠버네티스가 각광받고 있다.

그런데 최근 동향은 오른쪽 그림과 같이 쿠버네티스에 덧붙여 이스티오 기술이 함께 사용되고 있다. 그럼 이스티오(Istio)는 어떠한 기술인지 살펴보자.

서비스 메시 패턴

초창기 MSA 기술인 넷플릭스 OSS나 스프링 클라우드 기반의 서비스를 구축 및 운용할 때의 문제점은 API 게이트웨이, 서비스 레지스트리, 컨피그 서비스와 같이 운영 관리를 위한 여러 개의 기반 서비스를 별도로 각각 만들어야 한다는 번거로움과 더불어 그림 2.28의 왼쪽과 같이 업무 처리 마이크로서비스에 스프링 클라우드 서비스를 사용하기 위한 라이브러리를 비즈니스 로직과 함께 탑재해야 한다는 점이었다. 기능 구현에 집중해야 하는 마이크로서비스 입장에서 이러한 코드까지 관리 및 운영해야 한다면 번거로울 수밖에 없다.

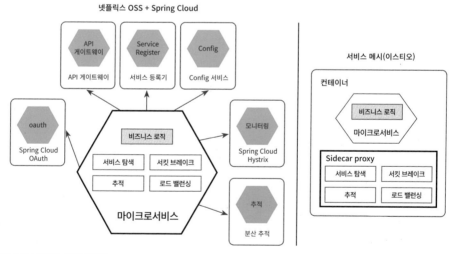

그림 2.28 서비스 메시 개념도

또한 스프링 클라우드는 자바 기반이기 때문에 마이크로서비스가 자바 외의 다른 언어로 폴리글랏하게 구현된 경우에는 스프링 클라우드 서비스를 아예 사용할 수조차 없다.

그래서 최근에는 MSA 문제 영역 해결을 위한 기능(서비스 탐색, 서킷 브레이크, 추적, 로드 밸런싱 등)을 비즈니스 로직과 분리해서 네트워크 인프라 계층에서 수행하게 하는 서비스 메시

(service mesh)[27] 패턴이 선호되고 있다. 서비스 메시는 인프라 레이어로서 서비스 간의 통신을 처리하며 앞에서 언급한 여러 문제 해결 패턴을 포괄한다.

앞의 그림 2.27의 오른쪽에 있는 돛단배 모양의 아이콘이 서비스 메시 패턴의 대표적 구현체인 구글의 이스티오(Istio)를 나타낸다. 그림 2.28에서 볼 수 있듯이 이스티오는 애플리케이션이 배포되는 컨테이너에 완전히 격리되어 별도의 컨테이너로 배포되는 사이드카(Sidecar) 패턴[28]을 적용해서 서비스 디스커버리, 라우팅, 로드 밸런싱, 로깅, 모니터링, 보안, 트레이싱 등의 기능을 제공한다.

기본적으로 이스티오는 쿠버네티스에 탑재되어 이러한 서비스 메시 기능을 지원하며, 그림 2.28을 보면 왼쪽의 스프링 클라우드와 넷플릭스 OSS를 이용한 경우에는 스프링 클라우드로 각 서비스를 먼저 구축하고 마이크로서비스 애플리케이션 자체도 코드 내부에 스프링 클라우드 사용을 위한 클라이언트 코드가 탑재돼야 한다. 그렇지만 서비스 메시를 적용하는 경우에는 오른쪽 그림처럼 마이크로서비스마다 함께 배포되는 사이드카 프락시에 운영 관리를 위한 기능이 별도로 담겨있기 때문에 마이크로서비스는 순수 비즈니스 로직에 집중할 수 있다.

그림 2.29는 컨트롤 플레인(Control Plain) 기능에 의해 중앙에서 통제되며, 사이드카끼리 통신해서 관련 운영 관리 기능을 제공하는 모습을 보여준다. 이를 통해 마이크로서비스의 비즈니스 로직과는 완벽하게 독립적으로 운영된다. 쿠버네티스의 컨테이너 단위인 파드(pod)에 서비스 컨테이너와 사이드카 구현체인 엔보이(Envoy) 컨테이너가 함께 배포된 것을 볼 수 있다.

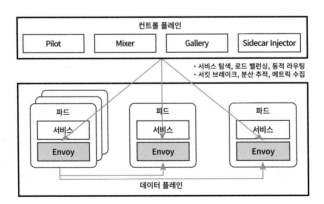

그림 2.29 서비스 메시의 통신

---

27 메시(mesh)는 그물망이라는 뜻이며, 서비스 메시는 촘촘한 서비스 네트워크 망을 제공한다는 의미다.
28 사이드카 패턴은 모든 서비스 컨테이너에 추가로 사이드카 컨테이너가 배포되는 패턴으로 각 서비스를 연계할 때 한 서비스가 다른 서비스를 직접 호출하지 않고 사이드카인 프락시를 통해 연계해서 개발자가 별도의 작업 없이 관리 및 운영에 대한 서비스 등을 적용할 수 있다.

이스티오는 다음과 같이 스프링 클라우드와 넷플릭스 OSS에서 제공했던 대부분의 기능을 모두 제공하면서 동시에 차별점도 있다.

주요 기능

- 트래픽 관리(Traffic Management): 동적 라우팅, 로드 밸런싱

- 보안: 보안 통신 채널(TLS) [29], 인증/인가/암호화

- 관측성(Observability): 메트릭, 분산 트레이싱, 로깅

스프링 클라우드 및 넷플릭스 OSS와의 차별점

- 애플리케이션 코드의 변경이 거의 없다. 스프링 클라우드나 넷플릭스 OSS 기반은 비즈니스 로직과 함께 코드로 표현돼야 하지만 이스티오는 완전히 사이드카로 격리되며 yaml 파일과 같은 설정 파일에 의해 정의된다.

- 폴리글랏 애플리케이션도 지원한다. 스프링 클라우드나 넷플릭스 기반은 자바 언어만 지원하나 이스티오는 각 마이크로서비스를 다른 언어(자바, Node.js, C#)로 작성한 경우에도 지원 가능하다.

- 이스티오는 쿠버네티스와 완벽하게 통합된 환경을 지원한다.

지금까지 여러 MSA 문제 영역을 해결하기 위해 넷플릭스 OSS, 스프링 클라우드, 쿠버네티스, 이스티오 등 여러 기술이 선택적으로 사용될 수 있음을 살펴봤다. 쿠버네티스와 이스티오는 최근에 나온 기술이지만 모든 상황에 항상 적합하고 옳은 것은 아니다. 각 문제 영역을 정확히 이해하고 시스템 상황에 맞게 적절한 기술을 적용하는 것이 중요하다.

2.4.3 애플리케이션 패턴

지금까지 마이크로서비스를 위한 인프라 구성요소 및 MSA 관리 운영 패턴을 살펴봤다. 지금부터는 실제로 개발자가 구현해야 할 애플리케이션 영역으로 넘어와서 마이크로서비스 애플리케이션을 구성하기 위한 패턴을 살펴보겠다. 마이크로서비스의 구성과 관계를 설계할 때도 마찬가지로 유연성과 확장성, 독립성 등을 염두에 두고 설계해야 한다.

먼저 프런트엔드를 구성하기 위한 패턴을 살펴보자. 지금까지는 백엔드의 서비스를 여러 개의 마이크로서비스로 구성하는 경우를 중심으로 살펴봤다. 그렇다면 실제 사용자와의 접점이 되는 프런트엔드는 어떻게 구성해야 할까?

---

29 전송 계층의 보안(Transport Layer Security)을 의미하며, 인증키 방식의 암호화 규약이다.

단순한 방법은 예전처럼 단일 모노리스로 구성하는 방법이다. 그림 2.30과 같이 모노리스 프런트엔드는 백엔드의 여러 API를 호출하고 조합한 후 화면으로 구성해서 보여준다. 이 경우 고민은 프런트엔드가 한 덩어리일 경우 과연 마이크로서비스 기반 시스템의 장점인 서비스의 독립적인 변경과 배포가 가능하겠느냐는 것이다.

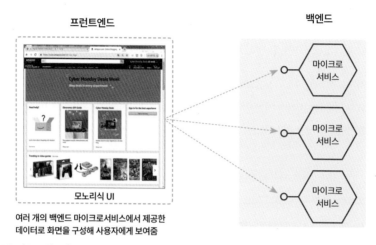

그림 2.30 모노리스 프런트엔드

하나의 업무 기능은 보통 프런트엔드와 백엔드의 연계로 구현된다. 업무 기능 하나가 변경되어 재배포해야 할 상황을 생각해 보자. 백엔드는 수정해서 하나의 서비스로 독립적으로 배포 가능하지만 프런트엔드는 덩어리이기 때문에 변경되지 않은 다른 기능들도 함께 빌드되고 배포해야 한다. 따라서 이전의 백엔드가 모노리스였을 때 겪었던 문제(독립적인 기능 변경 및 배포 불가, 독립적인 기능 확장 불가)를 프런트엔드의 모노리스 서비스도 동일하게 겪을 수밖에 없는 것이다.

UI 컴포지트 패턴 또는 마이크로 프런트엔드

이를 위한 해결 방안이 UI 컴포지트(Composite) 패턴과 마이크로 프런트엔드(Micro Frontend)라고 하는 패턴이다.

그림 2.31과 같이 프런트엔드도 백엔드 마이크로서비스처럼 기능별로 분리하고 이를 조합하기 위한 프레임(frame) 형태의 부모 창을 통해 각 프런트엔드를 조합해서 동작하게 한다. 이 부모 서비스는 틀만 가지고 있고, 실제 각 기능 표현은 마이크로 프런트엔드 조각이 구현하게 한다. 이 마이크로 프런트엔드들은 비즈니스 구현을 위해 여러 개의 백엔드 마이크로서비스 API를 호출한다.

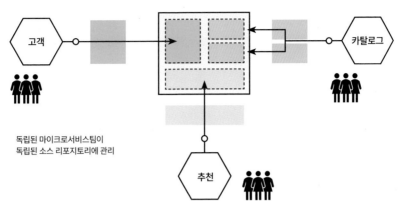

그림 2.31 독립된 팀에서 별도로 관리하는 프런트엔드

이전 장에서 마이크로서비스 팀은 여러 기능을 가진 역할자를 보유하고 자율적으로 비즈니스를 개선한다고 했다. 그림 2.31처럼 고객 서비스 팀은 별도의 독립된 소스 리포지토리에 백엔드 마이크로서비스와 마이크로 프런트를 관리하고, 이를 독립적으로 빌드 및 배포할 수 있기 때문에 자율적으로 서비스를 개선할 수 있다.

그림 2.32는 아마존닷컴 온라인 몰의 사례다. 아마존의 메인 화면은 여러 개의 조각으로 구성 돼 있고 각 조각은 여러 개의 마이크로 프런트엔드의 조합으로 서비스를 제공한다. 따라서 하나 의 기능을 변경했을 때 이를 제공하는 마이크로 프런트엔드와 백엔드를 구성하는 마이크로서비스가 모두 변경되고 배포된다. 배포 시 잠시 반응이 없는 경우나 일부 마이크로서비스에 장애가 발생한 경우에도 메인 화면을 제공하는 부모 창은 사용자가 알아채지 못하게 화면 구성을 재배 열하는 역할까지 수행한다. 아마존닷컴의 서비스 개선 속도는 이 같은 유연한 UI 구성을 통해 서도 보장된다.

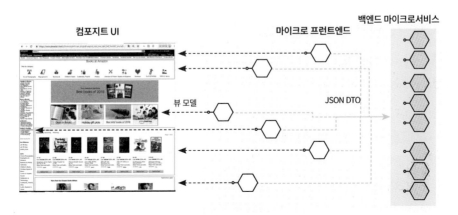

그림 2.32 아마존 쇼핑몰의 컴포지트 UI 사례

마이크로서비스 통신 패턴

다음으로 마이크로서비스 간의 통신 방식을 살펴보자. 프런트와 백엔드, 백엔드 간의 마이크로
서비스 호출에는 어떤 방법을 사용해야 할까?

동기 통신 방식

동기 호출 방식은 클라이언트에서 서버 측에 존재하는 마이크로서비스 REST API를 호출할 때
사용되는 기본 통신 방법이며, 다양한 클라이언트 채널 연계나 라우팅 및 로드 밸런싱을 원활하
게 하기 위한 방법으로 중간에 API 게이트웨이를 둘 수 있다.

그림 2.33은 웹이나 앱에서 API 게이트웨이를 통해 상품, 추천, 리뷰 마이크로서비스를 동기
호출하는 구성을 보여준다.

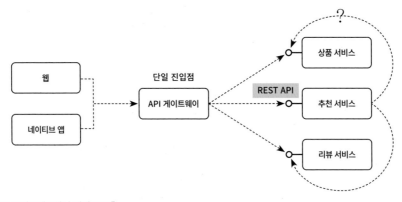

그림 2.33 프런트엔드에서 백엔드 호출

이처럼 클라이언트에서 백엔드 서비스 호출에는 동기 호출 방식을 사용하는데 백엔드 마이크로
서비스 간의 호출에는 어떤 방법을 사용하면 될까? 즉, 추천 서비스가 상품 서비스와 리뷰 서비
스를 호출한다면 API를 통해서만 호출해야 할까?

물론 맨 먼저 검토해야 할 방법은 REST API 같은 동기식 호출이다. 동기(synchronous) 방식
은 요청(request)하면 바로 응답(response)이 오는 방식을 말한다.

다음 페이지의 그림 2.34를 보면 모바일 UI 고객의 주문 내역을 확인하기 위해 주문 서비스에
HTTP GET 방식의 요청을 보내면 주문 서비스는 고객 정보를 확인하기 위해 고객 서비스에
GET 방식의 동기 호출을 수행한다. 그에 따라 바로 응답이 발생하고 성공 시 '200 OK'라는 성
공 코드를 받아오는 것을 볼 수 있다. 이처럼 바로 요청하면 응답이 오는 직관적인 방식이기 때
문에 가장 많이 쓰이고 구현하기 쉽다. 그렇지만 호출을 받은 마이크로서비스에 장애가 생긴다

면 어떻게 될까? 요청을 보낸 서비스는 반응이 올 때까지 기다리게 되고, 반응이 오지 않으면 계속 기다리면서 재호출하게 된다.

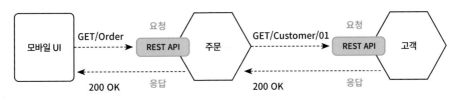

그림 2.34 동기 통신

여러 서비스 간의 연계를 통해 업무를 처리하는 마이크로서비스 구조에서는 이 같은 상황에서 장애가 연쇄적으로 발생할 수 있다. 또 서비스가 다른 서비스를 호출해서 얻은 정보를 이용해 기능을 제공한다는 의미는 해당 서비스 간의 의존관계가 높다는 것을 의미한다. 이러한 방식의 서비스 제공은 독자적인 마이크로서비스별로 비즈니스 기능 처리를 어렵게 만든다. 따라서 장애의 파급 효과 및 의존 관계를 낮추기 위한 다른 통신 방법이 필요하다.

비동기 통신 방식

그림 2.35는 메시지 기반의 비동기(asynchronous) 호출을 보여준다. 이 방식은 동기 호출처럼 응답을 기다리지 않는다. 메시지를 보낸 다음 응답을 기다리지 않고 다음 일을 처리한다. 물론 보낸 결과가 어떻게 됐는지 응답을 받지 않으므로 동기식처럼 완결성을 보장할 수는 없다. 따라서 이를 보장하기 위한 메커니즘이 필요한데, 보통 아파치 카프카(Apache Kafka), 래빗엠큐(RabbitMQ), 액티브엠큐(ActiveMQ) 같은 메시지 브로커(message broker)를 활용한다.

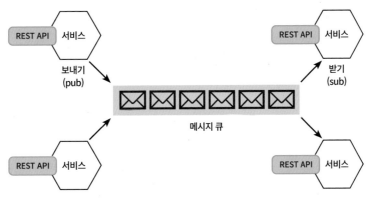

그림 2.35 비동기 통신

이러한 메커니즘에서는 메시지를 보내는 생산자(producer)와 메시지를 가져다가 처리하는 소비자(consumer)가 서로 직접 접속하지 않고 메시지 브로커에 연결된다. 메시지 브로커에 메시지를 전달하고 자신의 일을 처리하면 메시지 브로커가 전송을 보장하게 된다. 그런데 여러 서비스에서 전달한 메시지를 처리하는 메시지 브로커 자체에 부하가 생길 수가 있다. 이 경우 메시지 브로커는 메시지 처리 규모에 따라 확장이 가능하다.

이 방식은 메시지 브로커에 의해 중계되기 때문에 서로 통신하는 서비스들이 물리적으로 동일한 시스템에 위치할 필요도 없고 서로 프로세스를 공유할 필요도 없으며, 심지어 동일한 시간대에 동시에 동작하지 않아도 된다. 따라서 서비스 요구에 따라 늘어나거나 줄어들 수 있는 탄력성이 높은 클라우드 플랫폼 환경에서 서비스가 다운됐을 때 또는 시스템을 더 확장해야 할 때 사용할 수 있는 매우 효과적인 방법이다.

앞에서 래빗엠큐나 카프카를 언급했는데 클라우드 벤더에서 완전관리형으로 제공하는 AWS의 SQS나 SNS[30], Azure Event Hub, Azure Event Grid[31] 등도 많이 사용된다.

비동기 방식의 이벤트 기반 아키텍처

비동기 통신 방식을 이용해 느슨한 연계를 지향하는 아키텍처가 있다. 이벤트에 반응한다는 의미로 이벤트 기반 아키텍처(event driven architecture)라고 부르는데, 이벤트 기반 아키텍처는 예전부터 사용된 개념으로서 분산 시스템 간에 발신자가 이벤트를 생성 및 발행(publish)하고, 해당 이벤트를 필요로 하는 수신자에게 전송하면 이벤트를 구독하고(subscribe) 있던 수신자가 이벤트를 받아 처리하는 형태의 시스템 아키텍처다.

여기서 이벤트는 '상태의 변화'를 의미하며, 기존의 순차적 방식의 아키텍처와 달리 특정 행동이 자동으로 순서에 따라 발생하는 것이 아닌 어떤 상태의 변경에 대한 반응으로 동작한다는 점이 차이점이다.

사실 이러한 방식은 일반 실생활에서도 작업의 효율성을 위해 이미 많이 사용하는 방식이다. 그림 2.36을 보자.

---

[30] AWS SQS(Amazon Simple Queue Service): 마이크로서비스, 분산 시스템 및 서버리스(serverless) 애플리케이션을 쉽게 분리하고 확장할 수 있도록 지원하는 완전 관리형 메시지 대기열 서비스
AWS SNS(Amazon Simple Notification Service): 완전관리형 게시/구독(pub/sub) 메시징, SMS, 이메일 및 모바일 푸시 알림을 제공하는 서비스
[31] https://docs.microsoft.com/ko-kr/azure/event-hubs/
https://docs.microsoft.com/ko-kr/azure/event-grid/

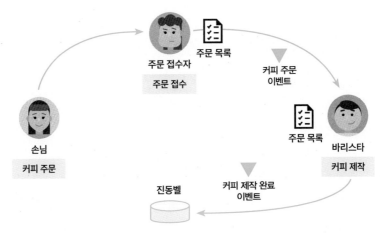

그림 2.36 이벤트 기반 아키텍처의 개념도

커피숍에서 손님이 주문을 하면 주문 접수자는 주문을 받는다. 그리고 바리스타에게 커피 제작을 의뢰한다. 이때 주문 접수자는 하나의 주문이 바리스타에 의해 완료될 때까지 마냥 주문을 받지 않고 기다리지는 않는다. 즉, 주문 접수 → 커피 제작 → 고객 전달이라는 하나의 무결하고 완결된 단위로 다루지 않는다.

그 대신 주문이 들어오는 대로 꾸준히 주문 목록에 적고 동시에 커피 주문이 들어왔다는 이벤트를 바리스타에게 계속 전달한다. 그럼 바리스타도 마찬가지로 커피 주문 이벤트를 순차적으로 제작 목록에 기입하고 주문에 해당하는 커피를 만든다. 그리고 커피 제작이 완료되면 커피 제작 완료 이벤트를 보내고, 이것이 진동벨을 통해 손님에게 통보되는 것이다. 주문은 많이 들어오는데 바리스타가 부족하다면 추가로 더 투입될 수도 있다. 이러한 이벤트 기반 방식은 여러 개의 주문을 받아 여러 개의 커피를 동시에 제작할 수 있는 효율성을 높인다. 반면 병렬 처리를 하지 않고 하나의 커피 주문을 받고 커피가 제작될 때까지 다른 주문을 접수할 수 없다면 매우 비효율적일 것이다.

이처럼 이벤트 기반 아키텍처는 이벤트를 생산하는 모듈과 이벤트에 대응하는 모듈을 분리하고 상호 독립적으로 동작하게 함으로써 병렬 처리를 촉진한다. 또한 이러한 이벤트 기반 아키텍처의 전달 메커니즘으로 앞에서 논의한 비동기 메시지 메커니즘을 선택하면 더욱더 효과적이다.

이벤트 기반의 아키텍처와 비동기 통신 메커니즘을 함께 사용하는 마이크로서비스를 이벤트 기반 마이크로서비스(event-driven microservice)라고도 한다. 이벤트 메시지를 사용하면 발신자와 수신자를 장소와 시간에서 쉽게 분리할 수 있으며, 마이크로서비스가 추구하는 느슨한 결합으로 확장성, 탄력성 측면에서 이점이 많다.

저장소 분리 패턴

마이크로서비스를 독립적으로 수정 및 배포하기 위한 저장소 형태는 어떻게 구성해야 할까?

기존 모노리스 시스템의 저장소는 통합 저장소다. 즉, 애플리케이션 모듈은 분리하되 저장 처리는 모듈별로 격리하지 않고 다른 모듈에서의 호출을 허용하는 구조였다.[32]

특히 국내 엔터프라이즈 애플리케이션의 내부를 보면 모든 비즈니스 로직이 데이터베이스의 SQL 처리에 몰려있는 경우가 대부분이다. 단순한 조사 방법이긴 하지만 소스코드 라인 수와 데이터 처리를 수행하는 SQL 구문의 라인 수를 세어봐도 알 수 있다. 업무 규칙 및 흐름 처리를 수행하는 애플리케이션의 코드 라인 수보다 SQL 코드의 라인 수가 몇 배 이상이다.

이러한 구조를 데이터 중심 애플리케이션이라 하는데, 특정 관계형 데이터베이스 벤더에 구속되고 복잡해져 유지보수가 어려워지고 성능 문제가 발생했을 때 SQL 구문 튜닝이나 저장소 증설(스케일 업)에 의존할 수밖에 없다.

또한 이러한 구조의 애플리케이션은 아무리 여러 개의 마이크로서비스로 분리하더라도 요청이 증가할 경우 서비스는 한가하고 여러 서비스에서 호출되는 통합 데이터베이스만 여전히 바쁜 상황이 되어 마이크로서비스의 자동 확장(스케일 아웃) 기능이 별 소용이 없어질 수 있다.

이를 보완할 수 있는 마이크로서비스 패턴인 저장소 분리 패턴을 살펴보자. 저장소 분리 패턴은 각 마이크로서비스는 각자의 비즈니스를 처리하기 위한 데이터를 직접 소유해야 한다는 것을 말한다. 그렇기 때문에 자신이 소유한 데이터는 다른 서비스에 직접 노출하지 않고 각자가 공개한 API를 통해서만 접근할 수 있다(정보 은닉). 또한 저장소가 격리돼 있기 때문에 각 저장소를 자율적으로 선택할 수 있다(폴리글랏 저장소). 궁극적으로 이 같은 제약이 데이터를 통한 변경의 파급 효과(영향도)를 줄여 서비스를 독립적으로 만든다.

그림 2.37을 통해 살펴보면 주문 서비스가 주문 수행을 위해 고객 정보를 필요로 하더라도 바로 고객 테이블에 질의할 수 없고 반드시 고객 서비스의 API를 통해서만 호출할 수 있다.

---

32 일반적으로 SQL의 조인 구문을 사용해 다른 모듈이 소유권을 가지고 있는 데이터까지 함께 조합해서 호출하는 방식이다.

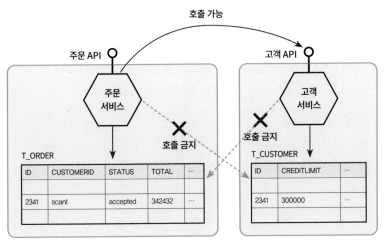

그림 2.37 저장소 격리

그러나 이처럼 마이크로서비스별로 기능을 분리하고 저장소를 격리함에 따라 이전에는 불거지지 않았던 문제가 생긴다. 즉, 여러 개의 분산된 서비스에 걸쳐 비즈니스 처리를 수행해야 하는 경우 비즈니스 정합성 및 데이터 일관성을 어떻게 보장할 것인가에 대한 문제다.

분산 트랜잭션 처리 패턴

손쉽게 적용할 수 있는 한 가지 방법은 여러 개의 분산된 서비스를 하나의 일관된 트랜잭션으로 묶는 것이다.

앞에서 언급한 것처럼 분산 트랜잭션 처리에서는 여러 서비스 간의 비즈니스 및 데이터 일관성을 유지할 필요가 있다. 분산 트랜잭션 처리를 위한 전통적인 방법으로 2단계 커밋 같은 기법이 있다. 2단계 커밋은 분산 데이터베이스 환경에서 원자성(atomicity)을 보장하기 위해 분산 트랜잭션에 포함돼 있는 모든 노드가 커밋(commit)되거나 롤백(rollback)하는 메커니즘이다.

그런데 이 방법은 각 서비스에 잠금(lock in)이 걸려 발생하는 성능 문제 탓에 효율적인 방법이 아니다. 특히 각 서비스가 다른 인스턴스로 로딩되기 때문에 통제하기 어렵다. 또한 서비스의 저장소가 각각 다를 경우 문제가 있으며, 특히 MongoDB 같은 NoSQL 저장소는 2단계 커밋 자체를 지원하지 않는다.

특히 클라우드의 가장 큰 장애는 네트워크 장애인 경우가 많은데, 네트워크 장애 등으로 특정 서비스의 트랜잭션이 처리되지 않을 경우 트랜잭션에 묶인 서비스가 즉시 영향을 받기도 한다. 2단계 커밋을 통한 분산 트랜잭션 처리는 독립적이지 않고 비자율적이다. 그렇다면 어떻게 해야 할까?

마이크로서비스의 독립적인 분산 트랜잭션 처리를 지원하는 패턴이 바로 사가(Saga)[33] 패턴이다.

사가 패턴은 각 서비스의 로컬 트랜잭션을 순차적으로 처리하는 패턴이다. 사가 패턴은 여러 개의 분산된 서비스를 하나의 트랜잭션으로 묶지 않고 각 로컬 트랜잭션과 보상 트랜잭션을 이용해 비즈니스 및 데이터의 정합성을 맞춘다. 그림 2.38과 같이 각 로컬 트랜잭션은 자신의 데이터베이스를 업데이트한 다음, 사가 내에 있는 다음 로컬 트랜잭션을 트리거하는 메시지 또는 이벤트를 게시해서 데이터의 일관성을 맞춘다.

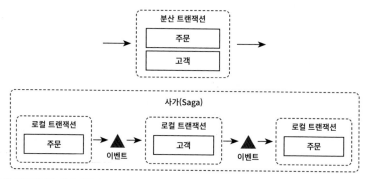

그림 2.38 분산 트랜잭션과 사가 패턴

그렇다면 다른 트랜잭션의 결과에 따라 롤백이 필요하다면 어떻게 해야 할까? 여기서 나오는 개념이 보상 트랜잭션이다. 보상 트랜잭션은 어떤 서비스에서 트랜잭션 처리에 실패할 경우 그 서비스의 앞선 다른 서비스에서 처리된 트랜잭션을 되돌리게 하는 트랜잭션이다.

정리하면, 사가는 그림 2.38의 위에 나온 것처럼 일관성 유지가 필요한 트랜잭션을 모두 묶어 하나의 트랜잭션으로 처리하지 않고, 아래에 나온 것과 같이 각 로컬 트랜잭션으로 분리해서 순차적으로 처리하는 방법이다. 그러다가 트랜잭션이 실패한 경우 이전 로컬 트랜잭션이 작성한 변경 사항을 취소하는 일련의 보상 트랜잭션을 통해 비즈니스 처리의 일관성을 유지한다.

하나의 업무를 예로 들어 살펴보자.[34] 다음 페이지의 그림 2.39를 보면 주문 서비스와 고객 서비스가 있다. 그리고 주문을 처리할 때 고객의 신용한도 정보에 따라 최종 주문을 승인하는 업무가 있다. 이 두 서비스의 트랜잭션을 하나로 묶지 않고 보상 트랜잭션과 이벤트를 활용해 처리할 수 있다.

---

33 영어에서 saga의 의미는 스칸디나비아 역사의 긴 이야기, 길고 복잡한 일련의 이벤트 등을 의미한다.

34 사가 편성 방식은 코레오그래피(choreography) 사가 방식과 오케스트레이션(orchestration) 사가 방식의 두 종류가 있는데, 이 책에서 설명하는 예시는 코레오그래피 방식이다. 두 방식의 차이점을 설명하자면, 먼저 코레오그래피 방식은 의사결정과 순서를 참가자에게 맡기고 주로 이벤트 교환 방식으로 통신하며, 오케스트레이션 방식은 오스트레이터에 의해 중앙화되어 통제된다는 것이다. 오케스트레이션 방식은 사가 오케스트레이터가 참여자에게 커맨드 메시지를 보내 수행할 작업을 지시하는 방식이다. 좀 더 자세한 내용은 크리스 리처드슨의 《마이크로서비스 패턴》(길벗, 2020)을 참고한다.

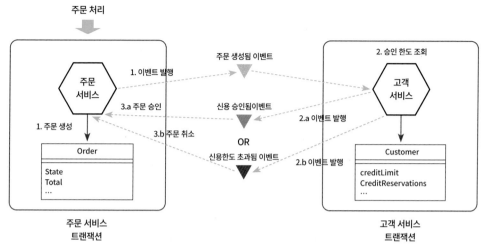

그림 2.39 사가 패턴 사례

1. 주문 처리가 시작되면 주문 서비스는 가주문[35]을 생성하고 주문자 정보가 담긴 '주문 생성됨' 이벤트를 발행하고 트랜잭션을 종료한다.

2. 고객 서비스가 '주문 생성됨' 이벤트를 확인한 뒤 다음 처리를 수행한다.

   a. 이벤트에 존재하는 주문자 정보로 고객의 신용한도를 조회해서 신용한도가 충족되면 '신용 승인됨' 이벤트를 발행한다.

   b. 신용한도가 충족되지 않는다면 '신용한도 초과됨' 이벤트를 발행한다.

3. 주문 서비스는 고객 서비스가 발행한 이벤트를 확인해 다음 처리를 수행한다.

   a. 고객 서비스가 발행한 이벤트가 '신용 승인됨'인 경우에는 주문 승인 처리를 한다.

   b. '신용한도 초과됨' 이벤트인 경우에는 보상 트랜잭션인 주문 처리 취소를 수행한다.

이처럼 하나의 큰 트랜잭션으로 묶지 않고 4개의 분리된 로컬 트랜잭션으로 비즈니스의 정합성을 맞출 수 있다.

데이터 일관성에 대한 생각의 전환: 결과적 일관성

모든 애플리케이션에는 비즈니스 처리를 위한 규칙이 있고, 이러한 비즈니스 규칙을 만족하도록 데이터 일관성이 유지돼야 한다. 이전까지는 이 같은 데이터 일관성이 실시간으로 반드시 맞아야 한다는 생각이 일반적이었다.

---

35 여기서 가주문의 '가'는 가짜, 거짓, 임시적인 것을 뜻하는 '假'의 의미로, 임시 주문을 의미한다.

그렇지만 과연 모든 비즈니스 규칙들이 실시간으로 일관성을 맞춰야 할까? 정말 그래야 하는가는 생각해 볼 문제다. 예를 들어, 그림 2.40을 보자. 쇼핑몰에서 주문을 하면 결제 처리가 돼야하고 그 결제가 완료되면 결제 내용과 주문 처리 내역이 주문자에게 이메일로 전송돼야 한다. 일반적으로 주문된 다음에 결제가 되고 결제 내용이 이메일로 통보되는 것이 순차적인 일 처리 순서다.

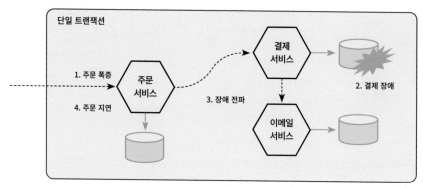

그림 2.40 주문 지연 상황 발생

그런데 주문자가 폭주한 경우를 생각해 보자. 주문, 결제, 이메일 처리가 이러한 순차적인 동시 일관성을 추구하는 경우 주문이 폭주하면 결제 처리가 되지 않거나 지연되는 경우가 발생할 수 있다. 그럼 앞선 주문 처리 역시 지연될 것이다. 북미의 블랙 프라이데이(Black Friday) 같은 대규모 쇼핑 이벤트를 생각해 보자. 수만 개의 주문이 발생하는데 결제 서비스에서 타사 외부 연동 장애가 발생해 더는 주문을 받을 수 없는 상황이 발생할 수도 있다. 따라서 이러한 상황을 고려했을 때 비즈니스 관점에서 보면 주문과 결제, 이메일 전송을 순차적으로 처리하기보다 무조건 먼저 주문을 많이 받아 놓는 것이 좋을 수 있다.

잘 생각해 보면 모든 비즈니스 처리가 반드시 실시간성을 요구하는 것은 아니다. 어떤 비즈니스는 데이터의 일관성이 실시간으로 맞지 않더라도 어느 일정 시점이 됐을 때 일관성을 만족해도 되는 것이 있다. 이러한 개념을 결과적 일관성(eventual consistency)이라고 한다.

결과적 일관성의 개념은 고가용성을 극대화한다. 그림 2.40은 이러한 실시간성을 강조해서 결제 서비스에서 발생한 장애가 다른 서비스의 가용성을 떨어뜨린 사례다. 결제 서비스의 장애로 주문 서비스마저 사용할 수가 없는 것이다.

그럼 결과적 일관성의 개념으로 이 문제를 어떻게 해결할지 알아보자. 다음 페이지의 그림 2.41은 그림 2.40의 사례에 사가 패턴과 이벤트 메시지 기반 비동기 통신을 적용한 모습이다. 각 마이크로서비스의 트랜잭션은 독립적이고 각 트랜잭션이 성공했을 때 상태 변경 이벤트를 발행해 이 이벤트를 구독한 다른 서비스의 로컬 트랜잭션이 작동되게 한다.

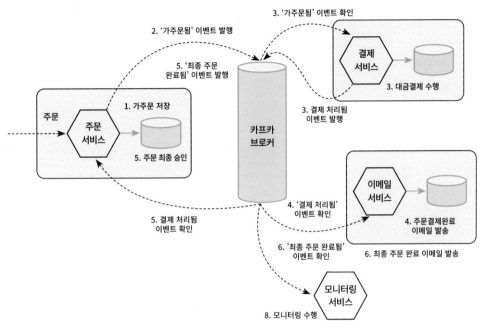

그림 2.41 비동기 통신과 사가 패턴을 적용한 모습

변경된 아키텍처를 살펴보면 다음과 같다.

1. 가주문이 생성되고 '가주문됨' 이벤트를 발행한다. 주문은 독립적 로컬 트랜잭션이기 때문에 끊임없이 받을 수 있다. 주문이 몰릴 경우 주문 서비스만 확장해서 가용성을 높일 수 있다.

2. '가주문됨' 이벤트는 메시지 브로커에 비동기로 전송된다.

3. 결제 서비스는 발행된 '가주문됨' 이벤트를 확인하고 대금 결제 트랜잭션을 수행하고 '결제 처리됨' 이벤트를 발행한다.

4. 이메일 서비스는 '결제 처리됨' 이벤트를 확인하고 주문 결제 완료 이메일을 사용자에게 발송한다.

5. 주문 서비스는 '결제 처리됨' 이벤트를 확인하고 가주문으로 처리됐던 주문을 최종 승인한다. 그리고 '최종 주문 완료됨' 이벤트를 발행한다.

6. 이메일 서비스는 주문 서비스가 발행한 '최종 주문 완료됨' 이벤트를 확인해 최종적으로 주문이 완료됐다는 이메일을 사용자에게 발송한다.

7. 각 서비스는 각기 작업을 수행하다 오류가 발생하면 '실패 이벤트'를 발행해 다른 서비스가 비즈니스 정합성을 맞출 수 있게 한다.

8. 이때 별도로 메시지 큐에 쌓이는 이벤트들을 모니터링 서비스와 연계해 모니터링하고 추적해서 전체적인 비즈니스 정합성 여부를 관리자가 확인할 수도 있다.

이처럼 이벤트 기반 아키텍처와 메시지 브로커, 사가 패턴으로 비즈니스 정합성을 결과적으로 보장할 수 있고 비즈니스 및 시스템 가용성을 극대화할 수 있다.

읽기와 쓰기 분리: CQRS 패턴

앞에서 사가 패턴과 이벤트 메시지 기반 비동기 통신을 활용해 가용성을 높이는 방법을 살펴봤다. 비즈니스에 대한 기존 관념을 조금만 바꾸면 가용성을 높일 수 있는 방법이 다양하다.

그림 2.42는 마이크로서비스의 핵심 설계 철학인 서비스별 데이터 저장소 패러다임을 채택한 모습이다. 그런데 서비스의 성능 향상을 위해 서비스 인스턴스를 스케일 아웃해서 여러 개로 실행한 경우 데이터 읽기/수정 작업으로 인한 리소스 교착상태가 발생할 수 있다.

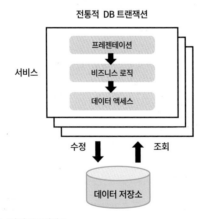

그림 2.42 CRUD 기능이 모두 있는 마이크로서비스

이 문제를 해결하기 위한 방법으로 CQRS 패턴이 있는데, CQRS는 Command Query Responsibility Segregation, 즉 명령 조회 책임 분리를 의미한다. CQRS는 기존의 일반적이었던 동일한 저장소에 데이터를 넣고 입력, 조회, 수정, 삭제를 모두 처리하는 방식에 도전하는 흥미로운 패러다임이다.

일반적으로 사용자의 비즈니스 요청은 크게 시스템 상태를 변경하는 명령과 시스템의 상태를 조회하는 부분으로 나눌 수 있다. 그렇다면 실제 업무에서 두 부분의 사용 빈도는 어떨까? 당연히 상태를 조회하는 부분이 많이 쓰인다. 즉, 일반적인 비즈니스 모델에서는 입력, 수정, 삭제가 조회보다 적게 쓰이고 조회 요청이 훨씬 많이 사용된다. 그런데 서비스 내에 이러한 모든 기능을 넣어 두면 조회 요청 빈도가 증가함에 따라 다른 명령 기능도 함께 확장해야 하므로 효율적이지 않다.

따라서 그림 2.43과 같이 하나의 저장소에 쓰기 모델과 읽기 모델을 분리하는 방식으로 변화시켜 쓰기 서비스와 조회 서비스를 분리할 수도 있고, 더 나아가 아예 물리적으로 쓰기 트랜잭션용 저장소와 조회용 저장소를 따로 준비할 수 있다. 이처럼 쓰기 전략과 조회 전략을 각각 분리하면 쓰기 시스템의 부하를 줄이고 조회 대기 시간을 줄이는 등 엄청난 이점을 누릴 수 있다.

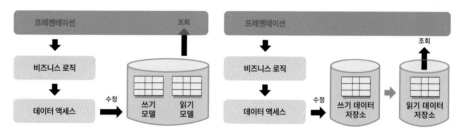

그림 2.43 쓰기와 읽기를 분리하는 과정

이러한 CQRS 방식을 이벤트 메시지 주도 아키텍처와 연계해서 살펴보자. 그림 2.44처럼 우선 마이크로서비스를 명령 측면과 조회 측면의 두 부분으로 나눈다.

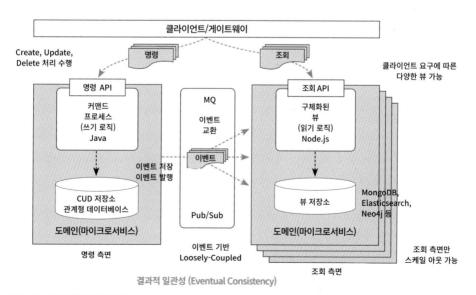

그림 2.44 CQRS 패턴의 개념도

좌측의 명령 측면 마이크로서비스는 입력, 수정, 삭제(Create, Update, Delete) 처리를 수행하고 저장소로는 쓰기에 최적화된 관계형 데이터베이스를 사용한다. 그리고 프로그래밍 언어도 업무 규칙을 표현하기 좋은 자바 언어를 사용한다.

반면 오른쪽의 조회 측면의 마이크로서비스에서는 조회 성능이 높은 몽고디비나 엘라스틱서치 같은 NoSQL 데이터베이스를 저장소로 사용한다. 프로그래밍 언어도 조회를 간단하게 구현할 수 있는 스크립트 기반의 Node.js를 사용한다. 조회 서비스는 사용량이 많기 때문에 스케일 아웃해서 인스턴스를 증가시켜 놓는다.

그런데 이러한 구조에서는 명령 서비스가 사용됨에 따라 조회 서비스와의 데이터 일관성이 깨지게 된다. 이때 데이터 일관성 유지를 위해 필요한 것이 이벤트 주도 아키텍처. 명령 서비스는 저장소에 데이터를 쓰면서 저장한 내역이 담긴 이벤트를 발생시켜 메시지 브로커에 전달한다. 조회 서비스는 메시지 브로커의 이벤트를 구독하고 있다가 이벤트 데이터를 가져와 데이터를 최신 상태로 동기화한다.

물론 명령 서비스에 데이터가 들어간 즉시 조회 서비스의 데이터와 일치할 수 없고 시간적 간격이 있을 수 있지만 어느 시점이 되면 결과적으로 일치하게 된다. 앞에서 언급한 결과적 일관성을 추구하는 것이다.

API 조합과 CQRS

CQRS 패턴은 다른 문제를 해결하기도 한다. 마이크로서비스의 저장소가 격리돼 있고 각 마이크로서비스마다 각기 다른 기능을 구현했을 때 여러 개의 마이크로서비스를 연계해서 서비스로 제공하는 경우에는 어떻게 해야 할까?

첫 번째 방법은 API 조합(composition)이다. 다음 페이지의 그림 2.45와 같이 '주문 이력' 서비스는 제품 서비스가 제공하는 제품 정보, 주문 서비스의 주문 정보, 고객 서비스의 특정 고객 정보, 배송 서비스의 배송 정보가 모두 다 필요하다. 따라서 각 기능을 제공하는 마이크로서비스를 조합하는 상위 마이크로서비스를 만들어 조합된 기능을 제공할 수 있다. 하위 서비스는 각자 독립적인 API를 제공하면서 연계 API를 위해 상위 서비스에 정보를 제공한다.

그렇지만 이러한 구조는 상위 서비스가 하위 서비스에 의존하는 결과를 가져온다. 상위 서비스가 제공하는 API에 정보를 제공하는 하위 서비스 중 하나라도 API를 변경하면 상위 서비스는 그에 따라 변경될 수밖에 없다. 또한 하위 서비스의 실패가 상위 서비스에 영향을 준다. 이러한 의존성을 줄이기 위한 방법이 필요하다.

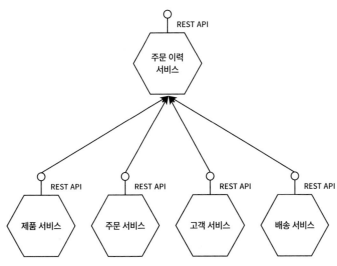

그림 2.45 API 조합

두 번째 방법은 CQRS를 적용하는 것이다. 그림 2.46과 같이 주문 이력을 보여주는 마이크로서비스가 필요하다고 생각해 보자. 주문 이력 서비스를 제공하는 마이크로서비스가 독자적인 저장소를 갖도록 만든다. 또한 주문 이력의 세세한 원천 정보를 보유하고 있는 각각의 서비스도 독자적으로 자신의 저장소를 가지고 서비스를 제공하고 있다. 그리고 이 원천 정보를 보유한 여러 마이크로서비스는 자신의 서비스의 정보가 변경되는 시점에 변경 내역을 각자의 변경 이벤트로 발행한다.

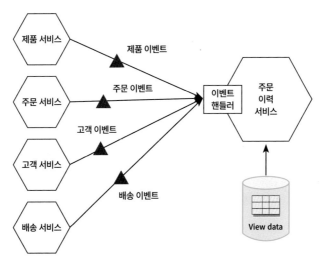

그림 2.46 CQRS 패턴을 이용한 기능 연계

그럼 주문 이력 마이크로서비스에서는 이 이벤트를 구독하고 있다가 이벤트를 가져와서 자신의 서비스의 저장소에 기록함으로써 다른 서비스의 데이터와 데이터 일관성을 맞추고 서비스의 주문 이력 조회 기능으로 제공한다.

이런 경우에는 다른 원천 서비스가 순간적인 장애가 생긴다고 해도 주문 이력 서비스가 영향을 받지 않는다. 즉, 조회용 마이크로서비스를 별도로 생성하고 다른 서비스로부터 비동기 이벤트로 일관성을 맞춤으로써 API 조합 방식의 단점인 직접적인 의존성을 줄일 수 있는 것이다.

쓰기 최적화: 이벤트 소싱 패턴

지금까지 살펴본 사가 패턴 및 CQRS 패턴에서 비즈니스 불일치를 피하기 위해서는 저장소에 저장하는 것과 메시지를 보내는 것이 원자성[36]을 지녀야 한다. 즉, 저장소에 저장하는 일과 메시지를 보내는 작업이 언제나 완전하게 진행되어 함께 실행돼야 한다.

그렇지만 객체의 상태 변화를 이벤트 메시지로 발행하고 또 객체 상태를 관계형 데이터베이스에 저장하는 경우 SQL 질의어로 변환해서 처리하기가 매우 번거롭고 까다롭다.[37] 또 메시지 발행과 저장 처리라는 두 가지 기능을 수행하므로 빠르지도 않다.

그렇다면 이러한 메시지 발행 및 저장 처리의 원자성을 보장하고 성능도 최적화하는 방법은 무엇일까? 보통 비즈니스 처리를 수행할 때 데이터 처리는 항상 처리 상태의 결괏값을 계산하고 데이터의 최종 상태를 확정해서 저장하는 방식으로 진행된다. 예를 들어, 쇼핑몰의 장바구니에 품목을 추가, 삭제하는 과정을 보자. 만약 일반적인 관계형 데이터베이스와 자바 언어를 사용한다면 장바구니, 품목 데이터 모델이 정의돼 있어야 하고 장바구니 상태를 변경할 때 매번 트랜잭션 결과를 반영해서 장바구니 데이터 모델의 결과를 계산해야 한다. 객체의 상태 변화와 데이터 모델의 결과의 변화 양상은 다음과 같다.

1. 사용자 A의 장바구니 객체 생성 → 장바구니 테이블에 사용자 A의 장바구니 로우(row)를 생성

2. 품목 1 객체 추가 → 품목 테이블에 사용자 A 장바구니의 품목 1을 추가

3. 품목 2 객체 추가 → 품목 테이블에 사용자 A 장바구니의 품목 2를 추가

4. 품목 1 객체 제거 → 품목 테이블에 사용자 A 장바구니의 품목 1을 삭제

5. 품목 2 객체의 수량 변경 → 품목 테이블에 사용자 A 장바구니의 품목 2의 수량 정보를 수정

---

36 원자성은 어떤 것이 더는 쪼개질 수 없는 성질을 말한다.

37 객체-관계의 임피던스 불일치(object-relational impedance mismatch)라고 부르기도 하는데 객체 모델과 데이터 모델의 패러다임이 달라 잘 어울리지 않는다는 의미로 사용된다.

이처럼 객체의 상태 변경에 따라 데이터 모델로 처리되고 최종값이 반영돼야 한다. 따라서 이 같은 과정은 복잡해지고 변환 처리로 느릴 수밖에 없다. 특히 인스턴스가 여러 개로 확장될 때 동시 업데이트 및 교착상태로부터 안전하지 못할 수도 있다.

그럼 객체 상태를 데이터 모델에 맞춰 계산하지 않고 상태 트랜잭션 자체를 저장하면 어떨까? 이를 이벤트 소싱(event sourcing) 기법이라고 하는데, 트랜잭션 자체를 저장하자는 전략이다. 즉, 상태 변경 이벤트를 계산해서 데이터 모델로 변경하지 않고 바로 이벤트 저장소에 그대로 저장한다.

이렇게 하면 메시지 브로커와 데이터 저장소를 분리하지 않고 하나로 사용할 수 있다. 복잡한 과정이 없으니 쓰기 속도가 훨씬 빠르다. 그럼 현재 시점의 상태가 필요할 때는 어떻게 해야 할까? 상태가 필요하면 상태의 출발점부터 모든 기록된 상태 변경 트랜잭션을 순차적으로 계산한다.

처음부터 모든 트랜잭션을 처리하는 것이 부담된다면 매일 자정에 상태를 계산한 후 스냅숏으로 저장한 후 현재 상태 정보가 필요해지면 스냅숏 이후의 트랜잭션만 처리하면 된다. 이 같은 방식은 특정 시점의 상태가 필요하면 재현할 수도 있기 때문에 별도의 트랜잭션성 이력 로그 데이터를 기록할 필요도 없다.

또 한 가지 중요한 점은 명령 측면과 조회 측면의 서비스가 이벤트 저장소에 대한 CRUD를 모두 처리할 필요 없이 '입력/조회(CR)'만 처리하면 된다는 것이다. 저장소에서 변경과 삭제가 발생하지 않기 때문에 명령 측면의 서비스를 여러 개 확장해도 동시 업데이트 및 교착상태가 발생하지 않는다.

다음 페이지의 그림 2.47은 이러한 이벤트 저장소의 데이터 형태다. 이벤트 아이디가 있고, 이벤트 타입으로 어떠한 상태인지, 엔티티 타입으로 어떠한 객체의 이벤트인지, 그리고 변경 내용이 엔티티 데이터 항목에 JSON 형태로 그대로 저장된다. JSON은 객체 형태라서 상태 객체가 그대로 들어간 것과 같다.

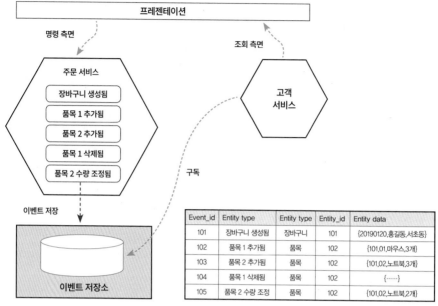

그림 2.47 이벤트 스트림 저장

앞서 언급한 바와 같이 이벤트는 한번 발생한 후에 수정되지 않고 업데이트나 삭제 없이 입력만 되는 개념이라 동시성이나 정합성 등의 문제에 비교적 자유롭다.

다시 정리하면 그림 2.48처럼 이벤트 소싱은 모든 트랜잭션의 상태를 바로바로 계산하지 않고 별도의 이벤트 스트림으로 이벤트 스트림 저장소에 저장하는 방식이다. 이벤트 스트림 저장소 는 오로지 추가만 가능하게끔 해서 계속 이벤트들이 쌓이게 만들고, 실제로 내가 필요한 데이터 를 구체화하는 시점에서는 그때까지 축적된 트랜잭션을 바탕으로 상태를 계산해서 구성한다.

이벤트 저장소는 이벤트 데이터베이스의 역할뿐 아니라 메시지 브로커처럼 작동한다. 이는 데 이터 저장 처리 메커니즘과 메시지 큐 같은 이벤트를 전달하기 위한 메커니즘을 통합해서 복잡 성을 줄이고 특히 쓰기 성능을 최적화한다. 또한 상태를 저장하기 때문에 정확한 감사 로깅을 제공하고, 객체의 예전 상태를 재구성하는 것이 간단해지며, 외부 애플리케이션에 이벤트를 전 달하는 것도 저장한 이벤트를 그대로 전송하면 되기 때문에 간편하다.

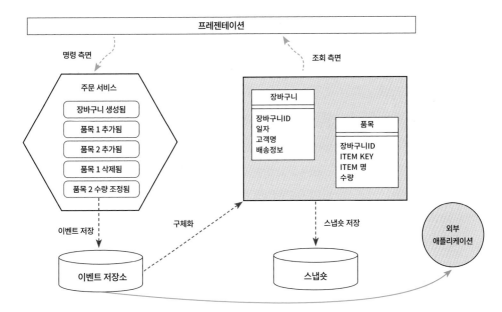

그림 2.48 이벤트 소싱 개념도

이벤트 스토밍 및 CQRS 구현을 지원하는 프레임워크로 자바 진영에서는 네덜란드의 Axon Framework[38]와 Eventuate[39]가 주로 사용된다.

2.5 정리

이번 장에서는 MSA 아키텍처 흐름과 MSA 아키텍처를 이루는 구성요소와 주요 패턴들을 살펴봤다. 요약하면 다음과 같다.

- 현대 애플리케이션 아키텍처에 대해 요구하는 특성을 알아보기 위해 리액티브 선언을 살펴보면 주요 특성으로 응답성, 유연성, 탄력성, 메시지 기반 등이 요구된다는 것을 알 수 있다. 특히 이러한 요소들은 애플리케이션의 유연성을 강하게 요구한다.

- MSA 아키텍처는 기존의 벤더 중심의 강 결합 아키텍처에서 오픈소스 중심의 느슨한 결합의 아키텍처로 변화할 것을 요구한다.

38 https://axoniq.io/
39 https://eventuate.io/

- MSA 아키텍처는 마이크로서비스 외부의 구성을 위한 외부 아키텍처와 마이크로서비스 내부 정의를 위한 내부 아키텍처로 구성된다.

- MSA 아키텍처 영역의 문제 해결 방식이 다양한 MSA 패턴으로 정리되고 있고, 인프라 구성요소, 플랫폼 운영 관리 패턴, 애플리케이션 연계와 관련된 패턴 등이 존재한다.

- 클라우드 인프라 구성요소로 가상 머신, 컨테이너, 컨테이너 오케스트레이션 등이 고려된다.

- 마이크로서비스의 생태계 발전과 함께 마이크로서비스 운영 관리를 위한 플랫폼 패턴들이 탄생했다.

- 플랫폼 패턴으로 넷플릭스 OSS 기반의 애플리케이션을 활용한 패턴이 최초로 등장했고, 이를 발전시킨 패턴이 쿠버네티스, 이스티오 등의 기술로 발전해 오고 있다.

- 마이크로서비스 애플리케이션을 구성하고 연계하기 위해 UI 컴포지트, 통신 패턴, 이벤트 기반 아키텍처 등이 고려된다.

- 저장소 분리 등으로 인한 분산 트랜잭션의 근본적인 문제 등을 해결하기 위해 사가 패턴, CQRS, 이벤트 소싱 패턴 등이 고려된다.

마이크로서비스 애플리케이션 아키텍처

로버트 C. 마틴(Robert C. Martin)은 《클린 아키텍처》(인사이트, 2019)에서 소프트웨어의 가치는 행위 가치와 구조 가치로 나뉘고, 소프트웨어를 정말로 부드럽게(Soft) 만드는 것은 구조 가치라고 언급한 바 있다. 여기서 행위 가치는 소프트웨어의 기능을 말하며, 구조 가치는 소프트웨어 아키텍처를 말한다. 그는 토끼와 거북이의 경주를 예로 들며 가장 빨리 가는 방법은 제대로 가는 것이며, 코드와 설계의 구조를 깔끔하게 만들려는 생각을 하지 않고 기능 구현만 목적으로 삼으면 소프트웨어가 엉망이 된 상황에 대처하는 데 더 많은 비용이 든다는 점을 강조했다.

실무에서 단기간의 프로젝트 동안 애플리케이션 구조나 설계에 신경 쓰지 않고 오직 기능 구현에만 몰두한 소프트웨어들의 유지보수가 얼마나 힘들지 잘 알고 있을 것이다. 이러한 소프트웨어는 전혀 소프트하지 않다. 새로운 형태의 UI나 기술을 추가해야 한다고 했을 때 거의 처음부터 새로운 시스템을 만드는 것과 같은 수준으로 수정해야 하고, 사소한 기능 변경에도 변경의 파급효과 및 영향도를 알 수 없어 그에 따른 실제 변경 작업보다 다른 모듈의 영향도를 파악하기 위한 테스트에 더 많은 시간을 투자해야 한다.

특히 개발과 운영을 모두 책임지고 있는 마이크로서비스팀 입장에서는 소프트웨어의 초기 개발뿐만 아니라 지속적인 비즈니스의 변화에 빠르게 대응할 수 있는 구조가 필요한데, 소프트웨어가 부드럽지 않다면 기민하게 대응하기가 어려울 것이다.

이번 장에서는 MSA 내부 아키텍처에 대해 살펴보겠다. 마이크로서비스 또한 작은 애플리케이션이므로 기존의 애플리케이션 아키텍처의 연장선에서 고려해야 한다.

먼저 국내 소프트웨어 개발 현장에서 많이 발생하는 애플리케이션 아키텍처의 문제점을 살펴보고 바람직한 애플리케이션 아키텍처 아이디어를 알아본 후 이러한 아이디어가 어떻게 마이크로서비스와 접목되는지 살펴보고, 더 나아가 마이크로서비스 내부 설계 시 고려해야 할 각종 애플리케이션 패턴도 살펴보겠다.

3.1 비즈니스 로직은 어디에? – 관심사의 분리

소프트웨어의 핵심은 비즈니스 로직이라는 말을 많이 들어봤을 것이다. 비즈니스 로직이란 보통 시스템의 목적인 비즈니스 영역의 업무 규칙(Rule)[1], 흐름(Flow), 개념(Concept)을 표현하

---

1 로버트 C. 마틴의 클린 아키텍처를 인용하면 업무 규칙은 사업적으로 수익을 얻거나 비용을 줄일 수 있는 규칙 또는 절차를 의미한다.

는 용어다. 개발자의 역할은 문제 영역의 비즈니스 로직을 분석 및 이해하고 프로그래밍 언어라는 도구로 잘 표현하는 일이다. 여기서 잘 표현한다는 것은 기능이 잘 동작하는 것과 더불어 이해하기 쉽고 변경하기 쉬운 시스템을 만드는 것을 의미한다.

설계 원칙 중 관심사의 분리(separation of concerns)[2]라는 원칙이 있다. 이것은 시스템의 각 영역이 처리하는 관심사가 분리되어 잘 관리돼야 한다는 의미이고, 이 원칙은 시스템을 이해하고 변경하기 쉽게 만들어 준다. 이 원칙에 따라 각 영역은 고유 관심사에 의해 분리되고 집중돼야 한다.

모듈화 및 계층화도 이 같은 원칙에 기인한다. 특히 비즈니스를 표현하는 비즈니스 로직 영역과 기술 문제를 처리하기 위한 기술 영역은 철저히 분리하는 것이 좋다. 이것은 비즈니스 로직이 기술보다는 오랫동안 지속되고 안정적이어야 할 애플리케이션의 핵심 영역이기에 기술에 영향을 적게 받도록 설계하는 것을 강조한 데서 기인한다.

기술과 비즈니스 로직을 분리했을 때 복잡성이 낮아지고 유지보수성도 높아진다. 특히 객체지향 분석설계(OOAD: Object Oriented Analysis and Design)에서는 비즈니스 로직을 누가 봐도 이해하기 쉽게 구조화하는 객체 모델로 표현하는 것을 강조해 왔다.

그런데 우리 업계의 소프트웨어의 실상은 어떤가? 말만 객체지향 분석 설계 방법이었을 뿐이지 한동안 개발 생산성의 강화라는 미명하에 컨베이어 벨트 상의 물건처럼 설계 모델을 기반으로 자동화된 소스코드를 자동으로 만들어 준다는, 이해하지 못할 코드를 마구 양산해 내는 MDD[3]의 유행이 허무하게 지나갔고, 순수한 자바 객체(POJO: Plain Old Java Object)를 지향하고 철저한 관심사의 분리를 강조하는 스프링 프레임워크를 기반으로 한 정부의 전자정부표준[4]마저도 스프링의 본 사상과는 달리 비즈니스 객체 모델을 중요하게 고려하고 있지 않은 듯하다.

특히 현장의 소스코드를 보면 관심사의 분리 원칙이나 비즈니스 로직을 표현하는 객체 모델은 온데간데없고 모든 업무 로직이 데이터 질의 구문인 SQL 문에 들어있는 경우가 대부분이다. 비즈니스 로직을 처리하는 자바 코드는 10줄 미만인데, 100 ~ 1000줄이 넘는 SQL 문 또는 프로시저로 시스템이 가득 차 있다.

---

2 관심(concern)이란 소프트웨어의 기능이나 목적을 의미한다. 관심을 분리한다는 것은 각 관심과 관련된 코드를 모아 독립된 모듈로 만들어 다른 코드로부터 영향을 덜 받게 하는 것이다. 설계 패턴의 대부분은 이러한 관심의 분리를 실현하는 것을 목적으로 삼고 있다.

3 MDD(Model Driven Development)는 PIM(Platform Independent Model)을 PSM(Platform Specific Model)으로 변경하는 과정에서 순수 분석 모델에 특정 플랫폼의 기술(profile)을 붙여서 만든다. 이러한 코드는 매우 복잡하고 특정 기술에 종속적일 수밖에 없다. 업무를 이해하려면 리버스 엔지니어링을 통해 코드를 모델로 변환해서 검토해야 하며, 비즈니스 변경을 위해서는 모델을 수정한 후 다시 코드로 생성하는 과정을 거쳐야 하는 번거로움이 있다.

4 전자정부 프레임워크는 정부가 주도하는 정보화 사업에 사용하기 위해 오픈소스 기술(스프링 프레임워크 등)을 활용해서 만든 정부 주도 표준 프레임워크다. https://www.egovframe.go.kr/

내가 경험한 한 프로젝트의 한 개발자는 이처럼 아주 복잡한 SQL 문을 오직 자신밖에 관리할 수 없다고 자랑스러워하고 절대 다른 사람이 건드리게 하지 않았다. 이 개발자는 특정 벤더의 데이터베이스에 정통했고 모든 로직을 압축해서 하나의 SQL에 작성하는 것을 최고라 여겼다. 코드의 가독성보다는 쿼리 성능을 위한 SQL 문의 최적화에 우선순위를 뒀다. 물론 이 프로그램은 본인이 가장 잘 이해하고 있었고 업무 성과도 높았다. 그렇지만 문제는 그의 부재였다. 그가 부재했을 때 아무도 소스코드를 이해할 수 없었고 따라서 변경할 수도 없었다. 그가 휴가라도 간다면 큰일이었다.

결과적으로 모든 업무 변경이 그에게 집중되고 의존되어 뛰어난 능력에도 불구하고 팀의 업무 병목지점이 되고 있었고, 비즈니스 로직이 대부분 SQL에 몰려 있다 보니 지속적인 데이터베이스 성능 저하로 데이터베이스도 병목지점이 되고 말았다. 결국 이 시스템은 더는 변경하기 힘들어져서 전면 재개발될 수밖에 없었다.

애플리케이션의 유지보수성이 높다는 의미는 특정 개인에 의존하기보다는 어느 누구라도 손쉽게 애플리케이션을 이해하고 유지보수할 수 있음을 의미한다.

유연하고 확장성 있는 MSA시스템을 만들기 위해서는 앞에서 언급한 각 마이크로서비스의 관계들을 유연하게 만드는 MSA 외부 아키텍처 및 패턴도 중요하지만 마이크로서비스의 내부 구조를 어떻게 유연하게 만들 것인지도 중요하다.

지금부터는 기술과 비즈니스 로직을 분리해서 기술의 변화에도 비즈니스 로직이 영향받지 않고 쉽게 변경 및 확장이 가능한 바람직한 마이크로서비스 내부 구조에 대해 살펴보겠다.

3.1.1 데이터베이스 중심 아키텍처의 문제점

앞에서 설명한 사례처럼 현장 실무에서 문제라고 인식하지 못하고 일반적으로 빈번하게 사용하는 데이터 중심의 서비스 내부 구조를 구현하는 방식을 알아보자.

'데이터베이스 중심 아키텍처'[5]란 특정 관계형 데이터베이스에 의존한 데이터 모델링을 수행한 다음 이 물리 테이블 모델을 중심에 두고 애플리케이션을 구현하기 위한 사고를 하는 방식이다. 이 같은 구조는 일반적으로 그림 3.1과 같은 모습을 띤다.

---

5   이 같은 구조에서는 모든 비즈니스 로직을 데이터베이스 중심으로 사고하는 경향이 있다.

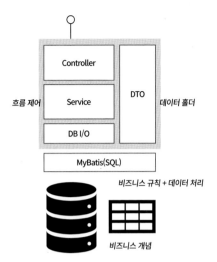

그림 3.1 데이터베이스 중심 아키텍처

일반적으로 스프링 프레임워크를 활용한다면 컨트롤러(Controller), 서비스(Service), DB I/O(Database Input/Output), DTO(Data Transfer Object)[6]로 구성되고, 데이터 처리는 SQL 매핑 프레임워크인 마이바티스(MyBatis)를 사용한다. 이러한 구조에서 일반적으로 비즈니스 로직은 서비스에 존재해야 한다고 말하지만 서비스에 존재하게 될 로직은 흐름 제어 로직밖에 없다. 그 밖의 비즈니스 개념과 규칙들은 앞에서 언급한 사례처럼 테이블과 SQL 질의에 존재한다. DTO는 질의를 통해 가져오는 정보 묶음(information holder)의 역할밖에 할 수 없다.

이 구조는 이후에 살펴볼 애플리케이션 로직 구성 패턴 중 하나인 트랜잭션 스크립트 구조와 비슷한데, 간단한 처리 로직의 경우에는 편하지만 업무가 복잡해지면 점점 복잡성을 제어할 수 없게 된다는 단점이 있다. 또한 업무 개념이 특정 저장 기술인 관계형 데이터베이스 테이블로 표현되고 업무가 복잡해질수록 업무 규칙이 데이터 질의 언어인 SQL과 섞여 표현된다.

앞에서 비즈니스 민첩성을 위해서는 유연성과 확장성이 중요하다고 한 바 있다. 예를 들어, 한 회사에서 비즈니스의 특정 기능을 위해 읽기에 최적화된 NoSQL 저장소로 교체하기로 결정했다고 하자. 그런데 이러한 시스템 구조에서는 저장소를 변경하려고 해도 쉽게 변경할 수가 없다. 왜냐하면 저장 기술과 비즈니스 로직이 끈끈하게 붙어 있기 때문에 저장소를 변경했을 때 모든 것을 다시 구현해야 한다고 개발팀이 판단했기 때문이다.

---

6 VO(Value Object)라 부르기도 하는데, 도메인 주도 설계의 패턴인 Value Object와는 다른 개념으로 데이터 전송 객체를 의미한다.

또한 데이터베이스 중심 아키텍처의 성능 측면을 보면 이 같은 구조에서는 대부분의 성능을 데이터베이스에 의존한다. 서비스의 비즈니스 개념과 규칙이 대부분 데이터베이스에 표현되기 때문이며, 애플리케이션에서는 별로 할 일이 없다. 따라서 데이터가 늘어남에 따라 데이터베이스의 성능은 지속적으로 떨어지게 되고, 이를 최적화할 방법으로 데이터베이스 서버의 사양과 용량을 계속 증가시키고 질의문 튜닝에 몰두할 수밖에 없다. 앞에서 클라우드 인프라를 사용할 때의 가장 큰 장점인 사용량에 유연하게 대응하는 자동 스케일 아웃이 의미가 없어진다. 정작 바쁜 것은 데이터베이스이기 때문에 애플리케이션을 아무리 스케일 아웃해봐야 거둘 수 있는 효과가 미미하다.

데이터베이스의 본질은 데이터 저장 처리이고 여기에 최적화돼 있다. SQL도 비즈니스 로직을 처리하기 위한 언어가 아니라 데이터 처리에 최적화된 언어다. 스토리지가 비싸고 한정적인 인프라 상황에서 최적의 성능을 발휘하기 위해 데이터베이스 중심의 아키텍처가 필요했던 시기가 있었다. 그렇지만 클라우드 시대에는 필요한 만큼 인프라를 유연하게 이용할 수 있고, 저장 기술 또한 선택지가 다양하다. 이전처럼 웹과 관계형 데이터베이스만 고려해야 하는 상황도 아니다. 웹, 모바일, 명령형 인터페이스(CLI), IoT 기기 등 여러 디바이스의 입출력을 지원해야 하고, 관계형 데이터베이스, 메모리 데이터베이스, NoSQL, 메시지 큐까지 다양한 저장소와의 연계가 필요하다.

즉, 클라우드의 풍부한 자원 환경에서는 애플리케이션 자체의 성능보다는 애플리케이션의 확장성과 유연함이 더 중요하다. 따라서 앞에서 언급한 관심사의 분리 원칙에 따라 끈끈하게 결합돼 있던 비즈니스 로직 처리와 데이터 처리를 철저히 분리하는 것이 반드시 필요하다.

3.2 헥사고날 아키텍처와 클린 아키텍처

그동안 애플리케이션의 구조를 유연하게 하기 위한 많은 아이디어가 있었다. 이번 절에서는 전통적으로 가장 많이 사용되는 레이어드 아키텍처(layered architecture)를 설명하고 최근의 마이크로서비스 설계자들이 마이크로서비스의 내부 구조를 유연하게 구성하기 위해 적용하는 헥사고날 아키텍처(hexagonal architecture)와 클린 아키텍처(clean architecture)를 살펴보겠다.

3.2.1 레이어드 아키텍처

레이어드 아키텍처(계층형 아키텍처)를 구성하는 레이어는 많은 사람들이 혼동하는 물리적인 티어의 개념과 달리 논리적인 개념이다. 티어는 물리적인 장비나 서버 컴퓨터 등의 물리층을 의미하고 레이어는 티어 내부의 논리적인 분할을 의미한다.

그림 3.2와 같이 물리적인 서버 티어의 레이어(이하 '계층')를 프레젠테이션(presentation), 비즈니스 로직(business logic), 데이터 액세스(data access)의 3개의 논리적인 계층으로 구분할 수 있다.

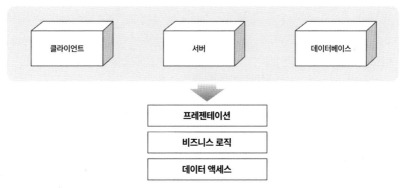

그림 3.2 티어와 레이어

계층은 설계자들이 복잡한 시스템을 분리할 때 흔히 사용하는 패턴 중 하나로, 애플리케이션이 내부에서 처리하는 관심사를 논리적으로 구분한다.

다음은 마틴 파울러가 《엔터프라이즈 애플리케이션 아키텍처 패턴》(위키북스, 2015)에서 구분한 레이어드 아키텍처 패턴의 전형적인 유형이다. 아키텍트가 의도하는 방향에 따라 여러 가지로 구분 가능하나 프레젠테이션, 비즈니스 로직, 데이터 액세스의 3계층으로 구분하는 것이 일반적이다.

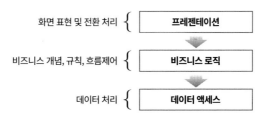

그림 3.3 전통적인 3계층 아키텍처

프레젠테이션 층의 관심사는 화면 표현 및 전환 처리이고, 비즈니스 로직 층의 관심사는 비즈니스 개념 및 규칙, 흐름 제어이며, 데이터 액세스 층의 관심사는 데이터 처리다. 레이어드 아키텍처는 레이어 간 응집성을 높이고 의존도를 낮추기 위해 다음과 같은 몇 가지 규칙을 둔다.

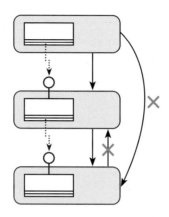

그림 3.4 레이어드 아키텍처 규칙

- 상위 계층이 하위 계층을 호출하는 단방향성을 유지한다.
- 상위 계층은 하위의 여러 계층을 모두 알 필요 없이 바로 밑의 근접 계층만 활용한다.
- 상위 계층이 하위 계층에 영향을 받지 않게 구성해야 한다.
- 하위 계층은 자신을 사용하는 상위 계층을 알지 못하게 구성해야 한다.
- 계층 간의 호출은 인터페이스를 통해 호출하는 것이 바람직하다(구현 클래스에 직접 의존하지 않음으로써 약한 결합을 유지해야 한다).

특히 인터페이스를 통한 의존성 분리는 인터페이스를 구현하는 구현체를 다양하게 해주는 다형성을 추구함으로써 제어 흐름을 간접적으로 전환하게 해준다.[7]

그림 3.5를 보면 상위 계층은 직접적으로 하위 계층을 호출하지 않고 추상적인 인터페이스에 의존한다. 이 경우 하위 계층에서는 추상적 인터페이스를 만족하는 다양한 방식의 구현체를 선택적으로 적용할 수 있다.

---

7 로버트 C. 마틴은 《클린 아키텍처》의 5장 '객체지향 프로그래밍'에서 이를 구조적 프로그래밍과 객체지향 프로그래밍의 차이점으로 설명한다.

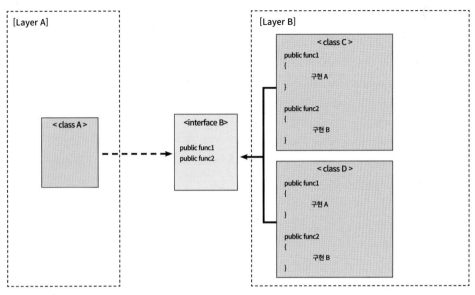

그림 3.5 인터페이스 호출을 통한 다형성 추구

이러한 방식은 로버트 C. 마틴이 정의한 객체지향 설계 원칙 중 하나인 의존성 역전 원칙(DIP; Dependency Inversion Principle)을 만족하는 것처럼 보인다. 의존성 역전 원칙은 '유연성이 극대화된 시스템에서는 소스코드 의존성이 추상에 의존하며, 구체에는 의존하지 않아야 한다'를 뜻하기 때문이다.

그렇지만 개방 폐쇄의 원칙(OCP; Open-Closed Principle)까지 살펴본다면 문제가 있다. OCP는 소프트웨어 개체는 확장에는 열려 있어야 하고 변경에는 닫혀 있어야 한다는 원칙이다. 이 원칙은 개체의 행위는 확장할 수 있어야 하지만 이때 개체를 변경해서는 안 된다는 말이다.

그림 3.4의 일반적인 레이어드 아키텍처에서 OCP가 위배되는 까닭은 모든 계층이 각기 자신이 제공하는 기능에 대한 추상적인 인터페이스를 직접 정의하고 소유하고 있는 구조이기 때문이다. 이런 구조에서는 제어 흐름(flow of control)이 상위 계층에서 하위 계층으로 흐르게 되고, 이에 따른 소스코드의 의존성은 제어 흐름의 방향대로 따를 수밖에 없다.

물론 앞서 언급한 바로 상위 계층은 하위 계층의 구체 클래스가 아닌 추상 인터페이스에 의존하고 인터페이스의 구현체를 달리하는 방법으로 의존성을 줄이고, 다형성은 유지되나 인터페이스는 그 계층이 정의하는 추상 특성의 한계를 벗어날 수 없다.

따라서 하위 계층의 유형이 추가되어 확장될 때 닫혀 있어야 할 상위 계층이 하위 계층에서 정의한 특성에 영향을 받게 된다.

프레젠테이션, 비즈니스 로직, 데이터 액세스의 3계층으로 살펴보면 맨 마지막에 있는 데이터 액세스 계층이 변경됐을 때 비즈니스 로직 계층이 변경되면 안 된다. 그런데 앞 페이지의 그림 3.5를 보면 데이터 액세스 계층의 구현체가 클래스 C에서 클래스 D로 교체된 경우에는 비즈니스 로직 계층은 영향을 받지 않겠지만, 데이터 액세스 계층의 인터페이스 B가 변경되면 비즈니스 로직 계층의 클래스가 데이터 액세스 계층의 인터페이스에 의존하기 때문에 변경의 영향을 받을 수밖에 없다.

즉, 문제는 데이터 액세스 인터페이스의 위치다. 데이터 액세스 인터페이스는 데이터 액세스 계층에 존재한다. 일면 당연해 보이지만 이 위치 때문에 상위 계층이 하위 계층에 의존하게 된다.

애플리케이션에서는 비즈니스 로직이 핵심 영역이다. 그렇기 때문에 비즈니스 로직을 보통 고수준 영역이라고 하고, 프레젠테이션 계층 및 데이터 액세스 계층을 저수준 영역이라고 한다. 고수준 영역은 핵심 영역이므로 보호를 받아야 하고, 따라서 저수준 영역의 변경이나 확장에 영향을 받지 않아야 한다. 그러나 그림 3.5처럼 일반적인 레이어드 아키텍처의 규칙만 따르면 고수준 영역이 저수준 영역에 의존하게 되고 영향을 받게 된다.

여기서 의존성 역전 원칙(DIP)을 제대로 적용할 필요가 생긴다. DIP를 적용해 데이터 액세스 계층에서 정의한 인터페이스를 경계를 넘어 비즈니스 로직 계층으로 옮긴다. 그러면 데이터 액세스 계층의 구현체는 비즈니스 로직의 계층의 인터페이스를 바라볼 수밖에 없다.

즉, 데이터 액세스 계층이 구현해야 할 인터페이스를 그림 3.6과 같이 좀 더 고수준의 비즈니스 로직 계층에서 정의하게 함으로써 기존의 위에서 아래로 흘렀던 의존 관계를 역전시키고 고수준 영역이 저수준 영역의 변경에 영향을 받지 않게 하는 것이다.

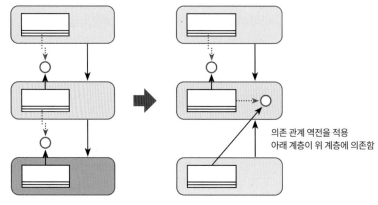

의존 관계 역전을 적용
아래 계층이 위 계층에 의존함

그림 3.6 의존 관계 역전의 적용

3.2.2 헥사고날 아키텍처

그러나 레이어드 아키텍처에 DIP를 적용해도 한계가 있다. 프레젠테이션 계층과 데이터 액세스 계층을 보통 저수준 계층으로 정의한다고 했는데, 현대 애플리케이션에서는 이러한 두 가지 계층 말고도 다양한 인터페이스를 필요로 한다. 즉, 애플리케이션을 호출하는 다양한 시스템의 유형과 애플리케이션과 상호작용하는 다양한 저장소가 존재한다. 단방향 계층구조에서는 이러한 점을 지원하기 힘들다. 다방면으로 열려있는 헥사고날 아키텍처는 이러한 문제점을 해결할 수 있다.

헥사고날 아키텍처는 앨리스테어 콕번(Alistair Cockburn)이 제시한 아키텍처로서 '포트 앤드 어댑터 아키텍처(ports and adapters architecture)'라고도 한다. 그림 3.7을 통해 간단히 살펴보면 헥사고날 아키텍처에서는 고수준의 비즈니스 로직을 표현하는 내부 영역과 인터페이스 처리를 담당하는 저수준의 외부 영역으로 나눈다. 내부 영역은 순수한 비즈니스 로직을 표현하는 기술 독립적인 영역이다. 그리고 외부 영역과 연계되는 포트를 가지고 있다. 외부 영역은 외부에서 들어오는 요청을 처리하는 인바운드 어댑터(inbound adapter)와 비즈니스 로직에 의해 호출되어 외부와 연계되는 아웃바운드 어댑터(outbound adapter)로 구성된다.

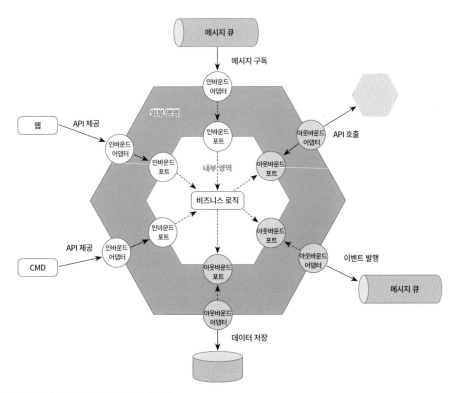

그림 3.7 헥사고날 아키텍처의 포트와 어댑터

헥사고날 아키텍처의 가장 큰 특징은 고수준의 내부 영역이 외부의 구체 어댑터에 전혀 의존하지 않게 한다는 것이다. 이를 가능하게 하는 것이 내부 영역에 구성되는 포트다.

포트는 인바운드/아웃바운드 포트로 구분되는데, 인바운드 포트는 내부 영역의 사용을 위해 표출된 API이며, 외부 영역의 인바운드 어댑터가 호출한다. 아웃바운드 포트는 내부 영역이 외부를 호출하는 방법을 정의한다. 여기서 DIP 원칙과 같이 아웃바운드 포트가 외부의 아웃바운드 어댑터를 호출해서 외부 시스템과 연계하는 것이 아니라 아웃바운드 어댑터가 아웃바운드 포트에 의존해서 구현된다.

외부 영역에 존재하는 어댑터의 종류를 살펴보면 인바운드 어댑터로는 REST API를 발행하는 컨트롤러, 웹 페이지를 구성하는 스프링 MVC 컨트롤러, 커맨드 핸들러, 이벤트 메시지 구독 핸들러 등이 될 수 있고, 아웃바운드 어댑터로는 데이터 액세스 처리를 담당하는 DAO, 이벤트 메시지를 발행하는 클래스, 외부 서비스를 호출하는 프락시 등이 될 수 있다.

3.2.3 클린 아키텍처

클린 아키텍처는 로버트 C. 마틴이 제안한 아키텍처로서 헥사고날 아키텍처의 아이디어와 매우 유사하다.

앞에서 언급한 것처럼 마틴은 소프트웨어는 행위 가치와 구조 가치의 두 종류의 가치를 가지며, 구조 가치가 더 중요하다고 말한다. 왜냐하면 소프트웨어를 부드럽게 만드는 것이 구조 가치이기 때문이다. 그렇다면 소프트웨어를 부드럽게 유지하는 방법은 무엇일까? 즉, 구조 중에서 선택할 수 있는 것을 가능한 한 오랫동안 열어두는 것이다. 특히 열어둬야 할 선택사항은 바로 중요하지 않은 세부사항이다.

마틴은 그림 3.8과 같이 클린 아키텍처를 여러 겹으로 둘러싸인 영역으로 표현하며, 중앙에서부터 밖으로 엔티티, 유스케이스, 그 외 세부사항으로 구분한다.

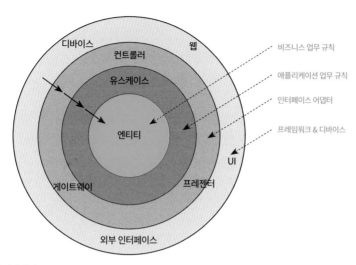

그림 3.8 클린 아키텍처

정중앙에는 엔티티가 있다. 업무 규칙은 사업적으로 수익을 얻거나 비용을 줄일 수 있는 규칙 또는 절차를 말한다. 이러한 업무 규칙은 수동으로 처리할 수 있지만 시스템으로도 자동화할 수 있다. 예를 들면, 쇼핑몰의 물건을 사고 파는 규칙, 은행의 이자 계산 규칙, 도서대출 시스템의 대출/반납 규칙 등 모든 시스템에는 해당 도메인의 업무를 규정하는 핵심 업무 규칙이 존재한다. 그리고 핵심 업무 규칙은 보통 데이터를 요구한다. 따라서 핵심 규칙과 데이터는 본질적으로 결합돼 있기 때문에 객체로 쉽게 만들 수 있다. 이러한 유형을 '엔티티' 객체라 한다.

그다음으로 엔티티를 감싸는 객체는 유스케이스(use case)다. 유스케이스는 자동화된 시스템을 사용하는 처리 절차를 기술한다. 유스케이스는 애플리케이션에 특화된 업무 규칙을 표현하며, 엔티티 내부의 핵심 업무 규칙을 호출하며 시스템을 사용하는 흐름을 담는다. 이때 엔티티 같은 고수준 영역은 저수준의 유스케이스 영역을 알게 해서는 안 된다. 엔티티는 간단한 객체여야 하며, 프레임워크 데이터베이스 또는 기타 복잡한 것에 의존해서는 안 되고 유스케이스 객체를 통해서만 조작해야 한다.

그리고 그다음으로 유스케이스를 감싸고 있는 나머지 모든 영역이 세부사항이다. 세부사항으로는 입출력 장치, 저장소, 웹 시스템, 서버, 프레임워크, 통신 프로토콜이 될 수 있으며, 세부사항과 유스케이스의 관계를 의존 관계 역전의 원칙을 이용해 플러그인처럼 유연하게 처리해야 한다. 이처럼 명확한 결합의 분리는 테스트 용이성 및 개발 독립성, 배포 독립성을 강화할 수 있다.

3.3 마이크로서비스의 내부 구조 정의

지금까지 레이어드 아키텍처와 헥사고날 아키텍처, 클린 아키텍처를 살펴봤다. 이 같은 아키텍처는 기존의 모노리스 애플리케이션 유형에도 통용되는 아키텍처로서 마이크로서비스만을 위한 아키텍처는 아니다. 그렇지만 최근 들어 더욱 강조되고 있는 까닭은 이러한 아키텍처 구조가 마이크로서비스가 지향하는 유연성, 확장성을 지원하는 구조이기 때문이다. 그럼 이러한 아키텍처를 참고해서 바람직한 마이크로서비스의 내부 구조를 정의해 보자.

3.3.1 바람직한 마이크로서비스의 내부 아키텍처: 클린 마이크로서비스

지금까지 언급한 아키텍처 구조는 점점 복잡해지는 모노리스 소프트웨어를 통제하기 위해 오랫동안 고민해온 결과다. 그에 비해 마이크로서비스는 복잡해진 모노리스의 각 기능들을 쪼개기 때문에 어느 정도 복잡성을 덜어낼 수 있다. 그렇지만 분리해도 복잡성은 이전되고 그 안의 복잡성을 통제할 필요가 있다는 사실은 변하지 않는다.

마이크로서비스의 내부 구조를 정의할 때 반드시 고려해야 할 한 가지는 마이크로서비스 시스템에서 정의해야 할 마이크로서비스의 내부 구조가 다양할 수 있다는 것이다. 왜냐하면 마이크로서비스는 앞에서 살펴본 것처럼 자율적인 마이크로서비스 팀에 의한 폴리글랏한 내부 구조를 가질 수 있기 때문이다.

마이크로소프트에서는 마이크로서비스 설계에 대한 유용한 가이드를 자사의 개발자 사이트를 통해 공유하고 있다. 다음 페이지의 그림 3.9는 마이크로소프트에서 정의한 마이크로서비스의 폴리글랏한 멀티 아키텍처다.

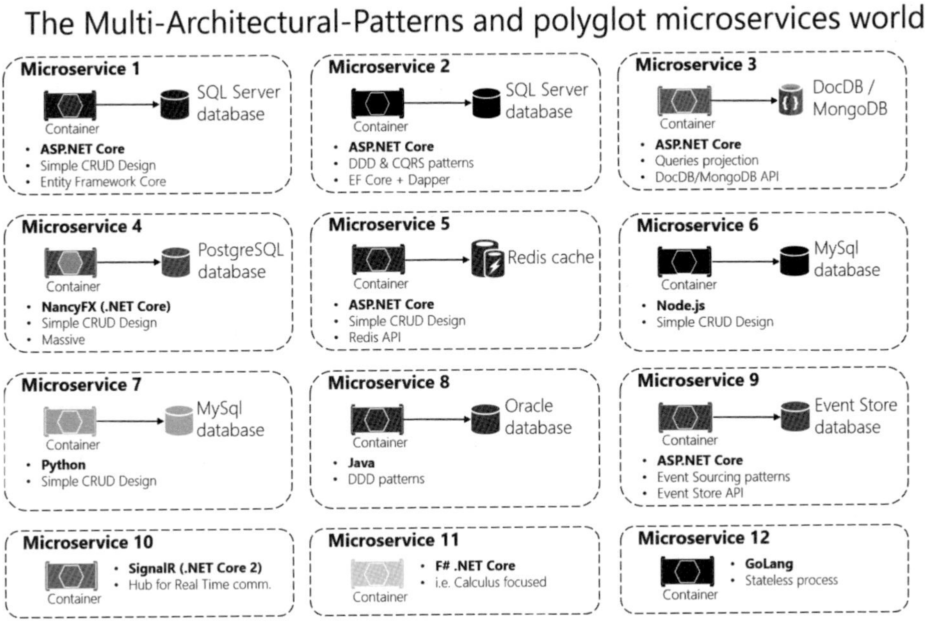

The Multi-Architectural-Patterns and polyglot microservices world

Microservice 1
Container
→ SQL Server database
- **ASP.NET Core**
- Simple CRUD Design
- Entity Framework Core

Microservice 2
Container
→ SQL Server database
- **ASP.NET Core**
- DDD & CQRS patterns
- EF Core + Dapper

Microservice 3
Container
→ DocDB / MongoDB
- **ASP.NET Core**
- Queries projection
- DocDB/MongoDB API

Microservice 4
Container
→ PostgreSQL database
- **NancyFX (.NET Core)**
- Simple CRUD Design
- Massive

Microservice 5
Container
→ Redis cache
- **ASP.NET Core**
- Simple CRUD Design
- Redis API

Microservice 6
Container
→ MySql database
- **Node.js**
- Simple CRUD Design

Microservice 7
Container
→ MySql database
- **Python**
- Simple CRUD Design

Microservice 8
Container
→ Oracle database
- **Java**
- DDD patterns

Microservice 9
Container
→ Event Store database
- **ASP.NET Core**
- Event Sourcing patterns
- Event Store API

Microservice 10
Container
- **SignalR (.NET Core 2)**
- Hub for Real Time comm.

Microservice 11
Container
- **F# .NET Core**
- i.e. Calculus focused

Microservice 12
Container
- **GoLang**
- Stateless process

그림 3.9 다양한 아키텍처 패턴의 폴리글랏 마이크로서비스[8]

그림 3.9에서 마이크로서비스 2는 언어로 ASP.NET Core, 저장소로 SQL Server, 아키텍처로 DDD(Domain Driven Design) & CQRS 패턴을 채택했고, 마이크로서비스 8은 언어로 자바, 저장소로 오라클 데이터베이스, 아키텍처로 DDD를 선택한 것을 볼 수 있다. 보다시피 각 서비스의 개발 언어와 저장소가 다양하고 아키텍처 구조까지도 다양하다는 사실을 알 수 있다.

이처럼 마이크로서비스 아키텍처에서 각 서비스는 각기 목표와 활용도에 따라 명확하게 분리돼야 하고, 각 서비스의 목적에 따라 적절한 개발 언어 및 저장소, 내부 아키텍처를 정의하는 것이 바람직하다. 조회나 아주 간단한 기능의 경우 헥사고날 아키텍처나 클린 아키텍처 방식의 구조를 고수할 필요는 없을 것이다. 그렇지만 비즈니스 규칙이 복잡한 서비스는 헥사고날 아키텍처나 클린 아키텍처의 구조를 기반으로 정의하는 것이 바람직하다.

그럼 앞에서 언급한 3가지 아키텍처가 지향하는 바를 모아 바람직한 마이크로서비스의 내부 구조를 정의해 보자. 그러자면 3가지 아키텍처가 지향하는 원칙들을 정리할 필요가 있다.

---

8 .NET 마이크로서비스: 컨테이너화된 .NET 애플리케이션을 위한 아키텍처
https://docs.microsoft.com/ko-kr/dotnet/architecture/microservices/multi-container-microservice-net-applications/microservice-application-design

- 지향하는 관심사에 따라 응집성을 높이고 관심사가 다른 영역과는 의존도를 낮추게 해야 한다.

- 업무 규칙을 정의하는 비즈니스 로직 영역을 다른 기술 기반 영역으로부터 분리하기 위해 노력한다.

- 세부 기술 중심, 저수준의 외부 영역과 핵심 업무 규칙이 정의된 고수준의 내부 영역으로 구분한다.

- 고수준 영역은 저수준 영역에 의존하지 않게 해야 하며, 저수준 영역이 고수준 영역에 의존하게 해야 한다.

- 저수준 영역은 언제든지 교체, 확장 가능해야 하며, 이 같은 변화가 고수준 영역에 영향을 줘서는 안 된다.

- 자바처럼 인터페이스 및 추상 클래스를 지원하는 언어의 경우 저수준 영역의 구체 클래스가 고수준 영역의 추상 인터페이스에 의존하게 하는 의존성 역전의 원칙을 적용한다.

- 인터페이스는 고수준의 안정된 영역에 존재해야 하며, 저수준의 어댑터가 이를 구현한다.

이러한 원칙들을 준수하면서 그림 3.10과 같은 마이크로서비스 아키텍처 구조를 정의했다. 우선 기술 중심의 세부사항을 의미하는 외부 영역과 비즈니스 로직을 표현하는 내부 영역으로 구분한다.

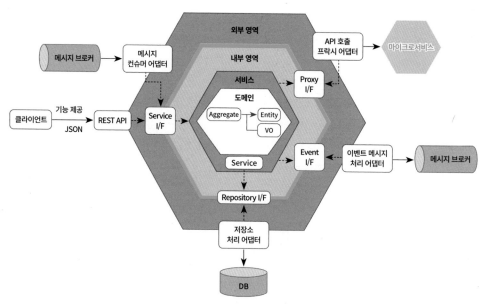

그림 3.10 마이크로서비스의 내부 구조 예시

내부 영역에서는 맨 안쪽에 도메인이 존재하고 도메인을 서비스가 감싼다. 도메인에는 핵심 비즈니스 개념과 규칙을 구현하며, 서비스에서는 도메인을 호출해서 업무를 처리하는 절차를 기술한다. 또한 외부 영역과 연계하기 위해 서비스 인터페이스를 보유한다. 서비스 인터페이스는 외부에서 내부 영역을 사용할 수 있도록 API를 제공하고 서비스가 이를 구현한다.

내부 영역에 있는 또 다른 인터페이스는 저장소 처리를 위한 인터페이스다. 바로 리포지토리(Repository) 인터페이스다. 리포지토리 인터페이스는 외부 영역에서 정의하지 않고 내부 영역에서 정의하는데, 비즈니스를 처리하는 데 필요한 기본적인 저장소 처리 사항을 추상화해 정의한다. 그렇게 하면 외부 영역의 저장소 어댑터는 이 리포지토리 인터페이스를 각 저장소에 맞는 저장소 처리 세부 기술로 구현하게 된다.

외부 영역에는 저장소 처리 어댑터뿐만 아니라 다양한 인바운드, 아웃바운드를 처리하는 어댑터가 위치한다. REST API를 처리하는 어댑터, 이벤트 메시지를 처리하는 어댑터, 메시지를 구독하는 메시지 컨슈머 어댑터, 다른 마이크로서비스의 API를 호출하는 프락시 어댑터 등이 위치한다. 이 같은 저장소 처리 어댑터, 이벤트 발행 어댑터, API 호출 프락시 어댑터 등 모든 아웃바운드 어댑터는 의존 관계 역전의 원칙을 적용해 외부 영역에서 내부 영역에 의존하도록 설계한다.

3.3.2 내부 영역 – 업무 규칙

지금부터는 각 내부 영역 구현에 필요한 패턴을 생각해 보자. 업무 규칙을 정의하는 내부 영역에는 서비스 인터페이스, 서비스 구현체, 도메인, 리포지토리 인터페이스, 도메인 이벤트 인터페이스, API 프락시 인터페이스가 존재한다.

서비스 인터페이스는 외부 영역이 내부 영역에 대해 너무 많이 알지 못하게 하는 역할을 한다.[9] 서비스 인터페이스가 없다면 추이 종속성이 발생할 수 있다(정보 은닉 효과도 있다).

리포지토리 인터페이스, 도메인 이벤트 인터페이스, API 프락시 인터페이스는 의존 관계 역전의 원칙을 지원한다. 더 안정된 곳인 고수준 영역에 인터페이스가 존재하고 저수준의 외부 어댑터가 이러한 인터페이스를 구현하게 한다.

다음으로 고민해야 될 사항은 비즈니스 로직의 핵심인 서비스와 도메인이다. 서비스와 도메인은 클린 아키텍처의 유스케이스와 엔티티의 역할과 같다. 도메인은 비즈니스 개념을 표현하고 서비스는 도메인을 활용해 시스템 흐름 처리를 수행한다.[10]

---

[9] 서비스 인터페이스는 서비스를 사용하는 클라이언트의 사용 편의성도 높여준다. 만약 클라이언트가 서비스 구현체를 직접 호출한다면 서비스의 구현이 끝난 후에 클라이언트를 구현할 수밖에 없다. 그렇지만 서비스의 인터페이스를 먼저 선언한 뒤 클라이언트가 인터페이스에 의존하면 클라이언트 개발은 서비스의 구현과는 별개로 독자적으로 진행 가능하고 서비스가 구현되지 않더라도 목(mock) 객체 등을 생성해서 테스트가 가능해진다.

[10] 서비스는 활동이나 행위를 처리한다. 도메인 주도 설계에서는 서비스를 도메인의 활동이나 행위를 처리하는 도메인 서비스와 사용자의 목적을 달성하게 하는 유스케이스를 처리하는 애플리케이션 서비스로 구분하기도 하는데, 여기서는 애플리케이션 서비스에 가깝다. 서비스에 대한 자세한 개념은 《도메인 주도 설계 철저 입문》(위키북스, 2020)을 참고한다.

이러한 내부 영역, 특히 서비스와 도메인의 관계를 구현할 때 참고할 만한 유용한 패턴이 있는데, 바로 마틴 파울러의 《엔터프라이즈 애플리케이션 아키텍처 패턴》(위키북스, 2015)에서 언급한 트랜잭션 스크립트 패턴과 도메인 모델 패턴이다.

트랜잭션 스크립트 패턴

트랜잭션 스크립트(Transaction Script) 패턴에서는 비즈니스 개념을 표현하는 도메인 객체가 그림 3.11의 우측과 같이 행위를 가지고 있지 않다. 따라서 모든 비즈니스 행위, 즉 무엇인가를 수행하는 책임은 서비스에 있다. 서비스가 비즈니스 절차에 따라 절차적으로 도메인 객체를 이용해 모든 처리를 수행한다. 이런 방식에서는 시간이 지남에 따라 서비스가 비대해지고 도메인 객체는 점점 정보 묶음의 역할만 수행하게 될 뿐이다.[11]

또한 서비스는 유스케이스 처리의 단위이고 대부분의 비즈니스 로직 처리가 서비스에서 이뤄지므로 비슷한 유스케이스의 경우 서비스에 중복되는 코드가 계속 생겨날 수 있다. 이러한 점이 유지보수를 어렵게 할 수 있다.

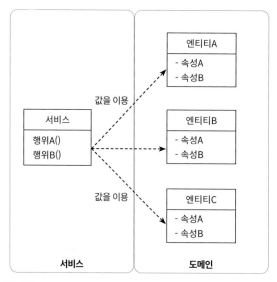

그림 3.11 트랜잭션 스크립트 패턴

---

11 사실 도메인 객체라는 명칭보다는 DTO(Data Transfer Object)라고 호칭하는 편이 맞는 것 같다. 트랜잭션 스크립트 패턴에서는 객체지향 언어의 기능에 의존할 필요가 거의 없다.

트랜잭션 스크립트 패턴은 절차식 프로그래밍 방식과 같기 때문에 객체지향 지식이 없어도 일반적으로 쉽게 이해할 수 있는 구조이고 기존 데이터베이스 중심 아키텍처에 익숙하다면 더 쉽게 적용할 수 있다. 이 패턴은 비즈니스가 간단한 경우에는 쉽게 적용할 수 있다. 그렇지만 비즈니스가 복잡해질 경우 서비스 코드의 양이 점점 증가하는 등 데이터베이스 중심 아키텍처에서 겪었던 문제점이 발생할 여지가 크다. 따라서 간단한 비즈니스를 처리할 때 적용하는 것이 좋다.

도메인 모델 패턴

도메인 모델(Domain Model) 패턴은 도메인 객체가 데이터뿐만 아니라 비즈니스 행위를 가지고 있으며, 도메인 객체가 소유한 데이터는 도메인 객체가 제공하는 행위에 의해 은닉된다.

도메인 객체는 각 비즈니스 개념 및 행위에 대한 책임을 수행하고, 서비스는 비즈니스 유스케이스를 구현하기 위해 서비스의 행위를 도메인 객체에 일부분 위임해서 처리한다.

서비스의 책임들이 도메인으로 적절히 분산되기 때문에 서비스가 비대해지지 않고 서비스 메서드는 단순해진다. 도메인 모델 패턴의 도메인 모델은 객체지향 설계의 객체 모델이다. 거대한 서비스 클래스 대신 각기 적절한 책임을 가진 여러 클래스로 구성되므로 이해하기 쉽고 관리 및 테스트하기 쉽다. 여기서 더 진화해서 도메인 주도 설계의 애그리거트(Aggregate) 패턴을 적용할 수 있는 구조다.

핵심은 도메인 모델이기 때문에 객체지향 지식에 대한 경험과 역량이 필요하다. 잘 만들어진 도메인 모델은 복잡한 비즈니스 로직을 처리하는 데 유용하며, 잘 정의된 도메인 모델은 코드의 양을 줄이고 재사용성도 높인다. 복잡한 비즈니스 로직이 많은 마이크로서비스의 구조로 선택하는 것이 좋다.

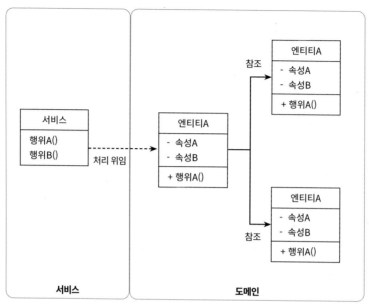

그림 3.12 도메인 모델 패턴

도메인 주도 설계의 애그리거트 패턴

애그리거트 패턴은 에릭 에반스의 《도메인 주도 설계》(위키북스, 2011)에 등장하는 패턴으로 서 점점 복잡해질 수 있는 객체 모델링의 단점을 보완한 패턴이라 볼 수 있다. 도메인 모델링 을 하다 보면 객체 간의 관계를 참조로 표현하게 되는데, 참조로 정의할 경우 일대다(one-to-many) 관계의 객체를 쉽게 사용할 수 있다는 장점이 있다. 그렇지만 업무가 복잡해지면 참조로 인한 다단계 계층 구조가 생기고 점점 참조 관계가 복잡해지고 무거워질 수 있다.

또한 이러한 복잡한 도메인 모델은 모델 내부의 경계가 불명확하다. 예를 들면, 어떤 도메인 모델이 일대다 관계를 맺고 있고, 다(many) 측에 있는 클래스의 총 개수를 일(one) 측에 있는 클래스에서 집계해야 하는 규칙이 있다고 보자. 서비스에서 이러한 로직을 처리할 때 다(many) 측에 클래스가 추가되면 일(one) 측의 클래스에서 집계한 값을 수정해야 한다. 그런데 다 측의 클래스만 추가하고 집계한 값을 수정하지 않는다면 비즈니스 일관성이 깨질 것이다. 즉, 도메인 모델이 커짐에 따라 이러한 문제가 복잡해지고 꼬일 수 있다. 이를 개선할 방안으로 최상위에 존재하는 엔티티(Root Entity)를 중심으로 개념의 집합을 분리한 것이 애그리거트 패턴이다.

다음 페이지의 그림 3.13과 같이 복잡한 모델을 세 덩어리의 개념으로 분리한 예를 들면, 보다시피 1개 이상의 엔티티와 값 객체(Value Object)[12]로 구성되는데, 개념적으로 묶인 엔티티의 모음 전체를 애그리거트라고 한다.

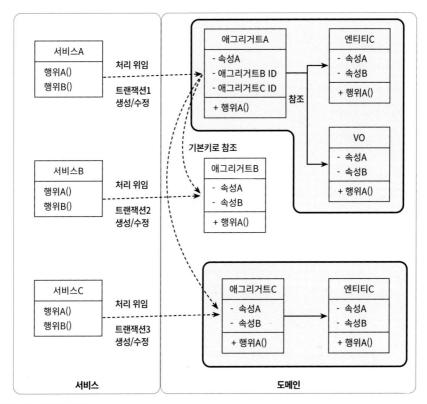

그림 3.13 애그리거트 패턴

애그리거트 패턴에서는 이처럼 애그리거트를 한 단위로 일관되게 처리하기 위해 다음과 같은 규칙을 부여한다.

- 애그리거트 루트만 참조한다.

- 애그리거트 내 상세 클래스를 바로 참조하지 않고 루트를 통해 참조해야 한다. 수정할 때도 마찬가지다.

- 애그리거트 간의 참조는 객체를 직접 참조하는 대신 기본 키를 사용한다.

---

12 값 객체에 대해 《도메인 주도 설계 철저 입문》(위키북스, 2020)에서는 다음과 같이 단순하고 명확하게 설명한다.
'프로그래밍 언어에는 원시 데이터 타입이 있다. 이 원시 데이터 타입만 사용해 시스템을 개발할 수도 있지만 때로는 시스템 특유의 값을 정의해야 할 때가 있다. 이러한 시스템 특유의 값을 표현하는 객체를 값 객체라고 한다.' 여기에 덧붙이면, 값 객체는 여러 개의 속성으로 하나의 의미를 표현하는 객체로서 상태 변경을 허용하지 않는 불변(immutable) 객체를 의미한다.

- 기본 키를 사용하면 느슨하게 연관되고 수정이 필요하지 않은 애그리거트를 함께 수정하는 실수를 방지한다.

- 하나의 트랜잭션으로 하나의 애그리거트만 생성 및 수정한다.

3.3.3 외부 영역 – 세부사항

외부 영역은 내부 영역의 서비스 인터페이스를 사용하는 인바운드 어댑터와 내부 영역에서 선언한 아웃바운드 인터페이스를 구현하는 다양한 어댑터로 구성한다. 어댑터는 플러그인처럼 언제든지 교체되거나 확장될 수 있어야 한다. 따라서 내부 영역이 먼저 정의된 후에 외부 영역의 세부사항은 늦게 정의돼도 상관없도록 해야 한다. 이 같은 방식이 소프트웨어를 부드럽게(Soft) 만든다.

그럼 어댑터들이 주로 하는 작업인 동기/비동기 통신 및 저장소 처리에 필요한 각 어댑터의 구현 메커니즘과 고려사항을 살펴보자.

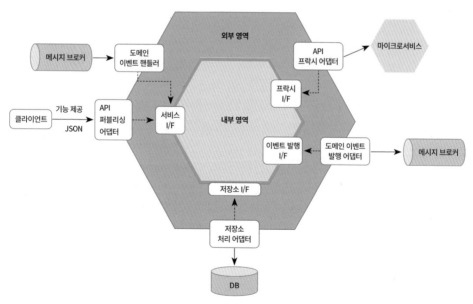

그림 3.14 어댑터

API 퍼블리싱 어댑터

API 퍼블리싱 어댑터는 REST API를 발행하는 인바운드 어댑터다. 내부 영역의 서비스 인터페이스를 호출해서 REST 형식의 API로 제공한다. 명시적인 REST 리소스 명칭을 정의하고, 각 REST 메서드가 의도에 맞게 서비스 인터페이스를 호출한다. 엔티티를 직접 제공하지 않고 API의 필요에 맞는 DTO를 생성해서 엔티티를 변환 및 매핑해서 전달하는 것이 바람직하다. [13]

API 프락시 어댑터

API 프락시 어댑터는 다른 서비스의 API를 호출하는 아웃바운드 어댑터다. 내부 영역에 정의된 프락시 인터페이스를 구현하며, 다른 서비스의 API는 REST API가 될 수도 있고 소켓이나 SOAP 프로토콜을 사용하는 API일 수도 있다. 따라서 기술에 맞는 적절한 통신 방법을 구현해야 한다.

저장소 처리 어댑터

저장소 처리 어댑터를 구현할 때는 데이터 처리 메커니즘을 선택할 필요가 있다. OR 매핑 방식과 SQL 매핑 방식을 사용할 수 있으며, 내부 영역에서 어떤 구조를 선택하든 둘 다 사용할 수 있다. 그렇지만 일반적으로 트랜잭션 스크립트 패턴을 사용할 경우 SQL 매핑 방식을 사용하고, 도메인 모델 패턴을 사용할 경우 OR 매핑 방식을 많이 선택한다.

SQL 매핑 방식의 프레임워크로는 마이바티스가 가장 많이 사용되고 OR 매핑 방식으로는 JPA나 스프링 데이터(Spring Data)가 많이 사용된다. SQL 매핑 방식의 경우 SQL 질의문을 수동으로 작성해야 하므로 세밀한 SQL 제어가 필요할 경우 유용하다.

OR 매핑 방식은 OR 매퍼가 런타임 시 저장소에 따라 자동으로 질의문을 생성한다. 따라서 SQL 작성에 따르는 개발자의 작업량을 줄일 수 있다. 또한 설정 내용에 따라 손쉽게 저장소를 변경할 수 있다. 따라서 SQL 매퍼 방식보다 유연한 메커니즘이다. 질의문을 수동으로 작성할 필요가 줄어들어 OR 매핑 방식에 익숙해지면 균일한 질의문 품질과 생산성 향상을 꾀할 수 있다.

최근 추세[14]를 보면 외국에서는 OR 매퍼가 SQL 매퍼보다 훨씬 많이 사용되고 있지만 아직까지 국내에서는 SQL 매퍼의 사용률이 높은 편이다. 아마도 처음에 논했던 데이터베이스 중심의 아키텍처 및 객체지향 경험의 내재화가 높지 않았던 개발 문화에 기인하는 듯하다.

---

13 엔티티를 직접 제공하면 클라이언트에 도메인 규칙이 유출된다.

14 국제적인 기술 추세를 쉽게 비교해 볼 수 있는 방법은 구글 트렌드를 사용해 보는 것이다. MyBatis와 JPA를 구글 트렌드에서 비교해 보자. 흥미로운 결과를 볼 수 있다(참고로 지도에서 전 세계를 선택해야 한다). https://trends.google.co.kr/trends/explore?q=mybatis,jpa

OR 매퍼를 선택했던 프로젝트의 사례를 들면 생산성이 높은 OR 매퍼를 선택했음에도 프로젝트 팀원들이 대부분 SQL 매퍼에 익숙하고 객체 모델링에 익숙하지 않아서 학습 곡선이 높고 어려움이 많았다. 아키텍트는 이러한 상황을 고려해서 제공할 비즈니스의 성격 및 팀원의 역량과 개발 효율성을 두루 고려해서 저장 메커니즘을 선택해야 할 것이다.

도메인 이벤트 발행 어댑터

앞에서 외부 아키텍처에서 서비스 간 비동기 메시지 통신에 대해 살펴봤다. 여기서 전달 대상이 되는 정보가 도메인 이벤트다. 도메인 이벤트는 어떤 사건에 따른 상태의 변경 사항을 말하는데, '주문됨', '주문 취소됨' 등의 명칭을 갖는 클래스로 구현되며, 컨슈머(consumer)에게 전달되기 위해 도메인 이벤트 발행 어댑터를 통해 발행된다. 애그리거트 패턴을 적용할 경우 도메인 이벤트는 애그리거트에서 발생한 사건이 된다.

실제로 도메인 이벤트가 생성되는 위치는 내부 영역이며, 도메인 이벤트 발행 어댑터는 내부 영역의 이벤트 인터페이스를 구현해서 아웃바운드로 특정 메시지 큐나 스트림 저장소에 발행하는 역할을 수행한다.

도메인 이벤트 핸들러

도메인 이벤트 발행 어댑터가 있다면 당연히 수신할 수 있는 인바운드 어댑터도 필요하다. 도메인 이벤트 핸들러는 외부에서 발행된 도메인 이벤트를 구독해서 내부 영역으로 전달하는 일을 수행한다. 이벤트 상태에 따라 적절한 서비스 인터페이스를 호출해서 내부 영역에 이벤트를 전달한다.

3.4 정리

지금까지 마이크로서비스의 내부 아키텍처 구조를 살펴봤다. 현실에서 채택되고 있는 기존 애플리케이션 구조의 문제점을 살펴보고 바람직한 애플리케이션 아키텍처 구조의 변화 흐름도 살펴봤다.

헥사고날 아키텍처나 클린 아키텍처를 통해 살펴봤듯이 바람직한 소프트웨어 구조는 유연함이라는 특징이 있다. 로버트 C. 마틴의 말처럼 소프트웨어는 부드러워야 한다. 물론 클라우드 플랫폼이나 쿠버네티스 같은 외부 아키텍처를 적용하는 것만으로도 처음에는 꽤 유연하고 기민해질 수 있다. 그렇지만 시스템의 핵심은 소프트웨어이고, 실제로 비즈니스를 제공하는 것은 마이크로서비스다. 핵심이 유연하지 않다면 오래가지 못할 것이다.

기민한 비즈니스를 제공하기 위해서는 당연히 마이크로서비스 내부 또한 유연해야 한다. 마이크로서비스 내부가 유연해야 마이크로서비스 간의 관계도 이벤트를 기반으로 느슨하게 구현할 수 있고, 이러한 구조여야 비로소 서비스를 독립적으로 확장, 변경, 배포할 수 있다.

이번 장에서 살펴본 것처럼 이러한 구조의 핵심은 어떻게 애플리케이션의 관심사를 철저하게 분리할 수 있느냐다. 그리고 가장 중요한 것은 비즈니스 표현과 변화가 잦은 기술 표현을 나누는 것이다.

초반에 언급한 것처럼 가장 빨리 가는 방법은 제대로 가는 것이다. 처음에는 오래 걸리고 힘들고 불편하겠지만 꼼수를 쓰지 않고 원칙을 준수하는 것이 길게 보면 가장 빠른 법이다.

이번 장에서는 살펴본 내용은 다음과 같다.

- 국내 현장에서 광범위하게 사용되고 있는 데이터베이스 중심 아키텍처는 모든 성능 측면을 데이터베이스에 의존시킴으로써 문제가 있으며, MSA의 장점을 퇴색시킬 수 있다.

- MSA 외부 아키텍처뿐만 아니라 서비스 내부 구조도 유연하게 구조화하는 것이 필요하며 유연성과 확장성을 지원하는 대표적인 애플리케이션 아키텍처로 레이어드 아키텍처, 헥사고날 아키텍처, 클린 아키텍처가 있다.

- 일반적인 레이어드 아키텍처의 적용은 한계가 있으며, 의존성 역전의 원칙을 활용해 레이어드 아키텍처를 개선할 수 있다.

- 헥사고날 아키텍처를 활용한 마이크로서비스 아키텍처의 내부 구조에서는 외부 영역이 내부 영역에 의존하도록 구성하는 것이 바람직하다.

- 마이크로서비스의 내부 영역을 정의할 때 비즈니스가 단순한 경우에는 트랜잭션 스크립트 패턴을 활용하고, 비즈니스가 복잡한 경우에는 트랜잭션 스크립트 패턴보다는 도메인 모델 패턴을 적용하는 것이 바람직하다.

04

마이크로서비스와
애자일 개발 프로세스

도메인 주도 설계와 마이크로서비스

기민한 설계/개발 프로세스

1장에서도 언급했다시피 마이크로서비스를 만들기 위한 가장 효율적인 프로세스는 실제로 동작하는 제품 중심의 반복/점진적 애자일 개발 프로세스다. 피드백을 통한 지속적인 개선을 추구하는 애자일 프로세스는 가장 효율적인 의사소통 구조와 협업 체계를 가진 다기능 팀을 필요로 하고, 그러한 다기능 팀이 만들어내는 결과물이 '마이크로서비스'다. 2000년대 초반에 일어난 애자일 문화의 확산과 애자일 방법론의 중심 프랙티스(지속적 통합, 데브옵스 등), 그리고 클라우드 인프라, 마이크로서비스 생태계의 발전은 그 흐름을 함께한다고 볼 수 있다.

그동안 대표적인 애자일 방법론으로 스크럼과 XP 등을 많이 활용해 왔다. 특히 XP의 '지속적 통합' 프랙티스는 품질이 보장된 소프트웨어를 반복적이고 점진적으로 개발할 수 있게 하는 기본 토양이 된다. 또한 소프트웨어를 개발하는 생명주기로 스크럼 프로세스가 광범위하게 대중화됐다. 스크럼은 스크럼 팀이라는 조직 구성과 스프린트라는 짧은 반복 주기를 통해 피드백과 개선 작업을 촉진함으로써 단기간에 제품을 생산하고 이를 계속 발전시킬 수 있게 해준다.

그러나 스크럼이나 XP를 살펴보면 개발 문화 및 관리 프로세스에 대해서는 자세히 설명하지만 설계하고 개발하는 엔지니어링 공정에 대해서는 자세히 언급하지 않아 여러 오해를 낳기도 한다. 즉, 개발 문화가 미성숙된 조직에서는 애자일을 활용하면 설계나 관련 산출물을 아예 작성하지 않고 곧바로 개발을 진행할 수 있다고 생각하는 경향이 있다. 그것은 잘못된 생각이다.

애자일에서 설계/개발 공정에 대해 상세히 설명하지 않는 까닭은 애자일 자체가 성숙된 개발 문화[1]에서 가장 효과가 좋은 프랙티스들을 가속화하고 기존 공정의 군더더기나 낭비를 제거하는 방식에서 시작됐기 때문이다. 따라서 성숙된 개발 문화에서는 시시콜콜하게 설계 방식이나 개발 공정을 언급하지 않아도 알아서 자율적이고 효율적으로 진행되기 때문에 특별히 언급하지 않았던 것이다.

그러나 안타깝게도 애자일 문화가 국내에 유입되는 과정에서 우리나라 특유의 '빨리빨리' 문화와 접목되어 설계가 불필요하고 바로 개발할 수 있는 방식으로 오해받고 있다. 그러나 소프트웨어를 설계하지 않고 곧바로 개발한다는 것은 사실 불가능하다. 아무리 간단한 소프트웨어라도 소스코드를 담을 대략의 프로그램 구조, 모듈, 명명규칙 등을 정의하고 그것들 간의 호출 관계를 생각해야 한다. 문서화하지 않더라도 이러한 고민이나 사고 자체가 설계인 것이다. 다만 애자일에서는 이전의 개발 프로세스에서 강조했던 너무 세밀해서 과하고 무거운 설계 산출물의 무용함을 인식하고 실용적으로 접근해야 한다는 것을 강조한다.

---

1   북미에서 시작된 애자일 문화는 체계적인 소프트웨어 개발이 어느 정도 성숙한 상태에서 발생했다고 보는 것이 맞다. 체계적인 개발 문화가 정착됐으나 그에 따른 경직성이나 낭비를 제거하고 중요한 일에 집중하는 방식이라 볼 수 있다.

그렇다면 애자일에서의 설계는 어때야 할까? XP에는 단순한 설계(Simple Design)라는 프랙티스가 있는데, 이것은 어느 정도 개발을 시작할 수 있을 정도의 가벼운 설계를 말한다. 설계를 단순하고 간단하게 하고 바로 개발로 들어간 뒤에 실제로 동작하는 소프트웨어를 보면서 다시 지속적으로 리팩터링(refactoring)하는 방식이 더 효율적[2]이라고 말한다.

애자일에는 빨리, 그리고 자주 실패를 경험해 보는 것이 중요하기 때문에 단순한 설계를 통해 우선 최소한의 실제로 동작하는 제품(MVP; Minimum Viable Product)을 만들어 자주 배포하는 것이 중요하다. 또한 이러한 과정을 거치면서 각 개발팀에 맞는 최적의 개발 프로세스를 지속적으로 향상시킬 수 있다.

그렇지만 개발 문화가 성숙하지 않은 팀에 이 정도의 지침만 준다면 2~3주의 스프린트가 기존의 워터폴 일정을 단기간으로 축소한 고된 행군의 축약 버전이 되거나 계속된 시행착오의 연속으로 중도에 다시 워터폴 방식으로 되돌아갈 수 있다. 또한 그 결과물인 마이크로서비스조차 잘 정리되지 않은 채 뒤죽박죽인 스파게티 코드[3]가 될 가능성이 높다.

따라서 이렇게 되지 않으려면 기민한 반복 주기에 적합한, 군더더기를 제거하고 핵심 활동에 집중할 수 있는 마이크로서비스 설계 및 개발 방법이 필요하다.

4.1 도메인 주도 설계와 마이크로서비스

《도메인 주도 설계》(이하 'DDD')는 2003년에 에릭 에반스(Eric Evans)가 쓴 책으로, 이미 마이크로서비스가 대중화되기 전에 출간됐다. 이 책에서는 객체지향 설계 및 개발의 유용한 패턴을 정리했는데, 특별히 마이크로서비스를 위한 책은 아니었다. 그러나 이후에 마이크서비스 개발이 활성화되는 과정에서 DDD가 마이크로서비스의 설계와 개발을 위한 주요 가이드로 주목받았다. 특히 마이크로서비스의 애플리케이션 개발 측면, 응집성이 있는 도메인 중심의 마이크로서비스를 도출하는 지침 및 마이크로서비스 내부의 비즈니스 로직 설계의 주요한 가이드로 사용되고 있다. 그래서 마이크로서비스 설계 영역에서 빈번히 언급되고, 주요 오픈소스(예: 스프링 부트 등)의 아키텍처도 DDD의 영향을 받아 왔다. 따라서 마이크로서비스를 도출하고 내부 구조를 설계하는 데 도메인 주도 설계 기법을 활용하는 것이 효과적이다.

---

2 애자일 이전의 프로세스에서는 완벽한 설계를 강조하는 문화가 있었다. 그러나 몇 달 동안 진행된, 완벽하다고 판단된 설계가 개발 과정에서 발생한 이슈나 새롭게 발견된 지식으로 변경되는 일들이 잦았다. 따라서 설계는 개발에 들어갈 수 있는 수준이면 충분하다. 구현하지 않고 상세한 부분을 상상하는 것은 매우 어렵고, 개발이 진행되는 과정에서 구체적인 사항들을 고려하고 결정할 수 있다. 이러한 활동을 지원하기 위해 소스코드를 리버스 엔지니어링 도구를 통해 가시적인 UML 모델로 변환하는 작업이 필요할 수도 있다. '코드 → 모델 → 코드'로 변환되는 과정을 통해 설계는 더욱 발전할 수 있다.

3 보통 기술과 로직이 복잡하게 얽혀 있는 프로그램을 스파게티 소스코드라 부른다.

DDD에는 전략적 설계(strategic design)와 전술적 설계(tactical design)라는 설계 영역이 있다. 전략적 설계는 도메인 전문가 및 기술팀이 함께 모여 유비쿼터스 언어(ubiquitous language)를 통해 도메인 지식을 공유 및 이해하고, 이를 기준으로 개념과 경계를 식별해 바운디드 컨텍스트(bounded context)로 정의하고 경계의 관계를 컨텍스트 맵(context map)으로 정의하는 활동이다. 전술적 설계는 식별된 바운디드 컨텍스트 내의 도메인 개념인 도메인 모델을 구성하는 유용한 모델링 구성요소들을 설명한다.

이 책에서는 이러한 DDD 기법을 중심으로 애자일 프로세스와 연계해서 마이크로서비스를 설계 및 개발하는 공정을 설명하고자 한다.

4.2 기민한 설계/개발 프로세스

그렇다면 마이크로서비스를 위한 가장 단순하고, 체계적이며, 효율적이면서도 기민한 반복적인 흐름을 반영한 개발 프로세스는 무엇일까? 그림 4.1은 DDD를 활용한 스크럼 기반의 마이크로서비스 개발 프로세스다. 마이크로서비스를 개발하기 위한 핵심적인 설계 영역과 활동을 최소화했고 각 활동별로 최소한의 핵심 산출물을 정의했다.

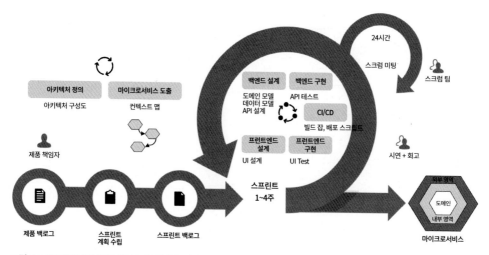

그림 4.1 애자일한 마이크로서비스 설계/개발 절차

4.2.1 점진/반복적인 스크럼 생명주기

기본 생명주기는 스크럼의 스프린트를 활용한다. 스프린트는 스크럼의 점진, 반복적인 생명주기이며, 보통 1~4주 동안 실행된다. 백로그(backlog)라는 일감 목록을 기반으로 각 스프린트에 일감이 배분되어 진행되며, 매 스프린트마다 실제로 동작하는 소프트웨어를 시연하고 피드백을 얻는다.

스크럼의 주요 개념 및 공정을 간단히 살펴보자.

- **스크럼 팀**: 스프린트가 진행되는 팀을 스크럼 팀이라고 한다. 스크럼 팀은 스크럼 마스터와 팀 멤버로 구성된다. 스크럼 팀은 앞에서 언급한 다기능 팀으로서 프런트엔드 개발자, 백엔드 개발자, 설계자, 테스터, 비즈니스 전문가, 디자이너 등이 한 팀을 구성한다. 여러 직능을 가진 전문가들이 같은 팀에 모여 있으므로 의사결정이 빠르고 협업이 긴밀하다. 스크럼 마스터는 협업을 촉진하고 팀의 장애물을 제거하는 역할을 수행한다.

- **스크럼 미팅**[4]: 스크럼 팀은 매일 아침 각자의 자리에 서서 짧게 진행되는 스탠드업 미팅을 통해 각자의 일을 투명하게 공유한다.

- **스프린트 계획 수립**: 시스템의 모든 요구사항은 제품 백로그에 담긴다. 그다음 일정에 맞게 스프린트를 몇 번 수행할 것인가가 결정된다. 보통 스프린트는 1~4주의 기간이다. 스프린트 횟수가 결정되면 제품 백로그에 담긴 백로그를 각 스프린트에 적절히 배분한다. 스프린트가 종료되면 백로그 완료 일감을 기준으로 팀의 생산성이 결정된다. 이를 속도라고 부른다.

이 속도는 프로젝트를 예측하기에 매우 중요한데, 왜냐하면 이 속도에 맞춰 팀의 다음 스프린트 계획이 세워지기 때문이다. 이러한 과정을 지속적인 계획(continuous planning)이라고 하며, 기존의 고정된(fixed) 계획이 아니라 적응적(adaptive) 계획이라고 볼 수 있다. 다음 페이지의 그림 4.2를 보면 기존의 고정된 계획은 범위가 고정돼 있고 일정, 비용, 품질이 그에 맞춰 유동적이었다면 적응적 계획은 일정, 비용, 품질이 고정돼 있고 그에 따라 범위가 조정되는 것을 볼 수 있다.

---

4   스크럼 미팅은 매일 각자 돌아가면서 어제 진행된 일, 오늘 진행할 일, 장애물을 주제로 삼아 간단히 업무를 공유하는 기법으로, 전체 미팅은 30분을 넘지 않는다.

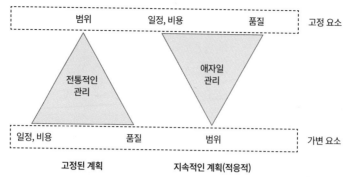

그림 4.2 고정된 계획 vs. 지속적인 계획

따라서 팀의 속도에 맞춰 스프린트를 진행하다 보면 일정 내에 완료해야 할 일의 우선순위를 정하는 것이 매우 중요해지고, 이는 가장 우선순위가 높은 시스템의 핵심 기능에 집중할 수 있게 해준다.

- **시연**: 스프린트 마지막의 활동은 시연과 회고다. 시연은 초기에 정의한 백로그[5]가 모두 구현되고 그 요건을 만족하는지 확인하는 자리다. 이때 피드백을 받을 수 있고 다음 스프린트에 반영할 요건들을 확인할 수 있다.
- **회고**: 회고는 팀원들이 자기 스스로를 돌아보는 과정이다. 마이크로서비스를 설계 및 개발하는 과정에서 좋았던 방식과 안 좋았던 방식을 논의하고 개선점을 찾아 다음 스프린트에 적용할 수 있다.

스프린트가 협업을 진행하기 위한 관리 공정이었다면 다음으로 설계 및 개발과 관련된 엔지니어링 공정에 대해 살펴보자. 스프린트 내에 설계 및 개발에 대한 공정이 있고, 특이한 점은 스프린트에 들어가기 전의 설계 및 개발을 위한 작업들이 존재한다는 것이다.

4.2.2 아키텍처 정의와 마이크로서비스 도출

구현 스프린트를 본격적으로 진행하기 위해서는 준비하고 계획하는 활동이 필요하다. 바로 '아키텍처 정의'와 '마이크로서비스 도출'이다.

- **아키텍처 정의**: 이전 장에서 언급한 마이크로서비스 외부/내부 아키텍처를 정의하는 공정이다. 로버트 C. 마틴은 기술 세부사항은 늦게 결정할 수 있어야 한다고 언급한 바 있다. 이것은 기존의 워터폴한 개발 프로세스에서 강조했던 아키텍처 등의 기술 결정사항이 모두 완벽하게 정의된 후 개발을 해야 한다는 말과 배치된다.

---

5 스크럼에서 반복주기 동안 진행하는 일감을 백로그라 한다.

이 말을 이해해 보자면 마이크로서비스를 순수 비즈니스 로직이 존재하는 내부 영역과 기술 영역을 표현하는 외부 영역으로 구분해서 개발하면 외부 영역은 언제든지 교체될 수 있으므로 애플리케이션의 핵심인 내부 영역에 집중하고, 외부 영역, 즉 아키텍처의 결정사항들은 천천히 결정해도 된다는 말이다. 그만큼 애플리케이션은 소프트, 즉 유연해야 한다는 말로도 읽힐 수 있다.

그러나 이러한 유연성을 항상 유지해야 한다는 점을 명심하되 최소한의 개발 및 테스트 환경을 먼저 준비하는 것은 스프린트 진행에 효과적이다. 그래야만 곧바로 스프린트에서 실제로 돌아가는 애플리케이션을 시연해볼 수 있다. 최근의 클라우드 PaaS 개발 환경은 개발 환경을 어렵지 않게 빨리 구축할 수 있도록 도와준다. 언제든지 변경 가능하도록 구성하되 구현 기반은 빨리 마련하자.

예를 들어, 외부 아키텍처로 도커, 쿠버네티스, 스프링 부트 기반과 같이 마이크로서비스 개발 환경을 미리 결정해 둔다면 빠르게 개발 환경을 구축하고 곧바로 개발 과정으로 진입할 수 있다. 물론 이렇게 정의된 아키텍처는 스프린트 과정을 통해 개선되고, 지속적으로 정제될 것이다. 아키텍처나 애플리케이션 구조가 유연하다면 언제든지 세부사항은 변경될 수 있기 때문이다.

따라서 이 활동을 통해 초기에 정의되는 결과물은 정의된 내부/외부 아키텍처 및 개발 환경이다. 계속 강조하지만 변화를 염두에 둔 유연한 구조를 초기에 정의해야 한다.

- **마이크로서비스 도출**: 본격적인 마이크로서비스 개발로 들어가기 위한 스크럼 팀이 개발할 전체 마이크로서비스들을 파악하는 작업이다. 모든 마이크로서비스를 하나의 스크럼 팀이 개발할 수 없으므로 DDD의 '전략적 설계' 기법을 활용해 마이크로서비스를 도출하고 그것들 간의 대략적인 매핑 관계를 정의한 후 마이크로서비스 개발 우선순위에 근거해 스크럼 팀에 배분해서 스프린트를 진행하게 한다. 최종 결과물은 컨텍스트 맵이다. 컨텍스트 맵은 식별된 마이크로서비스와 그것들 간의 의존관계를 보여준다.

4.2.3 스프린트 내 개발 공정

스프린트 내의 공정을 살펴보면 스크럼 팀 멤버인 백엔드 개발자와 프런트엔드 개발자의 역할대로 공정이 나뉜다. 두 영역의 접목은 두 영역 간의 계약인 'API 설계'를 통해 진행되고, 나머지 활동은 각각 내부적으로 진행하게 된다.

백엔드 설계 및 개발

벡엔드 설계의 시작은 API 설계다. API 설계는 각 백엔드 마이크로서비스가 프런트엔드에 제공할 서비스 명세다. 초기에 API 설계를 진행해 프런트엔드 영역과 협의 및 조정해야 한다. 그래야만 프런트엔드 영역도 이를 기반으로 프런트엔드 자체의 설계를 진행할 수 있다. 다음으로 진행할 백엔드 영역의 설계는 정의된 마이크로서비스 내부 구조에 따라 '도메인 모델'과 '데이터 모델'을 설계하는 것이다.

도메인 모델을 작성하는 활동을 도메인 모델링이라 한다. 이전의 OOAD(Object Oriented Analysis Design) 방식과 다른 점은 OOAD에서는 UML 등을 활용해 설계 모델을 작성하고, 이를 소스코드로 변환하는 작업 등을 진행했으나 DDD를 적용하면 별도의 정형화된 모델을 만들지 않고, 간략히 도메인 모델 등을 화이트보드나 포스트잇 등의 단순한 도구로 작성해서 공유한 후 곧바로 소스코드로 도메인 모델을 개발한다는 것이다.

즉, 그림 4.3을 보면 예전의 설계 모델의 개념은 MDD(Model Driven Development)의 사례와 같이 추상적인 모델을 완벽히 만들어 놓고 특정 기술 프로파일이나 프레임워크를 적용해 구체적인 코드를 생성해서 모델과 코드가 단절되는 구조였다면 DDD의 모델링은 코드 자체가 모델의 기본 표현 형식을 그대로 반영해서 코드로 표현된다. 또 때때로 개발자는 개발 중에 초기에 설계한 개념대로 개발되고 있는지 확인하기 위해 또는 다른 개발자에게 핵심 도메인 모델을 이해시키기 위해 역공학 도구[6]를 이용해 UML 모델로 역공학해서 볼 수 있다. 따라서 DDD의 모델은 코드와 함께 항상 살아 숨쉬게 된다.

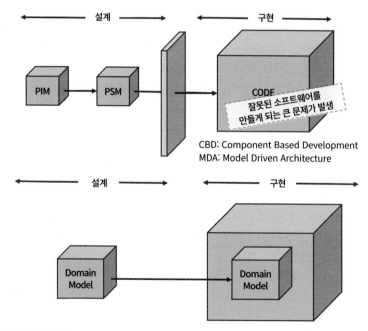

그림 4.3 MDD와 DDD의 모델

---

6   Enterprise Architect 같은 UML 도구는 대부분 이러한 코드를 UML 모델로 가시화해서 보여주는 역공학(reverse engineering) 기능을 제공한다. https://sparxsystems.com/

프런트엔드 영역 설계와 개발

프런트엔드 영역 설계는 UI 레이아웃을 정의하고 백엔드의 API를 호출해서 API가 보내준 데이터를 기반으로 UI에 어떻게 표현할 것인가를 정의하는 활동이다. 사용자가 접근하는 채널에 따라 모바일 앱, 웹 등의 레이아웃 정의가 다양할 수 있고, 프런트 아키텍처에 따라 설계 수준 및 방식이 모두 다를 수 있다.

프런트엔드 영역 설계와 개발의 기본적인 활동은 다음과 같다.

- **UI 흐름 정의**: 비즈니스 흐름에 따른 UI 흐름을 정의한다. UI 흐름을 설계한 산출물을 'UI 스토리보드'라고도 한다.

- **UI 레이아웃 정의**: 사용자 접점인 사용자 인터페이스를 정의하는 활동이다. 디자인을 고려하지 않은 사용자 경험을 고려해서 설계한다. 파워포인트로 작성할 수도 있고, 최근에는 발사믹 목업[7]이나 카카오 오븐[8] 등의 여러 유용한 도구가 많이 사용된다.

- **UI 이벤트 및 액션 정의**: UI 레이아웃의 구성요소인 컨트롤을 클릭하거나 터치 등의 행위를 했을 때 발생하는 이벤트 및 액션을 정의하는 활동이다. 미리 정의된 백엔드 API와의 연계를 정의할 수도 있다.

- **UI 개발**: UI 레이아웃 및 이벤트의 의도에 맞춰 프런트엔드 애플리케이션을 개발하는 활동이다. 보통 프런트엔드 아키텍처에서 정의한 UI 프레임워크나 도구를 사용할 수 있다.

빌드 및 배포

기민한 개발을 위해서는 백엔드와 프런트엔드 개발이 진행되는 과정에서 지속적으로 빌드되고 자동으로 배포되도록 빌드 및 배포 환경을 자동화해야 한다. 스크럼 팀의 구성원은 언제라도 현재 진행된 만큼의 실제로 돌아가는 소프트웨어를 확인할 수 있어야 한다.

앞서 언급한 데브옵스 인프라 환경이 이를 지원하고, 백엔드 및 프런트엔드 개발자는 매일 통합 빌드되고 배포되는 개발 환경에 익숙해져야 한다. 따라서 빌드가 안 되거나 배포가 안 되는 상황을 방치해서는 안 된다.

아키텍처를 정의할 때 빌드 및 배포 파이프라인이 구성된 상태에서 개발자 입장에서 수행해야 할 빌드 및 배포를 위한 활동은 다음과 같다.

---

7 https://balsamiq.com/
8 https://ovenapp.io/

- **소스코드 리포지토리 구성**: 프런트엔드, 백엔드 코드를 위한 소스코드 리포지토리를 구성한다. 이때 SVN[9], Git[10], GitHub[11] 등을 이용할 수 있다.

- **통합 빌드 잡(Build Job) 구성**: 리포지토리에 존재하는 소스코드를 통합한 후 컴파일 및 테스트해서 바이너리를 만드는 활동을 자동화한다. 어떤 통합 빌드 도구를 선택하느냐에 따라 다양한 방식이 있다. 쉽게 적용할 수 있는 통합 빌드 및 배포 도구로 젠킨스[12]가 있다.

- **컨테이너 생성 파일 작성**: 배포 환경을 컨테이너 환경으로 구성할 경우 운영체제와 WAS와 빌드된 애플리케이션을 묶어서 컨테이너 이미지를 생성하는 스크립트를 작성할 수 있다. 도커 컨테이너인 경우 Dockerfile로 작성할 수 있다.

- **배포 스크립트 작성**: 자동으로 배포하는 스크립트를 작성하는 활동이다. 배포 타깃(Target)에 맞춰 스크립트를 작성한다. 젠킨스에도 배포 기능이 있으며, 온프레미스 및 클라우드 서비스 등 어떤 환경이라도 대부분 자동화해서 배포할 수 있다. 클라우드 인프라에 배포하는 활동은 이후 10장에서 상세히 살펴보겠다.

4.3 정리

이번 장에서는 애자일 기반의 마이크로서비스를 위한 개발 프로세스를 살펴봤다. 관리 공정으로 반복적이고 점진적인 피드백 기반의 스크럼 생명주기가 있고, 이를 위한 주요 활동으로 스프린트 계획 수립, 시연/회고, 스크럼 미팅 등이 있다.

마이크로서비스 개발을 위한 엔지니어링 공정으로 아키텍처 정의, 마이크로서비스 도출, 백엔드/프런트엔드 설계 및 개발, 빌드/배포의 설계와 개발 공정이 있다.

이어지는 5장부터 각 활동에 대해 하나하나 상세히 살펴보자.

---

9 https://tortoisesvn.net/
10 https://git-scm.com/
11 https://github.com/
12 https://www.jenkins.io/

05

마이크로서비스 설계

소프트웨어 개발의 역사에서 모듈화의 중요성은 예전이나 지금이나 한결같다. 모듈화의 근본적 가치는 각 모듈을 기능적으로 응집성 높게 만들고(high cohesion), 기능이 다른 타 모듈 간의 의존도를 낮추는 것(low coupling)이다.

마찬가지로 마이크로서비스 설계에서의 가장 중요한 관심사도 어떻게 기능적으로 응집성 있는 마이크로서비스를 도출하고 타 서비스 간의 의존도는 낮출 것인가다. 또한 마이크로서비스의 내부 구조를 구성하는 각 요소들도 역할별로 모듈화돼야 한다. 즉, 역할별로 모듈화된다는 말은 그림 5.1과 같이 각 역할이 분명한, 응집성 있고 서로 의존성이 낮은 모듈들이 모여 마이크로서비스를 이루고, 이 마이크로서비스는 다른 마이크로서비스와 의존성이 낮아야 한다는 의미다.

내부로는 응집성이 높고 외부로는 의존성이 낮은 유연한 조각들이 모여 서비스를 이루고 타 서비스와는 의존성이 낮아야 함

그림 5.1 모듈과 서비스 모두 응집성은 높게, 의존성은 낮게

다른 방식으로 표현하면 마이크로서비스를 구성하는 각 요소들이 모두 소프트, 즉 유연해야 한 다는 말과 같다. 앞서 언급한 바와 같이 DDD의 전략적 설계와 전술적 설계가 이를 위한 적절 한 가이드를 준다. DDD를 중심으로 마이크로서비스를 도출하고 설계하는 방안들을 살펴보자.

5.1 마이크로서비스를 도출하는 방법

마이크로서비스가 비즈니스의 변화 속도를 지원하면서 독립적으로 변경 및 배포되려면 각 마이 크로서비스가 다른 서비스와 의존하지 않게 도출해야 한다. 따라서 시스템의 어떤 비즈니스 기 능들을 묶어서 독립적인 마이크로서비스로 도출할 것인가를 결정하는 것이 매우 중요하다.

5.1.1 비즈니스 능력에 근거한 도출

마이크로서비스를 식별하는 가장 쉬운 방법은 경험적인 원칙을 적용하는 것이다. 크리스 리처드슨은 《마이크로서비스 패턴》(길벗, 2020)에서 비즈니스 능력(capability)에 따라 서비스로 식별할 수 있다고 말한다. 또한 비즈니스 능력은 비즈니스 가치를 생산하기 위해 하는 일이라고 정의하며, 곧 조직이 하는 일이라고 말한다.

다시 말해, 각 도메인에서는 비즈니스가 규정하는 일하는 방식과 조직, 부서 체계가 이미 정의돼 있고, 이러한 부서는 이미 업무 처리에서의 응집성을 가지고 있고 타 부서와의 의존도는 낮을 것이다. 이처럼 비즈니스 부서가 가진 역할, 처리 능력을 체계적으로 분해할 수 있으며, 보통 이를 업무 기능 분해라고 한다. 업무 기능 분해는 업무 흐름에 따라 업무를 최상위에서 하위까지 대, 중, 소의 크기로 분리하고 수행하는 일들을 체계적으로 정렬한다. 그 결과, 특정 부서가 처리하는 업무 역할과 비슷해진다.

그림 5.2와 같이 이를 기반으로 직관적으로 서비스를 식별할 수 있다. 대, 중, 소의 분류 중 어떤 레벨을 서비스로 식별해야 하는지 고민이 될 수도 있지만 쉽고 직관적으로 도출할 수 있다.

그림 5.2 비즈니스 능력에 의해 도출한 마이크로서비스

그렇지만 이러한 방식은 전체적인 대략의 비즈니스를 이해할 때는 유용하지만 서비스 간의 관계를 파악하거나 서비스의 구체 기능과 연관된 서비스가 관리할 독립적인 데이터를 식별하기에는 미흡하다. 이를 보완할 대책이 필요하다.

5.1.2 DDD의 바운디드 컨텍스트 기반 도출

비즈니스 능력에 따른 서비스 도출 한계를 보완하기 위해 DDD의 전략적 설계를 적용할 수 있다. 앞서 마이크로서비스 개념에서 언급했다시피 마이크로서비스는 각 저장소를 독립적으로 보유하고, 각 데이터는 다른 서비스에서 직접 참조해서는 안 되는 특성이 있다. 이러한 특성이 기존 SOA 방식과는 다르게 서비스를 독립적으로 수정 및 배포할 수 있는 장점으로 작용했다.

따라서 마이크로서비스를 도출할 때 서비스가 소유권을 가진 데이터를 독립적으로 식별하는 것이 중요하다. 서비스가 보유한 기능에 의해서만 접근 가능한(캡슐화) 데이터를 파악할 필요가 있는 것이다. 그렇지만 앞에서 설명한 기능 분해 방식은 서비스가 소유해야 할 데이터 식별에 적합하지 않고, 기능과 데이터가 분리되고 하나의 통합 데이터가 여러 기능에서 사용되도록 모델링되는 방식이다. 따라서 비즈니스를 처리하는 기능과 그 기능에 영향을 받는 데이터가 분리되는 경향이 있다.

그렇지만 DDD에서는 이처럼 데이터를 기능과 분리해서 식별하지 않고 문제 영역인 하위 도메인마다 별도의 도메인 모델[1]로 정의한다. 도메인 모델은 각 업무에 특화된 유비쿼터스 언어로 정의되고, 그 업무에 특화된 개념으로 구성된다.

이러한 특성이 독립적인 팀이 자율적으로 마이크로서비스를 개발 및 운영하는 마이크로서비스의 개념과 매우 잘 어울렸고 다음 페이지의 그림 5.3과 같이 도메인 모델을 소유한 바운디드 컨텍스트 중심으로 마이크로서비스를 도출하는 가이드로 사용될 수 있다.

---

1 분리된 도메인 모델에 의해 다른 컨텍스트와 구별되는 경계를 '바운디드 컨텍스트'라 부른다.

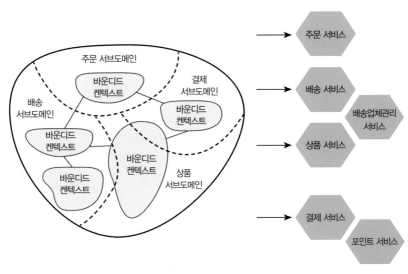

그림 5.3 바운디드 컨텍스트를 통해 식별한 마이크로서비스

마이크로서비스의 크기에 대해서는 갑론을박이 많다. 어떤 전문가는 이미 명칭에서 의미하는 것처럼 작을수록 좋다고 생각한다. 그렇지만 마이크로서비스의 크기는 코드의 크기처럼 양적(quantity)으로 판단할 것이 아니라 전체 업무 맥락에서 질적(quality)으로 판단해야 한다. 그렇다면 이런 질적 판단의 요소는 무엇일까?

질적 판단의 요소는 자율적으로 수행 가능한 업무의 단위, 개념의 일관성이나 기능의 응집성 등을 말하며, 이는 비즈니스 도메인이나 조직의 성숙도에 따라 상대적이다.

5.2 DDD에서의 설계

클라우드와 마이크로서비스 아키텍처 적용을 통해 얻을 수 있는 장점인 독립적 개선과 배포, 장애 격리, 장애 발생 시 빠른 재실행을 가능하게 하려면 마이크로서비스를 응집성 있게 식별하는 것이 매우 중요하다. DDD의 전략적 설계에서는 비즈니스 응집성이 있는 컨텍스트를 구분하고, 이를 바운디드 컨텍스트라 하는데 이 단위가 마이크로서비스를 식별하기 위한 훌륭한 단위가 될 수 있다. 또한 전략적 설계를 통해 식별된 마이크로서비스의 내부 구조를 정의하고 상세히 설계하기 위해 DDD의 객체 설계 기법인 전술적 설계를 사용할 수 있다.

비즈니스 변화에 빠르게 대응하기 위해 클라우드와 마이크로서비스 아키텍처를 적용했다면 비즈니스의 변화 못지 않게 빠르게 변화하는 구현 기술에도 적시에 대응할 수 있는 유연한 애플리케이션 아키텍처가 필요하다. DDD의 전술적 설계가 이러한 기술 변화에 유연한 구조의 애플리케이션을 설계하도록 도와주는 기법들을 제공한다.

5.3 DDD의 전략적 설계

그럼 마이크로서비스 도출의 유용한 기법으로 활용되고 있는 DDD의 전략적 설계 개념을 좀 더 자세히 알아보자.

5.3.1 도메인과 서브도메인

DDD에서는 하나의 큰 도메인을 전략적으로 중요한 것들을 찾아 중요도에 따라 도메인을 나누고, 각 도메인을 각각 하나씩 해결하는 방법을 기본으로 삼는다. 이 방법을 사용하려면 알아야 할 몇 가지 개념이 있다. 우리가 시스템 개발을 통해 해결하고자 하는 비즈니스 도메인을 논리적으로 구분되는 개념으로 나누면 문제가 되는 영역을 쉽게 이해할 수 있다. 즉, 많은 개념들이 하나로 엮인 복잡한 비즈니스 도메인을 논리적으로 구분되는 여러 개의 하위 영역으로 분리해야 한다는 뜻으로, 이렇게 분리된 하위 도메인을 서브도메인이라고 한다.

서브도메인은 중요도에 따라 핵심 서브도메인, 지원 서브도메인, 일반 서브도메인의 세 가지 유형으로 나뉜다.

먼저 핵심 서브도메인은 다른 경쟁자와 차별화를 만들 비즈니스 영역이기 때문에 기업의 프로젝트 목록에서 높은 우선순위를 갖는 영역이자 소프트웨어 개발에서 전략적으로 가장 큰 투자가 필요한 영역을 말한다.

두 번째로 지원 서브도메인은 비즈니스에 필수적이지만 핵심은 아닌 부분으로 볼 수 있다. 그러나 핵심 도메인을 성공시키기 위해서는 반드시 필요한 영역으로, 핵심 서브도메인 다음으로 중요한 영역이다.

마지막으로 일반 서브도메인은 비즈니스적으로 특화된 부분은 아니지만 전체 비즈니스 솔루션에는 필요한 부분으로, 기존 제품을 구매해서 대체할 수 있다.

예를 들어, 아마존 쇼핑몰에서는 한 번이라도 검색하거나, 장바구니에 담았거나, 이전에 구매했던 상품과 같은 상품을 추천해서 구매자의 소비를 촉진하는데, 아마도 아마존은 이러한 추천 영역을 핵심 서브도메인으로 정하고 다른 쇼핑몰과 차별화를 위해 더 많은 역량을 투입했을 것이다. 국내에서는 쿠팡이 다른 쇼핑몰과 다르게 로켓배송이라는 영역을 핵심 서브도메인으로 선정해서 전략적인 투자를 통해 다른 쇼핑몰과의 차별화된 배송 전략으로 성공했으리라 생각해 볼 수 있다.

앞에서 설명한 대로 전략적 설계는 마이크로서비스를 도출하는 방법이자 비즈니스상 전략적으로 중요한 것을 찾아 중요도에 따라 일을 나누기 위해 사용할 수 있다. 이러한 전략적 설계를 수행하기 위해 반드시 알아야 할 중요한 개념 두 가지가 있다.

첫 번째는 도메인의 주요 개념을 정의하고 도메인 간의 경계를 식별하는 바운디드 컨텍스트다. 두 번째는 도메인의 모든 구성원이 공통으로 사용하는 유비쿼터스 언어(Ubiquitous Language)다.

5.3.2 유비쿼터스 언어와 도메인 모델, 바운디드 컨텍스트

일반적으로 프로젝트에서는 고객이나 현업 담당자가 사용하는 비즈니스 언어와 설계자나 개발자가 사용하는 기술 언어가 서로 적정 수준의 이해를 바탕으로 혼용되는 경우가 많다. 특히 동일한 의미를 표현하는 서로 다른 용어로 인해 실제 업무에서 사용하는 고객의 용어를 개발자가 이해하지 못하는 문제나 설계자의 잘 만들어진 설계 모델이 개발자에게 다른 의미로 전달되는 문제 등을 해결하기 위해 번역, 즉 단어/용어사전 등이 필요하다. 여기서 언어라는 것이 같은 단어나 용어라 해도 특정한 상황(맥락)에 따라 의미가 다르게 해석될 수 있다는 사실을 알 수 있다.

DDD에서는 이처럼 특정 도메인에서 해당 도메인에서의 의도를 명확히 반영하고 도메인의 핵심 개념을 잘 전달할 수 있는 언어를 유비쿼터스 언어라고 한다. 유비쿼터스 언어를 정의해서 이해관계자가 모두 공통의 언어를 사용하면 고객, 설계자, 개발자까지 용어에 따른 오해를 없앨 수 있게 된다.

유비쿼터스 언어는 예전에 데이터 모델링에서 사용했던 표준 단어/용어 사전과는 다른 개념이다. 표준 단어/용어는 특정 프로젝트나 전체 시스템에서 하향식으로 규정됐던 개념이었다면 유비쿼터스 언어는 그보다 작은 단위의 세부 도메인에 특정 업무와 관련된 사람들 간에 자율적으로 정의되고 통용되는 개념을 나타낸다.

즉, 유비쿼터스 언어는 특정 도메인의 업무 개념을 표현하는 언어다. 예를 들면, 결제 도메인에서의 고객과 배송 도메인에서 고객은 의미가 다르다. 결제 도메인에서는 구매하기 위해 상품을 결제하는 역할에서의 고객, 즉 결제를 위한 신용카드 정보나 계좌 정보를 가진 결제자를 의미하고, 배송 도메인에서는 구매한 상품을 배송받는 역할, 즉 상품을 받을 주소와 우편번호, 전화번호를 소유한 수취자를 의미한다. 따라서 이러한 개념을 고객으로 포괄적으로 표현해서는 안 된다. 명확하게 결제 서비스에서는 결제자의 개념으로, 배송 서비스에서는 수취자의 개념으로 모델링해야 한다. 그래야 결제 서비스나 배송 서비스를 담당하는 팀의 의사소통이 명확해진다.

그림 5.4와 같이 이러한 도메인에 특화된 개념이 유비쿼터스 언어로 정의되고, 이 개념들은 서로 관계를 맺는다. 이 같은 관계를 표현한 모델을 도메인 모델이라 한다.

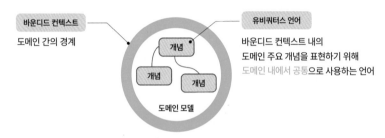

그림 5.4 도메인 모델과 바운디드 컨텍스트

도메인 모델은 특정 비즈니스 맥락에서 통용되는 개념들의 관계를 잘 정의한 모형이다. 도메인 모델을 보면 해당 비즈니스를 이해할 수 있어야 한다.

이렇게 도메인 모델들을 구성하다 보면 당연히 각 도메인 모델과 다른 도메인 모델 간의 경계가 보인다. 이곳에서 사용하는 언어와 저곳에서 사용하는 언어와 개념이 상이한 이 경계가 바로 도메인의 경계, 즉 바운디드 컨텍스트다. 바운디드 컨텍스트는 원으로 표현하고 그림 5.4처럼 원 안에 도메인 모델을 표현한다.

도메인 모델은 도메인과 관련된 업무를 수행하는 제품 책임자, 도메인 전문가, 개발자를 비롯한 모든 구성원들이 업무를 이해하는 기본 모형이 된다. 같은 컨텍스트를 다루는 이해관계자들은 도메인 모델에 정의된 언어로 업무 협의를 진행하고 개념을 발전시켜 나간다. 또한 이 모델의 언어를 그대로 사용해 설계 산출물을 표현하고 소스코드에도 사용한다. 따라서 예전처럼 설계 산출물에 사용했던 용어와 소스코드로 구현하면서 사용하는 용어가 다른 방식[2]을 지양한다.

---

2 코드에서는 설계물에 사용했던 용어들의 약자를 주로 사용했다. 그래서 코드를 이해하기 위해서는 용어집이 필요했다.

즉, 설계물과 코드의 용어가 상이해 해석을 위해 표준 용어사전을 참조해야 했던 관행을 지양한다. 하나의 도메인에서 사용되는 유비쿼터스 언어는 팀의 의사소통 및 실제로 동작하는 코드에서도 살아 숨 쉬어야 한다.

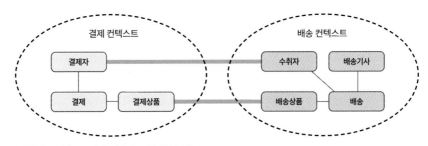

그림 5.5 바운디드 컨텍스트와 유비쿼터스 언어의 관계

새로운 팀원이 오더라도 소스코드에 존재하는 도메인 모델을 이해하고 이 모델로 도메인 전문가와 무리없이 의사소통할 수 있다면 도메인과 서비스에 대한 동일한 비전을 공유할 수 있고, 서비스는 지속적으로 민첩하게 개발, 유지될 수 있다. 이러한 특성이 DDD와 마이크로서비스가 잘 어울리는 점이다.

5.3.3 컨텍스트 매핑

바운디드 컨텍스트를 식별할 때 각 컨텍스트는 내부적으로는 응집성이 높고, 다른 컨텍스트와는 의존관계가 낮아야 한다는 원칙하에 설계한다. 그렇다고 해서 컨텍스트 간에 아무런 관계가 없다는 의미는 아니다. 하나의 큰 도메인을 여러 개의 바운디드 컨텍스트로 식별하면 비즈니스 수행을 위해 여러 개의 컨텍스트가 연계해야 하는 경우가 발생한다. 이러한 컨텍스트 간의 의존관계를 DDD에서는 컨텍스트 매핑이라 하고, 연관관계에 있는 두 컨텍스트 사이에 선을 그려서 표시한다.

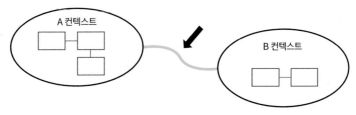

그림 5.6 컨텍스트 매핑

시스템을 구성하는 컨텍스트 간의 매핑 관계를 표시한 다이어그램을 컨텍스트 맵이라고 하며, 이 컨텍스트 맵을 그리려면 다양한 컨텍스트 매핑 패턴을 이해해야 한다.

주요 컨텍스트 매핑 관계

공유 커널(Shared Kernel)

공유 커널은 바운디드 컨텍스트 사이에 공통적인 모델을 공유하는 관계다. 공유 커널은 두 개 이상의 팀에서 작지만 공통의 모델을 공유하는 관계를 나타낸다. 각 팀은 공유하는 모델에 서로 합의해야 한다. 보통 공통 라이브러리 등이 여기에 해당하는데, 이 부분이 변경되면 여러 관련 컨텍스트에 영향을 미치므로 공유하는 모델의 코드 빌드를 관리하고 테스트하는 것은 한 팀이 맡아 수행해야 한다.

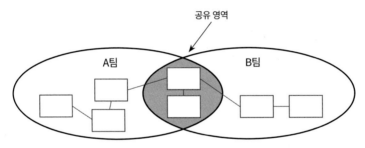

그림 5.7 공유 커널

소비자와 공급자(Customer–Supplier)

공급하는 컨텍스트는 상류(upstream)로, 소비하는 컨텍스트는 하류(downstream)로 표시한다. 데이터의 흐름은 상류에서 하류로 흐른다. 반대는 가능하지 않기에 상류의 변화가 있으면 하류에서 변화를 따라야 한다. 즉, 공급자는 소비자가 원하는 기능을 제공해야 한다.

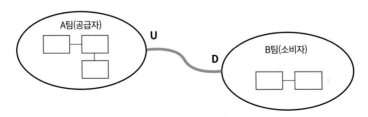

그림 5.8 소비자와 공급자

준수자(Confirmist)

준수자는 소비자와 공급자와 유사하지만 상류 팀이 하류 팀의 요구를 지원하지 않거나 못하는 경우 사용한다. 이런 상황에서는 하류팀은 상류팀에서 제공하는 모델을 그대로 사용한다.

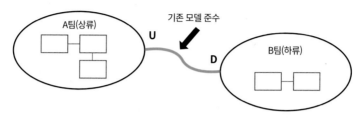

그림 5.9 준수자

충돌 방지 계층(ACL; Anti-Corruption Layer)

충돌 방지 계층은 하류 팀이 상류 팀의 모델에 영향을 받을 때 하류 팀의 고유 모델을 지키기 위한 번역 계층을 만드는 것이다. 이 계층은 둘 사이의 차이를 번역하며, 하류 모델의 독립성을 유지한다. 즉, 상류 모델의 변경 없이 하위 모델과 통합하기 위해 데이터를 변환하는 메커니즘을 구현한 것이라 할 수 있다.

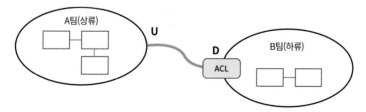

그림 5.10 충돌 방지 계층

특히 이러한 매핑 유형은 클라우드 기반의 마이크로서비스 아키텍처를 적용하는 새로운 시스템을 레거시 시스템과 통합하기 위해 주로 사용한다. 새로운 시스템의 특정 기능이 레거시 시스템의 기존 기능을 사용하거나 레거시 시스템의 특정 기능이 새로운 시스템의 기능을 필요로 할 수 있다. 예를 들어, 레거시 시스템의 기존 통신 방법이 새로운 시스템이 규정한 REST API 방식을 지원하지 않을 경우 레거시 시스템이 변경될 필요가 있다. 이 경우 레거시를 변경할 필요 없이 다음 페이지의 그림 5.11과 같이 새로운 시스템에 충돌 방지 계층을 구현해서 레거시 시스템의 기존 연동 방식을 그대로 유지하면서 새로운 시스템과 통신하게 할 수 있다.

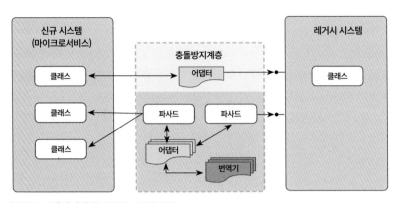

그림 5.11 충돌 방지 계층을 활용한 레거시 시스템 연동

이렇게 구성한 경우 나중에 레거시 시스템이 클라우드 환경으로 이전되는 경우에도 이미 클라우드에 구축된 시스템을 변경할 필요 없이 충돌 방지 계층만 없애고 서로 직접 연동하도록 호출 주소만 변경하면 된다. 이 같은 패턴은 레거시 시스템 전체를 마이크로서비스 환경으로 변경하는 위험을 줄이고자 하는 단계적 전환 방식에 많이 사용된다.

공개 호스트 서비스(OHS; Open Host Service)

공개 호스트 서비스는 바운디드 컨텍스트에 대한 접근을 제공하는 프로토콜이나 인터페이스를 정의한다. 이 프로토콜은 하류의 컨텍스트가 상위 컨텍스트에서 제공하는 기능을 용이하게 사용할 수 있도록 공개돼 있다. 보통 다른 컨텍스트에서 사용할 수 있는 공유된 API가 여기에 해당한다.

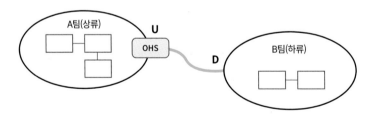

그림 5.12 공개 호스트 서비스

발행된 언어(PL; Published Language)

발행된 언어는 하류의 컨텍스트가 상류 컨텍스트가 제공하는 기능을 사용하게 하기 위한 간단한 사용과 번역을 가능케 하는 문서화된 정보 교환 언어다. XML이나 JSON 스키마로 표현될 수 있으며, 주로 공개 호스트 서비스와 짝을 이뤄 사용된다.

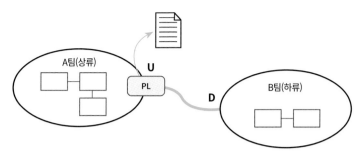

그림 5.13 발행된 언어

컨텍스트 맵

하나의 큰 도메인을 여러 개의 바운디드 컨텍스트로 식별하고 이들 간의 관계를 표현한 그림을 컨텍스트 맵이라 한다. 앞에서 언급한 여러 매핑 관계로 작성할 수 있으며, 그림 5.14는 간단한 컨텍스트 맵의 예를 보여준다.

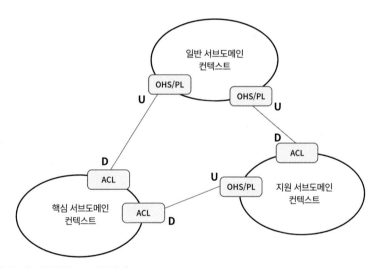

그림 5.14 중요도에 따른 컨텍스트 매핑 관계

그림 5.14는 핵심 서브도메인이 동작하기 위해 지원 서브도메인과 일반 서브도메인의 정보를 활용하고, 지원 서비스 도메인 역시 동작을 위해 일반 서브도메인을 활용한다는 것을 보여준다.

각 서브도메인 간의 관계를 간단히 설명하면 일반 서브도메인이 핵심 서브도메인, 지원 서브도메인과 공급자/소비자 관계를 맺고 있으며, 일반 서브도메인이 공개 호스트 서비스로 일반 서브도메인을 사용할 수 있도록 프로토콜/인터페이스를 제공하면서 발행된 언어를 다른 컨텍스트에 제공한다. 또한 하류의 두 컨텍스트는 충돌 방지 계층을 통해 상류 모델을 번역해서 하류에서 사용할 수 있다. 즉, 핵심 서브도메인에 포함되는 컨텍스트는 일반 서브도메인과 지원 서브도메인에 속하는 컨텍스트를 사용하고, 지원 서브도메인에 포함된 컨텍스트는 일반 서브도메인의 컨텍스트들을 사용한다.

이처럼 전략적 설계로 도출된 컨텍스트를 기반으로 컨텍스트 매핑 관계를 표현한 개념적인 컨텍스트 맵은 아직 매핑을 위한 구체적인 기술 등이 정의되지 않은 상태다.

매핑을 구현할 방안이 구체화되면 상류에서 하류 컨텍스트로 데이터를 전달하기 위해 앞에서 설명한 컨텍스트 매핑 유형들을 구체적으로 표현할 수 있다. 따라서 어느 정도 매핑 구현 방안이 정의되면 컨텍스트 맵을 그림 5.15와 같이 구체적으로 표현할 수 있다.

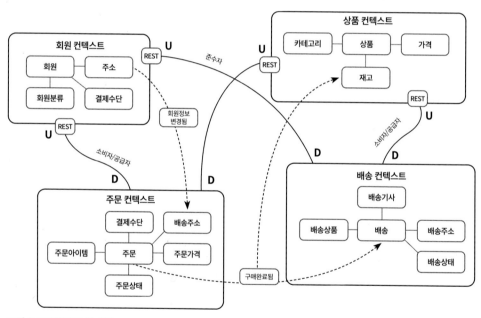

그림 5.15 컨텍스트 맵 사례

그림 5.15는 회원, 상품, 주문, 배송의 컨텍스트 매핑 관계를 보여주며, 공급자 컨텍스트들은 HTTP/JSON 기반의 REST API를 통해 동기 통신의 서비스를 제공한다. 회원 컨텍스트는 주문 컨텍스트로, 주문 컨텍스트는 배송 컨텍스트로 각각 비동기 이벤트 메시지를 발행한다.

5.4 이벤트 스토밍을 통한 마이크로서비스 도출

DDD의 전략적 설계의 주요 개념은 이해했지만 그 설계 과정은 아직 와 닿지 않을 것이다. 특히 마이크로서비스 간의 의존성을 줄이기 위해서는 아키텍처 영역에서 언급했다시피 서비스 간 비동기 메시지 기반 도메인 이벤트를 활용하는 것이 중요한데, 이러한 도메인 이벤트를 통한 의존 관계를 식별하는 방법이 쉽지 않다. 이를 위해 알베르토 브란돌리니(Alberto Brandolini)라는 이탈리아 출신의 DDD 컨설턴트가 DDD 설계를 가속화할 수 있는 이벤트 스토밍(event storming)이라는 설계 기법을 고안해 냈는데, 이벤트 스토밍은 이벤트 중심으로 이해관계자들이 모여 브레인 스토밍하는 워크숍을 의미한다.

이벤트 스토밍은 모든 이해관계자가 모여 서로가 가지고 있는 각 관점을 논의하며, 그 차이점을 이해하고 공유할 수 있다는 점에서 기존 방법론에서 장기간 단절하며 수행했던 요구사항, 프로세스 모델링, 설계를 진행하는 과정을 뛰어넘는 민첩성과 효율성을 보여준다. 또한 쉽고 간편한 도구를 사용해 빠른 시간 내에 지식 공유를 통한 협업을 가속화하고 시각화함으로써 서로간의 학습 및 탐색을 촉진하는 워크숍이라 할 수 있다.

그림 5.16은 현실의 비즈니스 도메인을 이벤트 스토밍에서 사용하는 다양한 의미의 스티커를 통해 표현한 것으로서, 이러한 흐름대로 시스템을 분석하게 된다.

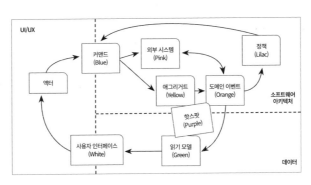

그림 5.16 이벤트 스토밍의 개념

시스템의 액터(사용자 또는 역할자)는 원하는 바를 얻기 위해 시스템을 조작(커맨드)하고, 이 조작은 시스템을 동작(도메인 이벤트)하게 한다. 이 동작을 통해 사용자의 요청에 해당하는 데이터(읽기 모델)를 만들고, 이 정보는 간단한 스케치 형태의 UI(사용자 인터페이스) 형태로 액터에서 제공된다. 액터는 이 정보를 바탕으로 다시 시스템을 조작하고, 또 시스템이 동작하는 절차를 반복하게 된다.

5.4.1 이벤트 스토밍 워크숍 준비

이벤트 스토밍 워크숍은 다양한 이해관계자의 지식을 공유하고 새롭게 도출된 아이디어를 표현하기 위한 목적으로 진행한다. 워크숍을 진행하려면 다음과 같은 사항을 준비한다.

워크숍 준비

- 공간: 깨끗한 벽[3]이 있는 넓은 워크숍 공간

- 참가자: 고객, 도메인 전문가, 설계자, 개발자, 테스트 등 모든 이해관계자

- 준비물: 벽에 붙일 흰색 A0 전지, 마커 펜, 다양한 색의 스티커, 선을 만들 수 있는 다양한 색깔의 라인 테이프, 스카치 테이프

- 열린 분위기로 활동을 촉진하고 리딩할 수 있는 퍼실리테이터(facilitator)[4]

워크숍 공간에 의자는 치우는 것이 좋다. 편하게 의자에 앉으면 워크숍에 적극적으로 참여하지 않게 되기 때문이다. 워크숍 참여자는 적극적이고 긍정적이며, 열린 마음가짐과 토론 및 대화를 주저하지 않는 용기를 갖고 참여하고, 다른 참여자의 의견을 무시하거나 반박하기보다 토론을 통해 의견을 맞춰가는 것이 중요하다. 준비물 중 마커 펜은 모든 참여자가 하나씩 가질 수 있도록 충분히 준비한다.

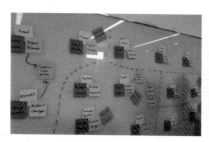 

그림 5.17 이벤트 스토밍 사례

워크숍 방식

공간 및 준비물을 마련하고, 참가자가 모두 모였다면 다음과 같은 방식으로 워크숍을 진행한다.

---

3   깨끗한 벽이 없다면 큰 탁자 위를 활용해도 좋다.
4   퍼실리테이터는 회의 또는 워크숍과 같이 여러 사람이 일정한 목적을 가지고 함께 일할 때 효과적으로 목적을 달성하도록 일의 과정을 설계하고 참여를 유도해서 질 높은 결과물 만들어내도록 도움을 주는 사람을 말한다.

1. 넓은 공간(벽이나 넓은 책상)에 여러 장의 흰색 전지를 이어 붙여 설계 공간을 마련한다.

2. 쉽게 접근 가능한 별도 공간에 다양의 색의 포스트잇과 기타 준비물을 올려 놓는다.

3. 모든 참가자가 마커펜을 하나씩 들고 설계 공간을 바라보게 한다.

4. 퍼실리테이터의 지시에 따라 워크숍을 진행한다. 모든 활동은 타임박싱으로 집중해서 몰입하도록 유도한다.

스티커 유형별 의미

이벤트 스토밍은 현실 세계의 도메인을 다양한 의미의 스티커로 표현한다. 작은 노란색 스티커로 표현하는 액터는 원하는 것을 얻기 위해 파란색 스티커의 커맨드, 즉 명령을 내리게 되고, 이 명령은 오렌지색 스티커의 도메인 이벤트를 발생시킨다. 도메인 이벤트가 발생한 후에 다시 명령을 내리는 데 참고할 만한 정보는 초록색 스티커로 표현하고, 필요한 경우 화면의 레이아웃을 스케치해서 표현한다. 외부 시스템과의 연동은 핑크색 스티커로 표시하고, 워크숍 중에 의문, 질문 당장 결정할 수 없는 문제는 눈에 잘 띄는 자주색 스티커로 표현한다.

그림 5.18 스티커의 색상별 유형

표 5.1 이벤트 스토밍 스티커의 유형

유형	크기/색깔	설명
도메인 이벤트	오렌지색(orange)	발생한 사건. 과거시제동사로 표현
커맨드	파란색(blue)	도메인 이벤트를 트리거하는 명령
외부 시스템	핑크색(pink)	도메인 이벤트가 호출하거나 관계가 있는 레거시 또는 외부 시스템
액터	작은 노란색(yellow)	개인 또는 조직의 역할
애그리거트	노란색(yellow)	도메인 이벤트와 커맨드가 처리하는 데이터 상태가 변경되는 데이터

유형	크기/색깔	설명
정책	라일락 색(lilac)[5]	이벤트 조건에 따라 진행되는 결정 When [이벤트] Then [커맨드]
읽기 모델	초록색(green)	도메인 이벤트 액터에게 제공되는 데이터
사용자 인터페이스	흰색 (white)	스케치 형태의 화면 레이아웃
핫스폿(hotspot)	자주색(purple)	의문, 질문, 미결정 사항

5.4.2 이벤트 스토밍 워크숍 진행

워크숍에서는 많은 사람이 모여 서로 소통하면서 스티커를 붙이는 활동을 수행하므로 체력 소모가 크고 2시간이 넘어가면 집중력이 떨어지므로 진행 시간은 최대 3시간을 넘지 않는 것이 좋다. 만약 시간 내에 완료되지 않는 경우 하루나 이틀 후 추가 워크숍을 진행하는 것이 좋다.

이벤트 스토밍은 다음과 같은 순서로 진행한다.

1. 도메인 이벤트 찾기

2. 외부 시스템/외부 프로세스 찾기

3. 커맨드 찾기

4. 핫스폿 찾기

5. 액터(사용자/역할) 찾기

6. 애그리거트 정의하기

7. 바운디드 컨텍스트 정의하기

8. 컨텍스트 매핑하기

그럼 워크숍 순서에 맞춰 이벤트 스토밍 워크숍을 진행해보자.

이번에 살펴볼 예시는 상품을 판매하는 사람과 구매하는 사람을 이어주는 쇼핑몰 서비스로서 판매자는 상품을 팔기 위해 쇼핑몰 서비스에 상품을 등록하고, 이 상품이 필요한 사람이 상품을 주문하면 판매자가 주문한 사람에게 상품을 발송하는 시스템이다.

---

5 라일락 색은 옅은 자색을 의미한다. 본문의 스티커 색은 알베르토 브란돌리니가 정의한 색깔을 기준으로 하지만 이를 교조적으로 따를 필요는 없다. 유형을 구별하기 위한 용도이니 상황에 맞게 적절히 변경해서 사용한다.

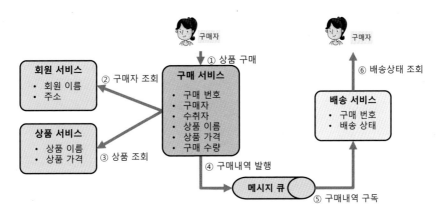

그림 5.19 쇼핑몰 서비스의 업무 흐름

먼저 도메인 이벤트를 도출하는 것부터 시작한다.

1. 도메인 이벤트 찾기

시간의 흐름에 따라 시스템의 동작을 의미하는 도메인 이벤트를 도출한다. 데이터나 데이터의 구조가 아닌 비즈니스 흐름에서 발생한 이벤트에 초점을 두는 것이 중요하다. 참여자들이 각각 마커펜을 들고 오렌지색 포스트잇에 이벤트명을 작성해서 붙이면 되는데 이벤트명은 과거형 동사로 작성한다.

이벤트는 왼쪽에서 오른쪽으로 시간 흐름순으로 붙이되 이벤트가 연쇄적으로 발생하는 경우 바로 옆에 붙인다. 또한 같은 시점에 비즈니스 조건에 따라 대체적으로 발생할 수 있는 이벤트는 세로로 아래쪽에 같은 선상에 붙인다.

도메인 이벤트는 비즈니스의 어떤 상태를 생성, 변경, 삭제하는 요소다. 시스템의 화면을 연상하지 말고 비즈니스가 흘러감에 따라 비즈니스를 구성하는 요소들의 상태가 어떻게 변경되는지 생각한다.

그림 5.19를 보면 이 시스템은 회원가입 후 사용할 수 있으므로 회원가입, 수정, 탈퇴 기능에 해당하는 도메인 이벤트인 [회원 가입됨], [회원정보 수정됨], [회원정보 삭제됨]을 도출했다.

회원 가입됨 (Orange)	회원정보 수정됨 (Orange)	회원정보 삭제됨 (Orange)

그림 5.20 도메인 이벤트 도출

그림 5.21은 쇼핑몰 예시에서 도메인 이벤트가 도출된 모습이다. 회원가입 후 상품이 등록되고, 주문과 배송이 이뤄지는 과정을 이벤트로 파악했다.

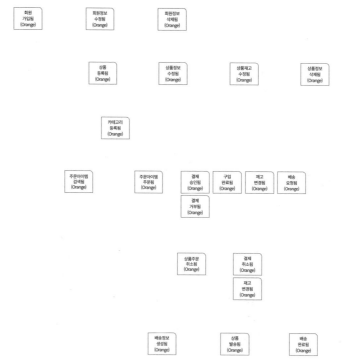

그림 5.21 쇼핑몰 시스템의 도메인 이벤트

2. 외부 시스템 도출

이벤트를 도출하면서 레거시 시스템이나 외부 시스템과의 연계를 통해 업무의 흐름이 진행될 때는 이 프로세스의 이름을 핑크색 스티커에 작성해서 이벤트의 오른쪽 상단에 붙이고 화살표를 그려 이 외부 시스템을 호출한다는 것을 표시한다. 시스템 구현 범위에 있는 기능이 아니더라도 시스템의 기능 구현을 위해 연계가 필요한 시스템들은 모두 도출한다. 그림 5.22처럼 시스템 이름을 명사 형태로 적는다.

그림 5.22 외부 시스템 도출

그림 5.23을 보면 회원가입을 하거나 회원 정보가 수정될 때 회원 정보의 유효성을 판단하는 시스템과 연계하고, [주문 아이템 주문됨] 이벤트와 연계되는 외부의 [결제 시스템], [결제 승인됨] 이벤트와 연계되는 [이메일 시스템]이 도출됐다.

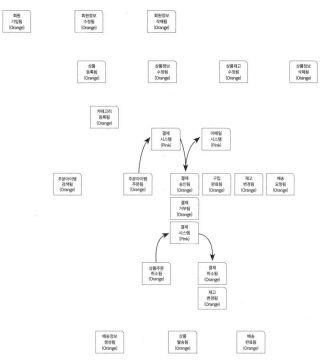

그림 5.23 쇼핑몰 시스템의 외부 시스템

3. 커맨드 도출

도메인 이벤트를 찾은 후에 이 이벤트를 동작하게 하는 커맨드(Command)를 찾는다. 커맨드는 파란색 포스트잇에 작성한다. 커맨드명은 도메인 이벤트를 동작하게 하는 것으로 명령형, 즉 동사 형태로 작성한다. 커맨드는 앞에서 식별한 도메인 이벤트를 보면 쉽게 유추할 수 있다.

하나의 커맨드에 의해 여러 개의 이벤트가 동시 또는 연속해서 발생할 수 있으며, 조건에 따라 하나의 커맨드에 여러 개의 다른 이벤트가 발생할 수 있음에 유의한다. 그림 5.24를 보면 [회원가입] 이벤트를 트리거하는 커맨드로 [회원가입]을 도출한 것을 볼 수 있다.

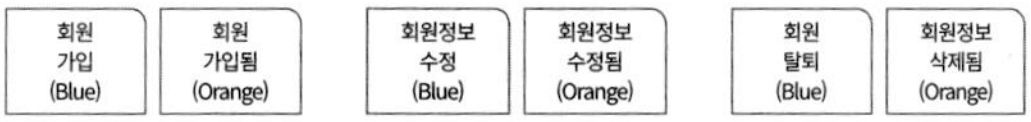

그림 5.24 커맨드 도출

그림 5.25를 보면 [회원 가입됨] 이벤트를 동작하게 하는 [회원가입] 커맨드, [상품 등록됨] 이벤트를 트리거하는 [상품등록] 커맨드 등 각 도메인 이벤트를 동작하게 하는 커맨드들이 도출된 것을 볼 수 있다.

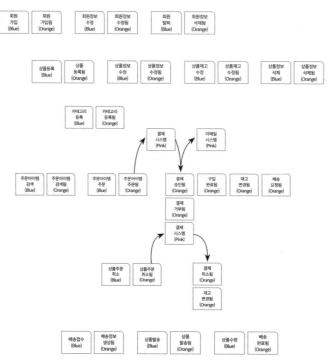

그림 5.25 커맨드 도출

4. 핫스폿 도출

워크숍을 진행하는 과정에서 의문 사항이 생기거나 참여하는 사람들이 결정하기 힘든 사항, 다른 부서나 외부에 문의할 필요가 있는 사항과 같이 워크숍 중에 해결하거나 정의할 수 없는 것들이 파악될 수 있다. 이러한 내용을 잊지 않고 기록하기 위해 눈에 잘 띄는 보라색 스티커에 가정, 경고, 질문, 미결정 사항 등을 작성해서 문제가 되는 위치에 붙인다. 이를 핫스폿이라 하며, 워크숍이 진행되는 어느 시점에서라도 파악되는 대로 바로 워크숍 공간에 붙일 수 있다.

그림 5.26을 보면 [상품 주문 취소] 커맨드 옆에 [취소 가능 시점 확인]이라는 핫스폿이 붙은 것을 볼 수 있다. 이러한 핫스폿은 별도로 관리될 수 있는 사항에 해당한다.

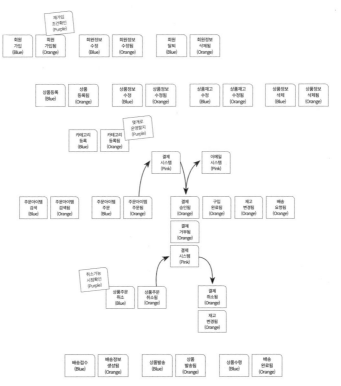

그림 5.26 핫스폿 도출

5. 액터 도출

커맨드까지 찾고 나면 커맨드를 실행하는 액터(Actor)를 도출하는데, 액터는 사용자 또는 조직, 역할자를 의미한다. 액터는 추상적으로 식별하지 않고 비즈니스를 수행하는 구체적인 역할을 고려해서 도출한다. 즉, 단순히 모든 업무에서 보편적으로 사용되는 회원이나 관리자로 정의하지 않고, 특정 비즈니스를 실제로 수행하는 판매자, 구매자, 상품 관리자, 배송 관리자, 시스템 관리자와 같이 명확한 역할자를 도출하려고 노력해야 한다. 액터를 도출하면서 이전에 식별하지 못했던 커맨드와 도메인 이벤트가 추가로 도출될 수 있는데, 이 경우에도 추가로 식별되는 사항들을 모델링 공간에 붙이면 된다.

액터는 그림 5.27과 같이 노란색의 작은 포스트잇을 사용해 커맨드의 왼쪽 아래에 붙여서 이 액터가 커맨드를 조작한다는 것을 명시적으로 표현한다.

그림 5.27 액터 도출

그림 5.28을 보면 액터가 각 업무와 밀접한 [판매자], [구매자], [주문자] 등으로 구체화된 것을 볼 수 있다.

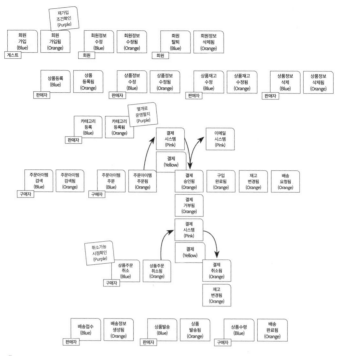

그림 5.28 액터 도출

엑터를 도출하면서 다음과 같이 문장을 만들어 식별한 커맨드와 이벤트를 검토해 보자.

- 판매자가 상품을 등록하면 [상품등록됨]이라는 이벤트가 발생함으로써 시스템이 동작한다.

- 구매자가 상품 주문을 취소하면 [상품주문취소됨] 이벤트가 발생하고, 이어서 주문 취소된 상품의 재고를 변경하는 [재고변경됨] 이벤트가 발생함으로써 시스템이 동작한다.

문장이 자연스럽지 않다면 자연스럽게 커맨드와 도메인 이벤트를 변경하거나 새로 도출해 보자.

이처럼 도메인 이벤트, 외부 시스템, 커맨드, 액터를 찾아봄으로써 전체 시스템의 큰 그림을 조망할 수 있다. 또한 액터를 식별함으로써 주요 사용자나 역할자의 주요 프로세스도 그려볼 수 있다. 프로세스 중간중간 붙어있는 핫스폿을 표시한 포스트잇을 통해 프로세스 구현을 위해 어떤 이슈나 문제, 해결할 사항들이 있다는 것도 알 수 있게 된다.

지금까지 비즈니스 관점에서 워크숍을 진행했다면 이후부터는 설계 수준으로 진행하게 된다.

6. 애그리거트 정의

애그리거트[6]는 커맨드와 도메인 이벤트가 영향을 주는 데이터 요소로, 5.6.1절 'DDD의 전술적 설계(도메인 모델링 구성요소)'에서 설명할 도메인의 실체 개념을 표현하는 객체인 엔티티가 된다. 애그리거트는 노란색 포스트잇에 애그리거트명을 작성해서 커맨드와 도메인 이벤트 사이의 상단에 겹쳐서 붙인다. 액터와 마찬가지로 애그리거트도 구체적인 표현으로 도출하는 것이

좋은데, 그 이유는 애그리거트를 구체적으로 식별할수록 컨텍스트의 경계를 식별하는 데 유용하기 때문이다. 그림 5.29를 보면 '회원'이라는 애그리거트가 식별된 것을 볼 수 있다.

그림 5.29 애그리거트 도출

그림 5.30을 보면 [회원], [결제], [상품], [배송] 등의 애그리거트가 정의돼 있다.

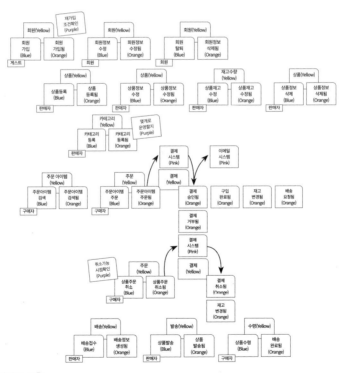

그림 5.30 애그리거트 도출

---

6 애그리거트는 DDD의 전술적 설계의 구성요소로서 가장 작은 도메인 모델의 모듈 단위가 된다.

7. 바운디드 컨텍스트 그리기

애그리거트를 보면 일부 애그리거트는 이름이 같거나 유사한 것을 알 수 있다. 이처럼 이름이 같거나 유사한 애그리거트를 완전히 다른 애그리거트와 구분해서 경계를 그린다. 또한 그동안 도출했던 도메인 이벤트, 커맨드, 액터, 애그리거트를 모두 고려해서 경계를 식별한다. 이 경계는 마커펜이나 얇은 라인 테이프로 표시할 수 있다. 그러나 이 경계는 애그리거트를 그룹화하는 크기 수준에 따라 바뀔 수 있으므로 마커펜보다는 언제든지 수정 가능한 라인 테이프로 표시하는 것이 좋다.

이 경계를 바운디드 컨텍스트라고 한다. 각 바운디드 컨텍스트에는 이름을 부여한다. 컨텍스트의 이름은 바운디드 컨텍스트 내의 애그리거트 이름으로 정의한다. 만일 컨텍스트 내에 여러 개의 애그리거트 이름이 있는 경우 전체를 아우를 수 있는 대표 이름을 정한다.

애그리거트가 식별된 결과를 보면 동일한 이름의 애그리거트가 서로 다른 공간에 떨어져 있는 것을 발견할 수도 있는데, 이 경우 해당 애그리거트가 많이 식별된 위치로 떨어져 있던 모든 관련 포스트잇(애그리거트 및 도메인 이벤트, 커맨드, 액터)을 옮길 수도 있다. 이것은 기능을 제공할 책임들을 응집성 있도록 동일한 애그리거트 중심으로 모듈화해야 한다는 것을 의미한다.

구체적으로 애그리거트를 식별했다면 애그리거트가 달라지는 지점에서 어떻게 경계를 나눠야 할지 고민될 것이다. 그림 5.31을 보면 [상품], [카테고리]가 도출됐는데, [상품], [카테고리] 사이에 경계를 둘 수도 있다. 그렇지만 여기서는 상품과 카테고리를 묶어 [상품]이라는 바운디드 컨텍스트로 정의했다.

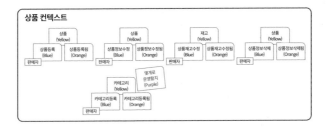

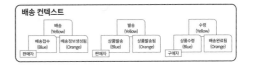

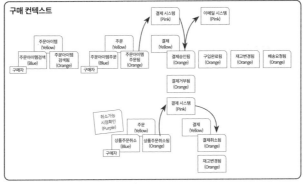

그림 5.31 바운디드 컨텍스트 도출

또 다른 케이스로 [구매] 컨텍스트에 [주문], [결제], [주문아이템]이 애그리거트로 식별됐지만 주문할 아이템을 검색한 후 주문에서 결제까지 하나의 흐름으로 이어지기 때문에 각각을 분리하지 않고 [구매] 컨텍스트로 묶어서 정의했다.

정책을 도출하면서 연관관계 생각하기

다음 페이지의 그림 5.32를 보면 경계가 그려졌고 외부 시스템들이 별도로 배치됐다. 현재까지 파악된 관계만으로도 외부 시스템과 각 바운디드 컨텍스트 간의 관계를 그릴 수 있다.

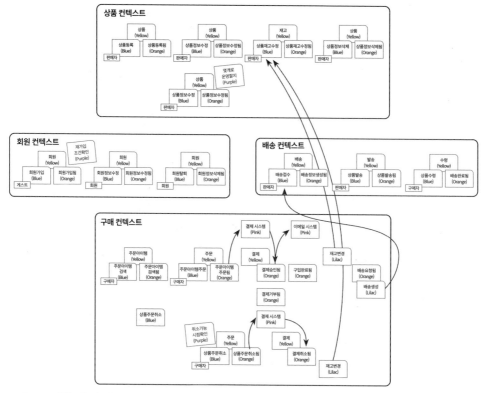

그림 5.32 정책 도출 및 연관관계 정의

다음은 정책 도출이다. 정책은 라일락색 포스트잇을 사용한다. 정책은 이벤트 뒤에 따라오는 반응적인 비즈니스 로직으로, 어딘가에 존재하는 커맨드를 동작하게 한다. 정책은 다음과 같이 정의한다.

[도메인 이벤트]할 때는 항상 [커맨드]한다

따라서 정책은 도메인 이벤트와 커맨드 사이에 존재한다. 이러한 정책이 호출하는 커맨드는 같은 바운디드 컨텍스트 내에 존재할 수도 있고 다른 바운디드 컨텍스트에 존재할 수도 있다. 따라서 정책을 도출함으로써 다른 바운디드 컨텍스트와의 관계를 식별할 수 있다. 그림 5.32를 보면 구매가 완료된 경우나 구매가 취소되는 경우 상품의 재고 수량이 변경돼야 한다는 정책을 도출했다. 이는 구매 바운디드 컨텍스트에서 [구입완료됨], [결제취소됨] 이벤트 이후 [재고변경]이라는 정책으로 말미암아 [상품재고수정됨] 이벤트 발생을 위해 상품 바운디드 컨텍스트의 [상품재고수정] 커맨드가 호출되는 것을 볼 수 있다.

또한 구매 컨텍스트에서 구매가 완료되면 [배송요청됨]이라는 이벤트가 발생하고, 이 이벤트와 연관된 [배송생성]이라는 정책으로 배송 컨텍스트의 [배송접수]라는 커맨드를 트리거한다는 사실을 알 수 있다. 파란색 라인 테이프를 통해 흐름의 방향을 화살표로 표현한다.

8. 컨텍스트 매핑

앞의 과정까지 진행하면 대략의 바운디드 컨텍스트가 식별되고 각 바운디드 컨텍스트 간의 관계가 파악된다. 다음으로 이러한 관계를 별도의 컨텍스트 맵으로 표현해 보자. 컨텍스트 관계를 작성할 때는 호출 관계의 방향을 고려해야 한다. 또한 호출할 때 호출 방식, 즉 동기 방식의 호출이 필요한지, 비동기 방식의 호출이 필요한지 판단해서 작성해야 한다. 호출 방식은 데이터의 일관성 측면과 컨텍스트의 가용성 측면을 고려해서 선택한다. 컨텍스트 간에 항상 일관된 데이터가 필요한 관계는 동기 호출로 표현하고 결과적 일관성으로 충분히 처리 가능한 관계는 비동기 방식의 호출로 표현한다.

일반적으로 동기 방식은 실시간 동시 처리를 위해 호출하고 응답을 대기하는 방식으로, 두 컨텍스트 간의 의존도가 높아진다. 반면 비동기 방식은 컨텍스트 내에서 처리한 후 이벤트를 발행해 연관된 다른 컨텍스트가 이벤트를 받아 처리할 수 있게 하는 방식으로 두 컨텍스트 간의 의존성을 낮출 수 있다. 따라서 반드시 실시간 정합성이 필요한 경우가 아니라면 비동기 방식의 연계를 고려하는 것이 좋다. 비동기 방식의 연계로 두 컨텍스트 사이의 결합도를 낮춘다면 각 컨텍스트들의 독립성과 탄력성이 강화될 수 있다.

컨텍스트 맵은 이벤트 스토밍 워크숍에서 식별한 바운디드 컨텍스트명을 스티커에 적어 별도 공간에 붙이고 관계를 표현하면 된다. 동기 호출은 실선으로, 비동기 호출은 점선으로 표현한다. 수정하기 편한, 색깔이 다른 끈 테이프를 사용할 수도 있다. 다음 페이지의 그림 5.33을 보면 클라이언트에서는 각 컨텍스트에 접근해서 데이터를 직접 관리할 수 있으므로 동기 방식으로 정의했고, 각 컨텍스트와 연관관계에 있는 외부 시스템도 모두 동기 방식으로 정의했다.

먼저 고객이 상품을 주문할 때 상품 구매를 위해 클라이언트를 통해 구매 컨텍스트에 동기 방식으로 접근한다. 그러면 구매 컨텍스트는 구매하려는 상품(주문 아이템)의 현재 가격을 가져오기 위해 상품 컨텍스트에 동기 방식으로 연동하고, 회원 컨텍스트에도 현재의 결제 정보와 배송지 정보를 가져오기 위해 동기 방식으로 연동한다. 그러나 구매 컨텍스트와 배송 컨텍스트는 연관관계가 비동기로 정의됐는데, 이러한 경우 배송 컨텍스트에 장애가 발생한 경우에도 주문을 계속 처리할 수 있는 고가용성을 보장한다.

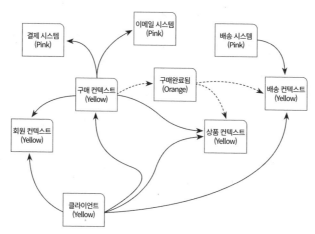

그림 5.33 바운디드 컨텍스트 간 매핑 관계

최근에는 비동기 연계를 위한 메시지 브로커의 성능과 안정성이 높아져서 동기 방식의 연동은 꼭 필요한 경우에만 사용하고 많은 부분에 비동기 연동을 통해 데이터 정합성을 맞추는 경우가 많아졌다. 비동기 연동 방식은 동기 방식에 비해 마이크로서비스가 독립성을 갖게 하고 높은 가용성을 보장받을 수 있게 한다.

이렇게 도출된 바운디드 컨텍스트는 마이크로서비스 후보가 된다. 최종적으로 마이크로서비스로 정의하려면 추가로 다음과 같은 질문을 고려해서 판단할 수 있다.

- (비즈니스 측면) 비즈니스 프로세스를 수행하기 위한 하나의 맥락의 단위로 구분될 수 있는가?
- (데이터 관점) 마이크로서비스별로 분리된 데이터를 정의할 수 있는가?
- (운영 조직 측면) 하나의 팀이 독립적으로 운영 가능한 단위인가?
- (배포 측면) 독립적으로 배포 가능한 단위인가?
- (변경 영향도) 변경 시 영향을 받는 마이크로서비스가 존재하는가?
- (클라우드/MSA 도입 목적 측면) 도입을 통한 기대효과를 충분히 활용할 수 있는가?

이를 모두 만족한다면 바운디드 컨텍스트를 최종 마이크로서비스로 식별하고, 만족하지 못한다면 각 질문의 결과에 따라 바운디드 컨텍스트를 분리하거나 통합해서 마이크로서비스로 식별한다.

이벤트 스토밍 결과를 프로젝트가 진행되는 공간에 그대로 붙여 놓아서 계속 보완하고 리뷰될 수 있게 하는 것이 가장 좋고, 최종적인 문서나 협업 시스템[7]에 기록해 팀원들이 항상 참고하게 할 수도 있다. 실제 프로젝트에서는 개발팀 사무실의 벽면 가득 이벤트 스토밍 워크숍 결과를 붙여 놓고 계속해서 이슈에 대해 고민하고 새로운 기능을 구체화하면서 프로젝트를 진행하는 것이 좋다.

마이크로서비스 상세 설계를 위한 입력물

이벤트 스토밍 결과는 서비스 상세 설계를 위한 출발점이 된다. 그림 5.34와 같이 마이크로서비스별로 커맨드, 도메인 이벤트, 애그리거트, 서비스 연계 및 정책, 핫스팟, API, 도메인 이벤트, 데이터, 리스크 등으로 정리할 수 있다. 이 자료는 마이크로서비스의 프런트엔드 모델링과 백엔드 모델링에 활용된다.

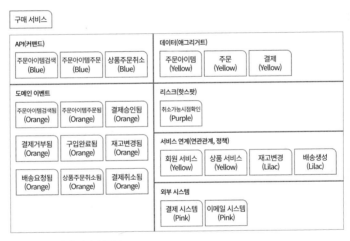

그림 5.34 마이크로서비스별 상세 설계 입력물

5.5 마이크로서비스 상세설계

마이크로서비스 도출, 서비스 간 연관관계 식별, 마이크로서비스별 스펙이 완성되면 이제 본격적인 스프린트가 시작된다.

---

7   최근의 협업 시스템은 플러그인 등을 통해 포스트잇 방식의 다이어그램 작성을 지원한다. miro.com 같은 유용한 무료 온라인 도구도 있다.

앞에서 설명했듯이 마이크로서비스는 프런트엔드 서비스와 백엔드 서비스로 나눠져서 개발된다. 따라서 크게 프런트엔드 서비스의 설계와 개발 영역, 백엔드 서비스의 모델링과 개발 영역으로 구분되어 스프린트 내에 개발되고 CI/CD 활동에 의해 통합되고 배포된다. 물론 소프트웨어 개발에서는 이러한 두 영역이 모두 설계, 구현돼야 하지만 이 책에서는 프런트엔드 영역은 간단히 언급하고 도메인 중심 설계가 가능한 백엔드 중심으로 설명한다.

5.5.1 프런트엔드 모델링

웹과 모바일 기술의 발전에 따라 사용자 경험에 민감하게 반응할 수 있는 UI 기술과 개념이 등장했고, 이를 잘 지원할 수 있는 다양한 프런트엔드 프레임워크가 등장했다. 대표적인 프레임워크로 앵귤러(Angular), 리액트(React), 뷰(Vue.js) 등이 있고 모두 사용자 경험을 잘 지원하는 SPA(Single-Page Application)[8]를 지원한다.

이러한 경향은 프런트엔드에서 수행해야 할 일들이 점점 많아지고 중요해졌음을 의미한다. 이에 따라 아키텍처 영역에서 언급했던 바와 같이 프런트엔드 영역의 모노리스 구조를 분리하기 위한 마이크로 프런트엔드 등의 패턴이 등장하고 있으며 갖가지 유연한 아키텍처 등이 소개되고 있다. (이 책에서는 깊게 논의하지 않고 프런트엔드 설계 관점에서 어떠한 절차 및 준비가 필요한지만 간략히 살펴보기로 한다.)

많은 요소가 있겠지만 최소한의 설계 영역은 다음과 같다.

프런트 아키텍처 정의

- 사용자 요건에 적절한 아키텍처를 정의해야 한다. 물론 시스템의 성격이나 사용자에 따라 결정됐겠지만 B2C의 경우 모바일이 이미 웹 만큼이나 대중화됐기 때문에 모바일, 앱, 웹 채널을 모두 고려하고 어떤 매체에서나 사용자 경험에 민감하게 반응할 수 있는 반응형 UI를 지향하는 경향이 높아지고 있다.

따라서 이를 모두 지원하는 프런트엔드 프레임워크가 많이 등장했으며, 최근에는 리액트와 뷰를 많이 사용하는 추세다. 이 프레임워크들은 컴포넌트 구조의 재사용 가능한 구조를 지원하고, 마이크로 프런트엔드 패턴을 적용할 수도 있다.

일부 B2C에서는 X-Internet이라고도 하는 RIA[9] 기반의 클라이언트 전문 도구를 사용하기도 하는데, 이

---

8 싱글 페이지 애플리케이션은 서버로부터 완전히 새로운 페이지를 모두 불러오지 않고 필요한 페이지의 일부분만 동적으로 다시 작성함으로써 사용자에게 빠른 체감을 주는 웹 애플리케이션이나 웹사이트를 말한다.

9 리치 인터넷 애플리케이션(RIA; Rich Internet Application)은 웹 애플리케이션의 장점은 유지하면서 기존 웹 브라우저 기반 인터페이스의 단점인 늦은 응답 속도, 데스크톱 애플리케이션에 비해 떨어지는 조작성 등을 개선하기 위한 기술의 통칭이다. 즉, 별도의 설치가 필요 없는 웹 브라우저 기반 애플리케이션의 배포가 가진 장점과 서버 측 웹 서비스와의 연동, 마크업 언어 기반의 선언적 애플리케이션 구성 등은 유지하면서 데스크톱 애플리케이션과 대등한 사용자 경험을 주는 것을 목표로 하는 기술이다.

경우 백엔드의 REST API 형식을 온전히 지원하지 않는 경우[10]도 있으므로 검토할 필요가 있다.

프런트엔드 프레임워크가 정의되면 백엔드 API와 연계되는 스파이크 솔루션(spike solution)[11]을 통해 아키텍처가 사용자 요건을 만족하는지 검토할 필요가 있다.

- 프런트엔드 아키텍처를 수립할 때 프런트엔드 프로그램의 패키지 구조도 정의해야 하는데, 이때 마이크로서비스팀이 책임지고 있는 업무를 고려해서 결정해야 한다. 마이크로 프런트엔드 패턴을 적용해 백엔드와 마찬가지로 명확히 물리적으로 분리할 수도 있고, 모노리스 구조를 유지한다면 패키지별로 명확히 오너십(ownership)이 구분되게 하자.

표준 레이아웃 정의

- 시스템의 목적과 기능을 고려해서 화면의 표준 레이아웃을 정의해야 한다. 보통 비즈니스 처리를 위해 많이 사용되는 목록, 조회, 수정, 삭제 등의 대표적인 업무 화면 유형을 정의하고, 그에 맞는 사용자 경험을 검토해서 정의한다. 이러한 표준 화면 유형을 정의할 때 화면을 표현하는 구성요소 등의 위치 및 방식, 모양 등도 고려해야 하는데, 이러한 화면 구성요소로 표, 그리드, 입출력 폼, 표준 버튼 등이 있다. 또한 화면 유형을 정의할 때 웹, 앱, 모바일, 리포트 등 각 채널 특성에 고유한 화면 유형을 별도로 정의할 수 있다.

UI 레이아웃 설계

- 표준 유형을 기반으로 개별 UI 레이아웃을 정의한다. 각 기능을 만족할 UI를 정의하는 과정으로서, 화면에 입출력될 속성 정보를 식별하고 기능을 수행할 버튼 등을 정의한다.

- 보통 UI 레이아웃을 정의할 때 업무 흐름에 맞게 UI 흐름이 도출되고 흐름을 보여주는 문서를 작성하기도 하는데, 이를 UI 스토리보드라고 한다.

UI 디자인 및 UI 레이아웃 반영

- 표준 화면 유형에 맞는 UI 디자인을 정의한다. 보통 웹디자이너가 수행하며, UI에 반영하기 위해서는 프런트엔드 엔지니어와 긴밀한 협의가 필요하다.

- 마이크로서비스 팀에 디자이너가 속해 있으면 협의가 원활할 것이다.

- 프런트엔드 엔지니어는 디자이너의 디자인 의도를 반영해 디자인을 적용한다.

이벤트 설계

- 화면의 이벤트 변화에 따라 백엔드 API를 호출하는 방식을 정의한다.

---

10 REST API를 사용한다는 것은 일반적으로 자원을 URI라는 리소스 형식으로 정의하고 기능 처리를 위해 HTTP 메서드 규칙을 사용하고 데이터 교환 형식으로 JSON을 사용하는 것을 의미한다. 그러나 이러한 형태를 충족하지 않고 일부 도구의 경우 RIA 도구에 특화된 HTTP 프로토콜 및 HTTP 메서드의 POST 방식으로만 통신하는데, 그러한 방식은 REST API를 통한 유연한 프런트엔드 변경 등의 장점을 살릴 수 없기 때문에 지양해야 한다.

11 eXtreme Programming(XP) 방법론에서 나온 용어로, 문제 영역을 해결하기 위해 실제로 간단히 구현해 보는 프로그램을 의미한다.

5.5.2 백엔드 모델링

벡엔드 마이크로서비스를 위한 설계는 헥사고날 아키텍처를 적용해 외부 영역과 내부 영역으로 구분되어 진행된다.

이벤트 스토밍 결과를 반영해서 그림 5.35와 같이 백엔드 마이크로서비스의 내부를 헥사고날 구조로 정의하고 매핑할 수 있으며, 이를 기반으로 발전시켜 나갈 수 있다. 즉, 이벤트 스토밍의 '커맨드'는 헥사고날의 인바운드 어댑터의 하나인 REST API가 되고, '애그리거트'는 헥사고날의 내부 영역인 도메인 모델이 되며, '도메인 이벤트'는 헥사고날 외부 영역의 아웃바운드 메시지 처리 어댑터의 처리 대상이 되고, '외부 시스템'은 마찬가지로 아웃바운드 어댑터가 호출해야 할 외부 연계 시스템으로 매핑된다.

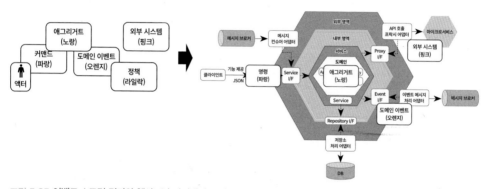

그림 5.35 이벤트 스토밍 결과와 헥사고날 아키텍처 구성요소 매핑

그림 이벤트 스토밍을 통해 도출한 구매 마이크로서비스를 헥사고날 아키텍처의 구성요소에 매핑해 보면 커맨드로 식별했던 [주문아이템검색], [주문아이템주문], [상품주문취소]는 클라이언트나 다른 마이크로서비스에서 접근할 수 있는 REST API로 매핑되고, 회원 서비스와 상품 서비스는 REST API로 연계하고, 정책으로 식별했던 [재고 변경]은 비동기 연계를 위해 메시지 브로커로 매핑된다. 또한 애그리거트로 식별했던 [상품]과 [결제]는 도메인 모델에 매핑되어 데이터베이스에서 관리된다.

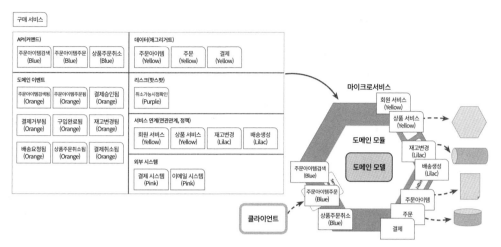

그림 5.36 이벤트 스토밍 결과와 헥사고날 아키텍처 구성요소 매핑

그렇지만 이러한 요소는 백엔드 모델링의 출발점이 될 뿐이며, 구현을 위해서는 좀 더 구체적인 설계가 필요하다. 따라서 외부 영역 설계는 프런트엔드와 연계되는 'API 설계'로, 내부 영역은 비즈니스 로직을 구현하는 '도메인 모델링', '데이터 모델링'으로 구체화되어 진행된다. API 설계부터 살펴보자.

API 설계

마이크로서비스 팀은 서비스가 제공하는 기능에 대한 프런트엔드와 백엔드의 구현을 모두 책임지며, 프런트엔드, 백엔드 엔지니어가 하나의 팀에서 긴밀하게 협업해야 한다. 이러한 협력을 위해서는 프런트엔드와 백엔드의 연계를 위한 계약이 필요한데, 이것이 API 설계다. API는 백엔드 서비스에 존재하지만 프런트엔드의 요구사항을 충족하도록 정의해야 한다.

API 영역은 앞에서 언급한 바와 같이 헥사고날의 외부 영역이며, 인바운드 어댑터로써 어떠한 호출 방식도 허용되는 유연한 공간이다. 그렇지만 최근의 추세는 HTTP 프로토콜과 JSON 포맷을 사용하는 REST API가 표준처럼 사용되고 있다. 이는 REST API 방식이 대중적인 HTTP 프로토콜과 취급하기 쉬운 JSON 포맷, 간단한 HTTP 메서드 형식 등의 특징 덕분에 쉽고 명확해서 누구나 이해할 수 있기 때문이다. 그럼 이러한 REST API 방식에 대해 살펴보자.

REST API의 개념

REST(Representational State Transfer) API는 HTTP 프로토콜을 사용하는 대중적으로 광범위한 지지를 얻은 네트워크 기반 아키텍처 스타일이다. 아키텍처를 표현하는 구성요소로 자원(resource)과 행위(verb), 표현(representations)이 있다. 예를 들어, '홍길동이라는 사용자를 생성한다'라는 API가 필요하다면 자원은 '사용자'이고 행위는 '생성한다'이며 표현은 '홍길동'이 된다. 이를 REST API로 표현하면 다음과 같다.

```
HTTP POST http://example.com/users/
{
    "users": {
            "name": "홍길동"
    }
}
```

즉, 자원은 http://example.com/users/라는 URI로 표현되고, 생성을 위한 HTTP 메서드인 POST를 사용했으며, JSON 문서의 형태로 구체적인 사용자로 표시(전달)된 것이다.

이처럼 REST API는 직접적인 사용의 주체가 되는 요소를 자원이라 하며, URI 형식으로 표현한다. 자원은 명사를 사용하며, 세부 항목을 표시할 때는 뒤에 ID를 붙여 정의한다. 즉, 사용자의 리소스 형태가 /users/이고 홍길동의 식별자가 '01'이라면 홍길동은 /users/01로 표현된다.

또한 이러한 API를 사용하기 위한 입출력 데이터로 JSON 포맷을 활용한다. 행위를 표현하기 위해서는 HTTP 메서드를 활용한다. 예를 들면, 다음과 같이 REST API의 구성요소인 자원, 메서드, 표현 방식을 정리할 수 있다.

표 5.2 REST API 유형

메서드	의미	입력 예시(메서드, 자원, 표현 방식)	출력 예시
GET	전체 리소스 조회	HTTP GET http://example.com/users/	```{ "users": [{ "id": 01, "name": "홍길동" }, { "id": 02, "name": "장백산" }]}```
GET	개별 항목 조회	HTTP GET http://example.com/users/01	```{ "users": [{ "id": 01, "name": "홍길동" }]}```
POST	추가	HTTP POST http://example.com/users/ { "users":{ "name":"김유신" } }	```{ "users": [{ "id": 03, "name": "김유신" }]}```

메서드	의미	입력 예시(메서드, 자원, 표현 방식)	출력 예시

PUT	수정	HTTP PUT http://example.com/users/01
		{
		  "users":{
		    "name":"임꺽정"
		  }
		}
			{
			  "users": [
			    {
			      "id": 01,
			      "name": "임꺽정"
			    }
			  ]
			}

DELETE	삭제	HTTP DELETE http://example.com/users/01	삭제됨

이처럼 REST API의 구성요소만 보고 API의 내용을 직관적으로 이해할 수 있으므로 최소한의 문서로써 설명할 수 있고 매우 쉽게 사용할 수 있다.

REST API 성숙도

바람직한 REST API 설계를 위해 레오나르도 리처드슨(Leonard Richardson)이 정의한 REST API 성숙도 모델을 참고할 수 있다.

- 레벨 0은 REST API의 메커니즘을 전혀 사용하지 않고 전통적인 원격 프로시저 호출(Remote Procedure Call) 방식으로 HTTP프로토콜만 사용한 것이다. 상품 서비스를 예로 들자면 예전에 많이 사용했던 /ProductService?Flag=create처럼 하나의 URI 주소에 GET 방식의 URI 매개변수인 Flag를 통해 입력, 수정, 삭제를 처리하는 방식이다. 개발자가 백엔드 내부에서 비즈니스 로직을 통해 어떠한 결정을 하는지 사용자는 API를 보고는 알 수 없기 때문에 API 사용을 위한 명세가 필요하다.

- 레벨 1은 URI에 개별적인 자원을 표현하는 것이다. 여러 기능을 사용하기 위해 하나의 URI에 요청하지 않고 요청이 필요한 대상을 특정한다. 예를 들어, 상품 중 사과 정보를 제공하는 URI는 /products/apple로서 사용자는 이처럼 특정 리소스가 어떠한 정보를 제공하는지 인지할 수 있다.

- 레벨 2는 서비스의 기능을 처리하기 위해 약속된 HTTP 메서드들을 사용하는 것이다. 물론 레벨 0, 1에서도 HTTP 메서드를 사용했지만 GET, POST로 모든 것을 처리하는 식으로 어떤 방식을 사용할지는 개발자에 따라 달랐다. 레벨 2에서는 가능한 한 약속된 HTTP 사용법에 가깝게 사용한다. 앞에서 언급한 예시처럼 조회, 추가, 수정, 삭제 기능을 HTTP 메서드인 GET, POST, PUT, DELETE로 각각 처리한다. API 사용자는 리소스에 어떠한 메서드를 사용했을 때 어떠한 행위가 발생할지 인지할 수 있다.

- 레벨 3은 HATEOAS(Hypertext As The Engine Of Application State)라는 어려워 보이는 약자로 정의되는데, 이 방식은 특정 요청을 하게 되면 반환값에 기대했던 결과에 덧붙여 추가로 사용자가 그다음에 무

엇을 할 수 있는지와 그것을 하기 위해 다룰 수 있는 URI 값을 보내준다. 즉, 사용자에게 좀 더 리소스를 탐색해서 활용할 수 있는 가능성을 제공한다.

다음과 같은 그림으로 리처드슨의 REST API 성숙도를 표현할 수 있고, REST API의 사용을 암묵적으로 가능하게 하는 레벨 2 정도를 지향하는 것이 좋다.

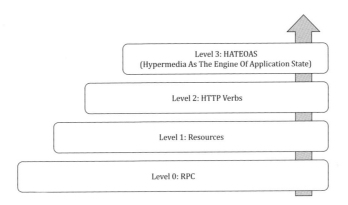

그림 5.37 리처드슨의 REST API 성숙도

API 설계 문서화

애자일 모델링 방식을 추구할 때 가급적이면 불필요한 설계물을 남기는 것은 바람직하지 않다. 산출물의 필요성은 항상 공유와 협업 측면에서 고려하자. API 설계는 프런트엔드 엔지니어와 백엔드 엔지니어의 협업 차원에서 중요하다. 또한 API 설계는 다른 프런트엔드나 백엔드의 상세 설계에 앞서 진행될 필요도 있다. 따라서 다른 설계 요소에 비해 공유가 중요하다.

협업 시스템이 있다면 간단히 위키(wiki) 형태의 문서로 작성할 수도 있다. 공식적인 문서 형식이 필요하다면 다음과 같이 엑셀 형태로 정리하는 것이 편하다. 어떤 형태든 최소한 다음 항목은 포함하도록 한다.

- 서비스명, API명, 리소스(URI)
- 요청 매개변수, 요청 샘플
- 응답 매개변수, 응답 샘플

API설계서

서비스명	Rental
API명	대여서적정보조회
URI	/rentals/rentalItem/{id}
Method	GET

Request

Parameter	L1	L2	L3	L4	Type	필수여부	설명
index	id				Number	O	조회할 서적의 일련번호

Request Sample

http://localhost:8080/rentals/rentalItem/{id}

Response

Parameter	L1	L2	L3	L4	Type	필수여부	설명
통신시간	trans_time				String	O	통신발행시간
응답코드	result_code				String	O	정상통신시 OK
비고	desc				String	X	
DATA	data				Object	O	BODY부
id		id					
		barcode					barcode
		book_name					서적명
		reqist_day					등록일
		retrun_day					반납예정일
		rental_status					대여상태
		overdue_day					전체연체일수
		resev_cnt					예약자수
페이징정보	pageInfo				Object	O	
전체페이지		tatal_page			Number	X	
전체데이터수		total_elements			Number	X	
현재페이지		current_page			Number	X	
현재페이지수		current_elements			Number	X	

Response Sample

```
{
"trans_time" : 2020-04-20-31T22:34:12:34.456",
"result_code":"OK",
"desc":"test",
"data": {
"id":1,
"barcode" :"X0000001",
"book_name:"훈민정음",
"reqist_day:"2020-04-20-31T22:34:1"
"retrun_day:"2020-08-08"
"rental_status:"대여중"
"overdue_day:""
"resev_cnt:5
},
"pageInfo":null
}
```

그림 5.38 API 설계서 양식

5.6 도메인 모델링

도메인 모델링은 백엔드 모델링의 한 부분이지만 도메인 주도 마이크로서비스를 설계하는 데 중요한 부분이므로 별도로 상세히 설명하고자 한다.

마이크로서비스의 내부 구조는 폴리글랏하게 접근할 수 있다. 여기서 '폴리글랏하다'라는 의미는 애플리케이션을 구현하는 언어나 데이터를 저장하는 저장소를 서비스마다 다양하게 활용할 수 있다는 의미인 동시에 내부 아키텍처 구조를 서비스 특성에 맞게 다양하게 수립할 수 있다는 의미이기도 하다. 따라서 서비스의 내부 영역의 구조를 도메인 모델 중심으로 만들 수도 있고 트랜잭션 스크립트 형태로 만들 수도 있다.

그림 5.39는 도메인 모델 중심의 구조다. 이 경우 도메인 모델을 중심으로 모델링을 수행해야 하며, 서비스가 모든 로직을 처리하지 않고 비즈니스 로직이 도메인 모델로 위임되어 적절히 분산될 것이다.

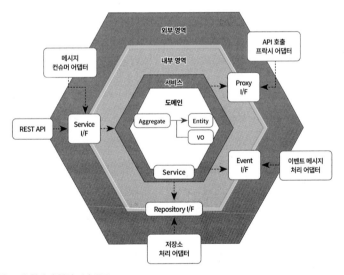

그림 5.39 도메인 모델 형태의 헥사고날 구조

다음 페이지의 그림 5.40은 도메인 모델이 없는 트랜잭션 스크립트의 구조다. DTO는 데이터 묶음으로써의 역할만 수행할 뿐 서비스가 많은 로직을 보유하게 됨으로써 시스템이 복잡해질수록 비대해질 수 있다.

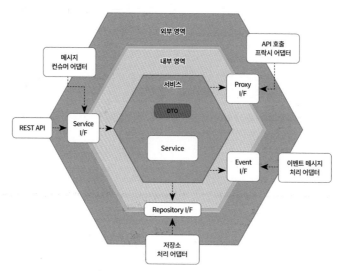

그림 5.40 트랜잭션 스크립트 형태의 헥사고날 구조

단순한 로직인 경우에는 트랜잭션 스크립트 구조로 만들어도 무방하다. 그렇지만 비즈니스가 복잡해질수록 비즈니스 개념들을 잘 구조화할 수 있는 도메인 모델 구조가 효과적이다. 도메인 모델 구조는 복잡함을 다루어 쉽게 표현할 수 있는 구조를 제공하기 때문이다.

이러한 내부 구조를 정의하려면 서비스가 제공할 기능이 어떠한가도 고민해야겠지만 팀의 역량 수준도 고려해야 한다. 백엔드 엔지니어가 객체지향 설계 및 문화에 능숙한지 여부를 판단해야 한다.

이어서 마이크로서비스 내부 구조를 도메인 모델로 정의하는 방식을 살펴보자. 마이크로서비스의 내부 영역을 도메인 모델 구조로 정의했을 때 설계하는 방식이 도메인 모델링이다. 도메인 모델링은 객체 모델링의 의미로 광범위하게 사용되고 있으나 여기서는 DDD의 전술적 설계를 활용해 객체 모델링을 진행하는 방식이라는 의미로 사용하겠다.

5.6.1 DDD의 전술적 설계(도메인 모델링 구성요소)

DDD의 전술적 설계는 앞에서 언급한 것처럼 도메인 모델을 구성하기 위한 패턴들을 설명한다.

기존 객체 모델링 방식은 자유도가 높아 문제 영역을 파고들수록 여러 층의 복잡한 계층 구조를 만들게 될 가능성이 높다.[12] 그래서 이를 정리하기 위해 객체들의 역할에 따른 유형을 정의하고,

---

12 이처럼 객체 관계의 계층구조가 복잡해지는 현상을 진흙 덩어리(big ball of mud)라고 한다.

이러한 규칙에 따라 모델링하면 단순하고 이해하기가 수월해지는데, 이러한 설계 기법을 DDD의 전술적 설계에서 제공한다. DDD의 전술적 설계에는 다양한 구성요소가 있지만 이 책에서는 도메인 모델을 구성하는 객체 구성 요소를 중심으로 살펴본다.

엔티티

엔티티는 다른 엔티티와 구별할 수 있는 식별자를 가진 도메인의 실체 개념을 표현하는 객체다. 식별자는 고유하되 엔티티의 속성 및 상태는 계속 변할 수 있다. 도메인에서 개별성(individuality)이 있는 개념을 엔티티로 식별하며, 고유 식별자와 변화 가능성(mutability)이 엔티티와 값 객체를 구분하는 차이점이다.

그림 5.41을 보면 구매는 구매번호라는 식별자로 구분 가능하며, 구매품이나 수취자 등이 개별적으로 변경될 수 있으므로 엔티티로 모델링했다.

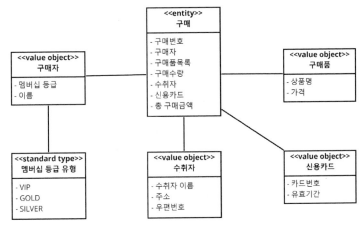

그림 5.41 도메인 모델 예시

값 객체

값 객체(Value Object)[13]는 각 속성이 개별적으로 변화하지 않는 개념적 완전성[14]을 모델링한다. 따라서 값 객체는 속성과 속성의 합에 의해 전체 개념이 부여되며, 개별 속성이 별개로 수

---

13 DDD의 Value Object와 SUN의 J2EE 커뮤니티에서 언급됐던 Value Object(Transfer Object) 패턴을 혼동하는 경향이 있는데, 후자의 Value Object는 DTO(Data Transfer Object)로 부르는 것이 적절하다. 참고: https://martinfowler.com/eaaCatalog/dataTransferObject.html
14 개념적 전체라는 의미로도 사용되는데, 값 객체를 구성하는 하나 이상의 특성들이 서로 연관되어 전체 의미를 이루는 것을 말한다. 특성을 개별적으로 사용하면 응집성 있는 의미를 제공하지 못하고, 모든 특성이 함께 있어야 의도에 맞는 설명이 가능하다. 예를 들어, 한국 돈 1000원은 1000이라는 숫자와 한국의 통화 기준인 '원'이라는 특성이 결합되어 의미를 전달한다.

정되지 않고 전체 객체가 한 번에 생성되거나 삭제되는 객체다. 엔티티와 같이 식별자의 차이에 따라 구별되지 않고 속성과 속성으로 이뤄진 값의 비교에 의해 동일함이 결정된다. 《도메인 주도 설계 핵심》(에이콘, 2017)의 저자 반 버논(Vaughn Vernon)은 값 객체의 특성을 다음과 같이 정의한다.

- 도메인 내의 어떤 대상을 측정하고, 수량화하고, 설명한다.
- 관련 특징을 모은 필수 단위로 개념적 전체를 모델링한다.
- 측정이나 설명이 변경될 땐 완벽히 대체 가능하다.
- 다른 값과 등가성을 사용해 비교할 수 있다.
- 값 객체는 일단 생성되면 변경할 수 없다.

그림 5.41을 보면 구매자, 수취자, 구매품 등은 구매를 구성하는 속성을 표현하는 개념이으로 값 객체로 모델링했다. 구매품의 개별 속성들은 별도로 변경되지 않고 구매품 전체가 추가되거나 삭제만 가능하다.

표준 타입

표준 타입은 대상의 타입을 나타내는 서술적 객체다. 엔티티나 값 객체의 속성을 구분하는 용도로 사용한다. 만약 전화번호를 값 객체로 모델링했다면 이 전화번호가 집 전화인지 핸드폰 전화 또는 회사 전화번호인지 구분할 필요가 있다.

예전에는 보통 코드 값으로 모델링했으나 이러한 방식은 매핑표가 필요하며, 가독성이 떨어져 이해하기 어렵다. 컨텍스트에 맞는 이해 가능한 유비쿼터스 용어로 정의하는 것이 바람직하다. 자바 언어에서는 보통 열거형으로 정의한다. 그림 5.41을 보면 '멤버십 등급 유형'이라는 열거형으로 VIP, GOLD, SILVER로 구분해서 표준 타입으로 정의한다.

애그리거트

엔티티와 값 객체로 모델링하게 되면 자연스럽게 객체 간의 계층구조가 만들어진다. 이처럼 연관된 엔티티와 값 객체들의 묶음이 애그리거트다.

이러한 애그리거트는 1~2개의 엔티티, 값 객체, 표준 타입 등으로 구성되는데, 이들 간에는 비즈니스 의존관계를 맺고 있으며, 비즈니스 정합성을 맞출 필요가 있다. 따라서 이 애그리거트 단위가 트랜잭션의 기본 단위가 된다.

애그리거트 내에 있는 엔티티 중 가장 상위의 엔티티를 애그리거트 루트로 정하고, 이 애그리거트 루트를 통해서만 애그리거트 내의 엔티티나 값 객체를 변경할 수 있다.

보통 하나의 컨텍스트에 하나의 애그리거트가 식별되나 하나의 컨텍스트 안에 여러 개의 애그리거트가 존재할 수 있다. 이 경우 다른 애그리거트를 참조해야 할 필요가 있다면 직접 참조하지 않고 참조할 애그리거트 루트의 식별자를 통해 참조하게 한다. 직접 참조하는 경우 애그리거트 단위의 트랜잭션 처리도 힘들고 의존관계가 점점 복잡해질 것이다.

또한 일반적으로 바운디드 컨텍스트를 마이크로서비스로 식별하게 되는데, 애그리거트 또한 별도의 마이크로서비스 후보가 될 수 있다. 그런데 같은 컨텍스트 내에 여러 개의 애그리거트가 존재할 때 다른 애그리거트의 클래스를 직접 참조하면 별도로 마이크로서비스로 분리하기 힘들 것이다. 따라서 그림 5.42와 같이 애그리거트 간 참조는 애그리거트 루트의 식별자를 활용해 간접 참조하는 것이 바람직하다.

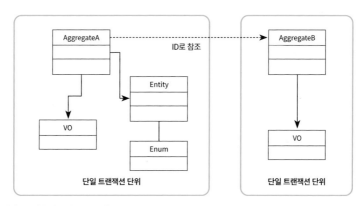

그림 5.42 식별자를 통한 애그리거트 간 참조

각 애그리거트는 각각의 단일 트랜잭션으로 일관성을 유지하지만 다른 애그리거트 사이의 일관성이 필요하다면 어떻게 일관성을 유지할까? 앞에서 언급한 컨텍스트 간에 적용했던 도메인 이벤트를 사용하는 방식과 같다. 그림 5.43과 같이 도메인 이벤트를 통한 결과적 일관성을 사용해 다른 애그리거트를 갱신해서 일관성을 유지한다.

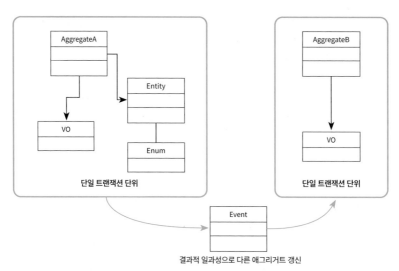

그림 5.43 결과적 일관성을 통한 애그리거트 간 갱신

이처럼 DDD에서는 명확한 클래스의 유형과 애그리거트 단위 식별을 통해 도메인 모델을 간결하고 단순하게 유지하는 것을 추구한다.

도메인 서비스

도메인의 비즈니스 로직 처리가 특정 엔티티나 값 객체에 속하지 않을 때 단독 객체를 만들어서 처리하게 하는데, 이를 도메인 서비스라 한다. 도메인 서비스에서는 상태를 관리하지 않고 행위만 존재한다. 따라서 도메인 로직을 처리할 때 엔티티나 값 객체와 함께 특정 작업을 처리하고 상태를 본인이 가지고 있지 않고 엔티티나 값 객체에 전달한다.

도메인 이벤트

도메인 이벤트는 DDD 및 이벤트 스토밍에서 말하는 도메인 이벤트의 구현 객체다. 서비스 간 정합성을 일치시키기 위해 단위 애그리거트의 주요 상태 값을 담아 전달되도록 모델링한다.

다음 페이지의 그림 5.44를 보면 주문 서비스에서는 주문 트랜잭션 처리를 통해 '주문' 엔티티와 '주문아이템' 엔티티가 생성되어 저장됨과 동시에 '구매완료됨' 이벤트를 발행한다. '구매완료됨' 이벤트에서는 주문됨 상태를 나타내는 주요 주문 정보를 포함하고 있다.

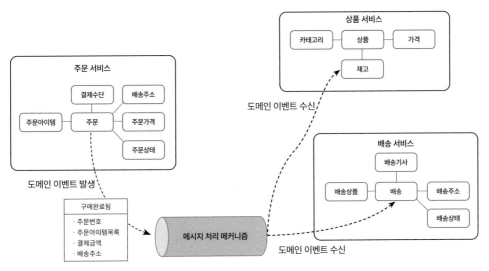

그림 5.44 도메인 이벤트 발행 예시

이처럼 이벤트 발행은 주문 처리를 수행하는 트랜잭션과 묶어서 실행돼야 한다. 이벤트는 메시지 메커니즘을 통해 다른 서비스에 전달되며 이를 통해 배송 서비스는 배송 처리를 수행할 수 있다.

5.7 정리

마이크로서비스 모델링의 주요 활동은 마이크로서비스를 도출하고 도출된 마이크로서비스를 상세하게 설계하는 것으로 나뉜다. 마이크로서비스를 도출하는 방식에는 비즈니스 능력 기반으로 도출하는 방식과 DDD의 바운디드 컨텍스트를 기반으로 도출하는 방식이 있다.

이번 장에서는 DDD의 전략적 설계의 개념과 구성요소들을 살펴보고 전략적 설계를 쉽게 가속화할 수 있는 워크숍 방식인 이벤트 스토밍을 살펴봤다. 이벤트 스토밍은 전통적인 방식에서 오랜 기간 동안 수행했던 비즈니스 분석, 이해관계자 의견 개진, 공유, 리스크 도출 등을 가속화해서 진행하는 협업, 공유, 의사소통에 최적화된 설계 방식이다. 애자일 프로세스처럼 급변하는 비즈니스에 빠르게 대응하기 위해서는 지속적인 공유, 신속한 의사소통, 빠른 피드백이 필요하다. 이를 가능케 하는 설계 기법이 바로 이벤트 스토밍이다.

이벤트 스토밍을 통해 마이크로서비스를 도출한 다음에는 각 마이크로서비스의 세부 설계를 진행할 수 있다. 세부적인 설계로 들어가서 프런트엔드 설계의 고려사항을 살펴봤고, 백엔드 설계에서 유연한 헥사고날 아키텍처를 가능케 하는 도메인 모델링에 대해서도 자세히 살펴봤다.

도메인 모델링은 DDD의 전술적 설계 구성요소를 통해 비즈니스 도메인 모델을 쉽고 단순하게 구성하도록 해준다.

다음 장에서는 실제 업무 사례를 통해 마이크로서비스 설계 기법 등을 살펴보겠다.

06

사례 연구 –
마이크로서비스 도출과
아키텍처 구성

이번 장에서는 실제 업무 사례를 들어 마이크로서비스를 도출하고 아키텍처를 구성해 보자. 주제는 도서 대출 시스템이다.

회사는 직원들의 여가 생활 및 역량 향상을 위해 사내 도서관을 운영하고 있다. 사내 도서관은 도서의 대출 및 반납을 위한 자체 시스템을 가지고 있다. 이 시스템을 도서대출시스템이라 칭하겠다. 이번 장에서는 다음과 같은 순서로 마이크로서비스 도출과 아키텍처 정의를 중심으로 진행하고자 한다.

1. 요구사항 정의
2. 이벤트 스트밍을 통한 마이크로서비스 도출
3. 외부 아키텍처 정의
4. 내부 아키텍처 정의
5. JHipster를 이용한 아키텍처 구성

6.1 요구사항 정의

도서대출시스템은 다음과 같은 기능 요건을 가지고 있다.

사용자 관리 및 로그인

- 사용자를 등록한다. 등록 시 사내 HR(Human Resource) 시스템에 의해 검증된다.
- 특정 사용자는 사서의 역할을 부여받는다.
- 사용자는 시스템 사용을 위해 로그인하거나 로그아웃할 수 있다.

도서 관리

- 사서는 도서분류정보를 등록/수정/삭제한다.
- 사서는 입고된 도서를 분류하고 등록/수정/삭제한다.
- 일반적인 도서는 도서공급사에 의해 공급된다.
- 각 도서는 대출할 수 있는 수량(재고)이 있으며, 대출/반납에 의해 재고가 조정된다.

도서 대출 및 반납

- 사용자는 도서를 검색한다.

- 사용자는 베스트 대출 목록을 조회할 수 있다.

- 사용자는 재고가 있는 도서를 대출한다(대출 조건은 2주, 1인당 5권 이내다).

- 반납되지 않고 대출 기간이 지난 도서는 연체된다.

- 1권이라도 연체되면 사용자는 대출 불가 상태가 된다.

- 사용자는 대출한 도서를 반납할 수 있다.

- 대출한 모든 도서 이력은 기록된다.

- 대출하거나 반납 시 사용자에게 10포인트가 부여된다.

- 연체가 있는 있는 사용자는 대출할 수 없다(대출불가상태).

- 포인트는 연체 1일당 10포인트씩 연체일을 감면하는 데 사용된다.

- 연체일을 0으로 만듦으로써 대출가능상태가 된다.

배송

- 원격지의 사용자는 배송을 요청할 수 있다.

- 배송의 상태는 접수/준비/발송/배송완료다.

- 배송은 외부 배송업체를 이용한다.

이메일

- 주요 업무 변화 시 이메일로 사용자에게 통보한다.

6.2 이벤트 스토밍을 통한 마이크로서비스 도출

앞에서 살펴본 요구사항을 기반으로 5장에서 설명한 이벤트 스토밍 워크샵을 통해 비즈니스 흐름을 파악하고 바운디드 컨텍스트 식별을 통해 마이크로서비스 후보를 찾아내고 서비스 간의 관계를 정의해 보겠다.

6.2.1 이벤트 스토밍 워크숍

요구사항을 사용자 관리, 도서 관리, 도서 대출 및 반납, 배송, 이메일로 분류했는데, 이것은 비즈니스 해결을 위한 문제 영역이다. DDD에서는 문제 영역을 서브도메인이라 부른다. 서브도메인별로 이벤트 스토밍을 진행해 보자.

사용자 관리 서브도메인

먼저 사용자 관리부터 시작하자.

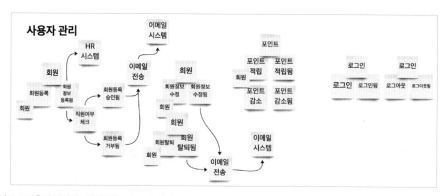

그림 6.1 사용자 관리에 대한 이벤트 스토밍 결과

이벤트 스토밍을 진행하는 순서는 다음과 같다.

1. 왼쪽에서 오른쪽 방향으로 업무 처리 흐름별로 도메인 이벤트(오렌지색)를 모두 붙인다.
2. 다음으로 이벤트와 대응되는 커맨드(파란색)를 도출해서 이벤트 오른쪽에 붙인다.
3. 액터(작은 노란색)를 통해 도출된 이벤트와 커맨드를 검증하며 커맨드 왼쪽 아래에 붙인다.
4. 이벤트와 연관된 외부 인터페이스(핑크색)를 식별한다.
5. 그다음에는 각 이벤트와 커맨드에 영향을 받는 데이터 요소인 애그리거트(노란색)를 찾는다.
6. 마지막에는 이벤트 발생 시 타 영역의 커맨드를 트리거하는 정책(라일락색)을 도출한다.

그럼 앞의 사용자 관리 서브도메인 이벤트 스토밍 결과를 살펴보자. [회원정보 등록됨] 이벤트가 발생하면 레거시 시스템인 [HR 시스템]과 연계되어 [직원여부체크] 정책에서 사원인지를 검증하고, 그에 따라 [회원등록 승인됨] 이벤트가 발생하거나 [회원등록 거부됨] 이벤트가 발생한다.

다음으로 [회원정보 수정됨] 이벤트와 [회원 탈퇴됨] 이벤트가 발행되고 도서 대출, 반납 처리에 영향을 받는 회원별 [포인트 적립], [포인트 감소] 이벤트도 발생한다. 회원이 로그인하는 과정을 통해 [로그인됨], [로그아웃됨] 이벤트가 발생한다.

이벤트에 매핑되는 커맨드도 도출돼 있고 커맨드/이벤트에 영향을 받는 데이터 요소인 [회원], [포인트], [로그인]이라는 애그리거트도 식별했다. 또한 다른 문제 영역의 커맨드를 트리거할 수 있는 정책들도 도출됐는데, 바로 회원정보가 변경될 때 이메일을 전송하는 정책이다.

도서 관리 서브도메인

그림 6.2는 도서 관리 서브도메인의 이벤트 스토밍 결과다.

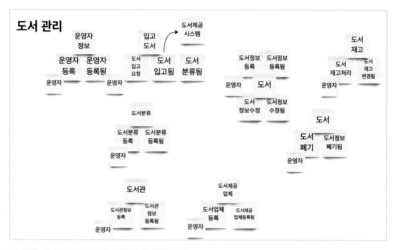

그림 6.2 도서 관리 서브도메인에 대한 이벤트 스토밍 결과

업무 흐름에 따라 다른 이벤트의 사전 이벤트가 되는 [운영자 등록됨], [도서 분류 등록됨], [도서관 정보 등록됨], [도서제공업체 등록됨] 이벤트가 발생하고, 그 뒤로 [도서 입고됨], [도서 분류됨], [도서 정보 등록됨]의 순서대로 이벤트가 발생한다.

대출 서브시스템에서 대출/반납이 진행됨에 따라 영향을 받는 [도서 재고 변경됨] 이벤트도 발생할 것이며, 도서 생명주기에 따라 [도서 정보 폐기됨] 이벤트가 마지막에 발생한다.

도서를 제공하는 외부 연계시스템도 [도서제공시스템]이라는 외부 시스템으로 식별됐고, 관련 커맨드, 액터, 애그리거트도 도출됐다.

대출, 반납 서브도메인

그림 6.3의 대출, 반납 서브도메인이 도서대출시스템의 가장 복잡한 비즈니스 흐름을 보여준다.

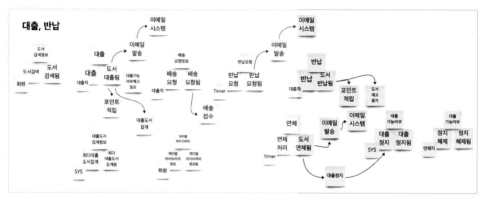

그림 6.3 대출, 반납 서브도메인에 대한 이벤트 스토밍 결과

도서를 대출하기 위해서는 대출할 도서를 살펴봐야 한다. [도서 검색됨] 이벤트를 통해 도서가 검색되고, [도서 대출됨] 이벤트를 통해 대출된다. 먼 곳에 근무하는 경우에는 [배송 요청됨] 이벤트를 통해 근무지로 배송 요청을 할 수 있다.

대출 만료 기간이 도래하면 시스템은 자동으로 대출된 도서를 반납 요청하는 메일을 보내는 [반납 요청됨] 이벤트가 발생한다. 이에 대출자가 도서를 반납하면 [도서 반납됨] 이벤트가 발생하고, 반납하지 않고 대출 기간이 지나면 [도서 연체됨] 이벤트가 발생한다.

도서가 연체되면 시스템에 의해 [대출 정지됨] 이벤트가 발생하고, 정지 해제가 요청되면 [정지 해제됨] 이벤트가 발생한다. 부가적으로 도서를 대출할 때 대출된 도서를 집계하는 [최다 대출 도서 집계됨]이라는 이벤트도 발생한다. 그리고 개인별 대출, 연체, 반납 내역을 보여주는 개인별 라이브러리를 생성하는 [개인별 라이브러리 생성됨] 이벤트도 필요하다.

액터를 살펴보면 회원, SYS, 대출자, 타이머(Timer), 연체자 등 역할별로 다양한 액터가 도출됐는데, 액터의 역할을 세밀하게 구분함으로써 커맨드와 이벤트가 좀 더 구체화되거나 새로 식별될 수 있다.

라일락색의 정책은 동일한 서브도메인 내부의 다른 커맨드를 트리거할 수도 있고 외부의 다른 서브도메인의 커맨드를 트리거할 수도 있다. 이러한 관계를 통해 이후에 식별될 바운디드 컨텍스트 간의 연관관계를 정의할 수 있다. 도출된 정책들을 살펴보면 [이메일 발송], [포인트 적립],

[배송 접수], [도서 재고 증가], [대출 정지] 등이 식별되어 이벤트 스티커 밑에 붙여진 것을 볼 수 있다.

애그리거트로는 [대출도서집계정보], [도서검색정보], [대출], [배송요청정보], [반납], [연체], [대출가능여부] 등이 도출됐다.

배송 서브도메인

다음은 배송 요청을 받은 도서를 배송하기 위한 업무 흐름이 정의된 배송 서브도메인의 이벤트 스토밍 결과다.

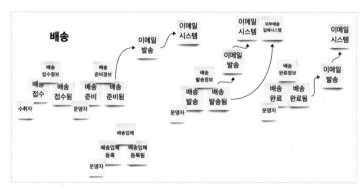

그림 6.4 배송 서브도메인에 대한 이벤트 스토밍 결과

배송 서브도메인에서는 배송 업무 흐름에 따라 [배송업체 등록됨], [배송 접수됨], [배송 준비됨], [배송 발송됨], [배송 완료됨] 이벤트가 발생한다. 외부 시스템인 [이메일 시스템]과 연동되고, [배송업체], [배송접수정보], [배송준비정보], [배송발송정보], [배송완료정보]라는 애그리거트가 도출됐다.

게시판 서브도메인

다음은 시스템의 본질적인 기능은 아니지만 시스템의 주기능들을 지원하는 시스템 관련 공지나 질의 사항에 대응하기 위한 게시판 서브도메인의 이벤트 스토밍 결과다.

그림 6.5 게시판 서브도메인에 대한 이벤트 스토밍 결과

보다시피 [게시판 생성됨], [공지 등록됨], [QnA 등록됨] 이벤트가 도출됐다. 애그리거트로는 [게시판], [공지], [QnA]가 도출됐다.

종합하면 5개 서브도메인에서 정리된 전체 이벤트 스토밍 결과는 다음과 같다.

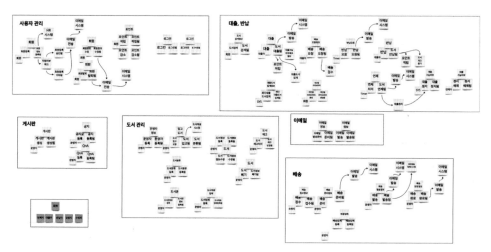

그림 6.6 전체 이벤트 스토밍 결과

6.2.2 바운디드 컨텍스트 식별

그럼 앞의 이벤트 스토밍 결과를 보고 경계를 그려 컨텍스트를 구분해 보자. 애그리거트의 응집도를 살펴 경계를 식별하는 것이 명확하다.

사용자 관리 서브도메인의 애그리거트를 살펴보면 [회원], [포인트], [로그인] 등이 있는데, [포인트] 등은 회원의 부가 정보로 볼 수 있다. [로그인]은 회원의 정보도 될 수 있지만 회원이 시스템을 사용하는 시점(로그인 상태)에 발생하는 정보라는 의미에서 개념상 차별점이 있다. 또한 회원가입보다는 로그인이 빈번하게 사용되는 기능이라는 점에서 분리하는 방안을 고려할 수도 있다. 그래서 [로그인]과 [회원]으로 바운디드 컨텍스트를 분리했다.

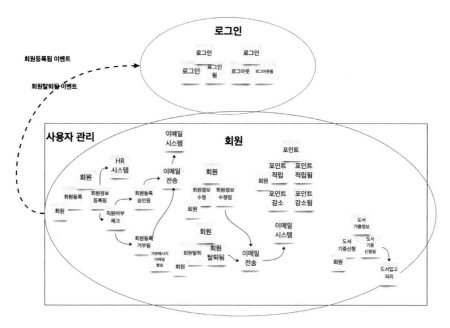

그림 6.7 [로그인]과 [회원] 컨텍스트

바운디드 컨텍스트를 2개로 분리하면 [회원] 컨텍스트에서 회원이 등록되고 삭제되는 시점에 [로그인] 컨텍스트와 회원정보와 로그인 정보의 일관성이 유지돼야 한다. 따라서 [회원] 컨텍스트는 [로그인] 컨텍스트에 [회원등록됨] 이벤트와 [회원탈퇴됨] 이벤트를 비동기로 전달한다.

[게시판], [도서 관리], [배송] 서브도메인의 애그리거트를 살펴보니 특이한 점이 없어 서브도메인 그대로 각각 [게시판], [도서], [배송] 바운디드 컨텍스트로 식별됐다.

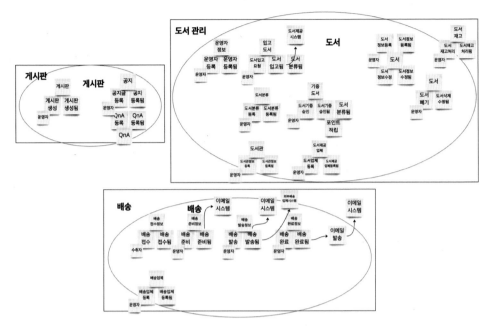

그림 6.8 [게시판], [도서관리], [배송] 컨텍스트

다음으로 [대출,반납] 서브도메인을 살펴보자. 애그리거트를 살펴보면 [대출도서집계정보], [도서검색정보], [대출], [배송요청정보], [반납], [연체], [개인별 라이브러리], [대출가능여부] 등이 식별됐는데 [대출], [반납], [연체] 등의 애그리거트는 액터인 [대출자]가 도서를 대출 및 반납하는 기능에 직접 연관되는 데이터로 밀접하게 관계가 있어 보이므로 함께 묶어서 [대출] 컨텍스트로 도출한다.

그렇지만 [도서검색정보], [대출도서집계정보]는 모든 [회원]이 대출하기 전에 접근할 수 있는 정보라는 점에서 개인의 영역인 [대출], [반납] 등의 애그리거트과는 맥락이 다르다.

대출이라는 행위를 통해 개인에게 소속된 정보가 아니라는 점에서 [도서검색정보], [최다대출도서집계]는 [도서] 바운디드 컨텍스트에 좀 더 잘 어울려 보인다. 그래서 [도서] 컨텍스트로 [도서검색정보], [대출도서집계정보] 애그리거트를 옮기려고 보니 이러한 개념들은 도서 컨텍스트가 보유한 도서 정보보다 빈번히 일반 회원에게 공개되어 사용돼야 하는 개념이다.

여기서 조회와 생성, 변경을 분리하는 CQRS 패턴을 활용할 수 있다. 따라서 [도서] 컨텍스트와 합치지 않고 분리해서 조회를 전담하는 도서 검색 기능과 대출도서집계정보 기능을 모아 [카탈로그] 바운디드 컨텍스트로 도출했다. [카탈로그] 컨텍스트는 도서 정보 조회 및 검색을 위한 역

할만 전담하고, [도서] 컨텍스트의 도서가 변경됐을 때 도메인 이벤트에 의해 일관성을 맞춰가
야 한다.

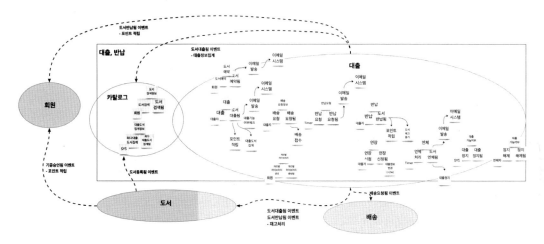

그림 6.9 [카탈로그]와 [대출] 컨텍스트

그림 6.9를 보면 [대출] 컨텍스트와 [카탈로그] 컨텍스트, [도서] 컨텍스트가 분리된 것을 확인
할 수 있다. 앞에서 언급한 것처럼 [도서] 컨텍스트에서 도서의 정보가 변경됐을 때 [카탈로그]
컨텍스트에 이벤트를 전달하는 것을 볼 수 있다.

마찬가지로 [대출] 컨텍스트는 다른 모든 컨텍스트와 관계를 맺는데, 도서가 대출됐을 때 [대출]
컨텍스트는 [카탈로그] 컨텍스트가 대출된 도서 정보를 집계하도록 [도서대출됨] 이벤트를 전달
하고, [도서] 컨텍스트에서 도서의 재고를 처리하도록 [도서대출됨] 이벤트를 전달하며, 도서를
반납할 때는 [회원] 컨텍스트에 포인트가 적립되도록 [도서반납됨] 이벤트를 발행한다.

추가로 이메일 처리를 전담할 수 있는 [이메일] 바운디드 컨텍스트도 도출했다.

이렇게 해서 [카탈로그], [대출], [도서], [배송], [회원], [로그인], [게시판], [이메일]이라는 8개
의 바운디드 컨텍스트가 식별됐다. 이처럼 바운디드 컨텍스트를 도출한 뒤 이전에 도출했던, 외
부 시스템과의 연관관계, 정책 등을 살펴보면 컨텍스트 간 호출 관계를 정리할 수 있다.

다음 페이지의 그림 6.10은 도출된 컨텍스트와 컨텍스트 간의 호출 관계를 나타낸 다이어그램
이다. 기존 서브도메인은 사각형으로 구분돼 있고 서브시스템과 별도로 식별한 바운디드 컨텍
스트가 타원형으로 표시돼 있다. 외부 시스템을 호출하는 방향, 정책이 가리키는 방향으로 연관
관계를 식별했다. 그리고 그 연관관계에 대해 동기 통신을 활용할 것인지 비동기 통신을 활용할
것인지를 실선과 점선으로 표현했다.

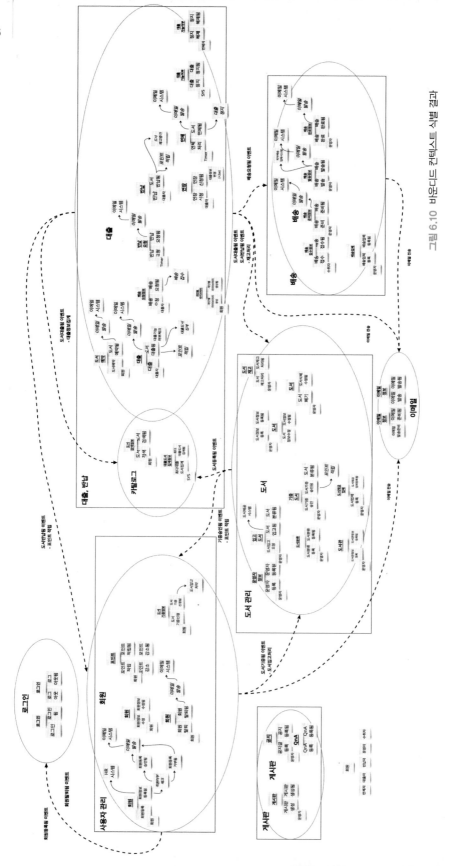

그림 6.10 바운디드 컨텍스트 식별 결과

6.2.3 컨텍스트 다이어그램

최종적으로 다음과 같이 호출 관계를 명확하게 인지할 수 있도록 컨텍스트 다이어그램을 작성한다. 구체적인 사항은 생략하고 컨텍스트, 컨텍스트 간의 동기/비동기 호출 방식만 표현했다. 점선은 비동기 호출이고, 실선은 동기 호출을 나타낸다. 프런트엔드와 백엔드 서비스의 호출 관계는 동기 호출이므로 실선이다.

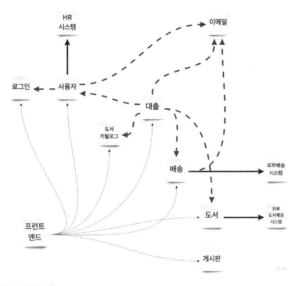

그림 6.11 컨텍스트 매핑 다이어그램

이렇게 식별된 컨텍스트가 마이크로서비스 후보가 된다. 여기서 후보라고 언급한 까닭은 서비스는 이후에 배포, 운영 효율성 등을 고려해 더 분할되거나 통합될 수 있기 때문이다. 우선 여기서는 현재 식별된 후보 마이크로서비스를 기준으로 마이크로서비스 설계와 개발을 시작해 보겠다.

6.2.4 이벤트 스토밍 결과를 헥사고날 아키텍처로 표현하기

다음은 이러한 이벤트 스토밍 결과를 상세한 설계로 만들기 위해 헥사고날 아키텍처로 표현한 것이다. 이벤트 스토밍 결과는 표 6.1과 같이 매핑된 후 API 설계, 도메인 모델링과 데이터 모델링의 입력물이 된다.

표 6.1 이벤트 스토밍 결과물과 헥사고날 아키텍처

이벤트 스토밍	헥사고날 아키텍처 구성요소
커맨드	외부 영역의 인바운드 어댑터 - API 후보
이벤트	외부 영역의 아웃바운드 어댑터로 전송되는 메시지 이벤트 후보
애그리거트	내부 영역의 도메인 모델의 후보
인터페이스	외부 영역의 아웃바운드 어댑터로 연결될 대외 인터페이스 후보
정책	내부 영역의 비즈니스 로직 규현 규칙 외부 영역의 아웃바운드 어댑터로 연결될 다른 서비스와의 방향을 결정하는 데 도움이 됨

이를 그림으로 확대해서 살펴보면 그림 6.12와 같다. 이벤트 스토밍을 통해 식별한 애그리거트는 헥사고날의 내부 영역인 도메인 모델의 후보가 되고, 커맨드 요소는 외부 영역의 인바운드 어댑터인 API의 후보, 이벤트는 외부 영역의 아웃바운드 어댑터를 통해 전송될 메시지의 대상이 된다.

또한 식별된 정책의 일부는 내부 비즈니스 로직 구현의 규칙으로, 또다른 일부는 다른 서비스와의 호출 방향을 결정할 자료가 된다.

그림 6.12 이벤트 스토밍 결과를 헥사고날 아키텍처에 매핑

이벤트 스토밍에서 식별된 애그리거트를 재료로 삼아 도메인 모델링을 계속 진행할 수 있으나 더 상세한 설계를 진행하기에 앞서 아키텍처 정의 활동부터 살펴보자.

6.3 외부 아키텍처 정의

그림 6.13과 같이 앞서 식별한 마이크로서비스를 중심으로 외부 아키텍처를 정의했다.

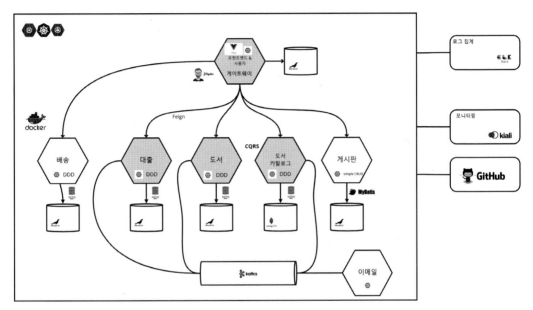

그림 6.13 아키텍처 구성도

기술 스택을 살펴보면 다음과 같다.

- **백엔드 마이크로서비스**: 사용자/로그인, 배송, 대출, 도서, 도서 카탈로그, 게시판, 이메일 등으로 구성됐다. 사용자와 로그인은 별도의 바운디드 컨텍스트로 식별했으나 구현의 편의성을 위해 하나의 마이크로서비스로 통합했다.

- **프런트엔드**: 프런트엔드 기술은 Vue.js를 사용한다.

- **API 게이트웨이**: 로드 밸런싱, 라우팅 역할을 수행하며, 줄(라우팅), 리본(로드 밸런싱)을 사용한다.

- **프런트엔드 + 사용자/로그인 백엔드 서비스 + API 게이트웨이**: 하나의 서비스에 통합되어 구현하며, API 게이트웨이의 역할도 통합한다.

- **서비스 저장소**: 서비스의 저장소에는 관계형 데이터베이스인 MariaDB를, 카탈로그 서비스에는 읽기에 최적화된 NoSQL 데이터베이스인 MongoDB를 사용한다.

- **서비스 통신**: 동기 통신에는 페인을 사용하고, 비동기 통신에는 메시지 큐를 사용한다.

- **메시지 큐**: 카프카를 사용한다.

- **배포**: 도커 컨테이너로 쿠버네티스에 배포한다.

- **로그 중앙화**: ELK 스택을 사용한다.

- **모니터링**: 키알리(Kiali)[1]로 모니터링 및 트레이싱을 수행한다.

- **형상관리**: 깃허브로 형상관리를 수행한다.

- **개발 환경 구축**: 손쉽게 개발 환경을 구축할 수 있는 JHipster[2]를 사용한다.

6.4 내부 아키텍처 정의

앞의 그림 6.9를 보면 배송, 대출, 도서, 도서 카탈로그 서비스 옆에는 스프링 데이터를 나타내는 아이콘이 있고, 게시판 서비스 옆에는 마이바티스 아이콘이 있는 것을 볼 수 있다. 이처럼 마이크로서비스의 내부 아키텍처도 폴리글랏하다.

즉, 단순한 업무인 게시판 서비스를 위해서는 저장 메커니즘으로 SQL 매퍼인 마이바티스를 사용하고 내부 영역의 비즈니스 로직을 구현하는 데도 트랜잭션 스크립트 패턴을 적용한다. 반면 주요 업무인 대출, 도서, 도서 카탈로그 서비스에서는 비즈니스 로직 구현을 위해 도메인 모델 패턴을 적용했고, 저장 메커니즘으로는 OR 매퍼인 스프링 데이터를 적용했다.

보다시피 두 유형의 서비스 내부 아키텍처가 다른데, 여기서는 두 유형의 아키텍처 차이점에 대해서는 언급하지만 마이바티스로 구현한 서비스에 대해서는 자세히 다루지 않겠다.

6.4.1 패키지 구조 및 명명 규칙

도메인 모델 중심의 마이크로서비스 내부 구조부터 살펴보자. 도메인 모델 중심의 마이크로서비스 내부 구조는 헥사고날 아키텍처 개념을 준수하고자 노력했다. 패키지 구조를 살펴보면 내부 영역을 담당하는 패키지와 외부 영역 처리를 담당하는 패키지를 분리했다.

내부 아키텍처 구조는 패키지 구조로 표현될 수 있다. 패키지 구조 및 패키지, 클래스 명명 규칙, 역할, 작성 기준은 다음과 같다.

---

1 https://kiali.io/
2 https://www.jhipster.tech/

표 6.2 도메인 모델 중심의 마이크로서비스 패키지 명명 규칙

구분	패키지명	유형	명명 규칙	명칭 및 역할	작성 기준
내부 영역	domain	클래스	도메인 개념을 명확히 표현할 수 있는 명사형	도메인 모델: 비즈니스 개념 및 로직 표현 애그리거트, 엔티티, VO, 표준 타입 패턴으로 구현	애그리거트 단위
	service	인터페이스	~Service	서비스 인터페이스: 서비스 퍼사드 역할	애그리거트당 1개
		클래스	~ServcieImpl	서비스 구현체: 업무 처리 흐름 구현	서비스 인터페이스당 1개
	repository	인터페이스	~Repository	리포지토리: 저장소 처리	엔티티당 1개
외부 영역	web.rest	클래스	~Resource	REST 컨트롤러: REST API 발행, 인바운드 요청 처리	
	adaptor	클래스	~Client	REST 클라이언트: 동기 아웃바운드 처리 다른 서비스를 동기 방식으로 호출	호출할 타 서비스당 1개
		클래스	~Consumer	컨슈머 어댑터: 비동기 메시지 인바운드 수신 처리	
		인터페이스	~Producer	비동기 메시지 인터페이스: 비동기 아웃바운드 메시지 전송을 정의하는 인터페이스	호출할 타 서비스당 1개
		클래스	~ProducerImpl	비동기 메시지 구현체: 비동기 아웃바운드 메시지 전송을 구현	Producer에 의존
	dto	클래스	~DTO	데이터 전송 객체: 동기 호출 시 데이터 전송 객체로 사용	API에 의존

내부 영역에는 비즈니스 로직을 표현할 도메인 모델, 서비스 인터페이스, 서비스 구현체, 리포지토리가 존재하며, 외부 영역에는 API를 제공하고 저장소 및 다른 서비스와 연계할 웹 REST 컨트롤러, 어댑터, DTO가 존재하도록 구성한다.[3]

명명 규칙을 살펴보면 먼저 패키지는 각각 domain, service, repository, web.rest, adaptor, dto 로 지정하고, 도메인 클래스인 경우 도메인 개념을 명확히 표현할 수 있는 명사형으로 지정하며, 나머지 인터페이스나 클래스의 경우에는 클래스 역할 유형에 따른 접미사를 적용한다.

표 6.3 트랜잭션 스크립트 패턴의 마이크로서비스 패키지 명명 규칙

구분	패키지명	유형	명명 규칙	역할	작성 기준
내부 영역	domain	클래스	명사형	마이바티스 쿼리로 매핑되는 데이터 묶음(Holder)	테이블 엔티티 단위
	service	인터페이스	~Service	서비스 인터페이스: 서비스 퍼사드 역할	서비스 인터페이스는 특정 업무의 CRUD를 묶어 표현한다.
		클래스	~ServcieImpl	서비스 구현체: 업무 처리 흐름 구현	서비스 인터페이스당 1개
	repository	인터페이스	~Mapper	리포지토리: 저장소 처리	도메인 패키지의 데이터 묶음당 1개

---

3 독자 입장에서는 이 책에서 서비스라는 용어가 많이 사용되는데 마이크로서비스를 의미하는 용어인지 아니면 내부 영역의 서비스 클래스를 의미하는 것인지 헷갈릴 수 있다. 이후 두 가지 개념이 자주 나오는 사례 연구에서는 표 6.1에서 명명한 바와 같이 마이크로서비스를 의미할 경우에는 '마이크로서비스'로, 내부 의 구성요소를 의미하는 경우에는 '서비스 인터페이스', '서비스 구현체' 등으로 지칭해서 명확하게 구분하겠다.

구분	패키지명	유형	명명 규칙	역할	작성 기준
외부 영역	web.rest	클래스	~Resource	REST 컨트롤러: REST API 발행, 인바운드 요청 처리	서비스 인터페이스 당 1개
	adaptor	클래스	~Client	REST클라이언트: 동기 아웃바운드 처리 다른 서비스를 동기 방식으로 호출	호출할 타 서비스당 1개
		클래스	~Consumer	컨슈머 어댑터: 비동기 메시지 인바운드 수신 처리	
		인터페이스	~Producer	비동기 메시지 인터페이스: 비동기 아웃바운드 메시지 전송을 정의하는 인터페이스	호출할 타 서비스당 1개
		클래스	~ProducerImpl	비동기 메시지 구현체: 비동기 아웃바운드 메시지 전송을 구현	Producer에 의존
	dto	클래스	~DTO	데이터 전송 객체: 동기 호출 시 데이터 전송 객체로 사용	API에 의존
	mybatis-mapper[4]	XML 파일	~ Mapper.xml	SQL 구문 작성	리포지토리당 1개

도메인 모델 중심의 마이크로서비스 구조와 다른 점은 도메인 패키지 내에 도메인 모델이 존재하지 않는다는 것과 OR 매퍼 대신 SQL 매퍼를 사용하므로 SQL 문을 작성할 XML 파일이 추가됐다는 것이다.

6.5 JHipster를 활용한 아키텍처 구성

앞에서 정의한 외부 아키텍처가 최종 아키텍처가 되겠지만 서비스 개발을 위해서는 개발 환경을 구성해야 한다. 이 책에서는 로컬 PC에서 서비스를 개발 및 테스트해야 하므로 다음과 같은 로컬 개발 환경을 정의했다.

---

4 스프링 부트를 사용할 경우 마이바티스 XML 매퍼의 위치는 프로젝트의 java 패키지 아래가 아닌 src/main/resources 패키지 아래라는 점에 유의한다. 자세한 사항은 예제 코드의 board의 소스코드를 참고한다.

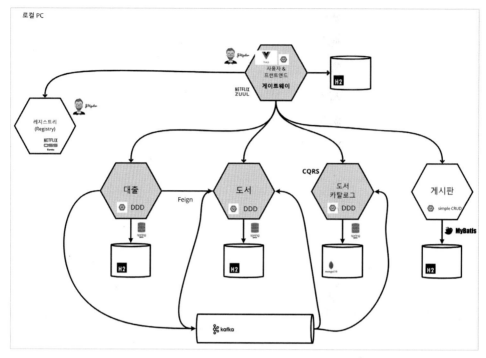

그림 6.14 개발 환경의 아키텍처

그림 6.14는 로컬 PC 개발 환경에서 구현할 아키텍처를 보여준다. 최종 배포 환경은 클라우드 인프라의 쿠버네티스가 되겠지만 로컬 PC에서 개발을 원활하게 진행하기 위한 설정 환경이다.

- 주요 차이점은 저장소로 로컬 PC에서 간단하게 구동 가능한 H2 데이터베이스를 사용했다는 점이다.
- 로컬 PC에서 테스트 가능하도록 포트로 서비스를 구분한다.

다른 부분은 앞에서 언급한 아키텍처와 같다.

- 프런트엔드와 API 게이트웨이 및 사용자 백엔드 서비스가 하나의 서비스로 구축된다.
- 서비스 디스커버리를 위한 레지스트리(Registry) 서비스를 생성한다.
- 이 책에서는 백엔드 서비스로 사용자/로그인, 대출, 도서, 도서 카탈로그만 구현한다. 게시판, 배송, 이메일 은 구현하지 않았다.
- 프런트엔드와 백엔드의 기본 통신 방법은 REST API이고, 서비스 간 동기 통신에는 페인을 사용하며, 비동 기 통신 메커니즘을 카프카로 지원한다.

▪ 도서 검색과 최다대출도서집계 기능의 원활한 사용을 위해 도서 카탈로그 서비스와 도서 서비스를 분리하는 CQRS 패턴을 적용했으며, 도서 카탈로그 서비스에는 읽기에 최적화된 MongoDB를 사용한다.

개발 환경의 외부 아키텍처를 구현하기 위해 스프링 클라우드의 게이트웨이 및 디스커버리 패턴을 적용했는데, 이러한 환경을 손쉽게 구성해 주는 JHipster를 사용했다. JHipster는 콘솔 창의 질의 응답을 통해 스프링 클라우드, 스프링 부트 기반의 마이크로서비스 개발 환경을 손쉽게 구성해 준다.

6.5.1 MSA 외부 아키텍처 구성(게이트웨이, 레지스트리 서비스)

먼저 이 책에서 개발 환경을 쉽게 구축하기 위해 사용한 JHipster란 무엇이고, 그 목적은 무엇인지, 어떤 마이크로서비스 아키텍처를 지원하는지 등을 살펴보자.

JHipster[5]란?

JHipster란 모던 웹 애플리케이션과 마이크로서비스 아키텍처를 빠르게 적용, 개발, 배포할 수 있도록 도와주는 오픈소스 개발 플랫폼이다. 지원 영역은 다음과 같다.

▪ **프런트엔드 영역 지원**: Angular, React, Vue.js

▪ **백엔드 영역 지원**: Spring Boot, Micronaut, Quarkus, Node.js, .NET

▪ **배포 영역 지원**: Docker and Kubernetes for AWS, Azure, Cloud Foundry, Google Cloud Platform, Heroku, OpenShift

JHipster의 목적

JHipster를 사용하는 목적은 완전하고 현대적인 웹 애플리케이션과 마이크로서비스 아키텍처를 생성하는 데 있으며, 다음과 같은 항목들을 통합하는 것이 목표다.

▪ 광범위한 테스트를 커버할 수 있는 우수한 성능의 강력한 서버 스택

▪ 세련되고 현대적인 모바일 친화적 UI를 위한 앵귤러(Angular), 리액트(React), 뷰(Vue.js) + 부트스트랩(Bootstrap)을 갖춘 CSS

▪ 웹팩(Webpack) 및 메이븐(Maven) 또는 그래들(Gradle)을 사용해 애플리케이션을 빌드하는 강력한 워크플로

---

5 JHipster의 공식 기술 지원 페이지를 통해 더 자세한 정보 및 기술 지원을 확인할 수 있다. https://www.jhipster.tech/

- 클라우드에 빠르게 배포할 수 있는 코드 기반 인프라

실제로 JHipster는 설치가 간편하고, 디렉터리를 생성한 후 몇 가지 옵션만 선택하면 바로 실행 가능한 웹 애플리케이션을 만들어 준다. 그 과정에서 모노리스(monolith) 애플리케이션, 마이크로서비스 애플리케이션, 마이크로서비스 게이트웨이를 선택할 수 있고, 그 밖에 스웨거 (Swagger)나 도커(Docker), 카프카(Kafka), JPA 등 현대적인 애플리케이션 개발에 필요한 환경을 구축하고 라이브러리를 자동으로 설치해준다. 또한 기본적인 인증 처리 및 REST API를 이용한 통신을 지원한다.

JHipster 마이크로서비스 아키텍처

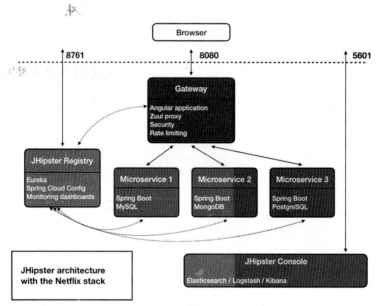

그림 6.15 JHipster 기반 마이크로서비스 아키텍처 구성[6]

다음은 그림 6.15에 나온 JHipster 아키텍처의 간단한 설명이다.

- **JHipster 레지스트리**: MSA 디스커버리 패턴의 구현. 다른 모든 **구성요소를 서로 연결하고 서로 통신할 수 있게** 하는 역할을 한다. 유레카(Eureka), 스프링 클라우드 컨피그(Spring Cloud Config) 기반으로 만들어진다.

- **마이크로서비스**: 백엔드 코드가 들어 있고, 실행 후 도메인에 대한 API를 노출한다. 여러 마이크로서비스로 구성될 수 있으며, 몇 개의 엔티티와 비즈니스 규칙이 포함된다.

6 출처: https://www.jhipster.tech/api-gateway/

- **게이트웨이**: 모든 프런트엔드 코드를 가지고 있으며, 전체 마이크로서비스에서 생성한 API를 사용한다. 줄 프락시(Zuul Proxy), 리본을 사용한다.

- **백엔드 소스코드**: `src/main/java` 폴더에 존재한다.

- **프런트엔드 소스코드**: `src/main/webapp` 폴더에 존재하고, 앞에서 선택한 프런트엔드 기술로 만들어진다 (Angular, Vue.js, React 등).

JHipster 환경 구축

JHipster를 사용하려면 자바 11, Node.js, JHipster를 설치해야 한다. 자바 11과 Node.js의 설치 방법은 macOS와 윈도우 환경 모두 동일하다. 설치 순서는 다음 목록을 참고한다.[7]

1. **자바 11 설치**: AdoptOpenJDK[8] builds를 설치한다.
2. **Node.js[9] 설치**: 반드시 LTS 64-bit version을 설치한다.
3. **JHipster 설치**: 터미널 또는 명령 프롬프트에서 다음 명령어를 입력한다.

```
npm install -g generator-jhipster
```

그 밖에 Git, 도커[10]는 애플리케이션 실행 및 사용 환경에 따라 설치한다. 이 책의 예제에서는 Git과 도커를 모두 활용했으며, Git은 버전 관리, 도커는 카프카, 레지스트리 등의 라이브러리를 실행하기 위해 사용했다. 이 책에서 구현하는 애플리케이션을 구동하는 데 Git은 필수 요소가 아니지만 도커는 필수적으로 설치해야 한다.

macOS

macOS를 사용하는 경우 macOS용 패키지 관리자인 Homebrew[11]를 사용해 JHipster를 설치할 수 있다.[12]

```
brew install jhipster
```

---

7   이 책에서는 자바, Node.js, 도커 등의 기본적인 도구의 설치 방법에 대해서는 따로 설명하지 않겠다. 각 URL을 통해 운영체제에 따른 자세한 설치 방법을 확인할 수 있다.
8   https://adoptopenjdk.net/
9   https://nodejs.org/en/
10   Git이나 도커 등은 운영체제마다 설치 환경이 다르므로 이 책에서는 자세히 언급하지 않겠다. 다음 URL을 참고하면 쉽게 설치 가능하다.
   - Git: https://git-scm.com/
   - 도커: https://www.docker.com/products/docker-desktop
11   https://brew.sh/index_ko
12   JHipster 공식 설치 가이드: https://www.jhipster.tech/installation/

JHipster로 개발 시작하기

JHipster를 이용하면 손쉽게 내외부 아키텍처 및 개발 환경을 구축할 수 있다. 이 책에서는 JHipster를 통해 빠르게 마이크로서비스 개발 환경을 구축한 후 기정의한 내부 아키텍처를 반영하도록 리팩터링하고 이를 기반으로 개발을 진행하겠다.

JHipster가 만들어주는 레지스트리는 유레카와 스프링 클라우드 컨피그를 사용하여 레지스트리 및 컨피그 서비스를 제공한다. 또 게이트웨이는 줄(Zuul) 기반이며, 사용자 관리 및 로그인 기능을 제공하는 프런트엔드 서비스도 통합해서 제공한다. 따라서 게이트웨이를 만들어주는 것만으로 기본적인 사용자 관리 및 로그인 기능을 사용할 수 있다. JHipster로 마이크로서비스 애플리케이션을 개발하는 순서는 다음과 같다.

1. 게이트웨이 생성

2. 레지스트리 생성

3. 마이크로서비스 생성

4. 생성한 마이크로서비스에 엔티티 생성

5. 생성된 엔티티를 게이트웨이가 인식할 수 있도록 게이트웨이에 등록

먼저 book, rental, user라는 3개의 마이크로서비스를 생성하고 게이트웨이에 등록해 간단한 CRUD 기능이 동작하게 해보자. [13]

게이트웨이 만들기

1. gateway 폴더를 생성한다.

2. gateway 폴더를 JHipster 프로젝트로 설정한다(프런트엔드를 뷰(Vue.js)로 개발할 예정이므로 뷰 기반으로 게이트웨이를 생성했다).

    ```
    mkdir gateway
    cd gateway
    jhipster --blueprints vuejs --skip-checks
    ```

3. 옵션을 선택한다.

---

13 이 책에서 사용한 로컬 PC의 운영체제는 macOS이고, 자바 11을 사용했다.

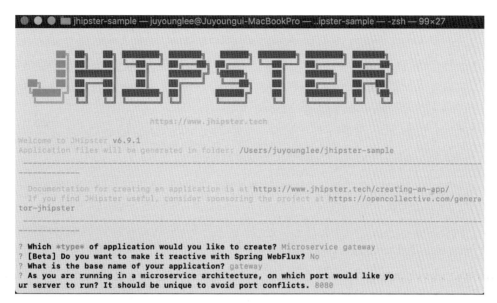

그림 6.16 JHipster 옵션 선택

그림 6.16과 같이 JHipster 명령 창으로 들어가면 다음과 같이 애플리케이션 옵션을 묻는 질문
이 나타난다. 질문의 내용과 선택할 내용은 아래 내용을 참고한다(키보드 화살표로 선택할 수
있다). 옵션을 잘못 선택할 경우 취소할 수 없고, 디렉터리를 삭제한 후 처음부터 다시 진행해야
하므로 신중하게 선택한다. 레지스트리와 프런트엔드 서비스, 게이트웨이를 만들어 보자.

- Which *type* of application would you like to create? (만들고자 하는 애플리케이션의 타입은 무엇입
  니까?): Microservice gateway(마이크로서비스 게이트웨이)

- [Beta] Do you want to make it reactive with Spring WebFlux? (Spring WebFlux를 사용해 리액티브
  로 개발하고 싶으십니까?): No(아니오)

- What is the base name of your application? (애플리케이션의 이름은 무엇입니까?): gateway

- As you are running in a microservice architecture, on which port would like your server to run?
  It should be unique to avoid port conflicts.(마이크로서비스 아키텍처 기반에서 실행할 때 서버의 어떤
  포트에서 실행하시겠습니까? 다른 포트와 충돌하지 않는 포트를 입력하십시오.): 8080 (반드시 8080을
  선택하지 않아도 되며, 충돌하지 않는 포트를 선택해야 한다)

- What is your default Java package name? (기본 자바 패키지의 이름은 무엇입니까?): com.
  my.gateway (자유롭게 기입한다.)

- Which service discovery server do you want to use? (디스커버리 서버로 어떤 것을 사용하고 싶으십니까?): JHipster Registry (uses Eureka, provides Spring Cloud Config support and monitoring dashboards)

- Which *type* of authentication would you like to use? (사용하고자 하는 인증 타입은 무엇입니까?): JWT authentication (stateless, with a token)

- Which *type* of database would you like to use? (어떤 타입의 데이터베이스를 사용하시겠습니까?): SQL (H2, MySQL, MariaDB, PostgreSQL, Oracle, MSSQL)

- Which *production* database would you like to use? (운영용 데이터베이스로 무엇을 사용하시겠습니까?): MariaDB

- Which *development* database would you like to use? (개발용 데이터베이스로 무엇을 사용하시겠습니까?): H2 with in-memory persistence

- Do you want to use the Spring cache abstraction? (Spring cache 추상화를 사용하시겠습니까?): Yes, with the Hazelcast implementation (distributed cache, for multiple nodes, supports rate-limiting for gateway applications)(예, Hazelcast implementation을 선택)

- Do you want to use Hibernate 2nd level cache? (하이버네이트의 2단계 캐시를 사용하시겠습니까?): Yes(예)

- Would you like to use Maven or Gradle for building the backend? (백엔드 빌드를 위한 도구로 메이븐과 그레이들 중 어떤 것을 사용하시겠습니까?): Maven

- Which other technologies would you like to use? (추가 기술을 사용하시겠습니까?): Asynchronous messages using Apache Kafka (카프카를 이용한 비동기 통신)

- Which *Framework* would you like to use for the client? (클라이언트 프레임워크로 무엇을 사용하시겠습니까?): Vue.js

- Would you like to use a Bootswatch theme(https://bootswatch.com/)? (Bootswatch 테마 중 어떤 테마를 사용하시겠습니까?): Default JHipster (자유롭게 선택 가능)

- Would you like to enable internationalization support? (국제화 지원을 원하십니까?): Yes(예)

- Please choose the native language of the application(애플리케이션의 주 언어를 선택하십시오): Korean(한국어)

- Please choose additional languages to install(설치할 보조 언어를 선택하십시오): English(영어)

- Besides JUnit and Jest, which testing frameworks would you like to use? (테스트 프레임워크를 선택하십시오): **Protractor**

- Would you like to install other generators from the JHipster Marketplace? (JHipster 마켓플레이스에서 다른 제너레이터를 설치하시겠습니까?): No(아니오)

각 질문에 답한 최종 화면은 다음과 같다. 선택하거나 입력해야 할 사항을 굵게 표시했다.

? Which *type* of application would you like to create? **Microservice gateway**
? [Beta] Do you want to make it reactive with Spring WebFlux? **No**
? What is the base name of your application? **gateway**
? As you are running in a microservice architecture, on which port would like your server to run? It should be unique to avoid port conflicts. **8080**
? What is your default Java package name? **com.my.gateway**
? Which service discovery server do you want to use? **JHipster Registry (uses Eureka, provides Spring Cloud Config support and monitoring dashboards)**
? Which *type* of authentication would you like to use? **JWT authentication (stateless, with a token)**
? Which *type* of database would you like to use? **SQL (H2, MySQL, MariaDB, PostgreSQL, Oracle, MSSQL)**
? Which *production* database would you like to use? **MariaDB**
? Which *development* database would you like to use? **H2 with in-memory persistence**
? Do you want to use the Spring cache abstraction? **Yes, with the Hazelcast implementation (distributed cache, for multiple nodes, supports rate-limiting for gateway applications)**
? Do you want to use Hibernate 2nd level cache? **Yes**
? Would you like to use Maven or Gradle for building the backend? **Maven**
? Which other technologies would you like to use? **Asynchronous messages using Apache Kafka**
? Which *Framework* would you like to use for the client? **Vue.js**
? Would you like to use a Bootswatch theme (https://bootswatch.com/)? **Default JHipster**
? Would you like to enable internationalization support? **Yes**
? Please choose the native language of the application **Korean**
? Please choose additional languages to install **English**
? Besides JUnit and Jest, which testing frameworks would you like to use? **Protractor**
? Would you like to install other generators from the JHipster Marketplace? **No**

그림 6.17 JHipster 옵션 선택 결과

마지막 옵션까지 선택하고 나면 JHipster가 레지스트리와 게이트웨이를 생성한다. 다음은 레지스트리와 게이트웨이 생성이 완료된 화면이다.

```
● ● ● ■ jhipster-sample — juyounglee@Juyoungui-MacBookPro — .ipster-sample — -zsh — 99×27
added 2633 packages from 1769 contributors and audited 2645 packages in 42.968s

85 packages are looking for funding
  run `npm fund` for details

found 10 vulnerabilities (9 low, 1 high)
  run `npm audit fix` to fix them, or `npm audit` for details
Application successfully committed to Git from /Users/juyounglee/jhipster-sample.

If you find JHipster useful consider sponsoring the project https://www.jhipster.tech/sponsors/

Server application generated successfully.

Run your Spring Boot application:
./mvnw

Client application generated successfully.

Start your Webpack development server with:
 npm start
```

그림 6.18 레지스트리와 게이트웨이 생성

레지스트리 및 게이트웨이 실행

앞선 작업을 통해 게이트웨이, 프런트엔드 서비스, 레지스트리가 모두 포함된 소스코드가 생성됐을 것이다. 소스코드는 하나의 프로젝트에 모두 포함돼 있지만 서비스는 별도로 구동해야 한다. 레지스트리 서비스부터 실행해 보자.

gateway 디렉터리 내에서 다음 명령을 실행하면 레지스트리를 기동시킬 수 있다. 레지스트리는 도커 컨테이너로 제공되기 때문에 도커 컴포즈[14]로 실행한다.

```
docker-compose -f src/main/docker/jhipster-registry.yml up
```

다음과 같이 출력되면 정상이다. 웹 브라우저에서 맨 밑에 출력된 로컬 주소로 접속해 레지스트리가 정상적으로 작동하는지 확인한다.

```
jhipster-registry_1  | 2020-09-07 08:41:56.724  INFO 6 --- [main] c.n.d.provider.Discov-
eryJerseyProvider    : Using JSON decoding codec LegacyJacksonJson
jhipster-registry_1  | 2020-09-07 08:41:56.724  INFO 6 --- [main] c.n.d.provider.Discov-
eryJerseyProvider    : Using XML encoding codec XStreamXml
```

---

14 도커 컴포즈는 컨테이너 여러 개를 띄우는 도커 애플리케이션을 실행하는 도구다. https://docs.docker.com/compose/

```
jhipster-registry_1  | 2020-09-07 08:41:56.724  INFO 6 --- [main] c.n.d.provider.Discov-
eryJerseyProvider    : Using XML decoding codec XStreamXml
jhipster-registry_1  | 2020-09-07 08:41:57.302  INFO 6 --- [main] i.g.j.registry.JHip-
sterRegistryApp      : Started JHipsterRegistryApp in 10.112 seconds (JVM running for
10.887)
jhipster-registry_1  | 2020-09-07 08:41:57.310  INFO 6 --- [main] i.g.j.registry.JHip-
sterRegistryApp      :
jhipster-registry_1  | ----------------------------------------------------------
jhipster-registry_1  |     Application 'jhipster-registry' is running! Access URLs:
jhipster-registry_1  |     Local:          http://localhost:8761/
jhipster-registry_1  |     External:       http://172.18.0.2:8761/
jhipster-registry_1  |     Profile(s):     [composite, dev, swagger]
jhipster-registry_1  | ----------------------------------------------------------
jhipster-registry_1  | 2020-09-07 08:41:57.310  INFO 6 --- [          main] i.g.j.reg-
istry.JHipsterRegistryApp    :
jhipster-registry_1  | ----------------------------------------------------------
jhipster-registry_1  |     Config Server:   Connected to the JHipster Registry running
in Docker
jhipster-registry_1  | ----------------------------------------------------------
jhipster-registry_1  | 2020-09-07 08:42:01.630 DEBUG 6 --- [ry-scheduling-1] i.g.j.r.
service.ZuulUpdaterService    : Enter: updateZuulRoutes() with argument[s] = []
```

그림 6.19 도커 컴포저로 레지스트리 컨테이너를 실행

웹 브라우저를 이용해 출력 결과에 표시된 http://localhost:8761로 접속하면 로그인 창이 나타
나는데, 이때 아이디와 패스워드로 둘 다 admin을 입력한다.

그림 6.20 레지스트리에 로그인

그림 6.21과 같은 화면이 나오면 레지스트리가 정상적으로 실행된 것이다. 처음 레지스트리만 컨테이너로 생성했기 때문에 오른쪽 위를 보면 아직 등록된 서비스가 없음을 알 수 있다.

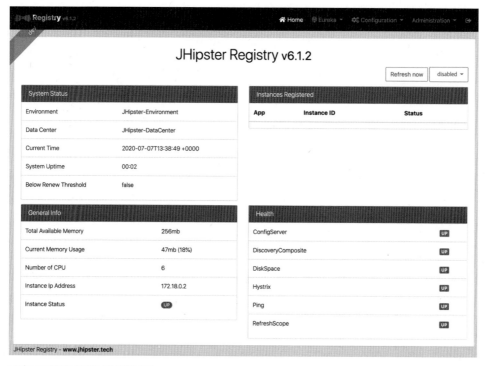

그림 6.21 레지스트리에 로그인한 모습

이제 게이트웨이를 실행해 보자. 앞에서 빌드 도구로 메이븐을 선택했기 때문에 게이트웨이 디렉터리 내에서 메이븐 실행 명령인 mvnw[15]를 입력한다. 이때 로컬 환경의 운영체제에 따라 명령어가 다르므로 현재 사용 중인 운영체제에 맞는 명령을 입력한다(조금 전에 진행했던 레지스트리가 실행 중인 창은 닫지 말고 새 명령 프롬프트/터미널 창을 열어 입력한다).

- 윈도우 환경

   mvnw

- macOS 환경

   ./mvnw

---

15 mvnw는 메이븐을 설치하지 않아도 메이븐 스크립트를 실행할 수 있게 해주는 유닉스 셸 스크립트다.

다음과 같이 출력되면 정상적으로 실행된 것이다. 하단에 표시된 로컬 주소로 접속해 게이트웨이가 정상적으로 작동하는지 확인해본다.

```
2020-09-07 17:49:02.761  WARN 8107 --- [pool-8-thread-1] org.apache.kafka.clients.Net-
workClient    : [Consumer clientId=consumer-1, groupId=gateway] Connection to node -1
(localhost/127.0.0.1:9092) could not be established. Broker may not be available.
2020-09-07 17:49:03.153  WARN 8107 --- [ad ¦ producer-2] org.apache.kafka.clients.
NetworkClient    : [Producer clientId=producer-2] Connection to node -1 (local-
host/127.0.0.1:9092) could not be established. Broker may not be available.
2020-09-07 17:49:03.299  INFO 8107 --- [  restartedMain] com.my.gateway.GatewayApp
: Started GatewayApp in 13.079 seconds (JVM running for 13.646)
2020-09-07 17:49:03.305  INFO 8107 --- [  restartedMain] com.my.gateway.GatewayApp
:
----------------------------------------------------------
        Application 'gateway' is running! Access URLs:
        Local:          http://localhost:8080/
        External:       http://218.38.137.27:8080/
        Profile(s):     [dev, swagger]
----------------------------------------------------------
2020-09-07 17:49:03.305  INFO 8107 --- [  restartedMain] com.my.gateway.GatewayApp
:
----------------------------------------------------------
        Config Server:   Connected to the JHipster Registry running in Docker
----------------------------------------------------------
```

게이트웨이는 프런트엔드 서비스의 기능도 수행하기 때문에 UI 화면을 제공한다. 웹 브라우저에서 http://localhost:8080으로 접속한다.

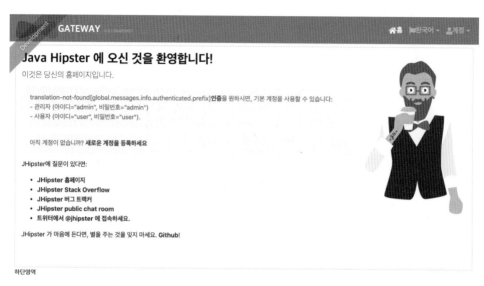

그림 6.22 게이트웨이에 로그인하기 전에 나타나는 화면

레지스트리와 마찬가지로 아이디와 패스워드 모두 admin을 입력해 로그인한다. admin은 관리자 권한을 가지고 있으며, admin으로 로그인할 경우 상단 메뉴 바가 그림 6.19처럼 바뀐다.

그림 6.23 게이트웨이에 로그인한 후에 나타나는 화면

게이트웨이에 로그인한 후 상위 메뉴를 보면 [Entities]에 아무것도 등록되지 않았을 것이다. 아직 마이크로서비스와 엔티티(entity)를 생성/등록하지 않았기 때문이다. 이제 백엔드 마이크로서비스를 만들고 엔티티를 등록해보자.

그림 6.24는 현재 기동된 서비스의 모습이다. 레지스트리 서비스(포트: 8761)와 게이트웨이 겸용 프런트엔드 서비스(포트: 8080)가 별개의 포트로 실행 중인 것을 볼 수 있다.

그림 6.24 게이트웨이와 레지스트리 서비스

6.5.2 마이크로서비스 빠르게 만들어 보기

게이트웨이 만들기에 이어서 도서대출시스템의 주요 기능을 구현하기 위한 도서, 도서 카탈로그, 대출 백엔드 서비스를 JHipster의 명령줄 인터페이스를 통해 빠르게 만들어 보자.

서비스 만들기

먼저 앞에서 식별한 도서대출시스템의 주요 서비스인 도서, 도서 카탈로그, 대출 서비스를 생성한다. 이때 각 서비스를 만드는 방식은 동일하나 포트와 패키지명은 다르게 해야 한다. 다음과 같은 설정으로 만들어 보자.

> **도서(book) 서비스**
>
> ▪ 포트: 8081
>
> ▪ 패키지: com.my.book

카탈로그(bookCatalog) 서비스

- 포트: 8082

- 패키지: com.my.bookCatalog

대출(rental) 서비스

- 포트: 8083

- 패키지: com.my.rental

도서 서비스 생성

먼저 도서 서비스를 생성하자. 도서 서비스 또한 게이트웨이와 마찬가지로 디렉터리를 먼저 생성한 후 생성한 디렉터리를 JHipster로 설정해 서비스를 생성한다. 서비스 생성 순서 및 생성 명령은 다음과 같다.

1. book 디렉터리를 생성한다.

2. book 디렉터리에서 jhipster 명령을 실행한다.

```
mkdir book
cd book
jhipster
```

3. 옵션을 선택한다.

포트 설정과 패키지 설정을 다르게 해야 한다는 점을 잊지 말자. 선택하거나 입력해야 할 사항을 굵게 표시했다.

옵션 설정은 다음과 같이 진행한다.

```
? Which *type* of application would you like to create? Microservice application
? [Beta] Do you want to make it reactive with Spring WebFlux? No
? What is the base name of your application? book
? As you are running in a microservice architecture, on which port would like your server to run? It should be unique to avoid port conflicts. 8081
? What is your default Java package name? com.my.book
? Which service discovery server do you want to use? JHipster Registry (uses Eureka, provides Spring Cloud Config support and monitoring dashboards)
? Which *type* of authentication would you like to use? JWT authentication (stateless,
```

```
with a token)
? Which *type* of database would you like to use? SQL (H2, MySQL, MariaDB, PostgreSQL,
Oracle, MSSQL)
? Which *production* database would you like to use? MariaDB
? Which *development* database would you like to use? H2 with in-memory persistence
? Do you want to use the Spring cache abstraction? Yes, with the Hazelcast implementa-
tion (distributed cache, for multiple nodes, supports rate-limiting for gateway appli-
cations)
? Do you want to use Hibernate 2nd level cache? Yes
? Would you like to use Maven or Gradle for building the backend? Maven
? Which other technologies would you like to use? Asynchronous messages using Apache
Kafka
? Would you like to enable internationalization support? Yes
? Please choose the native language of the application Korean
? Please choose additional languages to install English
? Besides JUnit and Jest, which testing frameworks would you like to use? Cucumber
? Would you like to install other generators from the JHipster Marketplace? No
```

그림 6.25 도서 서비스 생성 옵션 설정

도서 카탈로그 서비스

도서 서비스와 같은 방식으로 도서 카탈로그(bookCatalog) 서비스를 생성한다. 도서 카탈로그는 조회용 서비스이기 때문에 데이터 조회 속도가 빠른 NoSQL 중 MongoDB를 사용할 예정이다. 따라서 데이터베이스를 선택하는 옵션에서 MongoDB를 선택한다. 또한 포트 설정과 패키지 설정이 다르다는 점을 잊지 말자.

bookCatalog 디렉터리를 생성하고 jhipster 설정을 위해 다음 명령을 차례로 입력한다.

```
mkdir bookCatalog
cd bookCatalog
jhipster
```

이어서 다음과 같이 옵션을 선택한다. 선택하거나 입력해야 할 사항을 굵게 표시했다.

```
? Which *type* of application would you like to create? Microservice application
? [Beta] Do you want to make it reactive with Spring WebFlux? No
? What is the base name of your application? bookCatalog
```

? As you are running in a microservice architecture, on which port would like your server to run? It should be unique to avoid port conflicts. **8082**

? What is your default Java package name? **com.my.bookcatalog**

? Which service discovery server do you want to use? **JHipster Registry (uses Eureka, provides Spring Cloud Config support and monitoring dashboards)**

? Which *type* of authentication would you like to use? **JWT authentication (stateless, with a token)**

? Which *type* of database would you like to use? **MongoDB**

? Which *development* database would you like to use? **H2 with in-memory persistence**

? Do you want to use the Spring cache abstraction? **Yes, with the Hazelcast implementation (distributed cache, for multiple nodes, supports rate-limiting for gateway applications)**

? Do you want to use Hibernate 2nd level cache? **Yes**

? Would you like to use Maven or Gradle for building the backend? **Maven**

? Which other technologies would you like to use? **Asynchronous messages using Apache Kafka**

? Would you like to enable internationalization support? **Yes**

? Please choose the native language of the application **Korean**

? Please choose additional languages to install **English**

? Besides JUnit and Jest, which testing frameworks would you like to use? **Cucumber**

? Would you like to install other generators from the JHipster Marketplace? **No**

그림 6.26 도서 카탈로그 생성 옵션 설정

대출 서비스

도서(book) 서비스와 같은 방식으로 대출(rental) 서비스를 생성한다. 마찬가지로 포트 설정과 패키지 설정이 다르다는 점을 잊지 말자.

```
mkdir rental
cd rental
jhipster
```

이어서 다음과 같이 옵션을 선택한다. 선택하거나 입력해야 할 사항을 굵게 표시했다.

? Which *type* of application would you like to create? **Microservice application**

? [Beta] Do you want to make it reactive with Spring WebFlux? **No**

? What is the base name of your application? **rental**

? As you are running in a microservice architecture, on which port would like your server to run? It should be unique to avoid port conflicts. **8083**

? What is your default Java package name? **com.my.rental**

? Which service discovery server do you want to use? **JHipster Registry (uses Eureka, provides Spring Cloud Config support and monitoring dashboards)**

? Which *type* of authentication would you like to use? **JWT authentication (stateless, with a token)**

? Which *type* of database would you like to use? **SQL (H2, MySQL, MariaDB, PostgreSQL, Oracle, MSSQL)**

? Which *production* database would you like to use? **MariaDB**

? Which *development* database would you like to use? **H2 with in-memory persistence**

? Do you want to use the Spring cache abstraction? **Yes, with the Hazelcast implementation (distributed cache, for multiple nodes, supports rate-limiting for gateway applications)**

? Do you want to use Hibernate 2nd level cache? **Yes**

? Would you like to use Maven or Gradle for building the backend? **Maven**

? Which other technologies would you like to use? **Asynchronous messages using Apache Kafka**

? Would you like to enable internationalization support? **Yes**

? Please choose the native language of the application **Korean**

? Please choose additional languages to install **English**

? Besides JUnit and Jest, which testing frameworks would you like to use? **Cucumber**

? Would you like to install other generators from the JHipster Marketplace? **No**

그림 6.27 대출 서비스 생성 옵션 설정

백엔드 마이크로서비스 실행

이제 앞에서 생성한 서비스를 실행해 레지스트리를 확인하고 정상적으로 동작하는지 확인해본다. 아래에 나오는 것처럼 각 서비스의 디렉터리로 들어가 ./mvnw를 입력해 서비스를 실행하면된다.

먼저 도서 서비스를 실행해 보자. 도서 서비스를 실행하기 위해 새로운 명령 프롬프트나 터미널을 열고 다음 명령을 입력해 서비스를 실행한다.

- 윈도우 환경

```
cd book
mvnw
```

- macOS 환경

```
cd book
./mvnw
```

다음과 같이 출력되면 정상적으로 실행된 것이다.

```
2020-09-09 15:11:04.736  INFO 94787 --- [restartedMain] com.my.book.BookApp
: Started BookApp in 23.549 seconds (JVM running for 24.459)
2020-09-09 15:11:04.740  INFO 94787 --- [restartedMain] com.my.book.BookApp
:
----------------------------------------------------------
        Application 'book' is running! Access URLs:
        Local:          http://localhost:8081/
        External:       http://192.168.123.6:8081/
        Profile(s):     [dev, swagger]
----------------------------------------------------------
2020-09-09 15:11:04.740  INFO 94787 --- [restartedMain] com.my.book.BookApp
:
----------------------------------------------------------
        Config Server:  Connected to the JHipster Registry running in Docker
```

그림 6.28 도서 백엔드 서비스 실행

다음으로 도서 카탈로그 서비스를 실행하기 위해 새로운 명령 프롬프트나 터미널을 열고 다음 명령을 입력해 서비스를 실행한다.

- 윈도우 환경

```
cd bookCatalog
mvnw
```

- macOS 환경

```
cd bookCatalog
./mvnw
```

다음과 같이 출력되면 정상적으로 실행된 것이다.

```
2020-09-09 15:11:05.506  INFO 94816 --- [  restartedMain] com.my.bookcatalog.BookCata-
logApp      :
----------------------------------------------------------
        Application 'bookCatalog' is running! Access URLs:
        Local:          http://localhost:8082/
        External:       http://192.168.123.6:8082/
        Profile(s):     [dev, swagger]
----------------------------------------------------------
2020-09-09 15:11:05.507  INFO 94816 --- [  restartedMain] com.my.bookcatalog.BookCata-
logApp      :
----------------------------------------------------------
        Config Server:  Connected to the JHipster Registry running in Docker
----------------------------------------------------------
```

그림 6.29 도서 카탈로그 서비스 실행

마지막으로 대출 서비스를 실행하기 위해 새로운 명령 프롬프트나 터미널을 열고 다음 명령을
입력해 서비스를 실행한다.

- 윈도우 환경

```
cd rental
mvnw
```

- macOS 환경

```
cd rental
./mvnw
```

다음과 같이 출력되면 정상적으로 실행된 것이다.

```
2020-09-09 15:11:03.757  INFO 94779 --- [  restartedMain] com.my.rental.RentalApp
: Started RentalApp in 25.853 seconds (JVM running for 26.717)
2020-09-09 15:11:03.764  INFO 94779 --- [  restartedMain] com.my.rental.RentalApp
:
----------------------------------------------------------
        Application 'rental' is running! Access URLs:
        Local:          http://localhost:8083/
        External:       http://192.168.123.6:8083/
```

```
        Profile(s):      [dev, swagger]
--------------------------------------------------------
2020-09-09 15:11:03.765  INFO 94779 --- [  restartedMain] com.my.rental.RentalApp
:
--------------------------------------------------------
        Config Server:  Connected to the JHipster Registry running in Docker
--------------------------------------------------------
```

그림 6.30 대출 백엔드 서비스 실행

서비스가 제대로 실행되면 레지스트리에 등록됐는지 확인해 보자.

그림 6.31과 같이 레지스트리인 http://localhost:8761에 접속한 후 오른쪽 위에서 등록된 인스턴스(Instances Registered)를 확인해보면 게이트웨이(GATEWAY), 도서(BOOK), 도서 카탈로그(BOOKCATALOG), 대출(RENTAL) 서비스가 등록된 것을 볼 수 있다.

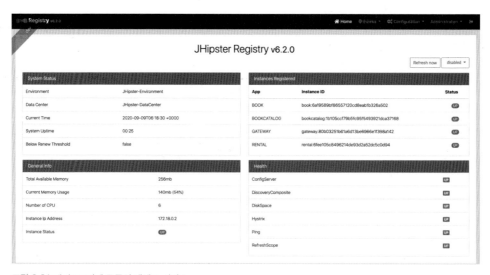

그림 6.31 레지스트리에 등록된 백엔드 서비스

다음 페이지의 그림 6.32는 추가된 도서, 도서 카탈로그, 대출 마이크로서비스가 레지스트리에 등록된 모습을 개념도로 나타낸 것이다.

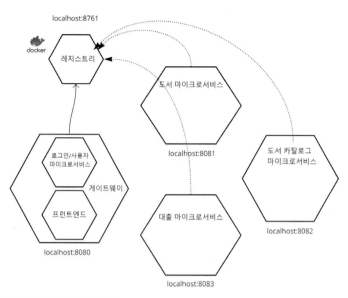

그림 6.32 레지스트리에 등록된 백엔드 서비스

백엔드 서비스에 엔티티 만들기

앞의 작업을 통해 이제 백엔드 서비스는 만들어졌다. 그렇지만 백엔드 서비스가 제대로 기능을 제공하려면 각 서비스 내부에서 기능을 제공할 객체 모델이 있어야 한다. 따라서 서비스마다 내부 아키텍처 구조를 정의하고, 이에 맞게 비즈니스를 표현할 도메인 모델과 REST API로 서비스를 제공하기 위한 객체를 생성해야 한다. 즉, 앞의 내부 아키텍처에서 언급한 내부 영역의 도메인 모델, 서비스 구현체, 리포지토리와 외부 영역의 REST 컨트롤러 등을 만들어야 한다.

그런데 JHipster가 훌륭한 점은 도메인의 기본 유형인 엔티티만 정의하면 나머지 요소를 자동으로 만든 다음, 프런트엔드 서비스까지 연결해 준다는 것이다.

그럼 엔티티를 만들어 보자. 서비스에 대한 엔티티를 만드는 방법은 크게 두 가지로 나눌 수 있다.

- 명령 프롬프트나 터미널에서 명령어를 입력해 엔티티를 생성하고 관계(relationship)를 설정한다.

- JHipster가 제공하는 온라인 모델링 도구인 JHipster Online[16]을 통해 엔티티를 생성하고 관계를 설정한다.

---

16 https://start.jhipster.tech/

이제 앞에서 생성한 도서, 도서 카탈로그, 대출 서비스에 필요한 기본 엔티티를 각각 생성해 보자.

1. 도서 서비스에 book 엔티티를 생성한다.

도서 서비스는 대출할 도서를 의미하는 도서 객체가 필요하다. 도서는 속성으로 저자, 제목, 설명을 가지고 있다.

book 디렉터리에 들어가 다음 명령을 입력해 book 엔티티를 생성한다. book 엔티티를 생성할 때 author, title, description이라는 이름으로 각각 속성으로 선언하고, 저자와 제목은 반드시 입력해야 하는 값이므로 필수 항목을 나타내는 required로 설정한다.

```
cd book
jhipster entity book
```

엔티티를 생성한 후 질의응답을 통해 엔티티에 추가할 변수와 변수의 자료형, 옵션, 다른 엔티티와의 관계를 설정할 수 있다.

다음은 book 엔티티의 속성 설정을 위한 설정 내용이다. 선택하거나 입력해야 할 사항은 굵게 표시했다.

```
→ book (master) ∨ jhipster entity book
INFO! Using JHipster version installed locally in current project's node_modules
INFO! Executing jhipster:entity book
INFO! Options: from-cli: true


The entity book is being created.

Generating field #1

? Do you want to add a field to your entity? (속성을 추가하시겠습니까?)Yes
? What is the name of your field? (속성의 이름은 무엇입니까?) title
? What is the type of your field? (속성의 타입은 무엇입니까?)
  Enumeration (Java enum type)
  UUID
  [BETA] Blob
> String
```

```
    Integer
    Long
    Float
(Move up and down to reveal more choices)
```

그림 6.33 엔티티 생성 옵션

속성명으로 'title'이라 명명했고 타입을 String으로 정의했다. 속성의 검증 룰도 추가할 수 있다. 필수 속성이라는 의미의 'Required'를 다음과 같이 선택했다. 필드를 더 추가해 보자.

? Do you want to add validation rules to your field? (해당 속성에 검증 룰을 추가하시겠습니까?)**Yes**
? Which validation rules do you want to add? (어떤 검증 룰을 선택하시겠습니까?)**Required**

```
═══════════════ Book ═══════════════
Fields
title (String) required


Generating field #2

? Do you want to add a field to your entity? Yes
? What is the name of your field? author
? What is the type of your field? String
? Do you want to add validation rules to your field? Yes
? Which validation rules do you want to add? Required


═══════════════ Book ═══════════════
Fields
title (String) required
author (String) required


Generating field #3

? Do you want to add a field to your entity? Yes
? What is the name of your field? description
? What is the type of your field? String
```

```
? Do you want to add validation rules to your field? No

================ Book ================
Fields
title (String) required
author (String) required
description (String)


Generating field #4

? Do you want to add a field to your entity? No

================ Book ================
Fields
title (String) required
author (String) required
description (String)
```

그림 6.34 도서 엔티티 생성 옵션

맨 아래를 보면 book 엔티티 클래스를 만들고, 속성으로 title, author, description을 최종적으로 만든 것을 확인할 수 있다.

엔티티를 생성한 후 자동으로 생성되는 서비스 구현체, 리포지토리, REST 컨트롤러 등에 대한 추가 옵션을 선택할 수 있으며, 다음과 같이 선택한다.

```
? Do you want to add a relationship to another entity? No

================ Book ================
Fields
title (String) required
author (String) required
description (String)


? Do you want to use separate service class for your business logic?
(비즈니스 로직을 위한 별도의 서비스 클래스를 만들 것인가?)
No, the REST controller should use the repository directly
```

(아니요, REST 컨트롤러가 리포지토리를 직접 호출하게 한다.)
Yes, generate a separate service class
(예, 서비스 클래스를 별도로 생성한다.)
> **Yes, generate a separate service interface and implementation**
(예, 서비스 인터페이스와 구현 클래스를 별도로 생성한다.)

그림 6.35 추가 구성 옵션 1

보다시피 비즈니스 로직을 위한 별도의 서비스를 사용하겠느냐고 묻는 항목이 나온다. 이 경우 REST 컨트롤러에서 리포지토리에 곧바로 접근하는 방식과 인터페이스 없이 서비스 구현체만 만드는 방식을 선택할 수 있는데, 여기서는 앞서 정의한 내부 아키텍처와 가장 유사한 서비스 인터페이스와 구현체를 생성하는 3번 옵션을 선택한다.

또한 다음과 같이 DTO 객체를 사용하겠느냐고 묻는 항목에 대해서는 도메인 모델이 외부에 바로 노출되지 않도록 DTO 객체를 사용하도록 선택한다.

? Do you want to use separate service class for your business logic? Yes, generate a
separate service interface and implementation
? Do you want to use a Data Transfer Object (DTO)?
No, use the entity directly
> **Yes, generate a DTO with MapStruct**

그림 6.36 추가 구성 옵션 2

다음으로 선택할 옵션은 필터링 기능 추가 여부다. 예제에서는 JPA를 사용할 예정이므로 "Dynamic filtering for the entities with JPA Static metamodel" 옵션을 선택한다. 다음으로 생성할 엔티티를 읽기 전용으로 생성할 것인가에 대한 옵션에 'No'를 선택하고, pagination 옵션에서는 "Yes, with pagination links"를 선택해 pagination 링크를 추가한다. 여기서 pagination 옵션이란 리포지토리에서 검색해 엔티티를 리스트 형식으로 반환할 때 클라이언트의 페이징 정보에 따라 리스트를 정렬해서 반환하는 것을 말한다.

? Do you want to add filtering? **Dynamic filtering for the entities with JPA Static metamodel**
? Is this entity read-only? **No**
? Do you want pagination on your entity? **Yes, with pagination links**

그림 6.37 추가 옵션 구성 3

마지막으로 `master.xml`을 덮어쓸지 선택하는 옵션이 나오는데, 이때 'H'를 입력하면 각 옵션에 대한 설명을 확인할 수 있다. 여기서는 'a'를 선택해 현재 생성하는 `master.xml`과 기존 파일을 합친다.

```
create src/test/java/com/my/book/domain/BookTest.java
create src/test/java/com/my/book/service/dto/BookDTOTest.java
create src/test/java/com/my/book/service/mapper/BookMapperTest.java
conflict src/main/resources/config/liquibase/master.xml
? Overwrite src/main/resources/config/liquibase/master.xml?
  y) overwrite
  n) do not overwrite
  a) overwrite this and all others
  x) abort
  d) show the differences between the old and the new
  h) Help, list all options
  Answer: a
```

그림 6.38 추가 구성 옵션 3

옵션 선택을 완료했을 때 출력되는 내용은 다음과 같다.

```
create src/test/java/com/my/book/service/dto/BookDTOTest.java
create src/test/java/com/my/book/service/mapper/BookMapperTest.java
conflict src/main/resources/config/liquibase/master.xml
? Overwrite src/main/resources/config/liquibase/master.xml? overwrite this and all oth-
ers
   force src/main/resources/config/liquibase/master.xml
   force .yo-rc.json
  create .jhipster/Book.json
INFO! Congratulations, JHipster execution is complete!
```

그림 6.39 옵션 선택 완료

다음 페이지의 그림 6.40은 엔티티와 서비스 구현체, 리포지토리, REST 컨트롤러가 생성된 서비스의 모습이다. 엔티티만 정의해서 생성하면 JHipster가 나머지 요소를 자동으로 생성한다는 것을 알 수 있다.

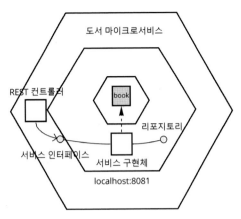

도서 마이크로서비스
REST 컨트롤러
book
리포지토리
서비스 인터페이스
서비스 구현체
localhost:8081

그림 6.40 도서 마이크로서비스의 구조

2. 도서 카탈로그 서비스에 bookCatalog 엔티티 생성

도서 카탈로그 서비스는 도서 검색 전문 서비스다. 도서 서비스와 마찬가지로 도서 엔티티가 필요하다. 도서 서비스에서 도서 엔티티를 만든 것과 같은 방법으로 진행한다. 엔티티의 속성으로 title, author, description을 선언한다. 여기에 추가로 도서 서비스와 연계를 위한 bookId(도서 일련번호)와 대출 횟수를 의미하는 rentCnt를 추가한다.

```
cd bookCatalog
jhipster entity bookCatalog
```

나머지 과정은 이전과 동일하다.

3. 대출 백엔드 서비스에 Rental 엔티티와 rentedItem 엔티티를 생성

이번에는 엔티티 간의 연관관계가 존재하는 엔티티들을 생성해 보자. 대출 서비스는 도서를 대출, 반납하는 기능을 제공하는 서비스다. 대출 서비스에는 대출, 반납을 수행하는 Rental 엔티티와 대출된 도서를 의미하는 rentedItem 엔티티가 필요하다. 각 엔티티의 속성은 다음과 같다.

- Rental 엔티티는 속성으로 userId(대출한 사용자 일련번호), rentalStatus(대출 가능 여부)를 가진다.
- rentalStatus(대출 가능 여부)는 RENT_AVAILABLE(대출 가능), RENT_UNAVAILABLE(대출 불가능)의 rental의 상태를 나타내는 값을 가진 열거형으로 처리한다.
- rentedItem(대출된 도서) 엔티티는 속성으로 bookId(도서 일련번호), bookStatus(도서 상태), rentedDate(대출일), dueDate(반납 예정일)를 정의한다.

- rentedDate와 dueDate는 대출한 날짜와 반납할 날짜로서, 타입을 LocalDate로 정의한다.

이때 rental과 rentedItem은 일대다(one-to-many) 관계인데, 이를 rentedItem과 rental 관계로 바꿔 다대일(many-to-one)로 설정했다.

터미널 명령어로도 엔티티 간의 관계를 생성할 수 있으나 이번에는 터미널이 아닌 JHipster Online에서 제공하는 기능을 이용해 엔티티를 생성하고 관계를 설정해보자. 그림 6.41과 같이 JHipster Online [17]에 접속해 화면 왼쪽 아래의 'JDL Studio' 아이콘을 선택하면 JDL 스튜디오 화면이 나타난다.

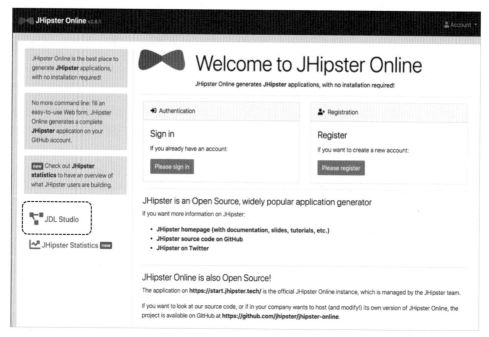

그림 6.41 JHipster Online

JDL Studio에 접속해 다음과 같은 코드를 입력한다.

```
// 대출
entity Rental{
    id Long,              //대출 일련번호
    userId Long,          //사용자 일련번호
```

---

17 https://start.jhipster.tech/

```
        rentalStatus RentalStatus      //대출 가능 여부
}

// 대출된 도서
entity RentedItem {
    id Long,                    //대출된 도서 일련번호
    bookId Long,                //도서 일련번호
    rentedDate LocalDate,       //대출일
    dueDate LocalDate           //반납 예정일
}

//대출 가능 여부(대출 가능, 대출 불가능)
enum RentalStatus {
    RENT_AVAILABLE, RENT_UNAVAILABLE
}

// defining multiple ManyToOne relationships with comments
relationship ManyToOne {
    RentedItem{rental} to Rental
}



// Set pagination options
paginate * with pagination

// Use Data Transfert Objects (DTO)
dto * with mapstruct

// Set service options to all except few
service all with serviceImpl
```

엔티티 및 엔티티 관계를 표현하는 구문은 JHipster에서 정의한 JDL이라는 언어다. 위 코드를
JDL Studio에 입력하면 그림 6.38과 같이 JDL 구문을 해석해 클래스 다이어그램으로 보여
준다.

```
1   entity Rental {
2       id Long,
3       userId Long,
4       rentalStatus RentalStatus
5   }
6
7   entity RentedItem {
8       id Long,
9       bookId Long,
10      rentedDate LocalDate,
11      dueDate LocalDate
12  }
13
14  enum RentalStatus {
15      RENT_AVAILABLE, RENT_UNAVAILABLE
16  }
17
18  // defining multiple ManyToOne relationships with comments
19  relationship ManyToOne {
20      RentedItem{rental} to Rental
21  }
22
23  // Set pagination options
24  paginate * with pagination
25
26  // Use Data Transfert Objects (DTO)
27  dto * with mapstruct
28
29  // Set service options to all except few
30  service all with serviceImpl
```

그림 6.42 JDL Studio

코드를 저장한 후 상단의 다운로드 버튼을 선택하면 해당 JDL 파일을 다운로드할 수 있다. 이 파일을 rental 디렉터리로 옮긴다. 그다음 명령 프롬프트나 터미널에서 다음 명령을 입력해 임포트한다.

```
jhipster import-jdl ./jhipster-jdl.jh --force
```

그럼 다음과 같은 출력 결과가 나타난다.

```
INFO! Found entities: Rental, RentedItem.
INFO! The JDL has been successfully parsed
INFO! Generating 2 entities.
Found the .jhipster/Rental.json configuration file, entity can be automatically generated!

The entity Rental is being updated.
```

Found the .jhipster/RentedItem.json configuration file, entity can be automatically generated!
The entity RentedItem is being updated.

```
create src/main/resources/config/liquibase/changelog/20200909081313_added_entity_Rental.xml
create src/main/resources/config/liquibase/fake-data/rental.csv
create src/main/java/com/my/rental/domain/Rental.java
create src/main/java/com/my/rental/web/rest/RentalResource.java
create src/main/java/com/my/rental/repository/RentalRepository.java
create src/main/java/com/my/rental/service/RentalService.java
create src/main/java/com/my/rental/service/impl/RentalServiceImpl.java
create src/main/java/com/my/rental/service/dto/RentalDTO.java
create src/main/java/com/my/rental/service/mapper/EntityMapper.java
create src/main/java/com/my/rental/service/mapper/RentalMapper.java
create src/test/java/com/my/rental/web/rest/RentalResourceIT.java
create src/test/java/com/my/rental/domain/RentalTest.java
create src/test/java/com/my/rental/service/dto/RentalDTOTest.java
create src/test/java/com/my/rental/service/mapper/RentalMapperTest.java
```

... 중략 ...

```
create src/main/java/com/my/rental/domain/RentedItem.java
create src/main/java/com/my/rental/web/rest/RentedItemResource.java
create src/main/java/com/my/rental/repository/RentedItemRepository.java
create src/main/java/com/my/rental/service/RentedItemService.java
create src/main/java/com/my/rental/service/impl/RentedItemServiceImpl.java
create src/main/java/com/my/rental/service/dto/RentedItemDTO.java
create src/main/java/com/my/rental/service/mapper/RentedItemMapper.java
create src/test/java/com/my/rental/web/rest/RentedItemResourceIT.java
create src/test/java/com/my/rental/domain/RentedItemTest.java
create src/test/java/com/my/rental/service/dto/RentedItemDTOTest.java
create src/test/java/com/my/rental/service/mapper/RentedItemMapperTest.java
 force .jhipster/Rental.json
 force .jhipster/RentedItem.json
INFO! Congratulations, JHipster execution is complete!
```

그림 6.43 Rental 엔티티 생성

출력 결과를 보면 Rental, RentedItem 엔티티 클래스 및 RentalStatus 열거형, 관련 리포지토리,
서비스 구현체, DTO 등이 모두 생성된 것을 확인할 수 있다.

추가한 엔티티를 게이트웨이에 등록

마지막으로 지금까지 추가한 엔티티를 게이트웨이에 등록해야 한다. 즉, book, bookCatalog, rental, rentedItem을 차례로 등록할 텐데, 그러고 나면 게이트웨이가 각 백엔드 서비스의 API 를 등록하고 이미 준비돼 있는 프런트엔드 서비스와 연결한다. 다음 명령을 입력해 Rental 엔티티를 게이트웨이에 추가해 보자.

```
cd gateway
jhipster entity rental
```

명령을 입력하면 몇 가지 옵션을 선택해야 하는데, 다음과 같이 같이 선택한다. 참고로 엔티티의 path에는 각 마이크로서비스가 존재하는 실제 디렉터리 경로로 기입해야 한다. 선택하거나 입력해야 할 사항을 굵게 표시했다.

```
→  gateway (master)   jhipster entity rental
INFO! Using JHipster version installed locally in current project's node_modules
INFO! No custom sharedOptions found within blueprint: generator-jhipster-vuejs at /Us-
ers/juyounglee/jhipster-sample2/gateway/node_modules/generator-jhipster-vuejs
INFO! No custom commands found within blueprint: generator-jhipster-vuejs at /Users/
juyounglee/jhipster-sample2/gateway/node_modules/generator-jhipster-vuejs
INFO! Executing jhipster:entity rental

The entity rental is being created.

? Do you want to generate this entity from an existing microservice? Yes
? Enter the path to the microservice root directory: /Users/juyounglee/jhipster-sample2/rental
(사용자 PC의 소스코드가 존재하는 실제 디렉터리 경로를 입력)

Found the .jhipster/Rental.json configuration file, entity can be automatically gener-
ated!

? Do you want to update the entity? This will replace the existing files for this enti-
ty, all your custom code will be overwritten (Use arrow keys)
> Yes, re generate the entity
```

그림 6.44 게이트웨이 등록 설정

그다음에 덮어쓰겠냐는 질문이 나오면 all이라는 의미의 'a'를 입력한다.

다음은 게이트웨이 등록 설정을 완료한 모습이다.

```
Entrypoint HtmlWebpackPlugin_0 = __child-HtmlWebpackPlugin_0
[./node_modules/html-webpack-plugin/lib/loader.js!./src/main/webapp/index.html] 6.25 KiB
{HtmlWebpackPlugin_0} [built]
        factory:16ms building:16ms = 32ms
INFO! Congratulations, JHipster execution is complete!
```

그림 6.45 게이트웨이 등록 설정 완료

다음으로 Rental 엔티티뿐만 아니라 book, bookCatalog, rentedItem도 동일한 방법으로 추가하면 된다.

재실행 후 테스트

이제 엔티티 생성까지 모두 마쳤으니 다시 모든 백엔드 서비스를 재실행해서 제대로 동작하는지 확인한다. 먼저 게이트웨이 디렉터리에서 다음 명령으로 레지스트리 컨테이너를 기동한다.

```
docker-compose -f src/main/docker/jhipster-registry.yml up
```

새로운 명령 프롬프트나 터미널 창에서 다시 게이트웨이 디렉터리로 들어가 게이트웨이를 기동한다.

- 윈도우 환경

    ```
    cd gateway
    mvnw
    ```

- macOS 환경

    ```
    cd gateway
    ./mvnw
    ```

book, bookCatalog, rental 서비스도 각기 다른 명령 프롬프트나 터미널 창에서 실행한다.

- 윈도우 환경

    ```
    cd book
    mvnw
    ```

```
cd bookCatalog
mvnw

cd rental
mvnw
```

- macOS 환경

```
cd book
./mvnw

cd bookCatalog
./mvnw

cd rental
./mvnw
```

다시 한번 반복하지만 서비스마다 별도의 포트로 연결된 인스턴스로 구동해야 하므로 앞의 명령은 모두 별도의 터미널 창을 열어서 실행해야 한다.

이제 모두 잘 동작하는지 확인해 보자. 먼저 JHipster 레지스트리 동작부터 확인하자.

웹 브라우저에서 http://localhost:8761에 접속해 그림 6.46과 같은 화면이 나타나는지 확인하고, 오른쪽 위에 각 서비스 인스턴스가 등록돼 있는지 확인한다.

그림 6.46 레지스트리 등록 확인

다음으로 게이트웨이의 동작을 확인하자. 웹 브라우저에서 `http://localhost:8080`에 접속해 admin으로 접속하고, 그림 6.47처럼 게이트웨이 메뉴의 엔티티 항목을 선택했을 때 등록한 각 서비스의 엔티티명이 등록돼 있는지 확인한다.

그림 6.47 게이트웨이 확인

이것은 게이트웨이 프런트엔드 서비스가 추가된 백엔드 서비스의 API와 연계됐음을 의미한다. 그럼 엔티티의 프런트엔드 서비스도 각각 확인해 보자. 그림 6.48은 도서 엔터티를 간단하게 보여주는 자동 생성된 CRUD 기능이다.

Books

ID ^	Title ⇅	Author ⇅	Description ⇅	
10	Checking Account Industrial	back-end Future-proofed compressing	Table green Dominica	보기 수정 삭제
9	e-business Czech Koruna back-end	Producer hard drive	mobile Product programming	보기 수정 삭제
8	navigating Club Practical Granite Chicken	generate Health deposit	Cambridgeshire Computer	보기 수정 삭제
7	Berkshire Developer orchestrate	online withdrawal payment	Handmade Wooden Shoes	보기 수정 삭제
6	markets	Ivory Mouse	programming Licensed Plastic Bacon Consultant	보기 수정 삭제
5	connecting	Games	Personal Loan Account bleeding-edge payment	보기 수정 삭제
4	architectures synthesizing Industrial	Cotton Representative software	Bedfordshire calculating Toys	보기 수정 삭제
3	Georgia generate	Designer calculating	Overpass toolset	보기 수정 삭제
2	Principal Baht radical	Configuration mobile intuitive	Center	보기 수정 삭제
1	Handmade Cotton Table CSS	Mayotte Dynamic SAS	digital forecast Bahrain	보기 수정 삭제

Showing 1 - 10 of 10 items.

그림 6.48 도서 엔티티에 대한 CRUD 게시판

보다시피 도서 엔티티 목록을 통해 기초 데이터까지 자동 생성된 것을 볼 수 있다.

다음으로 그림 6.49는 도서 카탈로그 엔티티의 목록이다.

그림 6.49 도서 카탈로그 엔티티에 대한 CRUD 게시판

그림 6.50은 대출 엔티티의 목록이다. 입력, 수정, 삭제 등 간단한 프런트엔드 기능이 모두 구현돼 있다.

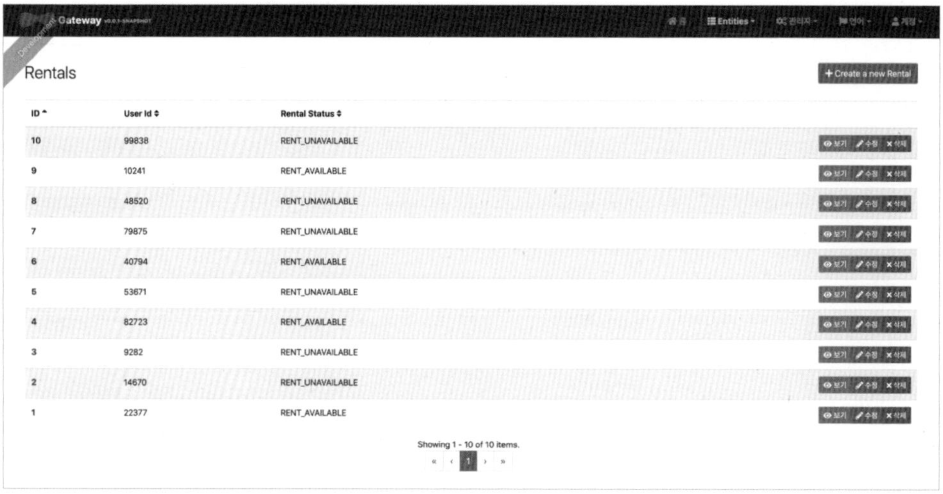

그림 6.50 대출 엔티티에 대한 CRUD 게시판

그림 6.51은 대출아이템 엔티티 목록이다.

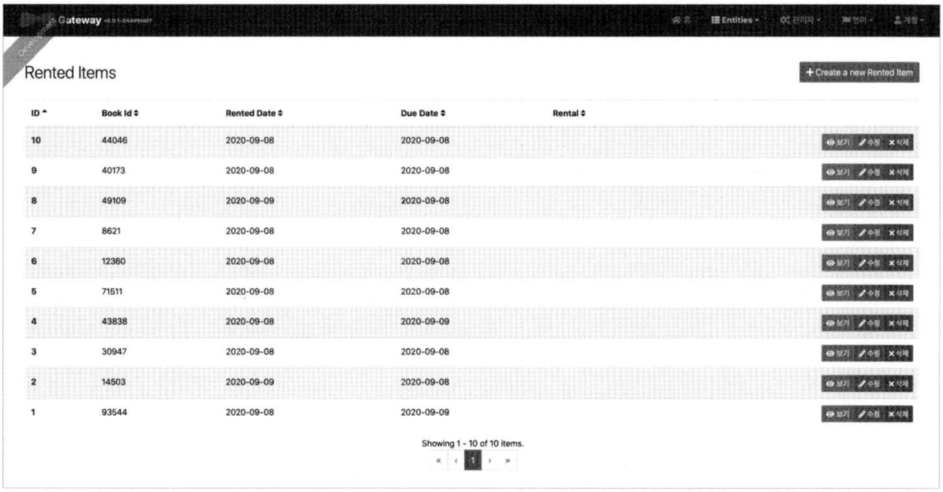

그림 6.51 대출아이템 엔티티에 대한 CRUD 게시판

앞에서 언급한 것처럼 기초 데이터, 즉 JHipster가 더미(dummy) 데이터를 미리 저장해서 화면으로 보여준다. 물론 이러한 더미 데이터는 나중에 언제든지 삭제할 수 있다. 참고로 그림 6.51의 Rented Items 목록에서는 현재 서비스 간의 비즈니스 로직을 추가하지 않았기 때문에 Rental 부분이 빈 영역으로 나와도 정상이니 안심하자.

다음 페이지의 그림 6.52는 지금까지 설명한 과정을 거쳐 간단히 만들어 본 마이크로서비스의 구성도다. 레지스트리와 게이트웨이 겸용 프런트엔드 서비스를 만들고, 도서, 대출, 도서 카탈로그 서비스를 레지스트리에 등록하고 각 서비스의 엔티티를 생성했다. 엔티티를 생성하니 JHipster가 저장 처리를 수행하는 리포지토리, 서비스 구현체, REST 컨트롤러 등을 자동으로 생성했다.

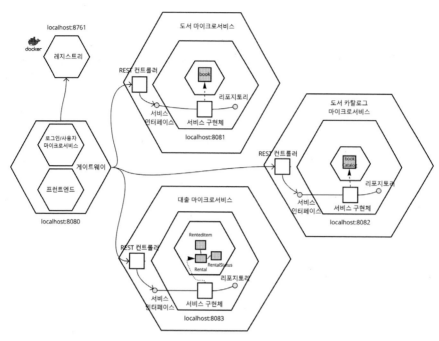

그림 6.52 완성된 MSA 시스템

특히 JHipster는 각 엔티티를 다루는 간단한 프런트엔드용 CRUD 게시판도 자동으로 생성하는 편리함을 제공한다.

이렇게 해서 간단하고 빠르게 3개의 백엔드 마이크로서비스와 프런트엔드 마이크로서비스가 구동되는 MSA 시스템을 만들었다.

6.5.3 백엔드 서비스의 프로젝트 구조 리팩터링

JHipster에서 기본으로 자동 생성하는 패키지 구조도 훌륭하지만 6.4.1절에서 정의한 서비스 내부 패키지 구조와는 다른 부분이 있다.

DTO, 매퍼, 카프카, 페인의 위치

DTO, 매퍼, 카프카, 페인은 외부의 다른 서비스와의 통신에 사용된다. 예를 들어, Rental에서 Book의 정보를 가져온다거나 Rental의 비즈니스 로직 흐름상 Book의 상태를 업데이트하는 상황에 쓰인다. 이것들은 앞에서 언급한 헥사고날 아키텍처의 세부 기술에 의존하는 외부 영역의 요소로서 JHipster에서는 초기에 DTO와 매퍼는 service 패키지에, 카프카는 web.rest에 생성한다(페인은 config 외에는 없다).

하지만 기존에 정의한 헥사고날 아키텍처를 적용하려면 인바운드 어댑터의 역할을 수행하는 REST 컨트롤러에서 필요로 하는 DTO나 매퍼는 REST 컨트롤러 패키지인 web.rest로 이동하고 아웃바운드 어댑터의 역할을 수행하는 카프카 연계를 위한 클래스나 페인 연계 클래스가 존재해야 할 공간은 별도의 adaptor라는 패키지를 따로 만들어 관리하는 것이 내외부 영역을 표현하기에 명확해 보인다. 따라서 초기에 생성된 패키지의 구조를 그림 6.53의 오른쪽과 같이 리팩터링했다.

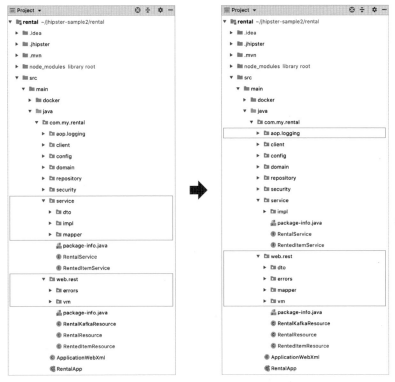

그림 6.53 리팩터링된 벡엔드 패키지의 구조

DTO, 매퍼를 사용하는 방식

패키지 구조를 변경하는 것 외에도 추가로 해야 할 일이 있다. 초기에 JHipster가 DTO와 매퍼를 service 패키지에 둔 이유는 서비스 구현체에서 DTO와 매퍼를 사용하기 때문이다. 즉, RentalService 클래스가 반환하는 모든 객체가 DTO인 것이다. 하지만 이 책에서는 이러한 방식을 지양한다. 외부 영역의 데이터는 거친 입자(coarse-grained) [18]이며 타 서비스의 영향을 받을 수 있는 형태여도 되지만 내부 영역은 비즈니스 로직을 명확히 다룰 수 있는 고운 입자 (fine-grained)의 도메인 모델을 사용하는 것이 바람직하다. [19]

따라서 서비스 구현체는 도메인 모델 객체를 반환하게 했고, 컨트롤러에서는 내부 서비스에서 받아온 도메인 객체를 DTO로 변환하게 했다. 변경한 후의 예시 코드는 다음과 같다. 전체 코드는 이 책에서 제공하는 예제 코드를 참고하자.

DTO를 매개변수로 갖는 REST 컨트롤러   RentalResource.java

```java
// 컨트롤러 클래스
@PostMapping("/rentals")
public ResponseEntity<RentalDTO> createRental(@RequestBody RentalDTO rentalDTO) {
  log.debug("REST request to save Rental : {}", rentalDTO);
  if (rentalDTO.getId() != null) {
    throw new BadRequestAlertException("A new rental cannot already have an ID",
                        ENTITY_NAME, "idexists");
  }

  RentalDTO result =
    rentalMapper.toDto(rentalService.save(rentalMapper.toEntity(rentalDTO))); //(1)

  return ResponseEntity.created(new URI("/api/rentals/" + result.getId()))
    .headers(HeaderUtil.createEntityCreationAlert(applicationName, true, ENTITY_NAME,
                        result.getId().toString()))
    .body(result);
}
```

코드의 (1)에서는 입력받은 DTO를 서비스를 호출할 때 도메인 모델 유형인 엔티티로 변경해서 보내는 것을 볼 수 있다.

---

18   거친 입자(coarse-grained)와 고운 입자(fine-grained): grain은 곡식을 하나하나 낱알로 만드는 작업을 의미한다. 따라서 거친 입자는 덩어리로 작업하는 것. 고운 입자는 잘게 쪼개서 작업하는 것을 의미한다. 자바 언어로 생각해보면 메서드의 기능을 잘게 쪼개서 구체적으로 만듦으로써 재사용성이나 유연성을 극대화할 것이냐, 아니면 메서드를 덩어리로 만들어서 많은 데이터를 주고받을 것이냐를 결정하는 원칙이다. 메서드를 잘게 쪼개면 유연할 수 있으나 통신을 여러 번 수행해야 하는 결과를 낳는다. 반대로 거친 입자는 통신에서는 유리하나 불필요한 정보를 함께 보내는 낭비가 생길 수도 있다.

19   DTO는 도메인 객체가 외부에 공개되는 것을 막는 역할을 수행하며, 클라이언트가 필요로 하는 정보를 모두 담는다. 따라서 DTO가 사용되는 영역과 도메인 모델이 사용되는 영역을 구분하는 것이 좋다.

다음과 같이 서비스 인터페이스의 인자는 도메인 모델을 사용한다.

도메인 모델을 매개변수로 받는 서비스 인터페이스 　　　　　　　　　　　　　　RentalService.java

```
//서비스 인터페이스
Rental save(Rental rental);
```

이 인터페이스를 구현한 서비스 구현체에서도 도메인 모델을 사용한다.

도메인 모델을 매개변수로 갖는 서비스 구현체 　　　　　　　　　　　　　RentalServiceImpl.java

```
// 서비스 구현체
public Rental save(Rental rental) {
  log.debug("Request to save Rental : {}", rental);
  return rentalRepository.save(rental);
}
```

6.6 정리

이번 장에서는 사례 연구로 도서대출시스템을 주제로 이벤트 스토밍을 수행해서 마이크로서비스 후보를 도출하고 사례 연구를 위한 외부 아키텍처와 내부 아키텍처를 정의했다.

정리하면 외부 아키텍처는 가상 환경으로는 도커 컨테이너를 선택했고, 프레임워크로는 스프링 부트를, 마이크로서비스를 지원하는 기반 서비스로는 스프링 클라우드의 API 게이트웨이, 레지스트리, 컨피그 서비스를 구성했고, 메시지 전송을 위해서는 카프카를 선택했다. 또한 형상관리를 담당하는 소스 리포지토리로는 깃허브를 채택했다.

내부 아키텍처는 헥사고날 아키텍처를 반영해서 구성했는데, 내부 영역과 외부 영역을 구분해서 프로젝트의 패키지를 구성하고, 클래스 유형 및 명명 규칙을 정의했다.

또한 이러한 환경을 빠르게 자동으로 생성하고 구성하는 도구로 JHipster를 선택했다. JHipster를 통해 빠르게 아키텍처를 구성하고, 3가지 간단한 백엔드 서비스를 생성해서 프런트엔드 서비스에 연계해 동작하는 것을 확인했다.

다음 장부터는 이렇게 생성된 구조를 바탕으로 본격적으로 이번 장의 초반부에 언급한 요구사항을 충족하는 백엔드 마이크로서비스의 기능을 상세히 구현해 보겠다.

사례연구 –
백엔드 마이크로서비스 구현

이번 장에서는 6장에서 도출한 마이크로서비스를 실제로 상세하게 설계하고 개발하려고 한다. 특히 세세한 구현 코드보다는 기능 요건을 이해하기 쉽도록 도메인 모델링을 수행하고 마이크로서비스를 유연하게 만들려면 내부 구조를 어떻게 정의하는가에 초점을 두고 진행하려고 한다. 그리고 이러한 구조가 그림으로 쉽게 이해될 수 있도록 다양한 다이어그램을 통해 표현했다.

앞에서 구성한 내부 아키텍처를 기반으로 진행할 것이며, 이해를 돕기 위해 '기능 설명 → 설계 → 개발' 순으로 다음과 같은 순서로 진행하겠다.

1. 구현 기능 소개
2. 내부 아키텍처 결정사항
3. API 설계
4. 도메인 모델링
5. 유스케이스 흐름
6. 내부 영역 개발
7. 외부 영역 개발
8. 단위 테스트 수행

7.1 도서 대출 마이크로서비스 개발

이전에 도출한 마이크로서비스 중 도서 대출, 반납, 연체 처리와 같은 핵심 기능이 담긴 도서 대출 마이크로서비스부터 개발해보자.

7.1.1 구현 기능 소개

도서 대출 서비스는 크게 4가지 기능으로 도서 대출, 도서 반납, 도서 연체, 도서 연체 해제를 제공한다. 각 기능은 내부 비즈니스 로직뿐만 아니라 외부 서비스와의 연계를 통해 구현했다. 각 기능의 세부 구현 내용은 다음과 같다.

도서 대출

- 대출 처리에 대한 비즈니스 로직 구현

- 대출 시 도서 서비스와 연계해 상세 도서 정보(id, title) 조회(페인을 통한 동기 호출)

- 대출 시 도서 서비스와 연계해 재고 감소 처리(카프카를 통한 비동기 메시지 전송)

- 대출 시 카탈로그 서비스에 대출 도서 집계 처리(카프카를 통한 비동기 메시지 전송)

도서 반납

- 반납 처리에 대한 비즈니스 로직 구현

- 반납 시 도서 서비스와 연계해 재고 증가 처리(카프카를 통한 비동기 메시지 전송)

도서 연체

- 연체 처리에 대한 비즈니스 로직 구현

- 연체 시 대출 불가 처리

연체 해제

- 연체 해제를 위해 사용자 서비스와 연계해 포인트를 통해 결제 처리(페인을 통한 동기 호출)

7.1.2 내부 아키텍처 결정

내부 아키텍처는 서비스마다 폴리글랏하므로 각 서비스별로 살펴보겠다. 도서 대출 서비스에는 도메인 모델 중심의 헥사고날 아키텍처를 적용했고, 저장소 메커니즘으로는 OR 매퍼인 스프링 데이터를, 동기 통신을 위한 메커니즘으로 페인을, 비동기 통신을 위한 메커니즘으로 카프카를 사용했다.

7.1.3 API 설계

다음은 앞의 구현 기능을 실현하기 위한 API 설계다.

먼저 도서 대출 API 설계는 다음과 같다. 도서 대출 API는 사용자가 도서 대출을 신청할 때 호출되는 API다. 사용자 일련번호와 대출하고자 하는 도서 일련번호가 전달되며, 사용자와 도서가 모두 대출 가능인 경우 대출이 이뤄진다. 도서 대출이 완료되는 경우 해당 사용자의 도서대출정보를 반환한다.

표 7.1 도서 대출 API

API명	도서 대출
리소스 URI	/rentals/{userid}/rentedItem/{book}
메서드	POST
요청 매개변수	사용자 일련번호, 도서 일련번호
요청 예시	http://localhost:8080/rentals/5/rentedItem/10001
응답 결과	정상 처리 시 도서대출정보를 반환 ▪ Rental 일련번호 ▪ 사용자 일련번호 ▪ 대출 가능 여부 ▪ 연체료

응답 예시	``{``
	``  "id": 1,``
	``  "userId": 5,``
	``  "rentalStatus": "RENT_AVAILABLE",``
	``  "lateFee": 0``
	``}``

위의 요청 예시와 같이 /rentals/5/rentedItem/10001이라는 리소스는 사용자 일련번호가 5인 사용자가 일련번호가 10001인 서적을 대출한다는 의미이며, 응답으로 받은 도서 대출 정보를 해석해 보면 현재 사용자의 상태는 대출 가능 상태고, 연체료가 0원인 것을 알 수 있다. 참고로 응답 예시의 id는 Rental의 일련번호다.

다음은 도서 반납 API다. 대출한 도서를 반납 요청할 때 호출되는 API로, 전달받은 사용자 일련번호에 해당하는 Rental을 조회해서 도서를 반납한다. 요청이 완료되면 도서 대출 기능과 마찬가지로 도서대출정보를 반환한다.

표 7.2 도서 반납 API

API명	도서 반납
리소스 URI	/rentals/{userid}/rentedItem/{book}
메서드	DELETE
요청 매개변수	사용자 일련번호, 도서 일련번호
요청 예시	http://localhost:8080/rentals/5/rentedItem/10001

응답 결과	정상 처리 시 도서대출정보를 반환 　▪ Rental 일련번호 　▪ 사용자 일련번호 　▪ 대출 가능 여부 　▪ 연체료

응답 예시	```
	{
	  "id": 1,
	  "userId": 5,
	  "rentalStatus": "RENT_AVAILABLE",
	  "lateFee": 0
	}
	``

도서 반납은 도서 대출과 같은 리소스 URI를 대상으로 DELETE 방식으로 호출하므로 대출이 취소되는 반납 처리임을 알 수 있다.

다음은 도서 연체 처리 API로, 사용자가 대출한 도서를 연체아이템으로 변경할 때 호출되는 API다. 대출이 완료된 도서에 한해 연체아이템으로 변경할 수 있도록 호출되기 때문에 아래 API를 호출하는 경우 연체 처리된 도서 일련번호가 반환된다. 만약 1권이라도 연체되면 사용자의 도서 대출 상태는 '도서대출불가' 상태가 되며 연체료가 쌓인다.

표 7.3 도서 연체 처리 API

API명	도서 연체 처리
리소스 URI	/rentals/{userid}/OverdueItem/{book}
메서드	POST
요청 매개변수	사용자 일련번호, 도서 일련번호
요청 예시	http://localhost:8080/rentals/5/overdueItem/10001
응답 결과	연체처리된 도서 일련번호

응답 예시	```
	{
	  "bookId": 10001
	}
	``

위의 요청 예시에 있는 /rentals/5/OverdueItem/10001은 사용자 일련번호가 5인 사용자의 도서 일련번호가 10001인 도서가 연체 처리된다는 의미다.

다음은 연체된 도서를 반납하는 API다.

표 7.3 연체아이템 반납 처리 API

API명	연체아이템 반납 처리
리소스 URI	/rentals/{userid}/OverdueItem/{book}
메서드	DELETE
요청 매개변수	사용자 일련번호, 도서 일련번호
요청 예시	http://localhost:8080/rentals/5/rentedItem/10001
응답 결과	정상 처리 시 도서대출정보를 반환 • Rental 일련번호 • 사용자 일련번호 • 대출 가능 여부 • 연체료

응답 예시	{
	  "id": 1,
	  "userId": 5,
	  "rentalStatus": "RENT_UNAVAILABLE",
	  "lateFee": 30
	}

연체 처리 리소스 URI를 대상으로 DELETE 방식으로 호출하므로 연체된 도서의 대출이 취소되는 반납 처리임을 알 수 있다. 응답 결과로 도서대출정보를 반환받는데 아직 도서대출정보의 대출 가능 여부가 '도서대출불가' 상태여서 이상하게 생각할 수도 있겠다. 연체아이템을 반납했지만 연체료가 쌓였으므로 연체료를 물어야 '도서대출가능' 상태가 된다.

7.1.4 도메인 모델링

도메인 모델링에서는 앞에서 이벤트 스토밍을 통해 식별한 대출, 연체, 반납, 대출 가능 여부 등의 애그리거트들이 구체적으로 모델링된다. 데이터 모델링에 익숙한 사람들은 비즈니스를 테이블화하고 정규화하려고 할 것이다. 그러나 그렇게 하면 특정 데이터베이스에 의존하고 개발자 외의 사람들이 이해하기 어려워진다. 도메인 모델링의 목적은 누구라도 쉽게 이해할 수 있도록 객체 모델을 만드는 것이다.

객체를 데이터와 그 데이터를 이용한 기능 처리를 담당하는 로봇이라 생각하고 모델링을 진행해 보자. 사용자의 도서대출정보를 보유한 도서대출로봇이 도서관에 존재한다. 도서대출로봇은 현재 대출한 도서와 현재 연체된 도서, 지금까지 대출했다 반납한 도서의 이력을 모두 기록한다.

도서대출로봇은 대출, 반납에 대한 책임을 가지고 있고, 대출 시 대출 아이템을 대출 메모리에 기억한다. 대출일자를 넘어서도 도서가 반납되지 않으면 연체 메모리에 이동시켜 기록하고 이 때는 해당 사용자의 대출 가능 여부를 대출 불가 상태로 만들어 이후로는 대출을 거부한다.

그러다가 도서가 반납되면 도서대출로봇은 대출 메모리 또는 연체 메모리에 있던 도서를 반납 메모리로 옮긴다. 대출, 연체 메모리는 반납에 의해 비워지지만 반납 메모리의 기록은 개인의 대출도서 내역으로 오랫동안 보관된다.

이처럼 대출, 연체, 반납의 업무 개념을 도서대출로봇과 로봇이 가지고 있는 3개의 메모리 객체로 모델링할 수 있다. 누구라도 이해하기 쉽지 않은가? 이를 정리해서 클래스 다이어그램으로 표현하면 그림 7.1과 같다. 도서대출로봇이 Rental 엔티티로 모델링됐다.

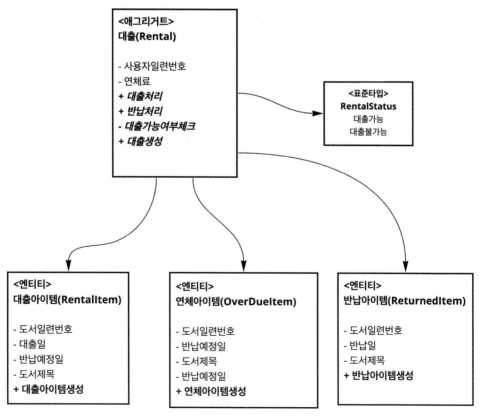

그림 7.1 도서 대출 마이크로서비스의 도메인 모델

그럼 도서 대출 서비스에 대한 도메인 모델의 상세 내역을 살펴보자.

- 도메인 모델에서는 비즈니스 개념을 표현한다. 비즈니스 개념은 객체로 표현되고 도메인 주도 설계의 전술적 설계 기법인 애그리거트, 엔티티, 값 객체, 표준 타입 패턴을 적용한다.

- 그림 7.1은 앞에서 설명한 대출 서비스의 도메인 모델이다. 대출과 반납이라는 책임을 가지고 있는 애그리거트 루트이며, 엔티티인 Rental , Rental과 일대다 관계인 엔티티 유형의 대출아이템(RentedItem), 연체아이템(OverdueItem), 반납아이템(ReturnedItem)으로 구성된다. 연체아이템(OverdueItem)과 반납아이템(ReturnedItem)은 대출아이템(RentedItem)과 마찬가지로 Rental과 일대다 관계다.

- Rental의 개념은 도서 대출이다. 모든 사용자는 대출을 위한 Rental 엔티티를 하나씩 보유한다. Rental 엔티티는 대출, 반납, 연체, 연체아이템 반납, 연체 해제의 책임을 가진다.

- 도서 대출 시 빌린 도서 수만큼 대출아이템(RentedItem)이 생성되고, 반납이 연체되면 연체아이템(OverdueItem)으로 이동하고, 반납 시 반납아이템(ReturnedItem)으로 최종적으로 이동한다.

- 개인당 5권의 대출 한도가 체크되고 1권의 도서라도 연체되면 더는 대출할 수 없다. 이러한 대출 가능 여부는 표준 타입인 대출가능여부(RentalStatus)에 의해 규정된다.

소프트웨어 구조를 그림으로 표현하기

프로젝트 현장에서는 개발된 시스템을 이해하기 위해 시스템의 설계 문서를 찾는 경우가 많다. 이를 위해 아키텍처 정의서나 애플리케이션 내부 구조를 표현한 문서를 찾아서 보곤 하는데 실망할 때가 많다. 대부분 미흡하거나 조악하게 만들어져 있기 때문이다. 그래서 실제로 애플리케이션 소스코드를 직접 받아서 보는 경우가 많은데, 이러한 시스템의 내부 구조 또한 이해할 수 없을 정도로 뒤죽박죽인 경우가 많다.

앞에서 언급했듯이 소프트웨어는 유연해야 하고, 그러자면 애플리케이션의 내부 구조를 정의할 때 고민을 많이 해야 한다. 구현에만 급급하면 유연한 시스템을 만들 수 없고, 처음에는 빠르게 개발하지만 유지보수할 시점이 되면 복잡하고 이해하기 힘들어서 더디게 유지보수되는 시스템이 되고 만다.

무거운 설계 문서를 만들어야 한다는 것은 절대 아니다. 엔지니어들은 자신이 개발한 시스템의 구조를 그림으로 표현하는 능력을 키워야 한다. 엔지니어 입장에서는 그림을 통해 자신이 구현할 시스템의 구조를 생각하고 고민하고 개선할 수 있다. 또한 함께 일하는 사람들과 그림을 통해 논의와 협업을 촉진할 수 있고, 나중에 시스템을 유지보수하는 사람들은 그림을 통해 시스템을 쉽게 이해할 수 있을 것이다.

특히 서비스의 핵심인 도메인 모델을 이해하는 것은 중요하다. 그리고 서비스의 연관관계를 표현하는 것도 중요하다. UML 표기법도 좋고 간단한 그림도 좋다. 형식은 중요하지 않다. 따라서 이 책에서는 이렇게 구현된 소프트웨어의 내부 구조와 연관관계를 계속 그림으로 표현할 것이다.

7.1.5 유스케이스 흐름

그림 7.2는 도서 대출과 도서 반납의 유스케이스 흐름을 시퀀스 다이어그램[1]으로 작성한 것
이다.

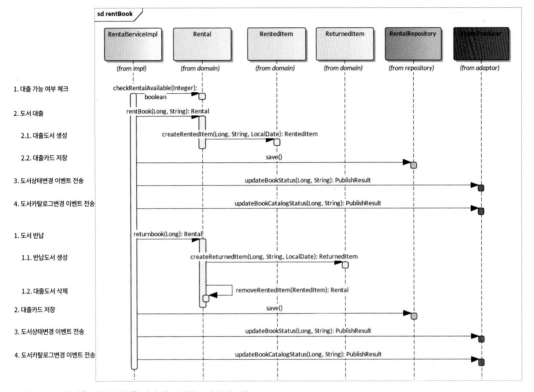

그림 7.2 도서 대출, 반납 흐름을 나타내는 시퀀스 다이어그램

도서 대출 및 도서 반납의 비즈니스 로직은 도메인 모델에 응집돼 있음을 확인할 수 있다. 서비
스 구현체인 RentalServiceImpl은 비즈니스 로직 외의 흐름 제어 및 저장 처리, 이벤트 메시지
처리를 담당한다. 그럼 이어지는 절에서 각 영역별로 개발되는 과정을 상세히 살펴보자.

API가 먼저인가, 도메인이 먼저인가?

앞서 API 설계는 프런트엔드 영역과 백엔드 영역을 연결하는 계약과 같다고 했다. 따라서 양쪽을 구현하기
에 앞서 미리 정의하는 것이 좋다. 그렇다면 백엔드 엔지니어 입장에서 API 설계를 먼저 진행해야 할까, 아

---

1 다이어그램이 복잡해지는 것을 방지하기 위해 API 컨트롤러는 표현하지 않았다.

니면 백엔드의 핵심인 내부 영역의 도메인을 미리 정의해야 할까? 그리고 프런트엔드의 UI 설계, 백엔드의 도메인 모델링, 백엔드에서 구현하지만 양쪽이 합의해야 하는 API 설계 작업 중, 어느 활동을 먼저 해야 할까?

우선 API를 설계하기 전에 양쪽이 각자의 주 설계 영역인 UI 설계와 도메인 모델링을 요구사항을 기반으로 각각 선행해야 한다. 만약 도메인 모델이 정립되지 않은 상황에서 프런트엔드 화면 설계가 먼저 진행된 뒤 화면에서 필요로 하는 API를 정의하게 되면 프런트엔드 중심의 API가 나올 수밖에 없다. 따라서 UI 설계와 도메인 모델링은 비슷한 시기에 병행해서 진행하고, 어느 정도 양쪽이 정리된 뒤에 API를 확정하는 것이 좋다.

이따금 현장에서 UI 설계를 먼저 하고 그에 따라 API를 정의하고 맨 마지막에 백엔드 설계를 진행하는 모습을 볼 때가 있다. 그러한 시스템의 API는 프런트엔드에 대한 의존도가 높아 유사한 API가 많이 생긴다. 즉, API를 재사용할 수 없고 API가 프런트엔드 UI에 따라 중복 개발되는 경향이 높다.

백엔드 입장에서 API의 원천은 도메인 모델이기 때문에 도메인 모델링이 선행되게 해야 한다. 도메인 모델을 대략 정의해야만 서비스에서 제공할 API가 정리되고 구체화될 수 있다.

그러므로 양쪽의 핵심 설계 영역인 UI 설계와 도메인 모델링이 어느 정도 진행된 이후에 API 설계를 진행해야 한다. 그리고 나면 API 설계 협의에 따라 양쪽 설계 영역이 계속 정제/진화될 것이다. 구현도 마찬가지로 백엔드의 핵심인 내부 영역부터 시작해서 외부 영역으로 진행해야 한다.

따라서 이 책에서는 개발 과정을 '내부 영역의 도메인 → 서비스 → 외부 영역의 REST 컨트롤러 → 아웃바운드 어댑터 → 인바운드 어댑터' 순으로 설명하겠다.

7.1.6 내부 영역 – 도메인 모델 개발(도서 대출, 반납)

앞에서 정의한 도메인 모델부터 구현해보자. 도메인 모델 내에서 수행할 수 있는 비즈니스 로직은 도메인 객체가 갖게 하자. 즉, 도메인 객체에 적절한 책임[2]을 부여하자.

가장 먼저 구현할 Rental 클래스는 Rental 애그리거트의 최상위 엔티티에 해당하는 클래스다. Rental 엔티티는 사용자 일련번호(userId), 대출가능상태(RentalStatus), 연체료(lateFee), 대출아이템(RentedItem), 연체아이템(OverdueItem), 반납아이템(ReturnedItem)의 속성을 가지고 있다.

---

2   객체에게 특정한 역할과 적절한 책임을 부여하는 것이 객체지향 설계의 핵심이다. 책임 기반 설계에 대해 논의하고 있는 《오브젝트 디자인》(인포북, 2004)을 참고한다.

여기서 사용자 일련번호(userId)는 로그인을 위한 로그인명을 의미하는 값이 아닌 사용자마다 유일하게 생성되는 고유 일련번호다. 이 사용자 일련번호는 Long 타입으로 사용자(User) 마이크로서비스의 User 클래스 에서 사용자가 생성될 때 고유하게 생성된다. 따라서 여기서도 동일하게 사용자 일련번호의 타입은 Long 타입으로 선언했다.

도메인 모델 – 대출 엔티티 클래스   Rental.java

```java
/**
 * Rental 애그리거트 루트, 엔티티 클래스
 */
@Entity
@Table(name = "rental")
@Cache(usage = CacheConcurrencyStrategy.NONSTRICT_READ_WRITE)
public class Rental implements Serializable {
    //Rental 일련번호
    @Id
    @GeneratedValue(strategy = GenerationType.IDENTITY)
    private Long id;

    //사용자 일련번호
    @Column(name = "user_id")
    private Long userId;

    //대출 가능 여부
    @Enumerated(EnumType.STRING)
    @Column(name = "rental_status")
    private RentalStatus rentalStatus;

    //연체료
    @Column(name = "late_fee")
    private Long lateFee;

    //대출아이템
    @OneToMany(mappedBy = "rental", cascade = CascadeType.ALL, orphanRemoval = true)
    @Cache(usage = CacheConcurrencyStrategy.NONSTRICT_READ_WRITE)
    private Set<RentedItem> rentedItems = new HashSet<>();
```

---

3 7.2.3절의 사용자 클래스를 참조한다.

```
//연체아이템
@OneToMany(mappedBy = "rental", cascade = CascadeType.ALL, orphanRemoval = true)
@Cache(usage = CacheConcurrencyStrategy.NONSTRICT_READ_WRITE)
private Set<OverdueItem> overdueItems = new HashSet<>();

//반납아이템
@OneToMany(mappedBy = "rental", cascade = CascadeType.ALL, orphanRemoval = true)
@Cache(usage = CacheConcurrencyStrategy.NONSTRICT_READ_WRITE)
private Set<ReturnedItem> returnedItems = new HashSet<>();

... 중략 ...
```

그런데 도메인 모델에 직접 객체-관계 매핑(OR Mapping) 처리를 하는 것 자체가 기술적인 내용이므로 비즈니스 로직과 기술 영역을 구분한 헥사고날 아키텍처를 위배하고 도메인 클래스에 비즈니스 개념 외에 매핑에 필요한 요소들이 들어가서 비즈니스를 이해하기 어렵게 한다는 의견도 있다.

이 같은 의견은 OR 매핑 처리 자체를 도메인 모델과 분리해서 다른 곳에서 구현해야 한다는 의미다. 그러한 경우에는 도메인 모델을 복사해서 OR 매핑을 위한 매핑 객체 모델을 별도로 만들어야 한다. 하지만 그러한 구조는 도메인 모델을 변경할 때마다 객체 모델도 함께 변경해야 하는 번거로움이 있다. 또한 스프링 데이터의 OR 매핑은 애너테이션으로 구현되므로 도메인 모델을 이해하는 데 전혀 무리가 없다는 의견도 있다.

아키텍처 결정은 트레이드 오프(trade-off) 관계를 보인다. 모든 결정에는 장단점이 있고 그 결정은 상황에 따라 달라질 수 있다. 이 책에서는 도메인 모델에 OR 매핑 처리를 하기로 결정했다. 별도로 매핑 객체를 만드는 것보다 도메인 모델에 함께 표현하는 것이 독자분들이 도메인 모델이 어떻게 저장되는지 이해하기 쉽게 해준다고 판단했기 때문이다.

OR 매핑에 대한 내용을 잠시 살펴보면 @Table을 통해 테이블로 매핑될 데이블명을 선언하고, 각 속성에는 @Column으로 매핑될 테이블의 컬럼명을 지정했다. 테이블의 기본키로 사용할 속성에는 기본키를 의미하는 @Id를 선언했고, 키의 일련번호가 생성되는 규칙을 의미하는 @GeneratedValue를 정의했다. 또한 각 Rental에는 3개의 일대다(OneToMany) 관계가 선언돼 있는데, 바로 대출아이템, 연체아이템, 반납아이템이다. 앞의 3가지 모두 Rental과 생명주기가 같기 때문에 CascadeType.ALL로 설정했다. 또한 Rental에서 리스트의 객체를 삭제할 때 해당 리스트의 엔티티가 삭제돼야 하기 때문에 orphanRemoval = true로 설정했다.

앞서 도메인 모델 내에서 수행할 수 있는 비즈니스 로직은 도메인 객체가 갖게 해서 도메인 객체에 적절한 책임을 부여해야 한다고 설명한 바 있다. 따라서 Rental 내에서 수행할 수 있는 비즈니스 로직을 식별해 도메인 객체 내에 해당 로직들을 구현했다. 해당 로직에는 Rental 생성, 사용자의 대출 가능 여부 체크 등이 있다.

먼저, Rental 엔티티의 생성 로직의 구현부터 살펴보자.

Rental 엔티티 클래스의 대출 생성 메서드   Rental.java

```java
//Rental 엔티티 생성
public static Rental createRental(Long userId) {
  Rental rental = new Rental();
  rental.setUserId(userId); //Rental에 사용자 일련번호 부여
  //대출 가능하도록 상태를 변경
  rental.setRentalStatus(RentalStatus.RENT_AVAILABLE);
  rental.setLateFee(0);  //연체료 초기화
  return rental;
}
```

Rental을 생성하는 createRental 메서드는 Rental 내부에서 사용자 일련번호만 받아 생성될 수 있도록 캡슐화한다. 이때 Rental에 사용자 일련번호를 부여하고 RentalStatus는 RENT_AVAILABLE(대출가능)로 설정하며, lateFee는 0으로 설정한다.

다음은 대출 가능 여부를 체크하는 로직과 대출/반납 처리 로직의 구현이다.

대출 가능 여부 체크, 대출/반납 메서드의 구현   Rental.java

```java
//대출 가능 여부 체크
public boolean checkRentalAvailable( ) throws Exception {
  if(this.rentalStatus.equals(RentalStatus.RENT_UNAVAILABLE ) || this.getLateFee()!=0) {
    throw new RentUnavailableException("연체 상태입니다. 연체료를 정산 후," +
                            "도서를 대출하실 수 있습니다.");
  }
  if(this.getRentedItems().size()>=5) {
    throw new RentUnavailableException("대출 가능한 도서의 수는 "+
                            (5-this.getRentedItems().size())+"권 입니다.");
  }
  return true;
}
```

```java
//대출 처리 메서드
public Rental rentBook(Long bookid, String title) {
  this.addRentedItem(RentedItem.createRentedItem(bookid, title, LocalDate.now()));
  return this;
}

//반납 처리 메서드
public Rental returnBook(Long bookId) {
  RentedItem rentedItem = this.rentedItems
    .stream()
    .filter(item -> item.getBookId().equals(bookId)).findFirst().get();
  this.addReturnedItem(ReturnedItem.createReturnedItem
    (rentedItem.getBookId(), rentedItem.getBookTitle(), LocalDate.now()));
  this.removeRentedItem(rentedItem);
  return this;
}
```

checkRentalAvailable 메서드는 대출 가능 여부를 체크하는 메서드로, 대출 가능 여부
(RentalStatus)가 RENT_UNAVAILABLE이거나 lateFee가 0이 아니면 연체 상태로서 대출이 불가능하
며, 이 경우 예외(RentUnavailableException)를 던진다. 현재 대출 중인 책의 수가 5권 이상인 경
우에도 대출이 불가능하며, 대출 가능한 도서의 수를 알려주고 예외(RentUnavailableException)
를 던진다.

rentBook 메서드는 대출 처리 메서드로서 대출 완료 시 도서 일련번호와 제목으로 대출아이템
객체(RentedItem)를 생성한 후 Rental에 추가한다.

returnBook 메서드는 반납 처리 메서드로서 반납 완료 시 도서 일련번호로 Rental에 존재했던
대출아이템 객체(RentedItem)를 찾아 삭제하고, 그 정보로 반납아이템 객체(ReturnedItem)를 만
든 후 Rental에 추가한다.

이제 도서 대출과 반납에 필요한 대출아이템, 반납아이템을 구현해보자. 다음은 대출이 완료된
도서정보가 담길 RentedItem 클래스다.

대출아이템 엔티티 클래스   RentedItem.java

```java
/**
 * 대출된 도서를 표현하는 엔티티 클래스
 */
```

```
@Entity
@Table(name = "rented_item")
@Cache(usage = CacheConcurrencyStrategy.NONSTRICT_READ_WRITE)
public class RentedItem implements Serializable {

  //대출아이템 일련번호
  @Id
  @GeneratedValue(strategy = GenerationType.IDENTITY)
  private Long id;

  //대출한 재고 도서 일련번호(도서 서비스에서 발행한 번호)
  @Column(name = "book_id")
  private Long bookId;

  //대출 시작일자
  @Column(name = "rented_date")
  private LocalDate rentedDate;

  //반납 예정일자
  @Column(name = "due_date")
  private LocalDate dueDate;

  //대출한 도서명
  @Column(name = "book_title")
  private String bookTitle;

  //연관 Rental
  @ManyToOne
  @JsonIgnoreProperties("rentedItems")
  private Rental rental;

  //대출 아이템을 생성하는 메서드
  public static RentedItem createRentedItem(Long bookId, String bookTitle,
                                            LocalDate rentedDate) {
    RentedItem rentedItem = new RentedItem();
    rentedItem.setBookId(bookId);
    rentedItem.setBookTitle(bookTitle);
    rentedItem.setRentedDate(rentedDate);
```

```
      rentedItem.setDueDate(rentedDate.plusWeeks(2));
      return rentedItem;
   }
```

... 중략 ...

createRentedItem 메서드는 대출아이템을 생성하는 메서드로, 대출아이템(RentedItem)을 생성할 때 대출된 도서 일련번호, 도서명, 대출 시작 일자, 반납 예정 일자가 지정된다. 대출 기간은 2주로 설정한다.

다음은 반납된 도서를 의미하는 반납아이템(ReturnedItem) 클래스다. ReturnedItem 클래스는 속성으로 반납아이템 일련번호, 대출한 도서 고유번호, 반납 일자, 대출 도서명을 가진다.

반납아이템 객체를 생성하는 메서드   ReturnedItem.java

```java
@Entity
@Table(name = "returned_item")
@Cache(usage = CacheConcurrencyStrategy.NONSTRICT_READ_WRITE)
@Data
@ToString
public class ReturnedItem implements Serializable {

    //반납아이템 일련번호
    @Id
    @GeneratedValue(strategy = GenerationType.IDENTITY)
    private Long id;

    //반납한 재고 도서 일련번호(도서 서비스에서 발행한 재고 도서 일련번호)
    @Column(name = "book_id")
    private Long bookId;

    //반납 일자
    @Column(name = "returned_date")
    private LocalDate returnedDate;

    //반납 도서명
    @Column(name = "book_title")
    private String bookTitle
```

```
//반납아이템 생성 메서드
public static ReturnedItem createReturnedItem(Long bookId, String bookTitle,
                                              LocalDate now) {
  ReturnedItem returnedItem = new ReturnedItem();
  returnedItem.setBookId(bookId);
  returnedItem.setBookTitle(bookTitle);
  returnedItem.setReturnedDate(now);
  return returnedItem;
}
```

createReturnedItem 메서드는 반납아이템(ReturnedItem)을 생성하는 메서드다.

Rental은 사용자가 도서를 대출할 수 있는 상태인지 또는 도서 연체나 연체료 미납으로 인해 대출을 할 수 없는 상태인지 확인할 수 있는 도서 대출 상태를 담고 있다. 도서 대출 상태는 다음과 같이 표준 타입으로 구현했다.

도서 대출 상태 열거형   RentalStatus.java

```
public enum RentalStatus {
  RENT_AVAILABLE(0,"대출가능","대출가능상태"),
  RENT_UNAVAILABLE(1,"대출불가","대출불가능상태");
}
```

보다시피 표준 타입인 열거형으로 정의돼 있다.

7.1.7 내부 영역 – 서비스 개발

앞에서 도서 대출 및 반납의 책임은 도메인 객체인 Rental에 있는 것을 확인했다. 도서 대출과 반납은 핵심 비즈니스 로직으로서 서비스 구현체에서는 핵심 비즈니스 로직 외의 비즈니스 흐름을 처리하는 역할을 한다. 즉, 도메인 모델의 책임 범위를 벗어나 도메인 모델에서 직접 처리할 수 없는 저장소 처리, 다른 서비스와의 연계 처리 등을 서비스 구현체에서 구현한다.

도메인 주도 설계에서는 서비스를 도메인 서비스[4]와 애플리케이션 서비스로 구분하는데, 도메인 서비스는 엔티티 객체나 값 객체에서 수행하기가 부자연스럽거나 어색한 행동을 처리한다. 보통 여러 도메인 모델에 걸친 규칙이나 개념이 이에 해당한다. 애플리케이션 서비스는 업무 처

---

4   이 책의 162쪽에 나오는 도메인 서비스에 대한 설명을 참고한다.

리 흐름을 의미하는 유스케이스 흐름을 처리한다. 여기서 서비스의 역할은 애플리케이션 서비스다.

그럼 앞에서 구현한 도메인 모델을 기반으로 도서 대출의 비즈니스 처리 흐름부터 살펴보자. 도서 대출의 비즈니스 처리 흐름을 담고 있는 대출 서비스의 인터페이스는 다음과 같다.

도서 서비스 인터페이스의 도서 대출 메서드   RentalService.java

```java
public interface RentalService {
    ... 중략 ...

    // 도서 대출
    Rental rentBook(Long userId, Long bookId, String bookTitle);
```

대출 서비스 인터페이스다. 도서 대출 시 Rental을 찾기 위해 대출하는 사용자 일련번호와 대출하고자 하는 도서 일련번호, 도서 제목을 받는다.

다음은 대출 서비스를 구현하는 메서드로, 흐름은 다음과 같다.

도서 서비스 구현체의 도서 대출 메서드   RentalServiceImpl.java

```java
@Service
@Transactional
public class RentalServiceImpl implements RentalService {
    ... 중략 ...

    //도서 대출 처리 구현
    @Transactional
    public Rental rentBook(Long userId, Long bookId, String bookTitle) {
        Rental rental = rentalRepository.findByUserId(userId).get(); //Rental 조회(1)
        rental.checkRentalAvailable();  // 대출 가능 상태 확인(2)
        rental = rental.rentBook(bookId, bookTitle); //Rental에 대출 처리 위임(3)
        rentalRepository.save(rental); //Rental 저장(4)

        //도서 서비스에 도서재고 감소를 위해 도서대출 이벤트 발송
        rentalProducer.updateBookStatus(bookId, "UNAVAILABLE"); //(5)

        //도서 카탈로그 서비스에 대출된 도서로 상태를 변경하기 위한 이벤트 발송
        rentalProducer.updateBookCatalog(bookId, "RENT_BOOK"); //(6)
```

```
    //대출로 인한 사용자 포인트 적립을 위해 사용자 서비스에 이벤트 발송
    rentalProducer.savePoints(userId); // (7)

    return rental;
}
```

먼저 사용자 일련번호에 해당하는 Rental을 찾고(1) 해당 Rental이 도서 대출 가능 상태인지 확인한다(2). 대출이 가능한 상태라면 Rental에 도서 정보를 전달해서 도서 대출 처리를 위임한다(3). 대출 처리가 완료되면 Rental을 대출 리포지토리에 저장한다(4).

다음으로 도서 대출로 인해 발생해야 할 다른 서비스 업무를 처리하기 위한 정보를 담은 이벤트를 도서 마이크로서비스, 도서 카탈로그 마이크로서비스, 사용자 마이크로서비스에 전송한다.

도서 마이크로서비스에는 대출로 인한 도서재고 감소를 반영하기 위해 해당 도서의 대출을 알리고(5), 도서 카탈로그 마이크로서비스에는 도서가 대출된 상태로 검색되도록 이벤트를 발송하고(6), 도서를 대출할 때마다 포인트를 적립할 수 있기 때문에 사용자 마이크로서비스에는 포인트 적립 이벤트를 전송한다(7).

외부 마이크로서비스로 이벤트를 전송할 때는 의존성을 낮추기 위해 비동기로 호출하는데, 비동기 이벤트 처리를 위해 아웃바운드 어댑터를 호출한다. 여기서 아웃바운드 어댑터 클래스를 직접 호출하지 않고 아웃바운드 어댑터의 행위가 추상화된 인터페이스 클래스에 의존한다는 점에 주목하자. 메시지를 카프카에 직접 전송하는 것이 구현된 부분은 아웃바운드 어댑터 영역에서 살펴보겠다.

다음으로 도서 반납 처리의 서비스 흐름을 살펴보자.

도서 서비스 인터페이스의 도서 반납 메서드   RentalService.java

```
//도서 반납
Rental returnBooks(Long userId, Long bookId);
```

앞서 대출 처리에서 살펴본 대출 서비스 인터페이스에 위와 같은 도서 반납 메서드가 선언돼 있다. 도서 반납 시 Rental을 찾기 위한 사용자 일련번호와 대출된 도서 일련번호를 받는다.

다음은 이 메서드의 실제 구현이다.

```
// 도서 반납 구현
@Transactional
public Rental returnBooks(Long userId, Long bookId) {
  Rental rental = rentalRepository.findByUserId(userId).get(); //반납아이템 검색(1)
  rental = rental.returnbook(bookId);                 //Rental에 반납 처리 위임(2)
  rental = rentalRepository.save(rental);                    //Rental 저장(3)

  //도서 서비스에 도서재고 증가를 위해 도서반납 이벤트 발송
  rentalProducer.updateBookStatus(bookId, "AVAILABLE");              //(4)

  //도서 카탈로그 서비스에 대출 가능한 도서로 상태를 변경하기 위한 이벤트 발송
  rentalProducer.updateBookCatalog(bookId, "RETURN_BOOK");           //(4)

  return rental;
}
```

도서 반납은 도서 대출 로직과 매우 유사하다. 먼저 사용자 일련번호에 해당하는 Rental을 찾고 (1), Rental에 반납하고자 하는 도서 일련번호를 전달해서 도서 반납을 위임한다(2). 반납이 끝난 Rental은 대출 리포지토리를 통해 저장한다(3).

그런 다음, 도서의 상태가 변경됐기 때문에 이를 관련 마이크로서비스에 전달하기 위해 도서 마이크로서비스와 도서 카탈로그 마이크로서비스로 도서 상태를 변경하기 위한 이벤트를 전송한다(4).

7.1.8 내부 영역 – 리포지토리 개발

앞에서 설명한 서비스에서 저장 처리를 담당하는 리포지토리가 등장했는데, 구현은 다음과 같다.

```
//Rental 엔티티의 리포지토리 인터페이스
@Repository
public interface RentalRepository extends JpaRepository<Rental, Long> {
  Optional<Rental> findByUserId(Long userId);
}
```

RentalRepository는 도메인 주도 설계의 리포지토리 패턴의 영향을 받은 Spring Data JPA의 Repository 인터페이스다. 리포지토리 패턴은 도메인 계층과 인프라스트럭처 계층을 분리해서 계층 간의 결합도를 낮추기 위한 패턴으로, 도메인 객체(애그리거트)의 생명주기, 즉 영속성을 관리한다.

Spring Data JPA의 Repository 인터페이스를 이용하면 지루하게 반복되는 SQL 문 작성을 손쉽게 해결할 수 있다. Spring Data JPA가 데이터에 대한 CRUD 처리에 대한 공통 인터페이스를 제공하고, 인터페이스만 작성하면 런타임 시 동적으로 구현체를 주입해 주기 때문이다. 이때 제공되는 기본적인 CRUD 메서드는 다음과 같다.

- findAll(): 전체 목록을 조회

- findOne(id): id로 단건 조회

- save(): 저장(Insert, Update)

- count(): 개수 조회

- delete(): 삭제

추가적인 메서드가 필요하면 메서드 이름으로 쿼리를 생성할 수도 있고, 직접 JPQL을 사용할 수도 있으며, 쿼리문을 객체로 표현할 수 있는 QueryDSL를 활용할 수도 있다.[5] 앞의 findByUserId 메서드는 기본 메서드 외에 사용자 일련번호로 검색하기 위해 메서드명으로 쿼리를 자동 생성하는 메서드를 선언한 것이다. 그럼 런타임에는 적절한 JPQL 쿼리가 자동으로 생성되어 실행된다. 이처럼 Spring Data나 JPA를 사용하면 용도에 맞게 쿼리 형식을 적절히 선택해서 구현할 수 있다.

이렇게 해서 내부 영역인 도메인 모델과 서비스까지 구현한 모습을 나타내면 그림 7.3과 같다.

---

5 JPA 관련 지식이 필요하다면 《자바 ORM 표준 JPA 프로그래밍》(에이콘, 2015)을 추천한다.

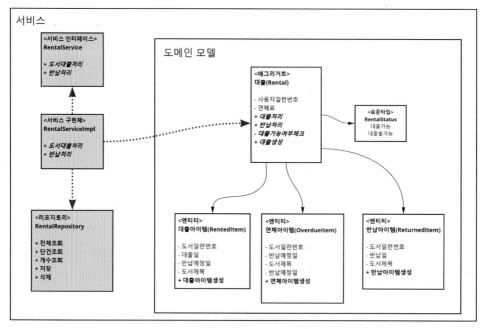

그림 7.3 도서 대출 서비스의 내부 영역

서비스 구현체가 특정 기능을 구현하기 위해 도메인 모델에 책임을 위임해서 처리하고 그것을 리포지토리를 통해 저장한다. 또한 내부 영역의 기능은 서비스 인터페이스에 의해 외부 영역에 공개된다. 내부 영역의 구조를 보면 특정 기술이 개입되지 않기 때문에 특정 기술에 대한 이해 없이도 누구나 쉽게 도서 대출 업무를 이해할 수 있을 것이다. 바로 이것이 도메인 모델링의 장점이다.

7.1.9 외부 영역 – REST 컨트롤러 개발

도메인 모델과 서비스 인터페이스, 서비스 구현체를 통해 대략적인 비즈니스 개념을 정의하고 비즈니스 흐름을 처리하는 방식을 살펴봤다. 이렇게 완성된 비즈니스 로직은 프런트엔드와 약속된 API로 외부로 공개되어 프런트엔드에 의해 활용돼야 한다. REST 컨트롤러는 구현된 서비스의 REST API를 발행한다.

REST 컨트롤러는 프런트엔드에 제공할 API를 내부 영역의 도메인 기능을 활용해 적절히 제공해야 한다. 따라서 API 변환 외의 비즈니스 로직 처리는 내부 영역의 서비스 구현체에 위임해야 한다.

대출 서비스의 REST 컨트롤러인 RentalResource에서는 도서 대출 API임을 쉽게 인지할 수 있
는 적절한 리소스명("/rentals/{userid}/RentedItem/{books}")과 HTTP 표준 메서드인 POST
방식으로 선언해서 제공한다. 주요 비즈니스 로직에 대한 처리는 RentalService의 rentBook을 호
출해서 위임한다.

도서 반납은 DELETE 방식으로 선언했으며, "/rentals/{userid}/RentedItem/{book}"이라는 리
소스명으로 제공한다. 도서 반납에 대한 비즈니스 로직 처리는 RentalService의 returnBook을 호
출해서 위임한다.

도서 대출을 담당하는 REST 컨트롤러　　　　　　　　　　　　　　　　　　　　RentalResource.java

```java
@RestController
@RequestMapping("/api")
public class RentalResource {

    ... 중략 ...

    /**
    * 도서 대출 API
    * @param userid
    * @param bookId
    * @return
    */
    @PostMapping("/rentals/{userid}/RentedItem/{book}")
    public ResponseEntity<RentalDTO> rentBook(@PathVariable("userid") Long userid,
                                              @PathVariable("book") Long bookId) { //(1)
        //도서 서비스를 호출해 도서 정보 가져오기
        ResponseEntity<BookInfoDTO> bookInfoResult = bookClient.findBookInfo(bookId); //(2)
        BookInfoDTO bookInfoDTO = bookInfoResult.getBody();

        Rental rental= rentalService.rentBook(userid, bookInfoDTO.getId(),
                                              bookInfoDTO.getTitle());    //(3)
        RentalDTO rentalDTO = rentalMapper.toDto(rental);
        return ResponseEntity.ok().body(rentalDTO);                      //(4)
    }

    /**
    * 도서 반납 API
```

```
 * @param userid
 * @param book
 * @return
 */
@DeleteMapping("/rentals/{userid}/RentedItem/{book}")
public ResponseEntity returnBook(@PathVariable("userid") Long userid,
                                 @PathVariable("book") Long book) {
  Rental rental = rentalService.returnBook(userid, book);
  RentalDTO result = rentalMapper.toDto(rental);
  return ResponseEntity.ok().body(result);
}
}
```

도서 대출 API를 구현하기 위한 REST 컨트롤러의 처리 흐름은 다음과 같다.

1. HTTP POST 방식으로 사용자 일련번호와 대출할 도서 일련번호를 받는다(1).

2. 도서 일련번호로 도서 서비스를 동기 호출해서 도서가 대출 가능한 상태인지 검증하고 대출할 도서의 세부 정보를 가져온다(2).

3. 내부 영역의 서비스를 호출해서 도서 대출을 수행한다(3).

4. 도서 대출을 처리한 Rental 정보를 DTO로 변경해 HTTP 요청의 본문 정보로 담아 클라이언트에 반환한다(4).

도서 서비스를 동기 호출해서 상세 도서 정보를 가져오는 부분은 다음 절에서 설명하는 외부 영역 아웃바운드 처리에서 살펴보겠다.

7.1.10 외부 영역 – 아웃바운드 어댑터 개발(동기 호출)

앞에서 설명한 서비스와 REST API 컨트롤러에서 아웃바운드 어댑터를 이용해 다른 서비스에 데이터를 가져오고 보내는 흐름이 있다는 것을 확인했다. 다음 페이지의 그림 7.4는 그러한 과정을 보여준다.

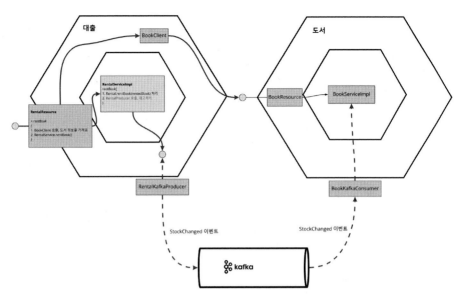

그림 7.4 대출과 도서 서비스 간 아웃바운드 동기/비동기 통신

도서 대출 REST 컨트롤러(RentalResource)에서는 도서 정보를 검증하고 상세 정보를 요청하기 위해 도서 마이크로서비스에 대한 REST 클라이언트(BookClient)를 이용한다. 또한 도서 대출을 완료했을 때 도서 마이크로서비스를 대상으로 도서 상태 변경(RentalKafkaProducer)을 요청해야 하고, 도서 카탈로그 마이크로서비스에 해당 도서가 대출 중임을 나타내는 처리를 해야 한다. 이 두 가지 처리를 위해 아웃바운드 비동기 어댑터를 통해 메시지 이벤트를 전송한다.

지금부터 이러한 아웃바운드 어댑터 처리의 구현에 대해 알아보자. 다음 순서로 살펴보겠다.

- 페인 라이브러리를 활용한 동기 메시지 호출(BookClient)
- 카프카 메시지 큐를 활용한 비동기 메시지 전송(RentalKafkaProducer)

타 서비스에 대한 동기 호출: 페인 클라이언트 연결

페인은 REST 기반 동기 서비스 호출을 추상화한 Spring Cloud Netflix 라이브러리다. 페인을 이용하면 웹 서비스 클라이언트를 손쉽게 작성할 수 있다. 인터페이스만 구현하면 구체적인 HTTP 통신을 위한 구체 클라이언트를 생성해 주며, 스프링이 런타임에 구현체를 제공한다.

페인 클라이언트를 직접 구현하기에 앞서 페인을 적용할 애플리케이션의 application.yml을 다음과 같이 수정한다(Rental, Book). 수정할 내용은 페인과 히스트릭스의 설정이다. (application.yml 파일의 경로는 src/main/resources/config/application.yml다.)

```yaml
feign:
  hystrix:
    enabled: true
  client:
    config:
      default:
        connectTimeout: 5000
        readTimeout: 5000

# See https://github.com/Netflix/Hystrix/wiki/Configuration
hystrix:
  command:
    default:
      execution:
        isolation:
          strategy: SEMAPHORE
          # See https://github.com/spring-cloud/spring-cloud-netflix/issues/1330
          thread:
            timeoutInMilliseconds: 10000
```

페인과 히스트릭스 설정에서 페인을 먼저 사용한다고 하더라도 페인의 설정보다는 히스트릭스의 설정이 우선된다.

히스트릭스를 사용하는 경우 기본적으로 스레드 타임아웃이 1초이기 때문에 기본 설정으로는 페인의 연결, 읽기 타임아웃이 1초 이상인 경우라도 1초 안에 응답이 오지 않으면 폴백이 실행된다. 현재 예제에서는 폴백을 구현하지 않은 상태이기 때문에 타임아웃 시간을 10초로 길게 설정했다.

설정을 마쳤으면 페인 클라이언트를 작성해 보자. 먼저 도서 대출 서비스에 adaptor 패키지를 생성하고 BookClient를 작성한다.

도서 마이크로서비스에 대한 동기 호출을 위한 REST 클라이언트   BookClient.java

```java
package com.my.rental.adaptor;

import com.my.rental.config.FeignConfiguration;
import com.my.rental.web.rest.dto.BookInfoDTO;
import org.springframework.cloud.openfeign.FeignClient;
```

```
import org.springframework.http.ResponseEntity;
import org.springframework.web.bind.annotation.GetMapping;
import org.springframework.web.bind.annotation.PathVariable;

import java.util.List;

@FeignClient(name = "book", configuration = {FeignConfiguration.class})
public interface BookClient {
  @GetMapping("/api/books/bookInfo/{bookId}")
  ResponseEntity<BookInfoDTO> findBookInfo(@PathVariable("bookId") Long bookId);
}
```

findBookInfo 메서드에 bookId를 보내면 Book 서비스의 REST API를 호출해서 BookInfoDTO라는
객체를 반환한다. 도메인 모델을 외부에 노출시키지 않기 위해 DTO를 사용하며, BookInfoDTO
클래스는 다음과 같다. BookInfoDTO는 Book과의 동기 통신을 위한 DTO 객체이기 때문에 web.
rest 패키지 내의 dto 패키지에 생성한다.

도서 정보 데이터 전송 객체   BookInfoDTO.java

```
package com.my.rental.web.rest.dto;

... 중략 ...

@Getter
@Setter
public class BookInfoDTO implements Serializable {
  private Long id;
  private String title;
}
```

보다시피 일반적인 DTO 형식과 동일하다. 단, 도서 서비스에서 BookInfoDTO는 수신용 객체로
사용되기 때문에 생성자가 선언돼 있는 경우 에러가 발생한다. 따라서 이 클래스에서는 생성자
를 만들어서는 안 된다.

RentalResource에서 페인 클라이언트를 사용하는 방법은 다음과 같다.

도서 마이크로서비스에 대한 동기 호출을 위한 페인 클라이언트 사용   *RentalResource.java*

```java
public class RentalResource {
    ...
    private final BookClient bookClient;
    ...
    public RentalResource(RentalService rentalService, RentalMapper rentalMapper,
BookClient bookClient, UserClient userClient) {
        this.rentalService = rentalService;
        this.rentalMapper = rentalMapper;
        this.bookClient = bookClient;
        this.userClient = userClient;
    }
    ...

    public ResponseEntity rentBooks(...)
        ...
        // 도서 서비스를 호출해 책 정보 가져오기(페인 활용)
        ResponseEntity<BookInfoDTO> bookInfoResult = bookClient.findBookInfo(bookId);
        ...
```

위와 같이 BookClient를 상단에 선언하고 생성자에 포함시킨다. 다음으로 도서 정보를 받아와야 하는 로직에서 bookClient에 선언한 메서드를 호출해서 통신하고 그 결과를 받아온다.

그럼 이 페인 클라이언트의 호출을 받는 도서 마이크로서비스의 구현을 잠시 살펴보자. 위 메서드의 호출에 반응하는 도서 마이크로서비스에서 REST 컨트롤러를 구현한 내용은 간단하다. 다음과 같이 도서 마이크로서비스의 REST 컨트롤러에 대출 서비스에서 생성한 BookClient의 메서드와 동일한 메서드를 선언한다.

도서 마이크로서비스 내 REST 컨트롤러의 도서 정보 조회 API   *BookResource.java*

```java
@GetMapping("/books/bookInfo/{bookId}")
public ResponseEntity<BookInfoDTO> findBookInfo(@PathVariable("bookId") Long bookId) {
    Book book = bookService.findBookInfo(bookId); //(1)
    BookInfoDTO bookInfoDTO = new BookInfoDTO(bookId, book.getTitle()); //(3)
    return ResponseEntity.ok().body(bookInfoDTO);
}
```

먼저, 매개변수로 받은 bookId로 bookService를 통해 도서 정보를 반환하는 메서드를 호출한다(1).

도서 마이크로서비스 내 서비스 구현체의 도서 정보 조회 메서드   BookServiceImpl.java

```java
@Override
@Transactional
public Book findBookInfo(Long bookId) {
  return bookRepository.findById(bookId).get(); //(2)
}
```

그럼 도서 서비스 구현체에서는 매개변수로 받은 bookId로 서비스 구현체에서 도서를 찾아 반환하고(2), 다시 REST 컨트롤러에서 반환받은 Book 객체에서 도서 일련번호와 도서 제목 정보를 추출해 DTO인 BookInfoDTO로 만들어 반환한다(3).

이렇게 양 마이크로서비스에서 DTO를 활용해야 하므로 두 서비스에 같은 DTO 클래스가 존재해야 한다. 다음은 도서 마이크로서비스에 있는 BookInfoDTO 클래스다.

도서 마이크로서비스의 데이터 전송 객체   BookInfoDTO.java

```java
package com.my.book.web.rest.dto;
import javax.validation.constraints.NotNull;
import java.io.Serializable;

@Getter
@Setter
@AllArgsConstructor //BookInfoDTO 생성자 선언
public class BookInfoDTO implements Serializable {
  private Long id;
  private String title;
}
```

BookInfoDTO 또한 Rental에서와 마찬가지로 dto 패키지 아래에 생성했다. Rental에 있는 BookInfoDTO와의 차이점은 BookInfoDTO의 생성자가 선언돼 있다는 것인데, 이는 BookResource에서 BookId를 BookInfoDTO로 재조합하는 과정에서 필요하기 때문이다.

EnableFeignClients 처리

마지막으로 페인 클라이언트를 사용하려면 페인 클라이언트를 사용하는 대출 서비스의 애플리케이션에 @EnableFeignClients라는 애너테이션을 지정해야 한다.

대출 애플리케이션의 페인 클라이언트 사용 설정   RentalApp.java

```java
@SpringBootApplication
@EnableConfigurationProperties({LiquibaseProperties.class, ApplicationProperties.class})
@EnableDiscoveryClient
@EnableFeignClients
public class RentalApp {
...
```

위와 같이 `@EnableFiegnClients`를 설정하면 스프링 부트가 `@FeignClient`라고 설정된 모든 인터페이스를 찾아 구현체를 만든다. `@FeignClient`는 앞에서 구현한 `BookClient` 클래스에 지정한 바 있다.

다음으로 카프카를 활용해 비동기 메시지 전송 처리를 구현하겠다.

7.1.11 외부 영역 – 아웃바운드 어댑터 개발(비동기 호출 EDA 구현)

타 서비스에 대한 비동기 호출 처리: 카프카를 이용한 EDA 구현(Rental과 Book)

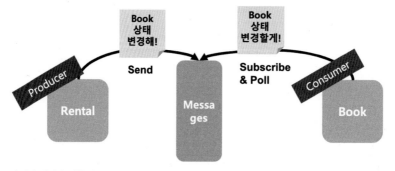

그림 7.5 도서 상태 변경에 대한 비동기 통신

그림 7.5와 같이 대출 마이크로서비스에서 도서 대출과 반납을 진행한 후 결과에 따라 도서 마이크로서비스에서는 해당 도서의 상태를 대출 불가능과 대출 가능으로 변경해야 한다.

- 도서 대출 완료 시의 도서 상태: 대출 불가능
- 도서 반납 완료 시의 도서 상태: 대출 가능

서비스가 분리돼 있는 상태에서 도메인 이벤트를 비동기 통신으로 전송해 비즈니스 일관성을 맞출 수 있다. 이처럼 시스템은 각기 독립성을 유지하면서 다른 서비스의 이벤트 변화를 기반으로 각 서비스를 연계해서 구성하는 것을 이벤트 기반 아키텍처(EDA; Event-Driven Architecture)라고 한다. 이벤트 메시지를 전송할 때 응답이 없는 비동기 메시지 처리 메커니즘의 신뢰성을 보장하려면 메시지 큐가 필요한데, 이 책에서는 아파치 카프카를 사용하기로 한다.

대출 서비스에 카프카 Producer 만들기

대출 서비스의 하위 패키지로 adaptor 패키지를 생성한 뒤 adaptor 패키지 안에 RentalProducer.java와 RentalProducerImpl.java 파일을 생성한다. adaptor 패키지에는 외부 영역의 아웃바운드 어댑터를 구현한 클래스를 둔다.

RentalProducer는 아웃바운드 어댑터 인터페이스로서 서비스가 어댑터를 직접 호출하지 않도록 아웃바운드 어댑터의 행위가 추상화된 클래스다.[6] RentalProducerImpl은 아웃바운드 어댑터 구현체로서 도메인 이벤트를 카프카에 메시지로 변환해서 발송한다.

먼저 RentalProducer의 코드는 다음과 같다.

메시지 발송을 위한 아웃바운드 어댑터 인터페이스   RentalProducer.java

```java
public interface RentalProducer {

    //도서 서비스의 도서 상태 변경
    void updateBookStatus(Long bookId, String bookStatus)
        throws ExecutionException, InterruptedException, JsonProcessingException

    //사용자 서비스의 포인트 적립
    void savePoints(Long userId, int pointPerBooks)
        throws ExecutionException, InterruptedException, JsonProcessingException;

    //도서 카탈로그 서비스의 도서 상태 변경
    void updateBookCatalogStatus(Long bookId, String eventType)
        throws InterruptedException, ExecutionException, JsonProcessingException;
}
```

아웃바운드 어댑터 구현체는 다음과 같다.

---

6 앞에서 헥사고날 아키텍처에서 언급했던 의존성 역전 원칙이 적용된 아웃바운드 어댑터의 인터페이스다.

비동기 메시지 발송을 위한 아웃바운드 어댑터 구현체   RentalProducerImpl.java

```java
package com.my.rental.adaptor;

import com.fasterxml.jackson.core.JsonProcessingException;
import com.fasterxml.jackson.databind.ObjectMapper;
import com.my.rental.config.KafkaProperties;
import com.my.rental.domain.UpdateBookEvent;
import org.apache.kafka.clients.producer.KafkaProducer;
import org.apache.kafka.clients.producer.ProducerRecord;
...

@Service
public class RentalProducerImpl implements RentalProducer {
  private final Logger log = LoggerFactory.getLogger(RentalProducer.class);

  // 토픽명
  private static final String TOPIC_BOOK = "topic_book";
  private static final String TOPIC_CATALOG = "topic_catalog";
  private static final String TOPIC_POINT = "topic_point"; //(1)

  private final KafkaProperties kafkaProperties;
  private final static Logger logger = LoggerFactory.getLogger(RentalProducer.class);
  private KafkaProducer<String, String> producer;
  private final ObjectMapper objectMapper = new ObjectMapper();

  public RentalProducer(KafkaProperties kafkaProperties) {
    this.kafkaProperties = kafkaProperties;
  }

  @PostConstruct
  public void initialize() {
    log.info("Kafka producer initializing...");
    this.producer = new KafkaProducer<>(kafkaProperties.getProducerProps());
    Runtime.getRuntime().addShutdownHook(new Thread(this::shutdown));
    log.info("Kafka producer initialized");
  }

  // 도서 서비스의 도서 상태 변경에 대한 카프카 메시지 발행
```

```java
public void updateBookStatus(Long bookId, String bookStatus)
    throws ExecutionException, InterruptedException, JsonProcessingException {
  StockChanged stockChanged = new StockChanged(bookId, bookStatus);  //(2)
  String message = objectMapper.writeValueAsString(stockChanged);
  producer.send(new ProducerRecord<>(TOPIC_BOOK, message)).get();     //(3)
}

// 사용자 서비스의 포인트 적립에 대한 카프카 메시지 발행
public void savePoints(Long userId, int points)
    throws ExecutionException, InterruptedException, JsonProcessingException {
  PointChanged pointChanged = new PointChanged(userId, points);      //(4)
  String message = objectMapper.writeValueAsString(pointChanged);
  producer.send(new ProducerRecord<>(TOPIC_POINT, message)).get();  //(5)
}

// 도서 카탈로그 서비스의 도서 상태 변경에 대한 카프카 메시지 발행
public void updateBookCatalogStatus(Long bookId, String eventType)
    throws ExecutionException, InterruptedException,JsonProcessingException {
  BookCatalogChanged bookCatalogChanged = new BookCatalogChanged();  //(6)
  bookCatalogChanged.setBookId(bookId);
  bookCatalogChanged.setEventType(eventType);
  String message = objectMapper.writeValueAsString(bookCatalogChanged);
  producer.send(new ProducerRecord<>(TOPIC_CATALOG, message)).get(); //(7)
}

@PreDestroy
public void shutdown() {
  log.info("Shutdown Kafka producer");
  producer.close();
}
...
```

이 코드에서 비동기 이벤트 메시지를 발행하는 경우는 3가지다. 첫 번째는 도서 마이크로서비스의 도서 상태를 변경하는 경우이고, 두 번째는 포인트를 적립하는 경우, 마지막 세 번째는 도서 카탈로그 마이크로서비스의 도서 상태를 변경하는 경우다.

카프카의 메시지 교환 통로가 되는 토픽은 별도의 설정 없이 발행하는 쪽과 받는 쪽의 토픽을 동일하게 맞추면 각 토픽에 해당하는 메시지를 받게 된다(1).

먼저 도서 대출 시 도서 마이크로서비스의 대출 가능 상태를 변경하기 위한 updateBookStatus 메서드를 보자. StockChanged라는 도메인 이벤트를 생성해서(2) 메시지를 보내는 것을(3) 확인할 수 있다. 메시지를 보낼 때는 ObjectMapper로 StockChangead 도메인 이벤트를 문자열 메시지 형태로 변경하고 ProducerRecord에 담아 발행한다.

다음으로 도서 대출/반납 시 사용자 마이크로서비스의 포인트 적립을 위한 이벤트를 발행하는 savePoints 메서드를 보자. PointChanged 이벤트를 생성해서(4) 메시지로 변경한 후 전송한다 (5).

마지막으로 도서 대출/반납 시 도서 카탈로그 마이크로서비스의 대출 가능 상태를 변경하기 위한 updateBookCatalogStatus 메서드를 보자. BookCatalogChanged 이벤트를 생성해서(6) 메시지를 변경한 후 발송한다(7).

이처럼 이벤트가 전달되는 경우와 그 경로를 그림 7.6에서 확인할 수 있다.

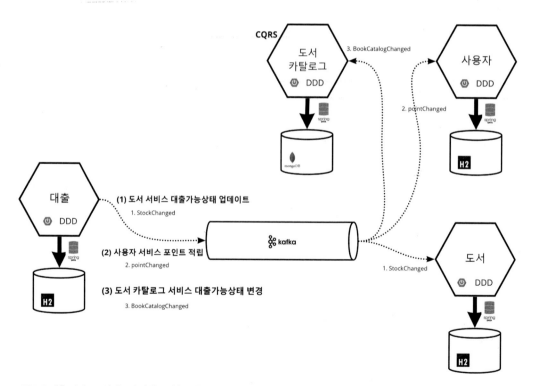

그림 7.6 대출 마이크로서비스의 이벤트 전송 흐름

보다시피 도서 대출 시 (1) 도서 마이크로서비스의 도서 대출 가능 상태를 업데이트하기 위해 StockChanged 이벤트를 발행하고, (2) 사용자 서비스에 포인트를 적립하는 PointChanged 이벤트를 발행한 후, (3) 도서 카탈로그 마이크로서비스의 도서 대출 상태를 변경하기 위해 BookCatalogChanged 이벤트를 발행한다.

이어서 도서 마이크로서비스의 대출 가능 상태를 변경하기 위한 StockChanged 이벤트의 발행 과정을 상세히 살펴보자.

도메인 이벤트 객체 – StockChanged.java

도메인 이벤트 객체   StockChanged.java

```java
package com.my.rental.domain.event;
... 중략 ...


@Getter
@Setter
@AllArgsConstructor
public class StockChanged {
  //도서 일련번호
  private Long bookId;
  //도서 상태
  private String bookStatus;
}
```

StockChanged는 말 그대로 도서 재고 상태 변경을 위한 도메인 이벤트 객체로, 도서 일련번호와 도서 상태를 가지고 있으며 domain 패키지 아래의 event 패키지에 생성한다.

앞에서 한번 살펴봤지만 메시지를 보낼 때는 다음과 같이 보내면 된다.

서비스 구현체에서 비동기 메시지 전송   RentalServiceImpl.java

```java
@Service
@Transactional
public class RentalServiceImpl implements RentalService {
  ...
  private final RentalProducerService rentalProducerService;
  ...
  public Rental returnBook(Long userId, Long bookId) {
```

```
...
rentalProducerService.updateBookStatus(bookId, "AVAILABLE");
...
}
```

위 코드는 책을 반납한 뒤, 도서 마이크로서비스에서 책 상태를 변경하기 위해 보내는 메시지다.

아웃바운드 어댑터의 인터페이스인 RentalProducerService를 private final로 선언하고 도서 반납 메서드(returnBooks)에서 bookId를 받아 bookId와 "AVAILABLE"이라는 상태 메시지를 담아 메시지를 보낸다.

그럼 메시지는 카프카로 잘 발행됐으니, 대출 서비스가 보내는 카프카 메시지를 구독할 도서 마이크로서비스의 컨슈머(Consumer)를 만들어보자.

도서 마이크로서비스에 컨슈머(Consumer) 어댑터 구현하기

대출 서비스에 구현한 것과 마찬가지로 도서 서비스의 하위 패키지로 adaptor 패키지를 생성한 후 adaptor 패키지 안에 BookConsumer.java 파일을 생성한다. 컨슈머는 들어오는 인바운드 어댑터다.

도서 마이크로서비스의 메시지 컨슈머 어댑터 구현   BookConsumer.java

```java
package com.my.book.adaptor;

import ...

@Service
public class BookConsumer {
    private final Logger log = LoggerFactory.getLogger(BookConsumer.class);
    private final AtomicBoolean closed = new AtomicBoolean(false);
    // 토픽명
    public static final String TOPIC = "topic_book";
    private final KafkaProperties kafkaProperties;
    private KafkaConsumer<String, String> kafkaConsumer;
    private BookService bookService;
    private ExecutorService executorService = Executors.newCachedThreadPool();

    public BookConsumer(KafkaProperties kafkaProperties, BookService bookService) {
        this.kafkaProperties = kafkaProperties;
```

```java
    this.bookService = bookService;
}

@PostConstruct
public void start() {
    log.info("Kafka consumer starting ...");
    this.kafkaConsumer = new KafkaConsumer<>(kafkaProperties.getConsumerProps());
    Runtime.getRuntime().addShutdownHook(new Thread(this::shutdown));
    kafkaConsumer.subscribe(Collections.singleton(TOPIC));
    log.info("Kafka consumer started");

    executorService.execute(()-> {
        try {
          while (!closed.get()) {
            ConsumerRecords<String, String> records
                            = kafkaConsumer.poll(Duration.ofSeconds(3));
            for(ConsumerRecord<String, String> record: records){
              log.info("Consumed message in {} : {}", TOPIC, record.value());
              ObjectMapper objectMapper = new ObjectMapper();
              StockChanged stockChanged =
                  objectMapper.readValue(record.value(), StockChanged.class);   //(1)
              bookService.processChangeBookState(stockChanged.getBookId(),
                                    stockChanged.getBookStatus()); //(2)
            }
          }
          kafkaConsumer.commitSync();
        } catch (WakeupException e) {
          if(!closed.get()) {
            throw e;
          }
        } catch (Exception e) {
          log.error(e.getMessage(), e);
        } finally {
          log.info("kafka consumer close");
          kafkaConsumer.close();
        }
      }
    );
}
```

```java
    public KafkaConsumer<String, String> getKafkaConsumer() {
      return kafkaConsumer;
    }

    public void shutdown() {
      log.info("Shutdown Kafka consumer");
      closed.set(true);
      kafkaConsumer.wakeup();
    }
  }
```

코드를 보면 카프카에서 읽은 메시지를 대출 마이크로서비스가 보낸 StockChanged 도메인 이벤트로 변환하고(1), 이 도메인 이벤트 정보를 가지고 bookService를 호출해 도서의 재고 상태를 업데이트한다(2).

다음은 도서 마이크로서비스에 존재하는 StockChanged 도메인 이벤트 클래스다. 대출 마이크로서비스가 보낸 도메인 이벤트 클래스와 동일하다.

도서 마이크로서비스의 도메인 이벤트 클래스   StockChanged.java

```java
package com.my.book.domain;
...
@Getter
@Setter
public class StockChanged {
  private Long bookId;
  private String bookStatus;
}
```

StockChanged는 Rental과 마찬가지로 domain 패키지 아래의 event 패키지에 위치한다.

다음 페이지의 그림 7.7은 앞에서 설명한 흐름과 내부 구조도 함께 표현한 것이다.

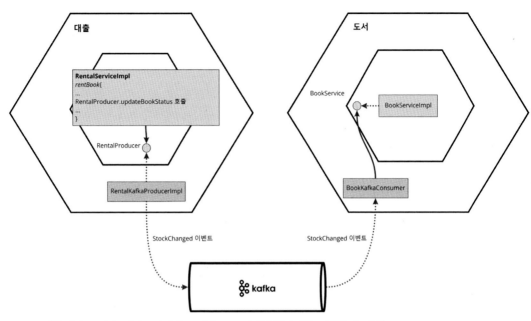

그림 7.7 대출 마이크로서비스에서 도서 마이크로서비스로 도서 상태 변경 이벤트가 전송되는 흐름

대출이 발생하면 대출 마이크로서비스의 서비스 구현체인 RentalServcieImpl에서 아웃바운드 어댑터 인터페이스인 RentalProducer를 호출하고, RentalRroducer의 어댑터 구현체인 RentalKafkaProducerImpl이 StockChanged 도메인 이벤트를 발행한다.

그러면 도서 마이크로서비스에서는 구독하고 있던 BookKafkaConsumer에서 해당 이벤트를 받아 내부의 BookService를 호출해서 도서의 대출 상태를 변경해 비즈니스 일관성을 맞춘다.

지금까지 구현한 대출 서비스의 내부 구조를 살펴보자. 다음 페이지의 그림 7.8을 통해 내부 영역을 기반으로 외부 영역까지 구현한 모습을 한눈에 볼 수 있다.

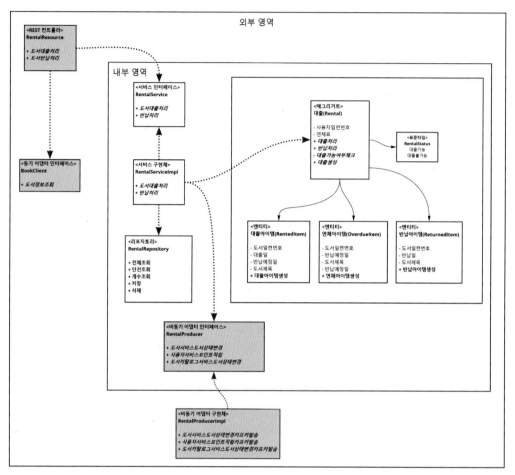

그림 7.8 대출 마이크로서비스의 내부 영역과 외부 영역의 구조

내부 영역만 구현한 그림 7.3과 달리 REST API를 발행하고, 이를 위해 다른 마이크로서비스와 동기/비동기 호출을 위한 어댑터도 구현했다. 특이한 점은 비동기 어댑터의 인터페이스가 개념적으로 내부 영역이라는 것이다(의존성 역전의 원칙 적용). 따라서 비동기 어댑터의 인터페이스만 만족한다면 카프카 외의 어떤 메시지 큐로도 변경될 수 있다.

7.1.12 내부 영역 - 도메인 모델 개발: 도서 연체 및 연체된 도서 반납

이번에는 다시 내부 영역으로 돌아가 도서 연체와 연체된 도서 반납 기능의 구현을 살펴보자. 앞에서 도서 대출과 반납이라는 중요한 흐름을 따라가 봤기 때문에 도서 연체 및 연체된 도서 반납은 어렵지 않을 것이다. 다음 페이지의 그림 7.9의 시퀀스 다이어그램을 보면 서비스 구현체가 대부분의 비즈니스 로직을 도메인 모델에 위임해서 처리한 것을 알 수 있다.

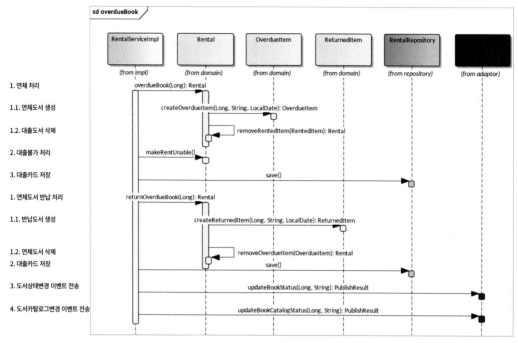

그림 7.9 연체 처리/연체아이템 반납에 대한 시퀀스 다이어그램

Rental 엔티티의 도서 연체/연체아이템 반납/대출 불가 처리   Rental.java

```java
// 연체 처리 메서드
public Rental overdueBook(Long bookId) {
    RentedItem rentedItem = this.rentedItems
        .stream()
        .filter(item -> item.getBookId().equals(bookId)).findFirst().get();
    this.addOverdueItem(OverdueItem.createOverdueItem(
                            rentedItem.getBookId(),
                            rentedItem.getBookTitle(),
                            rentedItem.getDueDate()));
    this.removeRentedItem(rentedItem);
    return this;
}


// 연체아이템 반납 처리 메서드
public Rental returnOverdueBook(Long bookId) {
    OverdueItem overdueItem = this.overdueItems
```

```
        .stream()
        .filter(item -> item.getBookId().equals(bookId)).findFirst().get();
    this.addReturnedItem(ReturnedItem.createReturnedItem(
                                    overdueItem.getBookId(),
                                    overdueItem.getBookTitle(),
                                    LocalDate.now()));
    this.removeOverdueItem(overdueItem);
    return this;
}


// 대출 불가 처리 메서드
public void makeRentUnable() {
    this.setRentalStatus(RentalStatus.RENT_UNAVAILABLE);
    this.setLateFee(this.getLateFee() + 30); //도서 연체 시 연체료 30포인트 누적
}
```

도서 대출 및 반납과 마찬가지로 Rental 엔티티 객체가 연체 처리와 연체된 도서의 반납 처리의
책임을 가지고 있다. 주요 비즈니스 로직을 처리하는 메서드는 다음과 같다.

- overdueBook(연체 처리): 도서 일련번호로 Rental에 기록돼 있는 대출아이템(RentedItem) 객체를 찾은
  뒤 연체아이템 객체(OverdueItem)를 만들고 Rental에 추가한 뒤 기존 대출아이템 객체는 삭제한다.

- returnOverdueBook(연체아이템 반납 처리): 도서 일련번호로 Rental에서 연체아이템(OverdueItem)을
  찾은 뒤 반납아이템 객체(ReturnedItem)를 만들어 Rental에 추가한 뒤 기존 연체아이템은 삭제한다.

- makeRentUnable(대출 불가 처리): 한 권의 도서라도 연체되면 대출 불가 처리가 이뤄져야 한다. 대출 가능
  여부 상태를 대출 불가로 변경하고 Rental에 연체료 30포인트를 기록한다.

서비스 흐름 처리

서비스 구현체에서는 이처럼 도메인 모델에서 정의된 로직을 사용해 저장소 처리 등의 기능을
구현해 비즈니스 로직의 유스케이스 구현을 완료한다.

서비스 구현체에서의 도서 연체/연체아이템 반납 처리에 대한 유스케이스 구현   RentalServiceImpl.java

```
//연체 처리
@Override
public Long beOverdueBook(Long rentalId, Long bookId) {
    Rental rental = rentalRepository.findById(rentalId).get(); //(1)
```

```
  rental= rental.overdueBook(bookId); //(2)
  rental= rental.makeRentUnable();     //(3)
  rentalRepository.save(rental);       //(4)
  return bookId;
}

//연체아이템 반납 처리
@Override
public Rental returnOverdueBook(Long userid, Long book) {
  Rental rental = rentalRepository.findByUserId(userid).get(); //(5)
  rental = rental.returnOverdueBook(book) //(6)
  rentalProducer.updateBookStatus(book, "AVAILABLE");     //(7)
  rentalProducer.updateBookCatalog(book, "RETURN_BOOK");  //(7)
  return rentalRepository.save(rental); //(8)
}
```

도서 연체 처리는 다음과 같은 흐름으로 이뤄진다.

1. 사용자 일련번호에 해당하는 Rental을 리포지토리에서 조회한다(1).

2. 도서 연체 처리를 Rental 객체에 위임해 처리한다(2).

3. Rental의 대출 가능 여부 상태를 대출 불가로 설정한(3) 후 리포지토리에 저장한다(4).

연체된 도서의 반납 처리는 다음과 같은 흐름으로 이뤄진다.

1. 사용자 일련번호에 해당하는 Rental을 리포지토리에서 조회한다(5).

2. 연체아이템 반납 처리를 Rental 엔티티 객체에 위임해 처리한다(6).

3. 카프카를 이용한 비동기 메시지 통신을 통해 도서 마이크로서비스와 도서 카탈로그 마이크로서비스에서 의 도서 상태를 대출 가능으로 변경한다(7).

4. Rental의 변경 내용을 리포지토리에 저장한다(8).

내부 영역의 모든 비즈니스 로직을 구현했으므로 외부 영역의 REST 컨트롤러에도 연체 처리와 연체아이템 반납 처리에 대한 API를 구현해 제공해야 한다. 이 부분은 앞에서 구현한 대출 처리 와 매우 비슷하므로 본문에서는 생략하고 별도로 제공되는 소스코드를 참고하기 바란다.

7.1.13 내부 영역 – 도메인 모델 개발: 대출 불가 해제 처리 기능 구현

앞에서 언급했듯이 도서가 연체되면 사용자는 대출 불가 상태로 처리되며, Rental에 연체료 30 포인트가 부여된다. 부과된 연체료를 모두 결제해야만 대출 불가 처리가 해제된다. 대출 불가 해제 처리를 구현해 보자.

Rental 엔티티에서의 대출 불가 해제 메서드 구현   Rental.java

```java
//대출 불가 해제 처리
public Rental releaseOverdue() {
  this.setLateFee(0); // (1)
  this.setRentalStatus(RentalStatus.RENT_AVAILABLE); //(2)
  return this;
}
```

Rental은 연체 상태를 해제하는 책임을 가지고 있다. 대출 불가 해제를 처리할 때는 사용자가 연체료만큼의 포인트를 결제했을 때다. 따라서 포인트 결제가 완료되어 연체를 해제할 때 현재 연체료를 0으로 수정하고(1), 대출 가능 여부를 대출 가능으로 변경한다(2).

서비스 구현체에서는 도메인 모델에 정의된 메서드를 호출해 비즈니스 로직의 구현을 완료한다. 다음은 대출 불가 해제를 위한 메서드가 선언된 대출 서비스 구현체다.

대출 서비스 구현체에서의 대출 불가 해제 유스케이스 구현   RentalServiceImpl.java

```java
//대출 불가 해제 처리
@Override
public Rental releaseOverdue(Long userId) {
  Rental rental = rentalRepository.findByUserId(userId).get(); //(1)
  rental = rental.releaseOverdue(); //(2)
  return rentalRepository.save(rental); //(3)
}
```

대출 불가 상태를 해제할 때는 사용자 일련번호에 해당하는 Rental을 조회한 후(1) Rental의 연체 해제 메서드를 호출해 처리한다(2). 그다음, 대출 리포지토리에 변경된 Rental을 저장한다(3).

7.1.14 외부 영역 - REST 컨트롤러 개발

대출 불가 해제 처리는 RentalResource에서 HTTP 표준 메서드 방식으로 제공된다. HTTP 리소스는 "/rentals/release-overdue/user/{userId}"로 정의했고 PUT 방식으로 선언했다. 주요 비즈니스 로직을 살펴보면 동기 이벤트인 userClient를 호출해서 포인트 결제를 처리하고, 그 결과에 따라 rentalService.releaseOverdue를 호출해서 위임한다.

다음 코드는 클라이언트로부터 대출 불가 해제 처리를 요청받는 RentalResource다.

REST 컨트롤러에서 대출 불가 해제 처리 API 구현   RentalResource.java

```java
@RestController
@RequestMapping("/api")
public class RentalResource {
    ... 중략 ...

    /**
     * 대출 불가 해제 API
     * @param userId
     * @return
     */
    @PutMapping("/rentals/release-overdue/user/{userId}")
    public ResponseEntity releaseOverdue(@PathVariable("userId") Long userId) {
        LateFeeDTO lateFeeDTO = new LateFeeDTO();  //(1)
        lateFeeDTO.setUserId(userId);
        lateFeeDTO.setLateFee(rentalService.findLateFee(userId)); //(2)

        try {
            userClient.usePoint(lateFeeDTO); //(3)
        } catch (FeignClientException e) {
            if (!Integer.valueOf(HttpStatus.NOT_FOUND.value()).equals(e.getStatus())) {
                throw e; //(4)
            }
        }
        RentalDTO rentalDTO = rentalMapper.toDto(rentalService.releaseOverdue(userId));//(4)
        return ResponseEntity.ok().body(rentalDTO);
    }
    ...
```

대출 불가 해제 API를 구현하기 위한 컨트롤러 처리 흐름을 살펴보자면 연체를 해제하기 위해서는 사용자의 포인트가 필요하다. 따라서 연체료만큼의 포인트가 차감돼야 한다. 따라서 먼저 외부 서비스인 사용자 마이크로서비스와의 통신을 위한 사용자 정보와 연체료 정보를 담을 객체인 LateFeeDTO를 생성한다(1). 그다음 Rental의 연체료를 조회해서 LatefeeDTO에 넣는다(2).

다음으로 결제 처리에서는 동기 호출(페인)로 사용자 마이크로서비스를 호출해 해당 연체료만큼 포인트를 차감한다(3). 그리고 나서 결제가 완료된 경우 대출 마이크로서비스를 호출해 대출 불가 해제를 수행한다(4). 만약 사용자 포인트가 해당 연체료보다 작아 연체료 결제에 실패한 경우 예외 처리를 수행한다. 이처럼 사용자 마이크로서비스에서 포인트 차감이 정확히 확인된 후에 대출 불가 해제를 하기 위해 동기 호출 방식을 사용했다.

그림 7.10은 연체 처리, 연체아이템 반납 처리, 대출 불가 처리, 대출 불가 해제 처리가 추가된 대출 마이크로서비스의 구조다. 이전 구조를 나타낸 그림에서 변경된 클래스는 회색 음영을 넣어 구분했다.

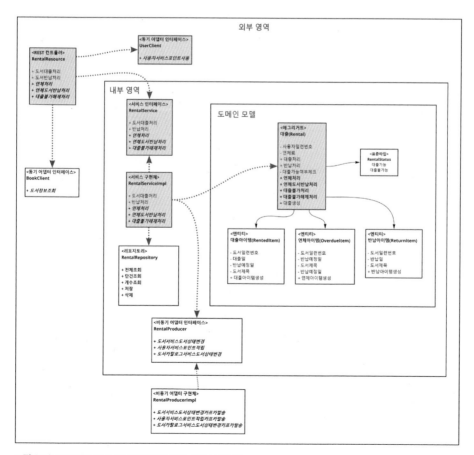

그림 7.10 연체 처리 등의 기능이 추가된 대출 서비스의 구조

대출 불가 해제 처리를 위해 추가한 사용자 마이크로서비스 동기 호출용 UserClient를 확인할
수 있다.

그림 7.10에서 대출 마이크로서비스의 구조를 그림으로 살펴봤는데 자바 프로젝트의 패키지 구
조로 표현하면 다음과 같다.

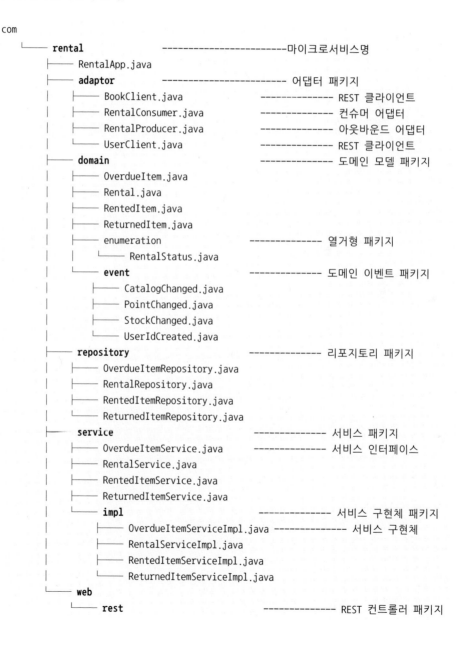

```
com
  └── rental                    ----------------------마이크로서비스명
        ├── RentalApp.java
        ├── adaptor             ---------------------- 어댑터 패키지
        │     ├── BookClient.java              -------------- REST 클라이언트
        │     ├── RentalConsumer.java          -------------- 컨슈머 어댑터
        │     ├── RentalProducer.java          -------------- 아웃바운드 어댑터
        │     └── UserClient.java              -------------- REST 클라이언트
        ├── domain              -------------- 도메인 모델 패키지
        │     ├── OverdueItem.java
        │     ├── Rental.java
        │     ├── RentedItem.java
        │     ├── ReturnedItem.java
        │     ├── enumeration              -------------- 열거형 패키지
        │     │     └── RentalStatus.java
        │     └── event                   -------------- 도메인 이벤트 패키지
        │           ├── CatalogChanged.java
        │           ├── PointChanged.java
        │           ├── StockChanged.java
        │           └── UserIdCreated.java
        ├── repository          -------------- 리포지토리 패키지
        │     ├── OverdueItemRepository.java
        │     ├── RentalRepository.java
        │     ├── RentedItemRepository.java
        │     └── ReturnedItemRepository.java
        ├── service             -------------- 서비스 패키지
        │     ├── OverdueItemService.java      -------------- 서비스 인터페이스
        │     ├── RentalService.java
        │     ├── RentedItemService.java
        │     ├── ReturnedItemService.java
        │     └── impl                   -------------- 서비스 구현체 패키지
        │           ├── OverdueItemServiceImpl.java -------------- 서비스 구현체
        │           ├── RentalServiceImpl.java
        │           ├── RentedItemServiceImpl.java
        │           └── ReturnedItemServiceImpl.java
        └── web
              └── rest                            -------------- REST 컨트롤러 패키지
```

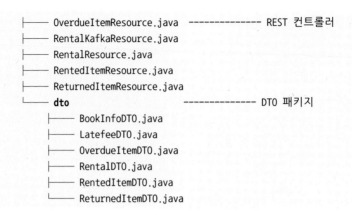

```
├──── OverdueItemResource.java  ──────────── REST 컨트롤러
├──── RentalKafkaResource.java
├──── RentalResource.java
├──── RentedItemResource.java
├──── ReturnedItemResource.java
└──── dto                       ──────────── DTO 패키지
        ├──── BookInfoDTO.java
        ├──── LatefeeDTO.java
        ├──── OverdueItemDTO.java
        ├──── RentalDTO.java
        ├──── RentedItemDTO.java
        └──── ReturnedItemDTO.java
```

6.4.1절의 패키지 구조와 명명 규칙을 반영해서 내부 영역과 외부 영역이 섞이지 않게 구성했
다. 내부 영역을 구성하는 패키지로 domain, domain.event, repository, service, service.impl이
있으며, 외부 영역을 구성하는 패키지로 adaptor, web.rest, web.rest.dto가 있다.

7.2 사용자 마이크로서비스 개발

앞에서 사용자 마이크로서비스를 생성하지 않았는데 어떻게 사용자 마이크로서비스
(UserService)가 존재하는지 궁금한 분들이 있을 것이다.

JHipster를 사용해 게이트웨이 서비스를 생성하면 게이트웨이 마이크로서비스 내에 사용자 기
능을 자동으로 구현한다. 기본적으로 JHipster의 게이트웨이는 프런트엔드도 담당하기 때문에
회원가입, 로그인, 회원 관리 등 기본적으로 갖춰야 할 사용자 기능을 모두 담고 있다.

그뿐만 아니라 스프링 시큐리티(Spring Security)를 활용한 보안, 권한 관리도 제공하며, 이메
일 인증 또한 제공한다. 따라서 이 책에서는 로그인, 회원가입, 보안과 권한 관리 등 기본적으로
JHipster가 제공하는 사용자 마이크로서비스를 되도록 그대로 사용했고 특별히 수정할 부분이
없다. 하지만 회원 가입 시 사용되는 이메일 인증의 경우 외부 이메일 서비스를 연결해야 사용
할 수 있기 때문에 이메일 인증 메서드는 모두 주석으로 처리했다. 해당 부분은 다음과 같다.

계정 REST 컨트롤러의 회원등록 메서드 AccountResource.java

```java
@RestController
@RequestMapping("/api")
public class UserResource {
  ... 중략 ...
  @PostMapping("/register")
  @ResponseStatus(HttpStatus.CREATED)
  public void registerAccount(@Valid @RequestBody ManagedUserVM managedUserVM)
            throws InterruptedException, ExecutionException, JsonProcessingException {
    if (!checkPasswordLength(managedUserVM.getPassword())) {
      throw new InvalidPasswordException();
    }
    User user = userService.registerUser(managedUserVM, managedUserVM.getPassword());
    // mailService.sendActivationEmail(user);
  }
```

보다시피 위 코드의 맨 마지막 줄인 mailService.sendActivationEmail(user);를 주석으로 처리한다.

계정 REST 컨트롤러의 사용자 생성 메서드 UserResource.java

```java
@RestController
@RequestMapping("/api")
public class UserResource {

  ... 중략 ...

  @PostMapping("/users")
  @PreAuthorize("hasAuthority(\"" + AuthoritiesConstants.ADMIN + "\")")
  public ResponseEntity<User> createUser(@Valid @RequestBody UserDTO userDTO)
      throws URISyntaxException, InterruptedException, ExecutionException,
                                              JsonProcessingException {
    log.debug("REST request to save User : {}", userDTO);

    if (userDTO.getId() != null) {
      throw new BadRequestAlertException("A new user cannot already have an ID",
                              "userManagement", "idexists");
      } else if (userRepository.findOneByLogin(userDTO.getLogin().toLowerCase()).isPre-
```

```
sent()) {
    throw new LoginAlreadyUsedException();
    } else if (userRepository.findOneByEmailIgnoreCase(userDTO.getEmail()).isPresent())
{
    throw new EmailAlreadyUsedException();
    } else {
    User newUser = userService.createUser(userDTO);
    //mailService.sendCreationEmail(newUser);
    return ResponseEntity.created(new URI("/api/users/" + newUser.getLogin()))
      .headers(HeaderUtil.createAlert(applicationName,
                                    "userManagement.created", newUser.getLogin()))
      .body(newUser);
    }
  }
}
```

마찬가지로 위 코드에서도 mailService.sendCreationEmail(newUser); 부분을 주석으로 처리한다. 앞의 두 부분을 제외하고도 sendActivationEmail 메서드를 검색해서 모두 주석으로 처리한다.

7.2.1 사용자 마이크로서비스의 기능 소개

먼저 사용자 마이크로서비스에서는 JHipster가 기본적으로 제공하는 사용자 기능 중 하나인 사용자 역할 관리가 어떻게 구현돼 있고 도서 대출 서비스의 연체료 처리를 위해 추가한 포인트 관리 기능이 어떻게 구현돼 있는지 살펴보겠다. 참고로 포인트 관리 기능으로는 포인트 부여와 적립, 결제 기능을 구현했다.

먼저 사용자 역할 관리 기능의 구현을 자세히 살펴보자. 그런 다음 사용자 생성 기능과 연계한 도서 Rental 발급, 포인트 관리 기능 순으로 살펴보겠다.

7.2.2 API 설계

다음은 사용자 정보가 수정될 때 호출되는 API다.

API명	사용자 정보 수정
리소스 URI	"/users"
메서드	PUT

요청 매개변수	▪ 사용자 일련번호 ▪ 로그인 아이디 ▪ 이름 ▪ 성 ▪ 이메일 주소 ▪ 이미지명 ▪ 활성화 여부 ▪ 언어 구분 ▪ 생성자 ▪ 생성일자 ▪ 수정자 ▪ 수정일자 ▪ 권한 ▪ 포인트
요청 URI 예시	http://localhost:8080/users/

요청 예시	<pre>{
	  "id": 5,
	  "login": "user1",
	  "firstName": "Han",
	  "lastName": "Scant",
	  "email": "user1@sample.com",
	  "imageUrl": "user1_profile.jpg",
	  "activated": true,
	  "langKey": "ko",
	  "createdBy": "anonymousUser",
	  "createdDate": "2020-10-15T07:36:59.690910Z",
	  "lastModifiedBy": "system",
	  "lastModifiedDate": "2020-10-15T07:47:47.155223Z",
	  "authorities": [
	    "ROLE_USER",
	    "ROLE_ADMIN"
	  ],
	  "point": 1120
	}</pre>

응답 값	정상 처리 시 HTTP 상태코드 중 요청 성공을 나타내는 200을 반환
응답 예시	code 200

사용자 정보 수정을 위해 /users를 PUT 방식으로 호출하고 requestBody로 UserDTO를 보내면 사용자 정보를 수정한다. 이때 권한도 함께 수정되는데, ADMIN 권한을 가진 사용자만 위 URI에 대한 접근이 허용된다.

다음은 포인트 결제 API다. 포인트 결제 API는 대출 서비스의 연체 해제 요청 시 호출되는 API다.

API명	포인트 결제
리소스 URI	"/users/latefee"
메서드	PUT
요청 매개변수	▪ 사용자 일련번호 ▪ 연체료

요청 예시	http://localhost:8080/users/latefee/
	{
	  "id": 5,
	  "latefee": 30
	}

응답 값	정상 처리 시 HTTP 상태코드 중 요청 성공을 나타내는 200을 반환
응답 예시	code 200

/users/latefee를 PUT 방식으로 호출해서 대출 서비스로부터 전달되는 LatefeeDTO를 받아 LatefeeDTO에 담긴 사용자 일련번호로 사용자를 조회해서 DTO에 담긴 연체료만큼 포인트 결제를 수행한다.

7.2.3 도메인 모델링

사용자 마이크로서비스의 도메인 모델은 사용자 클래스와 권한 클래스로 구성된다. 사용자 클래스는 애그리거트 루트이자 엔티티다. 권한 클래스 유형도 엔티티다. 사용자와 권한은 다대다 관계를 맺는다.

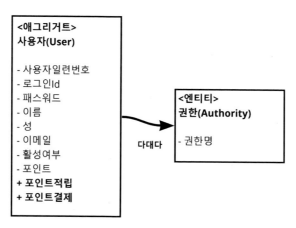

그림 7.11 사용자 서비스의 도메인 모델

사용자의 권한은 'ROLE_ADMIN'으로 나타내는 관리자와 'ROLE_USER'로 나타내는 일반 사용자로 구성돼 있으며, 사용자를 생성할 때는 기본 권한인 'ROLE_USER'로 설정된다. 관리자 권한은 오직 관리자에 의해서만 부여받을 수 있다.

7.2.4 유스케이스 흐름

주요 유스케이스 흐름으로 사용자 생성과 포인트 적립, 결제가 있다.

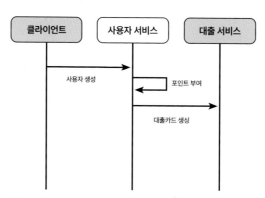

그림 7.12 사용자 생성 유스케이스 흐름

사용자 생성 유스케이스 흐름을 살펴보면 사용자가 생성될 때 Rental이 생성되고, 포인트가 부여된다. 사용자는 사용자 서비스에서 생성되지만 Rental은 대출 서비스에서 생성된다.

그림 7.13의 유스케이스 흐름은 포인트 적립, 결제다. 포인트 적립은 대출 마이크로서비스에 도서를 대출 또는 반납할 때 이뤄지고, 포인트 결제는 대출 불가 해제를 위해 대출 서비스에서 요청된다. 따라서 둘 다 대출 서비스의 요청에 의해 발생하며, 적립은 비동기 호출로, 결제는 동기 호출로 요청된다.

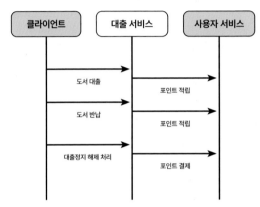

그림 7.13 포인트 적립, 결제 유스케이스의 흐름

7.2.5 내부 영역 – 도메인 모델 개발

사용자(User) 엔티티는 id(일련번호), login(로그인에 필요한 로그인명을 의미), password(비밀번호), firstName(이름), lastName(성), email(이메일 주소), authorities(권한) 등을 속성으로 갖는다.

도메인 모델의 사용자 엔티티   User.java

```
package com.my.gateway.domain;

... 중략 ...

/**
 * 사용자를 표현하는 엔티티 클래스
 */
@Entity
@Table(name = "jhi_user")
@Cache(usage = CacheConcurrencyStrategy.NONSTRICT_READ_WRITE)
@Data
```

```java
@ToString
public class User extends AbstractAuditingEntity implements Serializable {

    private static final long serialVersionUID = 1L;

    //일련번호
    @Id
    @GeneratedValue(strategy = GenerationType.IDENTITY)
    private Long id;

    //로그인 아이디
    @NotNull
    @Pattern(regexp = Constants.LOGIN_REGEX)
    @Size(min = 1, max = 50)
    @Column(length = 50, unique = true, nullable = false)
    private String login;

    //패스워드
    @JsonIgnore
    @NotNull
    @Size(min = 60, max = 60)
    @Column(name = "password_hash", length = 60, nullable = false)
    private String password;

    //이름
    @Size(max = 50)
    @Column(name = "first_name", length = 50)
    private String firstName;

    //성
    @Size(max = 50)
    @Column(name = "last_name", length = 50)
    private String lastName;

    //이메일
    @Email
    @Size(min = 5, max = 254)
    @Column(length = 254, unique = true)
```

```
    private String email;

    ... 중략 ...

    @JsonIgnore
    @ManyToMany
    @JoinTable(
        name = "jhi_user_authority",
        joinColumns = {@JoinColumn(name = "user_id", referencedColumnName = "id")},
        inverseJoinColumns = {@JoinColumn(name = "authority_name",
                                          referencedColumnName = "name")})
    @Cache(usage = CacheConcurrencyStrategy.NONSTRICT_READ_WRITE)
    @BatchSize(size = 20)
    private Set<Authority> authorities = new HashSet<>();
 ...
```

첫 번째 속성으로 일련번호가 있는데 이 값이 다른 서비스에 사용자 고유성을 가지는 UserId로 전달되는 일련번호다. 일반적으로 UserId라고 하면 문자열 타입의 로그인명을 생각하는데, 여기서는 사용자가 생성될 때 자동으로 생성되는 일련번호다. 이것이 다른 서비스에서 특정 사용자를 식별하는 키가 된다는 점에 유의하자. 로그인명은 두 번째 속성인 login이다.

사용자는 권한과 다대다 관계를 맺고, JoinTable을 사용해 매핑했다. 객체에 매핑되는 테이블은 사용자, 권한 그리고 두 객체의 관계를 가지고 있는 JoinTable이다.

도메인 모델의 권한 엔티티   Authority.java

```
package com.my.gateway.domain;

... 중략 ...
//An authority (a security role) used by Spring Security.
@Entity
@Table(name = "jhi_authority")
@Cache(usage = CacheConcurrencyStrategy.NONSTRICT_READ_WRITE)
public class Authority implements Serializable {
    private static final long serialVersionUID = 1L;

    @NotNull
    @Size(max = 50)
```

```
@Id
@Column(length = 50)
private String name;
...
```

권한(Authority) 엔티티는 name(권한 이름)만 기본 속성으로 갖는다.

7.2.6 내부 영역 – 서비스 개발

API 설계에서 언급했다시피 사용자의 권한 관리는 사용자 정보 수정에 의해 이뤄진다. 그럼 사용자 정보 수정이 어떻게 이뤄지는지 살펴보자.

사용자 서비스 구현   UserService.java

```
@Service
@Transactional
public class UserService {
    ... 중략 ...

  public Optional<UserDTO> updateUser(UserDTO userDTO) {
    return Optional.of(userRepository
          .findById(userDTO.getId()))
          .filter(Optional::isPresent)
          .map(Optional::get)
          .map(user -> {
            this.clearUserCaches(user);
            user.setLogin(userDTO.getLogin().toLowerCase());
            user.setFirstName(userDTO.getFirstName());
            user.setLastName(userDTO.getLastName());
            if (userDTO.getEmail() != null) {
              user.setEmail(userDTO.getEmail().toLowerCase());
            }
            user.setImageUrl(userDTO.getImageUrl());
            user.setActivated(userDTO.isActivated());
            user.setLangKey(userDTO.getLangKey());
            Set<Authority> managedAuthorities = user.getAuthorities();
            managedAuthorities.clear();
            userDTO.getAuthorities().stream()
```

```
            .map(authorityRepository::findById)
            .filter(Optional::isPresent)
            .map(Optional::get)
            .forEach(managedAuthorities::add);
          this.clearUserCaches(user);
          log.debug("Changed Information for User: {}", user);
          return user;
        })
        .map(UserDTO::new);
  }
}
```

사용자 정보를 수정하는 updateUser 메서드를 보면 기존 CRUD처럼 리포지토리에 단순 저장하는 방식이 아닌 자바 스트림(Stream)을 활용해 구현했음을 알 수 있다. 또한 권한 수정뿐만 아니라 모든 정보를 userDTO에 담긴 정보로 수정한다.

권한을 수정하는 부분을 살펴보면 기존 사용자의 권한 리스트를 가져온 뒤 이를 clear()를 통해 삭제한다. 그런 다음 userDTO에 담긴 권한을 권한 리스트에 추가해서 권한을 수정한다.

7.2.7 내부 영역 – 리포지토리 개발

UserRepository 또한 JHipster에서 생성된 코드를 그대로 사용했다.

사용자 리포지토리   UserRepository.java

```
/**
 * Spring Data JPA repository for the {@link User} entity.
 */
@Repository
public interface UserRepository extends JpaRepository<User, Long> {

  String USERS_BY_LOGIN_CACHE = "usersByLogin";

  String USERS_BY_EMAIL_CACHE = "usersByEmail";

  Optional<User> findOneByActivationKey(String activationKey);

   List<User> findAllByActivatedIsFalseAndActivationKeyIsNotNullAndCreatedDateBefore(
Instant dateTime);
```

```
    Optional<User> findOneByResetKey(String resetKey);

    Optional<User> findOneByEmailIgnoreCase(String email);

    Optional<User> findOneByLogin(String login);

    @EntityGraph(attributePaths = "authorities")
    @Cacheable(cacheNames = USERS_BY_LOGIN_CACHE)
    Optional<User> findOneWithAuthoritiesByLogin(String login);

    @EntityGraph(attributePaths = "authorities")
    @Cacheable(cacheNames = USERS_BY_EMAIL_CACHE)
    Optional<User> findOneWithAuthoritiesByEmailIgnoreCase(String email);

    Page<User> findAllByLoginNot(Pageable pageable, String login);
}
```

보다시피 UserRepository는 대부분 사용자 관리와 관련된 메서드로 구성돼 있다.

7.2.8 외부 영역 – REST 컨트롤러 개발

사용자 마이크로서비스에서 사용자 관리와 관련된 REST 컨트롤러는 두 가지로, 개인정보관리
(AccountResource) 컨트롤러와 관리자용 회원정보관리(UserResource) 컨트롤러가 있다.

개인정보관리와 회원정보관리 컨트롤러의 용도는 비슷하면서도 다른데, 개인정보관리
(AccountResource)는 회원가입, 사용자 본인의 정보 수정, 사용자 본인의 비밀번호 찾기 등의 요
청을 받는 컨트롤러다. 반면 회원정보관리(UserResource)는 대부분 관리자에 의한 사용자 관
리 요청을 중점적으로 받는 건드롤러로서 관리자에 의한 사용자 생성, 정보 수정, 사용자 삭
제 등을 처리한다. 따라서 UserResource에서는 요청을 받을 때 요청을 보낸 사용자가 관리자
(ADMIN)인지 판단해서 요청을 받아들인다. 그중 권한 관리와 관련된 정보 수정 API를
살펴보자.

관리자용 회원정보관리 컨트롤러   UserResource.java

```
@RestController
@RequestMapping("/api")
public class UserResource {
```

... 중략 ...

```java
@PutMapping("/users")
@PreAuthorize("hasAuthority(\"" + AuthoritiesConstants.ADMIN + "\")") //(1)
public ResponseEntity<UserDTO> updateUser(@Valid @RequestBody UserDTO userDTO) {
  log.debug("REST request to update User : {}", userDTO);
  Optional<User> existingUser =
      userRepository.findOneByEmailIgnoreCase(userDTO.getEmail());(2)
  if (existingUser.isPresent() &&
    (!existingUser.get().getId().equals(userDTO.getId()))) {
    throw new EmailAlreadyUsedException();
  }
  existingUser = userRepository
                  .findOneByLogin(userDTO
                  .getLogin().toLowerCase()); //(3)
  if (existingUser.isPresent() &&
    (!existingUser.get().getId().equals(userDTO.getId()))) {
    throw new LoginAlreadyUsedException();
  }
  Optional<UserDTO> updatedUser = userService.updateUser(userDTO); //(4)
  return ResponseUtil.wrapOrNotFound(updatedUser,
      HeaderUtil.createAlert(applicationName,
                              "userManagement.updated",
                              userDTO.getLogin()));
  }
}
```

정보 수정 API는 PUT 방식으로("/users")로 선언되어 UserDTO를 클라이언트로부터 받아 정보 수정을 처리한다. 이때 @PreAuthorize라는 애너테이션을 사용해 요청을 보낸 사용자의 권한이 ADMIN인 경우에만 요청을 허용한다(1).

정보 수정 로직을 살펴보면 userRepository에 접근해서 변경할 이메일이 유효한지 확인하고(2), 로그인 계정도 유효한지 확인한다(3). 그다음 userService.updateUser를 호출해서 사용자 정보를 수정한다(4).

다음으로 사용자 생성 로직을 수정해서 대출 마이크로서비스로 도메인 이벤트를 발행하게 한 부분을 살펴보자.

7.2.9 외부 영역 – 아웃바운드 어댑터 개발

도서대출시스템은 회원마다 하나의 Rental을 가지게 하려고 한다. 따라서 회원가입을 통해 사용자가 새로 등록되거나 관리자가 사용자를 등록해서 새로운 사용자가 생성되면 대출 서비스에 대한 비동기 호출을 통해 Rental을 생성하도록 요청해야 한다.

컨트롤러는 개인정보관리와 회원정보관리로 나눠져 있지만 서비스 구현체는 하나의 클래스로 구성돼 있다. 회원가입 또는 관리자에 의해 사용자가 등록되는 경우 userService.registerUser와 userService.createUser가 각각 호출되며, 두 메서드에서는 도메인 이벤트를 발행해 대출 마이크로서비스에서 Rental을 생성하게 한다.

먼저 사용자 관리용 서비스 구현체를 살펴보자.

사용자 관리 서비스 구현체에서 메시지 이벤트 발행   UserService.java

```java
@Service
@Transactional
public class UserService {
    ... 중략 ...
    public User registerUser(UserDTO userDTO, String password)
        throws InterruptedException, ExecutionException, JsonProcessingException {
      ... 중략 ...

      User newUser = new User(); //(1)
      String encryptedPassword = passwordEncoder.encode(password);
      newUser.setLogin(userDTO.getLogin().toLowerCase());

      //새로운 사용자의 비밀번호 설정
      newUser.setPassword(encryptedPassword);
      newUser.setFirstName(userDTO.getFirstName());
      newUser.setLastName(userDTO.getLastName());

      ... 중략 ...

      //사용자 저장
      userRepository.save(newUser); //(2)

      //비동기 메시지 이벤트 발행
      gatewayProducer.createRental(newUser.getId()); //(3)
```

```
            this.clearUserCaches(newUser);
            log.debug("Created Information for User: {}", newUser);
            return newUser;
        }

    public User createUser(UserDTO userDTO)
        throws InterruptedException, ExecutionException, JsonProcessingException {
        User user = new User(); //(1)

        ... 중략 ...

        //사용자 저장
        userRepository.save(user); //(2)

        //비동기 메시지 이벤트 발행
        gatewayProducer.createRental(user.getId()); //(3)

        this.clearUserCaches(user);
        log.debug("Created Information for User: {}", user);
        return user;
        }
    }
```

위 코드는 사용자 서비스 구현체 내부의 사용자 등록 메서드다. 이 메서드에서는 사용자를 생성해서(1) 저장한 뒤(2) 아웃바운드 어댑터 인터페이스인 gatewayProducer.createRental을 호출해 (3) 대출 마이크로서비스에서 Rental을 생성하도록 비동기 메시지 이벤트를 전송한다.

아웃바운드 어댑터 인터페이스 구현체   GatewayProducerImpl.java

```
@Service
public class GatewayProducerImpl implements GatewayProducer {
    public void createRental(Long userId)
        throws ExecutionException, InterruptedException, JsonProcessingException {
        UserIdCreated userIdCreated = new UserIdCreated(userId); //(1)
        String message = objectMapper.writeValueAsString(userIdCreated);
        producer.send(new ProducerRecord<>(TOPIC_RENTAL, message)).get();//(2)
    }
}
```

아웃바운드 어댑터인 `GatewayProducer.createRental`은 사용자의 아이디 정보를 받아 `UserId` `Created`라는 도메인 이벤트를 생성한 뒤(1) 대출 서비스가 구독 중인 Topic에 카프카 메시지를 전송한다(2). 전송된 메시지는 대출 서비스의 인바운드 어댑터를 통해 획득되어 `Rental` 엔티티를 생성하게 될 것이다.

7.3 사용자 마이크로서비스 – 포인트 관리 기능 구현

사용자 서비스 구현에서 소개한 기능 중 앞에서 사용자 역할 관리 기능과 사용자를 생성할 때 `Rental`을 생성하는 이벤트의 구현을 소개했다. 이번 절에서는 포인트 관리 기능을 살펴보자.

포인트 관리 기능을 세부적으로 나누면 크게 두 가지로 나눌 수 있는데, 최초 기본 포인트 부여와 포인트 적립/결제로 나눌 수 있다.

포인트 관리 기능을 위해 새로운 도메인 객체를 생성하지는 않았으며, JHipster에서 기본적으로 생성한 사용자 엔티티에 Integer 형식의 Point라는 새로운 속성을 생성했다. 이때 JHipster에서 생성한 도메인 객체에 새로운 속성을 부여할 때는 여러 가지 수정해야 할 부분이 많은데, 특히 Gateway의 경우 모든 외부 서비스가 접근하기 때문에 이를 수정하는 과정에서 오류가 생기면 클라이언트가 각 서비스에 접근할 수 없는 문제가 생긴다. 따라서 JHipster의 User 서비스 수정 가이드[7]에서 설명하는 내용을 충분히 숙지한 뒤 진행해야 한다. 마찬가지로 포인트 속성을 추가할 때도 JHipster의 가이드에 따라 수정한다.

포인트 관리의 첫 번째 기능은 사용자 서비스 구현체에서 구현한다. 두 번째 기능인 포인트 적립 및 결제는 사용자(User) 도메인 모델 내부에서 처리하도록 구현한다.

그럼 포인트 관리 기능을 어떻게 구현했는지 첫 번째 기능 구현부터 살펴보자.

7.3.1 기본 포인트 부여 기능 구현

먼저 첫 번째 기능인 기본 포인트 부여 기능을 살펴보자. 사용자가 생성될 때 기본 포인트 1000점이 부여되게 했으며, 이를 UserService에서 구현한다.

---

[7] JHipster의 User Service 수정 가이드: https://www.jhipster.tech/tips/022_tip_registering_user_with_additional_information.html

```java
@Service
@Transactional
public class UserService {
    ... 중략 ...
    public User registerUser(UserDTO userDTO, String password)
        throws InterruptedException, ExecutionException, JsonProcessingException {
        ... 중략 ...
        User newUser = new User();

        ... 중략 ...

        //기본 포인트 부여
        newUser.setPoint(1000); //(1)
        userRepository.save(newUser);

        createRental(newUser.getId());
        this.clearUserCaches(newUser);
        log.debug("Created Information for User: {}", newUser);
        return newUser;
    }

    public User createUser(UserDTO userDTO)
        throws InterruptedException, ExecutionException, JsonProcessingException {
        User user = new User();
        ... 중략 ...

        //기본 포인트 부여
        user.setPoint(1000); //(1)

        userRepository.save(user);
        createRental(user.getId());
        this.clearUserCaches(user);
        log.debug("Created Information for User: {}", user);
        return user;
    }
}
```

사용자를 생성할 때 호출되는 `UserService.registerUser`와 `UserService.createUser`에서 `setPoint(1000);`으로 포인트를 부여한다(1).

여기서는 기본 포인트를 부여하는 기능을 서비스 구현체에서 구현했지만 사용자 객체를 생성하고 기본 포인트를 부여하는 책임을 사용자 도메인 모델에 부여하는 것이 좀 더 타당해 보이므로 차후에 리팩터링을 진행하는 것이 좋다.

다음으로 포인트 적립과 결제 구현을 살펴보자. 포인트 적립과 결제의 책임은 User 도메인 모델에서 직접 처리하도록 구현했다.

7.3.2 포인트 적립/결제 기능 구현

사용자 도메인 모델인 User 엔티티 내부에 다음과 같이 포인트 적립과 결제 메서드를 구현한다.

User 엔티티의 포인트 적립 메서드 – User.java

포인트를 적립하는 savePoints 메서드는 적립 포인트를 받아 보유하고 있는 포인트와 합산한 후 사용자 정보를 반환한다.

```java
public class User extends AbstractAuditingEntity implements Serializable {
... 중략 ...

public User savePoints(int points) {
  this.point += points;
  return this;
}
```

User 엔티티의 포인트 결제 메서드 – User.java

포인트 결제를 담당하는 usePoints 메서드는 보유 중인 포인트가 결제 요청된 포인트보다 같거나 큰 경우 결제를 처리한다.

보유 포인트가 결제 요청된 포인트보다 적을 경우 UsePointsUnavailableException 예외를 던져 예외 처리를 수행하게 한다.

```java
...
public User usePoints(int points) throws UsePointsUnavailableException {
  if(this.point >= points) {
    this.point -= points;
```

```
        return this;
    } else {
        throw new UsePointsUnavailableException("잔여 포인트가 모자라 결제가 불가능 합니다.");
    }
}
```

지금까지 내부 영역에서 포인트 적립과 결제 비즈니스 로직을 구현했다. 그럼 이러한 기능이 사용되게 하는 외부 영역을 살펴보자.

7.3.3 포인트 적립, 결제 기능에 대한 호출 구현

사용자 마이크로서비스에서는 외부에서의 비동기 호출에 반응해서 포인트 적립이 이뤄지고, 외부에서의 직접적인 동기 호출에 의해 포인트 결제가 이뤄진다. 먼저 포인트 적립 기능 구현부터 살펴보자.

사용자가 도서 대출을 완료하면 대출 마이크로서비스가 메시지를 사용자 마이크로서비스에 보냄으로써 포인트가 적립된다. 따라서 사용자 마이크로서비스는 컨슈머 어댑터인 Gateway Consumer를 통해 포인트 적립 이벤트 메시지에 반응해야 한다.

포인트 적립 이벤트 감지를 위한 컨슈머 어댑터 구현   GatewayConsumer.java

```
@Service
public class GatewayConsumer {
    ... 중략 ...
    while (!closed.get()) {
        ConsumerRecords<String, String> records =
                kafkaConsumer.poll(Duration.ofSeconds(3));
        for (ConsumerRecord<String, String> record: records) {
            log.info("Consumed message in {} : {}", TOPIC, record.value());
            ObjectMapper objectMapper = new ObjectMapper();
            SavePointsEvent savePointsEvent = objectMapper.readValue(record.value(),
                                    SavePointsEvent.class); //(1)

            //서비스 구현체의 포인트 적립 메서드 호출
            userService.savePoint(savePointsEvent.getUserId(),
                            savePointsEvent.getPoints()); //(2)
        }
    }
}
```

컨슈머 어댑터는 대출 서비스가 전송한 SavePointEvent라는 포인트 적립 이벤트를 받아(1) userService.savePoint를 호출하며, 사용자 정보와 적립할 포인트 정보를 전달한다. 포인트 적립의 책임은 userService에 위임된다(2).

다음은 컨슈머 어댑터에서 호출되는 userService.savePoint 메서드다.

서비스 구현체에서의 포인트 적립 구현   UserService.java

```
@Service
@Transactional
public class UserService {
  ... 중략 ...
public void savePoint(Long userId, int points) {
    User user = userRepository.findById(userId).get(); //(1)
    user = user.savePoints(points); //(2)
    userRepository.save(user); //(3)
  }
```

userService.savePoint는 리포지토리에서 사용자를 조회한 뒤(1), 사용자 도메인 모델 내부의 savePoints 메서드를 호출해 포인트를 적립한다(2). 그다음 변경된 사용자 정보를 사용자 리포지토리를 통해 저장한다(3).

다음으로 포인트 결제 기능의 구현을 살펴보자. 포인트 결제 처리는 포인트 적립과 달리 대출 마이크로서비스의 직접적인 동기 호출에 의해 이뤄진다. 포인트 결제 처리 결과에 따라 대출 마이크로서비스의 실행 로직이 달라지기 때문이다. 따라서 포인트 결제 처리는 REST 컨트롤러에서 결제 요청을 받는다.

먼저 사용자 서비스의 REST 컨트롤러인 UserResource를 살펴보자.

사용자 REST 컨트롤러의 포인트 결제 API 구현   UserResource.java

```
@RestController
@RequestMapping("/api")
public class UserResource {

  ... 중략 ...

  @PutMapping("/users/latefee")
  public ResponseEntity usePoint(@RequestBody LatefeeDTO latefeeDTO)
```

```
    throws UsePointsUnavailableException {
  userService.usePoints(latefeeDTO.getUserId(),latefeeDTO.getLatefee());
  return new ResponseEntity<>(HttpStatus.OK);
 }
}
```

포인트 결제 API는 PUT 방식으로 "/users/latefee"로 명명했고, LatefeeDTO를 입력받아 내부
영역의 userService.usePoints를 호출해 LatefeeDTO에 담긴 사용자 일련번호와 연체료 정보를 전
달한다.

LatefeeDTO의 내용은 다음과 같다.

연체료 데이터 전송 객체   LatefeeDTO.java

```
public class LatefeeDTO implements Serializable {
  Long userId;
  int latefee;
}
```

다음으로 컨트롤러에 의해 호출된 서비스 구현체의 usePoints 메서드를 살펴보자.

서비스 구현체에서의 포인트 결제 구현   UserService.java

```
@Service
@Transactional
public class UserService {
  ... 중략 ...
  public User usePoints(Long userId, int latefee) throws UsePointsUnavailableException {
    User user = userRepository.findById(userId).get(); //(1)
    user = user.usePoints(latefee);  //(2)
    return userRepository.save(user); //(3)
  }
}
```

호출된 userService.usePoints는 전달받은 사용자 정보를 통해 사용자를 조회하고(1), 사용자
도메인 내부의 usePoints를 호출해서 포인트를 결제한다(2). 이때 포인트 결제 요청이 실패하는
경우 user 도메인 객체에서 UsePointsUnavailableException을 던져 예외 처리하도록 구현한다.
포인트 결제에 성공하면 변경된 사용자 정보를 리포지토리를 통해 저장한다(3).

다음은 지금까지 구현한 사용자 마이크로서비스의 내부 구조다. JHipster에 의해 자동 생성된 부분은 생략하고 이번 장에서 수정하고 언급한 내용을 묘사했다.

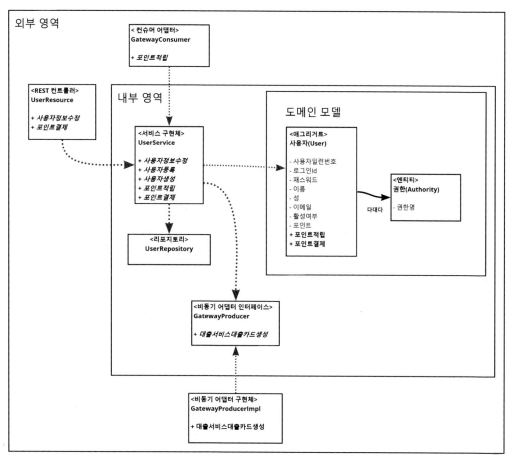

그림 7.14 사용자 서비스의 내부 구조

대출 마이크로서비스와 동일한 구조이나 외부 영역과 내부 영역을 연결하는 서비스 인터페이스가 존재하지 않는다. 사용자 마이크로서비스는 JHipster에서 생성된 코드를 고치지 않고 일부기능만 수정했으므로 정의된 아키텍처를 따르도록 철저하게 리팩터링하지는 않았다.

앞에서 언급한 바와 같이 포인트 적립은 카프카 컨슈머 어댑터에 의해 비동기 요청으로 처리되고, 포인트 결제는 REST 컨트롤러의 동기 요청으로 처리하기 때문에 서비스 구현체를 호출하는 부분이 다르다는 데 주목하자.

7.4 정리

이번 장에서는 도서대출시스템의 핵심 기능인 대출 마이크로서비스의 주요 기능에 대한 구현을 살펴보고 추가로 자동 생성된 사용자 마이크로서비스를 수정해 포인트 관련 기능을 추가했다.

맨 먼저 비즈니스 개념을 명확히 하기 위한 도메인 모델링을 수행했고, 도메인 모델링 결과를 기반으로 도메인 모델에 비즈니스 로직을 반영했으며 도메인 모델을 활용해 유스케이스를 실현하는 서비스 구현체를 만들었다. 다음으로 비즈니스 로직을 표현하는 내부 영역을 활용해 외부에 API로 제공하거나 다른 서비스와의 통신을 수행하는 외부 영역의 어댑터를 구현하며 동기/비동기 통신 메커니즘을 살펴봤다.

다음 장에서는 대출, 사용자 마이크로서비스와 연계되는 도서 마이크로서비스와 도서 카탈로그 마이크로서비스에 대해 자세히 살펴보겠다.

CQRS 패턴을 활용한
백엔드 마이크로서비스 개발

앞에서 마이크로서비스를 식별할 때 대출할 수 있는 기본 도서 정보를 관리하는 도서 마이크로서비스와 많은 사용자가 빠르게 검색할 수 있도록 도서 카탈로그 마이크로서비스를 분리했다. 이 경우 읽기와 명령을 분리하는 CQRS 패턴을 비롯해 읽기 서비스와 명령 서비스와의 동기화를 위한 이벤트 기반 아키텍처를 통해 이를 구현할 수 있다.

그림 8.1과 같이 읽기 전용 서비스인 도서 카탈로그 마이크로서비스에서는 읽기에 최적화된 MongoDB를 저장소로 사용하고 도서 마이크로서비스에서는 H2 메모리 DB를 사용한다. 도서 서비스에 새로운 도서가 추가되거나 정보가 변경되면 도서 카탈로그 서비스에도 도서 서비스의 변경사항이 반영되야 한다. 이 경우 도서 서비스에서 도서의 변경사항을 저장한 후 도서 정보 변경 이벤트를 발행하면 도서 카탈로그 서비스가 이 이벤트를 수신해서 도서 변경사항을 반영해서 도서 정보의 일관성을 맞출 수 있다.

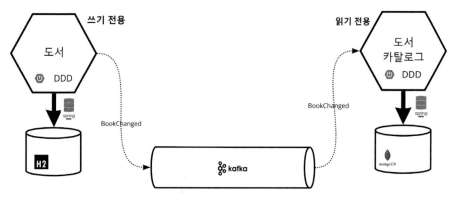

그림 8.1 CQRS 패턴이 적용된 도서 서비스와 도서 카탈로그 서비스

그럼 이번 장에서는 CQRS 및 이벤트 기반 아키텍처를 적용한 도서 서비스와 도서 카탈로그 서비스를 구현해 보자.

8.1 도서 마이크로서비스 개발

먼저 도서 마이크로서비스부터 개발해보자. 개발하기에 앞서 어떤 기능을 구현해야 하는지부터 살펴보자.

8.1.1 구현 기능 소개

도서 마이크로서비스는 도서 관리를 위한 서비스로서 도서 입고 및 운영자에게 필요한 기본 도서 관리 기능을 제공한다. 즉, 입고 도서의 등록이나 대출 대상 도서 등록, 도서의 대출 상태에 따른 도서 상태 변경 기능을 제공한다. 다음은 도서 마이크로서비스에서 제공하는 기능을 정리한 것이다.

입고 도서 등록

- 입고 도서를 등록할 때는 기증 또는 도서제공업체에 의해 도서 정보가 등록된다.

재고 도서 등록

- 입고된 도서를 대출할 수 있도록 유형을 분류하고, 정식으로 등록하는 절차다.

- 재고 도서를 등록할 때는 입고 도서의 정보에 도서 분류 등의 추가 정보를 입력해 대출 가능한 상태로 등록되며, 등록을 완료하면 도서 카탈로그 서비스에서 조회 및 검색되도록 등록 이벤트를 전송한다.

재고 도서 변경

- 도서는 대출 서비스에서 대출 또는 반납할 때 상태가 변경되는데, 대출 서비스에서 도서를 대출하거나 반납할 때 도서의 상태가 대출 가능 또는 대출 불가능으로 변경된다.

8.1.2 내부 아키텍처 결정

내부 아키텍처는 대출 서비스와 동일하다. 도메인 모델 기반의 헥사고날 아키텍처 구조이고, 저장소 메커니즘으로 Spring Data를 사용하며, 대출 서비스와 연계하기 위해 카프카를 통한 비동기 통신 메커니즘을 구현한다.

8.1.3 API 설계

주요 API에 대한 설계는 다음과 같다.

먼저 재고 도서 정보 조회 API다. 도서 일련번호를 받아 재고 도서 정보를 조회한 뒤 해당 도서의 제목을 반환한다.

API명	재고 도서 정보 조회
리소스 URI	/books/bookInfo/{bookId}
메서드	GET

요청 매개변수	도서 일련번호
요청 예시	http://localhost:8080/books/bookInfo/10001
응답 값	• 도서 일련번호 • 도서명

응답 예시	{
	  "id": 10001,
	  "title": "모던 자바스크립트 Deep Dive"
	}

위 예제에서는 /books/bookInfo/10001을 GET 방식으로 호출해 일련번호가 10001인 서적의 정보를 조회한다.

다음은 입고 도서 등록 API다. 출판사로부터 입고되는 도서 정보를 받아 도서대출시스템에 입고 도서로 등록할 때 호출된다.

API명	입고 도서 등록
리소스 URI	/in-stock-books
메서드	POST
요청 매개변수	• 도서 일련번호 • 도서명 • 도서 설명 • 저자 • 출판사 • ISBN • 출간일 • 입고 출처

| 요청 예시 | ```
http://localhost:8080/in-stock-books
{
  "id": 4,
  "title": "모던 자바스크립트 Deep Dive",
  "description": "자바스크립트의 기본 개념과 동작원리",
  "author": "이웅모",
  "publisher": "위키북스",
  "isbn": 9791158392239,
  "publicationDate": "2020-09-25",
  "source": "Donated"
}
``` |
|---|---|
| 응답 값 | 정상 처리 시 HTTP 상태코드 중 요청 성공을 나타내는 200을 반환 |
| 응답 예시 | code 200 |

위 예제에서는 /in-stock-books에 요청 본문(request body) 형식으로 입고 도서 정보를 등록한다.

재고 도서 등록 API는 다음과 같다. 입고 도서에서 신규 도서로 등록될 때 호출된다.

API명	재고 도서 등록
리소스 URI	/books/{inStockId}
메서드	POST
요청 매개변수	▪ 입고 도서 일련번호 ▪ 재고 도서 정보 　– 도서 일련번호 　– 도서명 　– 도서 설명 　– 저자 　– 출판사 　– ISBN 　– 도서 분류 　– 출간일 　– 대출 가능 여부 　– 도서관 구분
```

요청 예시	```http://localhost:8080/books/10001```
	```json```
	```{```
	``` "id": 4,```
	``` "title": "모던 자바스크립트 Deep Dive",```
	``` "description": "자바스크립트의 기본 개념과 동작원리",```
	``` "author": "이웅모",```
	``` "publisher": "위키북스",```
	``` "isbn": 9791158392239,```
	``` "publicationDate": "2020-09-25",```
	``` "classification": "ComputerTechnology",```
	``` "bookStatus": "AVAILABLE",```
	``` "location": "JEONGJA"```
	```}```

응답 값	정상 처리 시 HTTP 상태코드 중 요청 성공을 나타내는 200을 반환
응답 예시	code 200

재고 도서 등록 API는 신규 재고 도서를 등록하는 기능과 원천 자료가 됐던 입고 도서를 삭제하는 역할을 동시에 수행한다.

위 예제에서는 /books/10001을 POST 방식으로 호출하므로 신규 도서 정보를 요청 본문 형식으로 받아와 도서를 등록하고, 일련번호가 10001인 도서를 입고 도서 목록에서 삭제한다.

8.1.4 도메인 모델링

도서 서비스의 도메인 모델은 다음 페이지의 그림 8.2와 같이 엔티티인 재고 도서와 입고 도서로 구성된다.

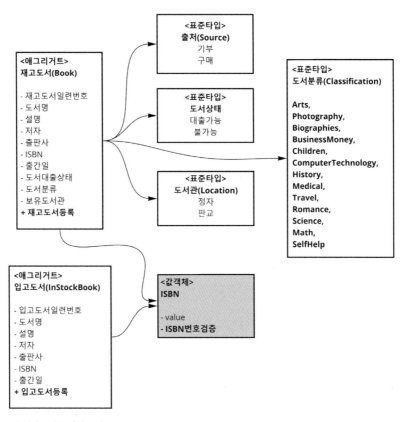

그림 8.2 도서 서비스의 도메인 모델

도서제공업체에 의해 도서가 입고되면 입고 도서 객체가 생성되고, 입고된 도서는 유형에 따라 분류되고 도서관이 지정되어 대출 가능한 상품인 재고 도서로 등록된다. 대출할 수 있게 정식 등록된 객체가 재고 도서다.

각 재고 도서는 대출 가능 여부를 나타내는 도서 상태를 가지고 있어 도서가 대출되면 대출 불가 상태가 되고 반납되면 대출 가능 상태가 된다. 입고 도서는 엔티티이자 애그리거트 루트이고 재고 도서 역시 엔티티이자 애그리거트 루트다.

8.1.5 입고 도서 등록과 재고 도서 등록에 대한 유스케이스 흐름

도서 서비스에는 두 가지 주요 유스케이스가 있는데, 바로 입고 도서 등록과 재고 도서 등록이다.

입고 도서 등록

입고 도서 등록은 프런트엔드에서 받아온 데이터를 등록하는 절차로서 특별한 비즈니스 로직은 없다.

재고 도서 등록

재고 도서 등록은 도서제공업체나 도서 기증자에 의해 입고된 도서들이 대출 가능한 정식 도서로 등록되는 절차다. 프런트엔드 화면에서는 새로 입고된 도서 정보를 기반으로 도서 분류 등의 도서 정보를 보완해서 새로운 도서 재고로 등록한다. 언뜻 보면 입고 도서 객체와 연관관계가 있어 보이지만 입고된 도서들을 프런트엔트에서 조회해서 살펴본 후 재고 도서로 등록 시 해당 입고 도서를 서비스 구현체에서 삭제하기 때문에 도메인 모델의 직접적인 연관관계는 없다.

8.1.6 내부 영역 – 도메인 모델 개발

이제 도메인 모델을 개발해보자. 도메인 모델 중 입고 도서를 나타내는 InStockBook 클래스와 재고 도서를 나타내는 Book 클래스를 중심으로 살펴보겠다.

먼저 입고 도서 엔티티 클래스부터 살펴보자. 입고 도서 엔티티는 일련번호, 제목, 설명, 저자, 출판사, ISBN, 출간일 등의 속성을 가지고 있다. 또한 표준 타입으로 입고 출처를 나타내는 Source 열거형 클래스가 있다.

이 가운데 ISBN은 국제 표준 도서 번호로서 여러 가지 의미 있는 코드가 모여 문자열을 만든다. 따라서 값 객체로 선언할 수 있다. 또한 한 번 생성된 후 변경되지 않는 불변 값이기도 하며 ISBN의 유효성 검사 로직이 필요하다.

하지만 이 책의 최종 예제 코드에서는 도메인 모델 개발에 값 객체를 사용하지 않았다. 앞서 대출이나 도서 등의 엔티티를 생성할 때 터미널과 JDL 도구를 통해 엔티티를 생성했는데, 안타깝게도 JHipster에서 엔티티 생성 로직에 값 객체가 들어가는 경우 이를 지원하지 않는다. 만약 값 객체를 적용하고자 한다면 JHipster가 지원하는 엔티티 생성 방식을 사용하지 말아야 한다. 최종 예제에서는 JHipster를 최대한 활용해 마이크로서비스를 구현할 것이므로 값 객체를 적용하지 않고 도메인 모델을 구현하는 방식을 택했다.

값 객체를 도입하면 도메인 모델의 표현력이 증가하고, 무결성이 유지되며, 잘못된 대입을 막을 수 있으며, 로직이 코드의 이곳저곳에 흩어지는 것을 방지하는 등 장점이 많다.[1] 따라서 이처럼

---

1 《도메인 주도 설계 철저 입문》(위키북스, 2020)의 2장 '값 객체의 장점'을 참고

도메인 모델 개발에서 값 객체를 적용할 수 있는 경우 값 객체를 적용한 구현 방식을 먼저 소개하고 그다음으로 값 객체를 적용하지 않는 방식을 이어서 설명하겠다.

먼저 값 객체를 적용한 입고 도서 엔티티의 구현부터 살펴보자. ISBN 값 객체를 다음과 같이 생성한다.

값 객체 클래스는 ISBN 번호를 담고 있으며 생성 시 검증 로직을 통과하도록 구현했다.

값 객체 클래스   ISBN.java

```java
@Embeddable
@Getter
public class ISBN {
  @Column(name = "isbn")
  private Long isbn;

  public ISBN(){} //JPA를 위한 기본 생성자

  public ISBN(Long isbn) {
    if (isValidISBN(isbn)) {
      this.isbn = isbn;
    }
    else throw new IllegalArgumentException(); //(1)
  }

  private boolean isValidISBN(Long isbn) {
    if (isbn.length()!=13) {
      return false;
    }
      return getCheckSum(isbn) %10 == 0;
  }

  private int getCheckSum(Long isbn) {

    ... 중략 ... //ISBN 검증 로직

    return checkSum;
  }
}
```

먼저, 앞의 코드에서 값 객체로 선언하기 위해 사용된 애너테이션부터 살펴보자.

첫 번째로 @Embeddable 애너테이션을 보자. JPA에서는 임베디드 타입을 사용해 값 객체를 생성한다. 임베디드 타입을 사용하기 위해서는 두 가지 애너테이션이 필요한데, 바로 @Embeddable과 @Embedded다. @Embeddable은 값 객체를 정의하는 곳에 표시하며, @Embedded는 값 객체를 사용하는 곳에 표시한다. 따라서 ISBN 클래스의 경우 값 객체를 정의하는 클래스이기 때문에 @Embeddable 애너테이션을 사용했다.

두 번째로 @Getter만 선언돼 있음을 확인할 수 있다. ISBN은 값이 변하지 않는 불변 객체이며, 불변 객체라 하더라도 @Setter가 선언돼 있는 경우 객체의 값을 수정할 수 있기 때문에 @Getter만 선언해서 객체 값의 수정을 막을 수 있다.

그다음으로 ISBN 클래스의 생성자를 살펴보자. 기본 생성자와 초깃값 설정을 위한 생성자가 선언돼 있다. 여기서 기본 생성자는 JPA를 위한 것으로, JPA에서 임베디드 타입을 사용하는 경우 기본 생성자가 필수다. 다음으로 초깃값 설정을 위한 생성자를 살펴보면 (1)과 같이 ISBN 값 객체를 생성하기에 앞서 isValidISBN이라는 메서드를 통해 유효성 검사에 통과하는 경우에만 객체를 생성하게 했다. 검증 메서드는 검증 로직을 구현한 것으로서 ISBN이 여러 코드의 집합으로 이뤄졌기 때문에 문자열을 분리해서 의미에 맞는 코드인지 검증한다. 상세 코드는 편의상 생략했다.

이처럼 값 객체 생성에서 유효성 검사 로직을 포함해서 유효하지 않은 값이 존재하는 것을 미연에 방지할 수 있다. 또한 이후 유지보수 단계에서 유효성 검사 로직이 변경되는 경우 값 객체에 선언된 로직만 수정하면 되기 때문에 소프트웨어의 유연성 또한 증가한다.

다음으로 값 객체로 선언한 ISBN을 사용하는 입고 도서 엔티티의 구현을 살펴보자.

값 객체를 적용한 입고 도서 엔티티　　　　　　　　　　　　　　　　InStockBook.java

```
@Entity
@Table(name = "in_stock_book")
@Cache(usage = CacheConcurrencyStrategy.NONSTRICT_READ_WRITE)
@Data
@ToString
public class InStockBook implements Serializable {

    ... 중략 ...
```

```java
@Embedded
private ISBN isbn;

public String getIsbn() {
  return isbn.getIsbn();
}

public void setIsbn(String Isbn) {
  this.isbn = new ISBN(isbn);
}
}
```

InStockBook 클래스에서는 ISBN 객체를 사용한다. 따라서 ISBN 객체를 선언한 곳에 @Embedded 애
너테이션을 지정했다. 또한 세터(Setter) 부분을 보면 ISBN을 설정할 때 새로운 ISBN 객체를
생성하는 것을 확인할 수 있다. 이처럼 생성자로만 값을 생성하고 수정자의 사용을 피함으로써
값 객체의 불변성을 지킬 수 있다. 이렇게 해서 값 객체를 구체적으로 어떤 방식으로 구현할 수
있는지 살펴봤다.

이제 값 객체를 적용하지 않은 입고 도서의 구현을 살펴보자. 다음은 값 객체가 없는 입고 도서
클래스다.

값 객체를 적용하지 않은 입고 도서 엔티티 클래스   InStockBook.java

```java
@Entity
@Table(name = "in_stock_book")
@Cache(usage = CacheConcurrencyStrategy.NONSTRICT_READ_WRITE)
@Data
@ToString
public class InStockBook implements Serializable {

  //입고 도서 일련번호
  @Id
  @GeneratedValue(strategy = GenerationType.IDENTITY)
  private Long id;

  //입고 도서명
  @Column(name = "title")
  private String title;
```

```java
//도서 설명
@Column(name = "description")
private String description;

//저자
@Column(name = "author")
private String author;

//출판사
@Column(name = "publisher")
private String publisher;

//ISBN
@Column(name = "isbn")
private Long isbn;

//출간일
@Column(name = "publication_date")
private LocalDate publicationDate;

//입고 출처
@Enumerated(EnumType.STRING)
@Column(name = "source")
private Source source;
... 중략 ...
```

값 객체를 적용하지 않았기에 isbn의 타입이 ISBN이 아니라 Long 타입인 것을 볼 수 있다.

표준 타입인 열거형 클래스로 선언한 입고 출처다. 입고 출처는 기부 또는 구매로 구분된다.

입고 도서 출처 열거형   Source.java

```java
public enum Source {
  Donated, Purchased
}
```

재고 도서 엔티티 – Book.java

재고 도서의 기본 정보를 담고 있는 재고 도서(Book) 엔티티다. 재고 도서 엔티티는 실제로 대출 가능한 도서를 나타내기 때문에 입고 도서가 가진 속성에 추가해서 도서 대출 상태 및 도서 분류, 보유 도서관 등의 속성을 가지고 있다. 따라서 이러한 속성의 타입이 되는 대출 가능 여부에 대한 도서 상태를 보유한 BookStatus 열거형 클래스와 도서가 보관된 도서관을 의미하는 Location 열거형 클래스, 도서 분류를 위한 Classification 열거형 클래스도 필요하다.

```java
@Entity
@Table(name = "book")
@Cache(usage = CacheConcurrencyStrategy.NONSTRICT_READ_WRITE)
@Data
@ToString
public class Book implements Serializable {

    // 재고 도서 일련번호
    @Id
    @GeneratedValue(strategy = GenerationType.IDENTITY)
    private Long id;

    //도서명
    @Column(name = "title")
    private String title;

    //도서 설명
    @Column(name = "description")
    private String description;

    //저자
    @Column(name = "author")
    private String author;

    //출판사
    @Column(name = "publisher")
    private String publisher;

    //ISBN
```

```
@Column(name = "isbn")
private String isbn;

//출간일
@Column(name = "publication_date")
private LocalDate publicationDate;

//도서 분류
@Enumerated(EnumType.STRING)
@Column(name = "classification")
private Classification classification;

//도서 상태
@Enumerated(EnumType.STRING)
@Column(name = "book_status")
private BookStatus bookStatus;

//도서관 구분
@Enumerated(EnumType.STRING)
@Column(name = "location")
private Location location;

... 중략 ...
```

여기서 생성되는 재고 도서 클래스의 재고 도서 일련번호(id)는 다른 마이크로서비스에서도 도서 대출, 반납, 연체 기능을 구현할 때 도서의 유일성을 식별하는 고유키가 된다.

도서의 분류를 의미하는 Classification 열거형 클래스다. 예술, 사진, 경제 등의 도서 분류 값으로 구성돼 있다.

도서 분류 열거형 클래스   Classification.java

```
public enum Classification {
    Arts, Photography, Biographies, BusinessMoney, Children, ComputerTechnology, History,
    Medical, Travel, Romance, Science, Math, SelfHelp
}
```

도서 대출 가능 여부를 의미하는 도서 상태(BookStatus) 열거형 클래스다.

도서 상태 열거형 클래스   BookStatus.java

```java
public enum BookStatus {
  AVAILABLE, UNAVAILABLE
}
```

도서가 보관된 도서관을 의미하는 Location 열거형 클래스다. 예제에서는 '정자' 또는 '판교'로 분류했다.

도서관 구분 열거형 클래스   Location.java

```java
public enum Location {
  JEONGJA, PANGYO
}
```

8.1.7 내부 영역 – 서비스 개발

내부 영역의 서비스 구현체는 애그리거트 루트 단위로 생성하기 때문에 InStockBookService, BookService 인터페이스를 각각 생성한다. 앞에서 언급했듯이 입고 도서와 대출 도서는 모두 연관관계가 없는 애그리거트다.

InStockBookService의 서비스 구현체인 InStockBookServiceImpl은 CRUD 외에 특별한 로직이 없고, BookService는 CRUD 외에 대출 마이크로서비스에서 도서를 대출할 때 검증을 위해 요청하는 도서 정보 조회와 대출 대상 도서 정보가 수정될 때 도서 카탈로그 서비스에 이벤트를 전송하는 기능을 제공한다.

먼저 대출 서비스에서 도서를 대출할 때 도서 검증을 위해 호출되는 재고 도서 정보 조회 기능부터 살펴보자.

다음은 재고 도서 서비스 인터페이스에 선언돼 있는, 재고 도서 정보 조회를 의미하는 findBookInfo 메서드다. 이 메서드는 매개변수로 조회하고자 하는 도서의 일련번호를 받는다.

도서 서비스 인터페이스의 재고 도서 정보 조회 메서드 선언   BookService.java

```java
public interface BookService {
  ... 중략 ...
```

```
    BookInfoDTO findBookInfo(Long bookId);

}
```

다음은 BookService에서 선언한 findBookInfo 메서드의 구현체다. bookRepository에서 도서 일련 번호로 도서를 조회해서 Book 객체를 반환한다.

도서 서비스 구현체의 재고 도서 정보 조회 메서드 구현   BookServiceImpl.java

```
@Service
@Transactional
public class BookServiceImpl implements BookService {
    ... 중략 ...

    @Override
    @Transactional
    public Book findBookInfo(Long bookId) {
        return bookRepository.findById(bookId).get();
    }
}
```

재고 도서 정보 조회 기능은 대출 서비스의 도서 대출 기능과 관련된 것으로, 대출(Rental) 서비스의 동기 호출에 응답한다. 동기 호출 메커니즘은 이전 장에서 살펴본 대출 서비스의 동기 메시지 호출 처리에서 상세히 살펴본 바 있다.

재고 도서 서비스의 CRUD를 위한 기본 인터페이스는 다음과 같다.

재고 도서 서비스 인페이스   BookService.java

```
public interface BookService {

    ... 중략 ...

    //재고 도서 등록
    Book registerNewBook(Book book, Long inStockId)
        throws InterruptedException, ExecutionException, JsonProcessingException;

    //재고 도서 수정
```

```
Book updateBook(Book book)
    throws InterruptedException, ExecutionException, JsonProcessingException;

//재고 도서 삭제
void delete(Long id)
    throws InterruptedException, ExecutionException, JsonProcessingException;

}
```

인터페이스 정의는 단순하다. 재고 도서를 등록, 수정, 삭제하는 메서드가 각각 존재한다. 이 가운데 재고 도서 등록 메서드의 매개변수가 재고 도서 객체와 입고 도서 일련번호인 것이 특이한데 그 이유는 뒤에서 살펴보자.

도서 마이크로서비스는 재고 도서가 등록, 수정, 삭제됐을 때 사용자가 업데이트된 도서 정보를 조회할 수 있도록 도서 카탈로그 마이크로서비스에 도서 정보를 전송해야 한다. 따라서 도서를 등록, 수정, 삭제할 때 도서에 대한 변경된 정보를 담은 비동기 메시지가 카프카로 전송되게 한다.

재고 도서 등록, 수정, 삭제 기능을 구현한 BookServiceImpl 서비스에서 재고 도서를 등록, 수정, 삭제할 때 비동기 호출로 이벤트를 처리하도록 구현해 보자. 먼저 재고 도서의 변경 내역을 담는 도메인 이벤트를 만든다.

재고 도서를 등록, 수정, 삭제할 때 다음과 같은 도서변경됨(BookChanged) 도메인 이벤트를 생성한다. BookChanged는 대부분의 재고 도서 정보와 도서변경됨 이벤트가 어떤 종류인지 구분하기 위한 이벤트 타입(1)을 담고 있다.

도서변경됨 도메인 이벤트   BookChanged.java

```
@Getter
@Setter
@AllArgsConstructor
@NoArgsConstructor
public class BookChanged {

    //재고 도서명
    private String title;

    //도서설명
    private String description;
```

```
    //저자
    private String author;

    //출판일
    private String publicationDate;

    //분류
    private String classification;

    //대출 여부
    private Boolean rented;

    //이벤트 유형
    private String eventType; //(1)

    //총 대출 횟수
    private Long rentCnt;

    //재고 도서 일련번호
    private Long bookId;
}
```

BookServiceImpl 클래스는 BookService 인터페이스 클래스의 구현체로서 재고 도서 등록, 수정, 삭제에 대한 상세 로직을 담고 있다.

서비스 구현체의 재고 도서 등록, 수정, 삭제 메서드 구현   BookServiceImpl.java

```
@Service
@Transactional
public class BookServiceImpl implements BookService {

    ... 중략 ...
    //재고 도서 등록
    @Override
    public Book registerNewBook(Book book, Long inStockId)
        throws InterruptedException, ExecutionException, JsonProcessingException {
      Book newBook = bookRepository.save(book);        //재고 도서 저장(1)
```

```
        inStockBookService.delete(inStockId);           //입고 도서 삭제(2)
        sendBookCatalogEvent("NEW_BOOK",newBook.getId()); //내부 메서드 호출(3)
        return newBook;
    }


    //재고 도서 수정
    @Override
    public Book updateBook(Book book)
        throws InterruptedException, ExecutionException, JsonProcessingException {
        Book updatedBook = bookRepository.save(book);       //재고 도서 저장(4)
        sendBookCatalogEvent("UPDATE_BOOK",book.getId()); //내부 메서드 호출(5)
        return updatedBook;
    }


    //재고 도서 삭제
    @Override
    public void delete(Long id)
        throws InterruptedException, ExecutionException, JsonProcessingException {
        log.debug("Request to delete Book : {}", id);
        sendBookCatalogEvent("DELETE_BOOK", id);           //내부 메서드 호출(6)
        bookRepository.deleteById(id);                      //재고 도서 삭제(7)
    }
}
```

재고 도서 정보 변경 유형에 따라 '도서변경됨' 이벤트에 담길 내용이 달라질 필요가 있다. 따라서 그 기능을 전담할 프라이빗(private) 메서드인 sendBookCatalogEvent 메서드를 생성했다.

먼저 재고 도서 등록 로직부터 살펴보자. 재고 도서를 등록할 때는 컨트롤러에서 전달받은 도서 정보를 노서 리포지토리를 통해 저장한 후(1), 이미 재고로 등록됐기 때문에 입고 도서로 남아 있을 필요가 없는 해당 입고 도서를 입고 도서 서비스를 호출해 삭제한다(2). 도서 등록을 도서 카탈로그 서비스에 전송하기 위해 프라이빗 메서드인 sendBookCatalogEvent를 호출한다. 이때 이벤트 타입은 새로운 도서라는 의미의 'NEW_BOOK'이다(3).

여기서 중요한 점은 서비스 구현체가 입고 도서가 재고 도서로 등록되면 해당 입고 도서가 삭제된다는 비즈니스 로직을 서비스 구현체에서 처리했다는 것이다. 이처럼 두 개의 독립된 애그리거트 간의 비즈니스 로직을 처리할 필요가 있을 경우 도메인 서비스(162쪽 참조) 객체를 만들 수 있는데, 여기서는 애플리케이션 서비스인 서비스 구현체가 처리한 것을 볼 수 있다.

재고 도서 수정 로직은 컨트롤러에서 전달받은 도서 정보를 도서 리포지토리를 통해 저장한 후(4) sendBookCatalogEvent를 호출한다. 이때 이벤트 타입은 수정된 도서 정보라는 의미의 'UPDATE_BOOK'이다(5).

재고 도서를 삭제할 때는 sendBookCatalogEvent를 호출한 뒤(6) 도서 리포지토리를 통해 도서를 삭제한다(7). 이때 이벤트 타입은 도서가 삭제됐다는 의미의 'DELETE_BOOK'이다.

이제 이벤트 타입에 따라 '도서변경됨' 이벤트에 필요한 정보를 담아 도서 카탈로그 마이크로서비스로 비동기 메시지를 전송하는 메서드인 sendBookCatalogEvent를 살펴보자.

서비스 구현체의 sendBookCatalogEvent 구현   BookServiceImpl.java

```java
@Service
@Transactional
public class BookServiceImpl implements BookService {

   ... 중략 ...

  @Override
  private void sendBookCatalogEvent(String eventType, Long bookId)
      throws InterruptedException, ExecutionException, JsonProcessingException {
    //재고 도서 정보 조회
    Book book = bookRepository.findById(bookId).get(); //(1)

    //도서변경됨 이벤트 객체 생성
    BookChanged bookChanged = new BookChanged();  //(2)

    //신규 재고 도서이거나 재고 도서 수정인 경우
    if (eventType.equals("NEW_BOOK") || eventType.equals("UPDATE_BOOK")) { //(3)
      bookChanged.setBookId(book.getId());
      bookChanged.setAuthor(book.getAuthor());
      bookChanged.setClassification(book.getClassification().toString());
      bookChanged.setDescription(book.getDescription());
      bookChanged.setPublicationDate(book.getPublicationDate().format(fmt));
      bookChanged.setTitle(book.getTitle());
      bookChanged.setEventType(eventType);
      bookChanged.setRented(!book.getBookStatus().equals(BookStatus.AVAILABLE));
      bookChanged.setRentCnt((long) 0);
```

```
        //이벤트 메시지 전송
        bookProducer.sendBookCreateEvent(bookChanged);  //(4)
    //삭제의 경우
    } else if (eventType.equals("DELETE_BOOK")) { //(5)
        bookChanged.setEventType(eventType);
        bookChanged.setBookId(book.getId());

        //이벤트 메시지 전송
        bookProducer.sendBookDeleteEvent(bookChanged); //(6)
    }
  }
}
```

먼저 호출 메서드로부터 전송할 이벤트 타입과 도서 일련번호를 전달받는다. 전달받은 도서 일
련번호로 도서를 찾고(1), 도서변경됨(bookChanged)이라는 이벤트 객체를 생성한다(2). 이벤트
타입에 따라 도서 카탈로그가 처리할 로직이 달라지므로 이벤트 타입에 따라 각기 필요한 정보
만 이벤트 객체에 담는다.

이벤트 타입에 따라 달라지는 정보를 살펴보면 도서의 등록과 수정 이벤트의 경우 도서의 모든
정보가 필요하기 때문에 도서 정보를 모두 담는다(3). 단, 도서의 삭제 이벤트는 해당 도서의 일
련번호만 알아도 삭제 로직을 수행할 수 있기 때문에 도서의 일련번호만 담는다(5).

도서 정보가 담긴 이벤트 객체인 bookChanged는 아웃바운드 어댑터 인터페이스인 BookProducer
를 호출해서 이벤트를 전송한다(4), (6).

아웃바운드 어댑터의 상세 구현은 나중에 자세히 살펴보겠다.

8.1.8 내부 영역 – 리포지토리 개발

저장소 처리를 담당하는 리포지토리는 엔티티당 1개씩 만든다. 다음은 Book 엔티티의 저장소 처
리를 담당하는 BookRepository다.

```
@SuppressWarnings("unused")
@Repository
public interface BookRepository extends JpaRepository<Book, Long> {
}
```

다음은 InStock의 저장소 처리를 담당하는 InStockBookRepository로서 제목으로 도서를 검색하는 기능을 추가했다.

```
@SuppressWarnings("unused")
@Repository
public interface InStockBookRepository extends JpaRepository<InStockBook, Long> {
  Page<InStockBook> findByTitleContaining(String title, Pageable pageable);
}
```

사용자가 도서의 제목을 모두 입력하지 않아도 조회할 수 있도록 findByTitleContaining 메서드를 정의했는데, 이러한 방식은 메서드명으로 쿼리를 생성하는 Spring Data JPA의 기능을 이용한 것이다.

이렇게만 선언해도 런타임 시 스프링 데이터가 메서드명을 해석해서 쿼리를 만들어 준다. findByTitleContaining은 제목으로 조회 구문을 만드는데, Containing이라는 키워드가 있으므로 다음과 같은 '제목%'을 매개변수로 가지는 like 조회 구문을 만든다.

```
Select ... where x.title like ?1 (제목%)
```

8.1.9 외부 영역 – REST 컨트롤러 개발

외부 영역의 REST API는 다음과 같은 기능을 제공해야 한다.

- 재고 도서 정보 조회
- 입고 도서 등록, 수정, 삭제
- 재고 도서 등록, 수정, 삭제

재고 도서 정보 조회 API부터 살펴보면 도서 정보 조회 API는 HTTP GET 방식으로 "/books/bookInfo/{bookId}"라는 리소스명으로 선언한다.

재고 도서의 등록, 수정, 삭제 API에서 대부분의 로직은 도서 서비스 구현체를 호출해서 위임하고, 비즈니스 로직을 처리한 후 받은 도메인 객체를 DTO로 변환해서 HTTP 프로토콜로 반환하는 역할을 수행한다.

다음은 도서 서비스의 REST 컨트롤러 중 재고 도서 정보를 조회하는 API다.

```java
@RestController
@RequestMapping("/api")
public class BookResource {

    ... 중략 ...

    //재고 도서 정보 조회
    @GetMapping("/books/bookInfo/{bookId}")
    public ResponseEntity<BookInfoDTO> findBookInfo(@PathVariable("bookId") Long bookId) {
        Book book = bookService.findBookInfo(bookId); //(1)
        BookInfoDTO bookInfoDTO = new BookInfoDTO(bookId, book.getTitle()); //(2)
        log.debug(bookInfoDTO.toString());
        return ResponseEntity.ok().body(bookInfoDTO); //(3)
    }
}
```

재고 도서 정보 조회 API는 대출 마이크로서비스에서 대출을 검증하기 위해 호출된다.

재고 도서 정보를 조회하는 API의 처리 흐름을 살펴보면 먼저 HTTP GET 방식으로 조회할 도서의 일련번호를 받는다. 그다음, 도서 서비스 클래스를 호출해서 조회할 도서를 찾는다(1). 반환받은 도서 정보 중 도서 일련번호와 도서명을 조합해서 대출 마이크로서비스로 반환할 BookInfoDTO를 생성한다(2). 그런 다음 HTTP 응답 본문에 요청 결과를 넣어 반환한다(3).

입고 도서를 등록, 수정, 삭제하는 API는 특별한 비즈니스 로직이 없고 단순히 InStockBook 엔티티를 생성 및 저장하는 역할만 수행하기 때문에 생략한다.

다음은 재고 도서를 등록, 수정, 삭제하는 API다. 재고 도서를 등록, 수정, 삭제하는 API도 REST API를 세공하는 것 외에 특별한 기능은 없다.

```java
@RestController
@RequestMapping("/api")
public class BookResource {
    ... 중략 ...

    //재고 도서 정보 등록
```

```java
@PostMapping("/books/{inStockId}")
public ResponseEntity<BookDTO> registerBook(@RequestBody BookDTO bookDTO,
                                      @PathVariable Long inStockId)
    throws URISyntaxException, InterruptedException, ExecutionException,
        JsonProcessingException {
  if (bookDTO.getId() != null) {
    throw new BadRequestAlertException("A new book cannot already have an ID",
                          ENTITY_NAME, "idexists");
  }
  //도서 서비스 구현체를 호출해서 정보를 등록
  Book newBook = bookService.registerNewBook(bookMapper.toEntity(bookDTO), inStockId);

  //DTO 변환
  BookDTO result = bookMapper.toDto(newBook);

  //HTTP 프로토콜에 DTO를 담아서 반환
  return ResponseEntity.created(new URI("/api/books/" + result.getId()))
          .headers(HeaderUtil.createEntityCreationAlert(applicationName, true,
                  ENTITY_NAME, result.getId().toString()))
          .body(result);
}

//재고 도서 정보 수정
@PutMapping("/books")
public ResponseEntity<BookDTO> updateBook(@RequestBody BookDTO bookDTO)
    throws URISyntaxException, InterruptedException, ExecutionException,
        JsonProcessingException {

  if (bookDTO.getId() == null) {
    throw new BadRequestAlertException("Invalid id", ENTITY_NAME, "idnull");
  }
  //도서 서비스 구현체를 호출해서 도서 정보를 수정
  Book book = bookService.updateBook(bookMapper.toEntity(bookDTO));

  //DTO 변환
  BookDTO result = bookMapper.toDto(book);

  // http 프로토콜에 DTO를 담아서 반환
```

```
    return ResponseEntity.ok()
            .headers(HeaderUtil.createEntityUpdateAlert(applicationName, true,
                                ENTITY_NAME, bookDTO.getId().toString()))
            .body(result);
}


//재고 도서 정보 삭제
@DeleteMapping("/books/{id}")
public ResponseEntity<Void> deleteBook(@PathVariable Long id)
    throws InterruptedException, ExecutionException, JsonProcessingException {
    //도서 서비스 구현체를 호출해서 도서 정보를 삭제
    bookService.delete(id);

    //HTTP 프로토콜 반환
    return ResponseEntity.noContent()
            .headers(HeaderUtil.createEntityDeletionAlert(applicationName, true,
                                ENTITY_NAME,id.toString())).build();
    }
}
```

흐름을 간단히 살펴보면 REST 컨트롤러에서 도서 등록, 수정, 삭제에 대한 클라이언트의 요청이 들어오면 앞서 작성한 도서를 등록, 수정, 삭제 서비스 구현체의 로직에 위임해서 처리한다.

재고 도서 등록, 수정, 삭제 서비스의 로직을 살펴보면 도서 등록 API는 입고 도서 일련번호와 등록할 도서 정보를 담은 bookDTO를 입력받는다. 다음으로 서비스 구현체에 위임해서 도서 등록을 처리하고 반환받은 등록된 도서 객체를 bookDTO로 변환해 클라이언트에 반환한다.

재고 도서 수정 API는 수정할 도서 정보가 담긴 bookDTO를 받아 서비스 구현체를 호출 및 위임해서 수정한 후 처리 결과를 클라이언트에 반환한다.

재고 도서 삭제 API도 마찬가지로 삭제할 도서의 일련번호를 받아 서비스 구현체를 호출 및 위임해서 삭제한 후 처리 결과를 클라이언트에 반환한다.

8.1.10 외부 영역 – 아웃바운드 어댑터 개발

다음으로 도서 카탈로그 마이크로서비스로 이벤트를 전송할 때 호출되는 아웃바운드 어댑터 구현체인 BookProducerImpl을 살펴보자.

```java
@Service
public class BookProducerImpl implements BookProducer {
  ... 중략 ...
  public void sendBookCreateEvent(BookChanged bookChanged)
    throws ExecutionException, InterruptedException, JsonProcessingException {
    String message = objectMapper.writeValueAsString(bookChanged);
    producer.send(new ProducerRecord<>(TOPIC_CATALOG, message)).get();
  }

  public void sendBookDeleteEvent(BookChanged bookDeleteEvent)
    throws ExecutionException, InterruptedException, JsonProcessingException {
    String message = objectMapper.writeValueAsString(bookDeleteEvent);
    producer.send(new ProducerRecord<>(TOPIC_CATALOG, message)).get();
  }
}
```

sendBookCreateEvent와 sendBookDeleteEvent 메서드는 서비스로부터 전달받은 BookChanged 도메인 이벤트를 카프카 메시지로 변환해서 전송한다. 이때 마이크로서비스 간 전달 채널이 되는 Topic은 "topic_catalog"로 명명했다. [2]

이처럼 도서 마이크로서비스가 메시지를 보내면 도서 카탈로그 마이크로서비스가 메시지를 받아 검색될 도서의 상태 정보를 변경해 데이터 일관성을 맞춘다. 도서 카탈로그 마이크로서비스에서 메시지를 수신해서 처리하는 부분은 이후 도서 카탈로그 마이크로서비스의 구현에서 자세히 살펴보겠다.

8.1.11 외부 영역 – 인바운드 어댑터 개발

보내는 것이 있으면 받는 것도 있어야 한다. 앞에서 대출 마이크로서비스에 살펴본 것처럼 도서가 대출, 반납되면 대출 마이크로서비스에서 대출, 반납된 도서 정보의 비동기 메시지를 발송해 도서 마이크로서비스가 재고 도서 정보의 일관성을 맞출 수 있게 해야 한다.

---

2 sendBookCreateEvent와 sendBookDeleteEvent 메서드는 같은 작업을 처리한다. 이벤트 타입에 따라 어댑터에서의 특정 행위가 추가되거나 토픽을 다르게 해야 한다면 현재 구조를 유지하고, 그렇지 않다면 통합해서 같은 메서드를 호출하게 해도 된다.

도서 마이크로서비스는 대출, 반납아이템 정보 메시지를 수신해 재고 도서 대출 가능 상태를 업데이트한다. 발송된 비동기 메시지를 수신하는 것은 인바운드 컨슈머 어댑터로 구현한다. 다음은 도서 마이크로서비스의 컨슈머 어댑터다.

메시지를 수신하는 컨슈머 어댑터   BookConsumer.java

```java
@Service
public class BookConsumer {

  ... 중략 ...

  //대출 마이크로서비스와 공유하는 토픽명
  public static final String TOPIC ="topic_book"; //(1)
  ...

  @PostConstruct
  public void start() {
    log.info("Kafka consumer starting ...");
    this.kafkaConsumer = new KafkaConsumer<>(kafkaProperties.getConsumerProps());
    Runtime.getRuntime().addShutdownHook(new Thread(this::shutdown));

    //토픽 구독
    kafkaConsumer.subscribe(Collections.singleton(TOPIC)); //(2)
    log.info("Kafka consumer started");

    executorService.execute(()-> {
        try {
          while (!closed.get()) {
            ConsumerRecords<String, String> records =
                                kafkaConsumer.poll(Duration.ofSeconds(3));
            for (ConsumerRecord<String, String> record: records) {
              log.info("Consumed message in {} : {}", TOPIC, record.value());
              ObjectMapper objectMapper = new ObjectMapper();
              StockChanged stockChanged = objectMapper.readValue(record.value(),
                                        StockChanged.class);  //(3)
              //도서 서비스 호출. 매개변수로 도서 일련번호, 도서 상태를 전달
              bookService.processChangeBookState(stockChanged.getBookId(),
                                        stockChanged.getBookStatus()); //(4)
```

```
            }
        }
        kafkaConsumer.commitSync();

    } catch (WakeupException e) {
        if(!closed.get()) {
            throw e;
        }
    } catch (Exception e) {
        log.error(e.getMessage(), e);
    } finally {
        log.info("kafka consumer close");
        kafkaConsumer.close();
    }
        }
    );
  }
}
```

컨슈머 어댑터는 대출(Rental) 서비스가 발송한 메시지의 토픽을 구독하며, 메시지를 폴링(polling)한다.

코드를 보면 "topic_book" 토픽을 구독한 것을 볼 수 있는데(1)(2), 메시지가 수신되면 해당 메시지를 ObjectMapper를 통해 StockChanged라는 도메인 이벤트 객체로 변환한다(3).

그다음 비즈니스 로직을 구현하는 BookService.processChangeBookState를 호출해서 StockChanged 도메인 이벤트 객체의 도서 일련번호와 도서 상태를 전달한다(4).

그럼 컨슈머 어댑터가 호출한 비즈니스 로직 처리용 processChangeBookState 메서드의 구현을 살펴보자.

재고 도서 서비스 인터페이스 선언   BookService.java

```java
public interface BookService {
    ... 중략 ...
    void processChangeBookState(Long bookId, String bookStatus);

}
```

BookService는 재고 도서 서비스 인터페이스이며, 도서 인바운드 어댑터에서 호출한 processCh
angeBookState 메서드가 선언돼 있다. 매개변수는 도서 일련번호와 도서 상태다.

다음으로 이 메서드를 처리할 도서 서비스의 구현체를 살펴보자.

재고 도서 서비스 구현체   BookServiceImpl.java

```java
@Service
@Transactional
public class BookServiceImpl implements BookService {
  ... 중략 ...

  @Override
  public void processChangeBookState(Long bookId, String bookStatus) {
    Book book = bookRepository.findById(bookId).get(); //(1)
    book.setBookStatus(BookStatus.valueOf(bookStatus)); //(2)
    bookRepository.save(book); //(3)
  }
}
```

도서 상태를 수정하는 processChangeBookState 메서드는 전달받은 도서 일련번호로 도서 리포지
토리에서 해당 재고 도서를 조회한 뒤(1), 재고 도서 상태를 수정(2) 및 저장한다(3).

다음은 지금까지 구현한 도서 마이크로서비스의 내부 구조를 도식화한 것이다.

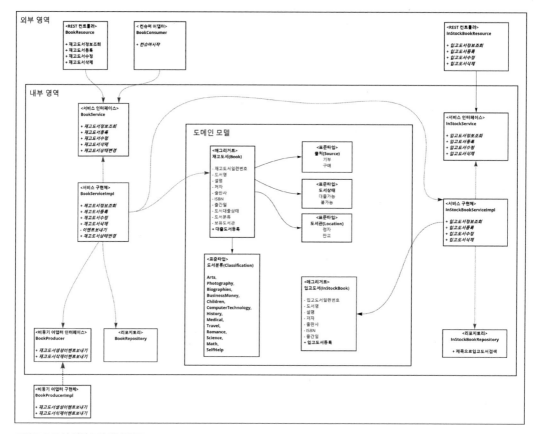

그림 8.3 도서 서비스의 내부 구조

도메인 모델의 애그리거트 루트마다 서비스 인터페이스, 서비스 구현체, 저장소 리포지토리가 생성돼 있다. 도메인 모델의 애그리거트 루트가 두 개이므로 그에 따라 서비스 인터페이스와 구현체, 리포지토리 또한 각각 2쌍이라는 점에 주목하자.

또 특이한 것은 도메인 모델의 재고 도서와 입고 도서 간의 연관관계는 없지만 재고 도서와 입고 도서 간의 비즈니스 로직을 재고 서비스 구현체가 입고 서비스 구현체를 호출해서 처리했으므로 서비스 구현체 간의 호출 관계가 표시된 것을 확인할 수 있다.

도서 서비스는 이벤트를 구독하기도 하고 이벤트를 발행하기도 하므로 비동기 컨슈머 어댑터와 아웃바운드 어댑터가 모두 존재한다.

8.2 도서 카탈로그 마이크로서비스

도서 카탈로그(BookCatalog)는 온전히 도서 목록 조회와 검색을 위한 읽기 전용 마이크로서비스다. 따라서 도서 마이크로서비스와 함께 CQRS 패턴을 적용했고, 저장소 또한 조회와 검색 속도가 빠른 NoSQL 중 하나인 MongoDB를 사용했다.

이번 절에서는 도서 카탈로그 마이크로서비스의 기본 기능 외에 앞서 도서 마이크로서비스에서 발행한 도서변경됨(BookChanged) 이벤트 메시지를 수신해서 도서 카탈로그의 저장소를 동기화하는 것도 살펴보겠다.

8.2.1 기능 소개

카탈로그 서비스의 기능으로는 도서 검색 및 인기도서 목록 조회(TOP10)가 있다.

8.2.2 내부 아키텍처 결정

내부 아키텍처는 도서 서비스와 동일하다. 도메인 모델 기반의 헥사고날 아키텍처이고, 저장소 메커니즘으로 Spring Data를 사용하며, 도서 서비스와의 연계를 위해 카프카를 통한 비동기 통신 메커니즘을 구현한다. 다만 앞에서 언급했듯이 저장소에 관계형 데이터베이스가 아닌 MongoDB를 사용한다. 다른 마이크로서비스와 다르게 NoSQL 저장소를 사용하지만 OR 매퍼를 사용하기 때문에 기존 방식과 크게 다르지 않다는 점을 염두에 두자.

8.2.3 API 설계

주요 API 설계로 먼저 인기도서 목록 조회 API부터 살펴보자. 인기도서 목록 조회 API는 도서대출시스템에 존재하는 도서 가운데 대출 횟수가 상위 1~10위인 도서 목록을 조회할 때 호출된다. 도서대출시스템의 메인 홈에서 사용자에게 최근 인기도서 목록을 보여줄 때 주로 호출되며, 대출 횟수가 많은 순으로 상위 10권의 도서 목록을 조회한다.

표 8.1 인기도서 목록 조회 API

API명	인기도서 목록 조회
리소스 URI	/book-catalogs/top-10
메서드	GET
요청 매개변수	없음

요청 예시	http://localhost:8080/book-catalogs/top-10
응답 값	▪ 도서 카탈로그 일련번호 ▪ 도서명 ▪ 도서 설명 ▪ 저자 ▪ 출간일 ▪ 도서 분류 ▪ 대출 여부 ▪ 대출 횟수 ▪ 도서 일련번호

응답 예시	<pre>[
	  {
	    "id": "5f87fbf90863851a02904b54",
	    "title": "하루 10분 SQL",
	    "description": "따라 하면서 배우고 쉽게 업무에 활용하는 실전
	SQL",
	    "author": "한상일",
	    "publicationDate": "2020-07-10",
	    "classification": "ComputerTechnology",
	    "rented": false,
	    "rentCnt": 3,
	    "bookId": 1
	  },
	  {
	    "id": "5f87fc000863851a02904b55",
	    "title": "UX 디자인 커뮤니케이션",
	    "description": "성공적인 UX전략과 산출물을 위한 노하우",
	    "author": "댄 브라운",
	    "publicationDate": "2008-12-18",
	    "classification": "ComputerTechnology",
	    "rented": false,
	    "rentCnt": 2,
	    "bookId": 2
	  }
	]</pre>

다음은 도서 목록 검색 API다. 사용자가 도서 이름으로 도서를 검색하는 경우 호출된다. 도서명으로 검색 목록을 보여준다.

표 8.2 도서 목록 검색 API

API명	도서 검색
리소스 URI	/book-catalogs/title/{title}
메서드	GET
요청 매개변수	도서명
요청 예시	http://localhost:8080/book-catalogs/title/UX
응답 값	▪ 도서 카탈로그 일련번호 ▪ 도서명 ▪ 도서 설명 ▪ 저자 ▪ 출간일 ▪ 도서 분류 ▪ 대출 여부 ▪ 대출 횟수 ▪ 도서 일련번호

응답 예시	```[
	  {
	    "id": "5f87fc000863851a02904b55",
	    "title": "UX 디자인 커뮤니케이션",
	    "description": "성공적인 UX전략과 산출물을 위한 노하우",
	    "author": "댄 브라운",
	    "publicationDate": "2008-12-18",
	    "classification": "ComputerTechnology",
	    "rented": false,
	    "rentCnt": 2,
	    "bookId": 2
	  }
	]```

8.2.4 도메인 모델링

이제 도서 카탈로그 마이크로서비스의 도메인 모델을 살펴보자. 도서 카탈로그 서비스의 도메인 모델은 단순한데, 엔티티 클래스 하나로 구성된다.

그림 8.4는 도서 카탈로그 엔티티를 보여준다. 조회 및 검색 용도이기 때문에 사용자가 도서를 조회 및 검색할 때 필요한 속성만 가지고 있다. 즉, 도서 정보를 빠르고 쉽게 확인하는 데 필요한 도서명, 설명, 저자, 출간일, 도서 분류, 대출 여부, 대출 횟수로 구성된다. 도서 카탈로그 클래스는 엔티티이자 애그리거트 루트다.

```
<애그리거트>
도서카탈로그(BookCatalog)

- 도서카탈로그일련번호
- 도서명
- 설명
- 저자
- 출간일
- 도서분류
- 대출여부
- 대출횟수
- 도서일련번호
```

그림 8.4 도서 카탈로그 마이크로서비스의 도메인 모델

8.2.5 내부 영역 – 도메인 모델 개발

도서 카탈로그의 도메인 모델링을 기반으로 도메인 모델을 개발해보자. 구현한 도메인 모델 클래스는 다음과 같다. 도서 카탈로그 서비스의 핵심인 도서 카탈로그 엔티티 클래스다.

도서 카탈로그 엔티티 클래스   BookCatalog.java

```java
@Document(collection = "book_catalog")
@Data
@ToString
public class BookCatalog implements Serializable {

    //도서 카탈로그 일련번호
    @Id
    private String id;
```

```
//도서명
@Field("title")
private String title;

//도서 설명
@Field("description")
private String description;

//저자
@Field("author")
private String author;

//출간일
@Field("publication_date")
private LocalDate publicationDate;

//도서 분류
@Field("classification")
private String classification;

//대출 가능 여부
@Field("rented")
private Boolean rented;

//대출 횟수
@Field("rent_cnt")
private Long rentCnt;

//도서 일련번호
@Field("book_id")
private Long bookId;

... 중략 ...
```

도서 마이크로서비스에 있는 도서 객체와 일관성을 맞추기 위해 도서 일련번호를 가지고 있다.

BookCatalog는 저장소로 MongoDB를 사용하기 때문에 기존의 다른 엔티티 객체와 다르게 엔티티에 @Entity가 아닌 @Document라는 애너테이션을 사용한다.

도서 카탈로그 마이크로서비스는 읽기 전용 서비스이므로 API로 생성, 변경, 삭제 기능을 제공하지는 않는다. 그렇지만 다른 서비스의 비동기 메시지 요청에 따라 데이터 일관성을 맞추기 위한 생성, 변경 기능은 제공한다. 이 기능은 컨슈머 어댑터에 의해 호출될 것이다.

BookCatalog 엔티티 클래스에는 신규 도서 카탈로그 생성, 도서 카탈로그 정보 수정, 도서 카탈로그 대출 상태 수정에 대한 비즈니스 로직을 구현한다. 이어서 이러한 비즈니스 로직을 수행하는 메서드를 차례로 설명하겠다.

먼저 registerNewBookCatalog는 새로운 BookCatalog를 생성하는 메서드다. BookCatalog 내부에서 도서 카탈로그를 생성하는데, 매개변수로 BookChanged 도메인 이벤트를 받는다. BookChanged는 다른 서비스가 보낸 도메인 이벤트다. BookChanged에 담긴 정보에 따라 BookCatalog 정보를 설정해서 반환한다.

도서 카탈로그의 비즈니스 로직 구현   BookCatalog.java

```java
public class BookCatalog implements Serializable{
    ... 중략 ...

    //신규 도서 카탈로그 생성
    public static BookCatalog registerNewBookCatalog(BookChanged bookChanged) {
        BookCatalog bookCatalog = new BookCatalog();
        bookCatalog.setBookId(bookChanged.getBookId());
        bookCatalog.setAuthor(bookChanged.getAuthor());
        bookCatalog.setClassification(bookChanged.getClassification());
        bookCatalog.setDescription(bookChanged.getDescription());
        bookCatalog.setPublicationDate(LocalDate.parse(bookChanged.getPublicationDate(),
                                       DateTimeFormatter.ofPattern("yyyy-MM-dd")));
        bookCatalog.setRented(bookChanged.getRented());
        bookCatalog.setTitle(bookChanged.getTitle());
        bookCatalog.setRentCnt(bookChanged.getRentCnt());
        return bookCatalog;
    }
}
```

다음은 BookCatalog 상태를 수정할 때 호출되는 도메인 모델 내부의 메서드다. 먼저 rentBook 메서드는 대출 횟수를 1만큼 증가시키고 도서 카탈로그 상태를 '대출 중'으로 수정해서 반환한다. returnBook 메서드는 대출 상태를 '대출 가능'으로 수정해서 반환한다.

```java
//도서 대출 상태 수정. '대출 중'으로 수정
public BookCatalog rentBook() {
  this.setRentCnt(this.getRentCnt()+(long)1);
  this.setRented(true);
  return this;
}


//도서 대출 상태 수정. '대출 가능'으로 수정
public BookCatalog returnBook() {
  this.setRented(false);
  return this;
}
```

다음은 도서 카탈로그 정보를 수정할 때 호출되는 updateBookCatalogInfo 메서드다. BookChanged 도메인 이벤트를 받아 해당 내용에 따라 기존 BookCatalog의 내용을 수정한 뒤 반환한다.

```java
//도서 카탈로그 정보 수정
public BookCatalog updateBookCatalogInfo(BookChanged bookChanged) {
  this.setAuthor(bookChanged.getAuthor());
  this.setClassification(bookChanged.getClassification());
  this.setDescription(bookChanged.getDescription());
  this.setPublicationDate(LocalDate.parse(bookChanged.getPublicationDate(),
                                     DateTimeFormatter.ofPattern("yyyy-MM-dd")));
  this.setRented(bookChanged.getRented());
  this.setTitle(bookChanged.getTitle());
  this.setRentCnt(bookChanged.getRentCnt());
  return this;
}
```

8.2.6 내부 영역 – 서비스 개발

앞에서 BookCatalog 도메인 엔터티 클래스의 도메인 로직을 구현했다. 다른 서비스의 변화에 반응해서 자신을 추가, 변경하는 로직이 존재하는 것도 확인했다. 이러한 로직은 API로 제공되지 않기 때문에 다른 서비스의 비동기 호출에 반응해 수행돼야 하는데, 이는 컨슈머 어댑터 개발 영역에서 상세히 다루기로 한다.

여기서는 클라이언트에 REST API로 제공하는 읽기 기능으로 도서 제목으로 도서를 검색하는 기능과 인기도서 목록을 조회하는 기능을 먼저 살펴보자. 다음은 도서 카탈로그 서비스의 인터페이스다. 도서명으로 도서를 검색하는 메서드와 인기도서 목록 조회 메서드를 선언했다.

도서 카탈로그 서비스 인터페이스   BookCatalogService.java

```java
public interface BookCatalogService {
    ... 중략 ...
    Page<BookCatalog> findBookByTitle(String title, Pageable pageable);

    List<BookCatalog> loadTop10();


}
```

다음으로 BookCatalogService 인터페이스의 구현체를 살펴보자.

도서 카탈로그 서비스 구현체   BookCatalogServiceImpl.java

```java
@Service
public class BookCatalogServiceImpl implements BookCatalogService {
    ... 중략 ...

    //도서 정보 검색
    @Override
    public Page<BookCatalog> findBookByTitle(String title, Pageable pageable) {
        return bookCatalogRepository.findByTitleContaining(title, pageable);
    }

    //인기도서 목록 조회
    @Override
    public List<BookCatalog> loadTop10() {
        return bookCatalogRepository.findTop10ByOrderByRentCntDesc();
```

```
    }
  }
```

도서를 검색할 때는 도서명을 받아 리포지토리(BookCatalogRepository)에서 도서를 검색해 반환한다. 인기도서 목록을 조회할 때도 리포지토리의 JPA 메서드를 실행해 목록을 가져온다.

다음으로 리포지토리에서 제공하는 도서 검색 메서드와 인기도서 목록 조회 메서드를 살펴보자.

8.2.7 내부 영역 – 리포지토리 개발

도서 카탈로그 서비스의 저장소인 리포지토리 클래스는 다음과 같다.

도서 카탈로그 리포지토리   BookCatalogRepository.java

```
@Repository
public interface BookCatalogRepository extends MongoRepository<BookCatalog, String> { //
(1)

  // 제목으로 검색
  Page<BookCatalog> findByTitleContaining(String title, Pageable pageable); //(2)

  //대출 횟수 순위 상위 10개 조회
  List<BookCatalog> findTop10ByOrderByRentCntDesc(); //(3)

  ... 중략 ...
}
```

저장소가 MongoDB이기 때문에 MongoRepository를 상속받아 구현한다(1). Spring Data는 메서드 이름만으로 쿼리를 생성하는 마법 같은 기능을 제공하는데, 이를 쿼리 메서드라 한다. 여기서는 2개의 조회 기능을 각각 findByTitleContaining과 findTop10ByOrderByRentCntDesc라는 쿼리 메서드로 구현했다.

먼저 도서명으로 도서를 검색하는 findByTitleContaining 메서드는 인자로 전달받은 title을 포함한 도서 카탈로그를 검색한다. 이때 클라이언트의 Paging 정보를 담고 있는 Pageable 변수를 받아 리스트를 페이지 형태로 변환해서 반환한다(2).

다음으로 인기도서 목록을 조회하는 findTop10ByOrderByRentCntDesc 메서드를 살펴보자(3).

- 상위 10개의 도서 카탈로그를 검색한다.

- RentCnt(대출 횟수) 순으로 정렬한다.

- 내림차순, 즉 대출 횟수 순으로 내림차순 정렬해 상위 10개의 BookCatalog 리스트를 반환한다.

또한 앞에서 살펴볼 수 있듯이 MongoDB를 사용하더라도 특별한 변경 없이 Spring Data의 JPA 쿼리 메서드를 동일하게 사용할 수 있다. Spring Data MongoDB의 자세한 활용법에 대해서는 Spring Data MongoDB의 공식 문서[3]를 살펴보는 것을 권장한다.

8.2.8 외부 영역 – REST 컨트롤러 개발

도서 REST 컨트롤러는 요청 도서 목록을 반환하는 읽기용 REST API로만 구성돼 있다. REST 컨트롤러는 기본적으로 엔티티가 아닌 DTO로 클라이언트와 데이터를 주고받기 때문에 REST 컨트롤러에서 bookMapper를 실행해 BookCatalogService에서 반환한 엔티티를 DTO로 변환한다.

도서 검색 API는 기본적인 조회 API이므로 생략하고 여기서는 인기도서 목록을 조회하는 API만 살펴보자.

인기도서 목록 조회 REST API 구현   BookCatalogResource.java

```java
@RestController
@RequestMapping("/api")
public class BookCatalogResource {

    ... 중략 ...

    @GetMapping("/book-catalogs/top-10")
    public ResponseEntity<List<BookCatalog>> loadTop10Books() {
        List<BookCatalog> bookCatalogs = bookCatalogService.loadTop10();
        return ResponseEntity.ok().body(bookCatalogs);
    }
}
```

---

3   Spring Data MongoDB의 Document 항목: https://docs.spring.io/spring-data/mongodb/docs/current/reference/html/#reference

인기도서 목록 조회 API는 GET 방식으로 동작하며, 리소스를 "/book-catalogs/top-10"으로 선언했다. 특별한 매개변수 없이 클라이언트에서 loadTop10Books 메서드가 호출되면 BookCatalogService를 호출해서 대출 횟수를 기준으로 상위 10권의 도서 리스트를 반환한다.

8.2.9 외부 영역 – 인바운드 어댑터 개발

그림 8.5와 같이 도서 마이크로서비스에서 도서를 생성, 수정, 삭제하면 도서 카탈로그 마이크로서비스로 이벤트를 발송한다. 또한 대출 마이크로서비스에서 도서를 대출, 반납하면 도서 카탈로그 마이크로서비스로 도서 상태 변경 이벤트를 발송한다.

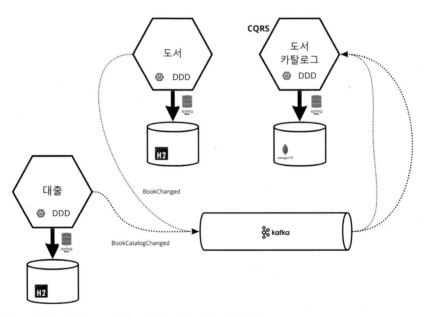

그림 8.5 대출, 도서 서비스에서 도서 카탈로그 서비스로의 이벤트 흐름도

이처럼 보내는 곳과 목적이 다르기 때문에 도서 카탈로그 마이크로서비스의 컨슈머 어댑터에서 받는 BookChanged 이벤트의 유형은 4가지(생성, 수정, 삭제, 상태 변경)로서 메시지를 수신한 뒤 BookCatalogService를 호출해서 해당 이벤트 종류에 따라 각기 다른 메서드를 실행해 처리한다.

또한 도서 카탈로그 마이크로서비스에서는 수신하는 부분(Consumer)만 구현돼 있다. 왜냐하면 도서 카탈로그는 CQRS 패턴이 적용된 조회용 서비스이기 때문에 이벤트 발송 처리가 없어 Producer(발송 역할)는 필요없기 때문이다.

그럼 이벤트 메시지 수신부터 BookCatalogService를 호출해서 수행하는 생성, 수정, 삭제, 상태 변경 프로세스까지 살펴보자.

인바운드 어댑터 구현   BookCatalogConsumer.java

```java
@Service
public class BookCatalogConsumer {
    ... 중략 ...

    //토픽명
    public static final String TOPIC ="topic_catalog";
    ... 중략 ...

    @PostConstruct
    public void start() {
        log.info("Kafka consumer starting ...");
        this.kafkaConsumer = new KafkaConsumer<>(kafkaProperties.getConsumerProps());
        Runtime.getRuntime().addShutdownHook(new Thread(this::shutdown));
        // 토픽 구독
        kafkaConsumer.subscribe(Collections.singleton(TOPIC)); //(1)
        log.info("Kafka consumer started");

        executorService.execute(()-> {
            try {
                while (!closed.get()) {
                    ConsumerRecords<String, String> records =
                                        kafkaConsumer.poll(Duration.ofSeconds(3));
                    for(ConsumerRecord<String, String> record: records) {
                        log.info("Consumed message in {} : {}", TOPIC, record.value());
                        ObjectMapper objectMapper = new ObjectMapper();

                        //도서정보 변경됨 도메인 이벤트 생성
                        BookChanged bookChanged = objectMapper.readValue(record.value(),
                                            BookChanged.class); //(2)
                        //도서 카탈로그 변경 프로세스 진행
                        bookCatalogService.processCatalogChanged(bookChanged); //(3)
                    }
                }
```

```
            kafkaConsumer.commitSync();
        } catch (WakeupException e) {
          if(!closed.get()) {
            throw e;
          }
        } catch (Exception e) {
          log.error(e.getMessage(), e);
        } finally {
          log.info("kafka consumer close");
          kafkaConsumer.close();
        }
      }
    );
  }
}
```

도서 마이크로서비스에서 카프카 메시지를 보낼 때 명명했던 Topic과 동일한 Topic을 수신한다
(1). 따라서 "topic_catalog"라는 토픽을 수신해 ObjectMapper를 통해 수신한 카프카 메시지를
BookChanged 도메인 이벤트로 변환해서 메시지를 읽는다(2).

다음으로 bookCatalogService.processCatalogChanged를 호출해서 수신한 BookChanged 도메인 이
벤트를 보내 도서 카탈로그의 생성, 수정, 삭제 처리를 위임한다(3).

이제 앞에서 호출한 bookCatalogService.processCatalogChanged를 살펴보자. 다음은 도서 카탈로
그의 서비스 인터페이스다.

도서 카탈로그 서비스 인터페이스   BookCatalogService.java

```
public interface BookCatalogService {
  ... 중략 ...
  //이벤트 종류별 분기 처리
  void processCatalogChanged(BookChanged bookChanged)
}
```

BookCatalogService 인터페이스에서는 BookChanged 도메인 이벤트를 입력받아 이벤트 종류별로
분기해서 메서드를 호출하는 processCatalogChanged 메서드를 선언했다.

다음으로 BookCatalogService 서비스 구현체를 살펴보자.

도서 카탈로그 서비스 구현체의 processCatalogChanged 메서드

```java
@Service
public class BookCatalogServiceImpl implements BookCatalogService {

    ... 중략 ...

    // 이벤트 종류별 분기 처리
    @Override
    public void processCatalogChanged(BookChanged bookChanged) {
      String eventType  = catalogChanged.getEventType();
      switch (eventType) {
        case "NEW_BOOK":
          registerNewBook(bookChanged);
          break;
        case "DELETE_BOOK":
          deleteBook(bookChanged);
          break;
        case "RENT_BOOK":
        case "RETURN_BOOK":
          updateBookStatus(bookChanged);
          break;
        case "UPDATE_BOOK":
          updateBookInfo(bookChanged);
          break;
      }
    }
}
```

컨슈머 어댑터에 의해 호출된 processCatalogChanged 메서드는 수신한 이벤트를 분류하는 메서드다. BookChanged 도메인 이벤트의 이벤트 타입에 따라 BookCatalogServiceImpl의 프라이빗 생성, 삭제, 수정 메서드를 호출해서 처리를 수행한다.

그럼 BookCatalogServiceImpl 내부의 프라이빗 생성, 삭제, 수정 메서드의 구현부를 살펴보자.

서비스 구현체의 프라이빗 생성, 삭제, 수정 메서드

```java
@Service
public class BookCatalogServiceImpl implements BookCatalogService {
```

```
... 중략 ...

//도서 카탈로그 등록
private BookCatalog registerNewBook(BookChanged bookChanged) {
  //BookCatalog 객체를 생성
  BookCatalog bookCatalog = BookCatalog.registerNewBookCatalog(bookChanged);//(1)
  bookCatalog = bookCatalogRepository.save(bookCatalog); //(2)
  return bookCatalog;
}
```

먼저 registerNewBook 메서드는 BookChanged의 eventType이 "NEW_BOOK"일 때 실행되는 메서드로, 전달받은 BookChanged의 정보로 BookCatalog 도메인 객체에 위임해 도서 카탈로그를 생성한 뒤(1) 리포지토리에 저장한다(2).

```
//도서 카탈로그 삭제
private void deleteBook(CatalogChanged catalogChanged) {
  bookCatalogRepository.deleteByBookId(catalogChanged.getBookId());
}
```

deleteBook 메서드는 BookChanged의 eventType이 "DELETE_BOOK"일 때 실행되는 메서드로, 전달받은 BookChanged의 도서 일련번호로 도서 카탈로그를 검색해서 삭제한다.

```
//도서 카탈로그 대출 상태 수정
private BookCatalog updateBookStatus(BookChanged bookChanged) {
  BookCatalog bookCatalog =
    bookCatalogRepository.findByBookId(bookChanged.getBookId()); //(1)

  if(catalogChanged.getEventType().equals("RENT_BOOK")) {
    bookCatalog = bookCatalog.rentBook(); //(2)
  }
  else if(catalogChanged.getEventType().equals("RETURN_BOOK")) {
    bookCatalog = bookCatalog.returnBook(); //(3)
  }

  bookCatalog= bookCatalogRepository.save(bookCatalog); //(4)
  return bookCatalog;
}
```

updateBookStatus 메서드는 BookChanged의 eventType이 "RENT_BOOK" 또는 "RETURN_BOOK"일 때 실행되는 메서드로, 전달받은 bookChanged 의 도서 일련번호로 해당 도서 카탈로그를 조회한다(1). eventType이 "RENT_BOOK"일 경우 조회된 도메인 모델인 bookCatalog의 rentBook 메서드를 호출해서 대출 상태를 대출 중으로 변경하고(2) "RETURN_BOOK"일 경우 returnBook 메서드(3)를 호출해서 대출 상태를 대출 가능으로 변경한 뒤 변경된 bookCatalog 객체를 리포지토리를 통해 저장한다(4).

```
//도서 카탈로그 정보 수정
public BookCatalog updateBookInfo(BookChanged bookChanged) {
  BookCatalog bookCatalog =
    bookCatalogRepository.findByBookId(bookChanged.getBookId());
  bookCatalog = bookCatalog.updateBookCatalogInfo(bookChanged);
  bookCatalog = bookCatalogRepository.save(bookCatalog);
  return bookCatalog;
  }
}
```

updateBookInfo 메서드는 BookChanged의 eventType이 "UPDATE_BOOK"일 때 실행하는 메서드로, 전달받은 BookChanged의 도서 일련번호로 BookCatalog 객체를 가져와 도서 정보를 수정한 후 저장한다.

앞에서 살펴본 것처럼 도서 카탈로그 생성, 상태 변경, 정보 수정 책임을 모두 도메인 객체인 BookCatalog에 위임해서 처리했다.

다음은 지금까지 구현한 도서 카탈로그 마이크로서비스의 내부 구조다.

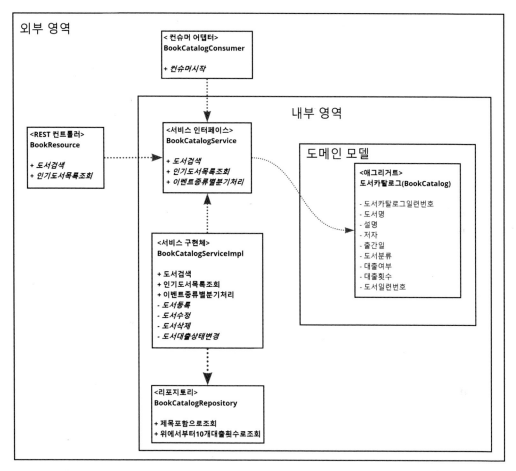

그림 8.6 도서 카탈로그 서비스의 구조

외부에 공개되는 2개의 REST API가 있고 구독한 메시지 이벤트를 처리할 컨슈머 어댑터를 볼 수 있다.

8.3 정리

이번 장에서는 CQRS 패턴을 사용한 도서 마이크로서비스와 도서 카탈로그 마이크로서비스의 구현을 살펴봤다. 도서 마이크로서비스는 커맨드의 역할을 수행하고, 도서 카탈로그 마이크로서비스는 읽기 전용의 역할을 수행한다는 사실을 알 수 있었다.

그리고 두 서비스의 비즈니스 정합성을 맞추기 위해 이벤트 기반의 아키텍처를 적용했고, 비동기 통신에는 카프카 메시지 큐를 이용했다.

두 마이크로서비스의 기능과 저장소를 완전하게 분리했기 때문에 만약 도서 카탈로그 마이크로서비스의 사용량이 증가하면 유연하게 도서 카탈로그 서비스만 확장하는 것이 가능할 것이다.

9장에서는 지금까지 구현한 모든 서비스를 구동함으로써 정해진 시나리오에 맞춰 시연해 보면서 각 기능들을 테스트해보자.

사례 연구 -
시연 수행

___

그럼 백엔드 개발이 완료됐으니 지금까지 개발한 대출 마이크로서비스, 도서 마이크로서비스, 사용자 마이크로서비스(게이트웨이), 도서 카탈로그 마이크로서비스가 테스트 시나리오대로 잘 동작하는지 확인해보자.

먼저 테스트 시나리오는 다음과 같다.

1. 사용자 등록

   - USER1, USER2라는 사용자를 등록한다.

2. 운영 권한 부여

   - USER2에게 운영자 권한을 준다.

3. 재고 도서 등록

   - 운영자가 3권의 도서 정보를 등록한 뒤 재고 도서 등록 처리한다(2권은 대출 가능, 1권은 대출 중으로 설정한다).

   - USER1로 재로그인한다.

4. 도서 검색

   - USER1로 도서 정보를 검색한다.

5. 도서 대출

   - 대출 가능한 도서를 2권 대출한다.

   - 대출 중인 도서는 대출할 수 없는 것을 확인한다.

6. 도서 반납

   - 대출한 도서 중 1권을 반납한다.

7. 도서 연체 처리

   - 2주가 지난 도서는 연체돼야 한다. 따라서 USER2로 로그인해서 1권을 연체 처리한다.

8. 연체아이템 반납

   - USER1로 다시 로그인해서 연체아이템을 반납한다.

9. 대출 불가 상태 확인

   - USER1이 다시 도서를 대출하려고 하나 시스템은 대출 불가 메시지를 보낸다. 왜냐하면 이전 연체로 대출 불가 상태가 됐기 때문이다.

10. 연체 해제 처리

- USER1은 연체 일자를 확인하고 포인트로 가감해서 연체를 해제한다.

11. 대출 가능 상태 확인

- USER1은 다시 대출 가능 상태가 되고 대출을 수행한다.

서비스를 동작시키기에 앞서 서비스를 동작시키는 데 필요한 JHipster 레지스트리, 카프카, MongoDB 등을 먼저 실행해 보자.

9.1 서비스 동작 환경 실행

먼저 이 책에서는 서비스 동작 환경을 구성하기 위해 도커를 활용했다. 카프카와 MongoDB를 로컬 데스크톱에 구축해도 되지만 로컬 환경에 따라 구축 방법과 명령어가 다를 수 있기 때문에 로컬 환경에 독립적이고 간단하게 구축할 수 있는 도커 컨테이너 환경을 선택했다.

환경을 구축하기 전에 도커가 로컬 환경에 미리 설치돼 있어야 한다. 다음 URL을 통해 도커 애플리케이션을 다운로드한다.

- **Docker Desktop 다운로드**: https://www.docker.com/products/docker-desktop

설치가 완료되면 Docker Desktop을 실행한 뒤, 도커에 회원가입하고 로그인한다. 도커를 실행하고 로그인을 완료하면 도커의 상태가 다음과 같이 바뀐다.

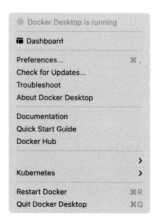

그림 9.1 상태 표시줄의 도커 상태 확인

설치 및 구동이 완료된 도커 컨테이너에 JHipster 레지스트리, 카프카, MongoDB를 설치하고 실행해 보자. 이때 MariaDB 설치를 제외한 이유는 대출/도서 서비스에 사용된 MariaDB는 인메모리(in-memory)로 설정했기 때문에 서비스를 구동하는 것만으로도 데이터베이스를 사용할 수 있기 때문이다. JHipster 프로젝트는 기본 옵션으로 마이크로서비스 애플리케이션(Microservice Application)이나 마이크로서비스 게이트웨이(Microservice Gateway)를 선택해서 생성하면 선택한 개발 환경에 맞게 도커 컨테이너 생성 정보가 담긴 도커 파일(Docker File)을 자동으로 생성한다. 자동 생성된 도커 파일을 살펴보면 해당 서비스의 포트 설정, 도커 이미지 정보 등이 yaml 형식으로 정의돼 있다.

JHipster에서 자동 생성한 도커 파일을 활용해 컨테이너를 생성 및 실행할 때 docker-compose 명령어를 사용할 수 있다. docker-compose는 컨테이너를 생성 및 실행하는 명령어다. docker-compose는 yaml 형식의 파일을 통해 컨테이너를 생성하고 실행하는데, yaml 형식의 파일에는 개발 환경 구성과 컨테이너 실행에 필요한 옵션, 의존성 등의 정보가 담긴다. 즉, docker-compose 명령어와 함께 쓰이는 yaml 파일은 복잡한 도커 실행 옵션들을 미리 적어둔 문서라고 볼 수 있다. 이러한 yaml 파일을 docker-compose 명령어로 실행해 사용자가 일일이 도커 실행 옵션을 입력할 필요 없이 한번에 개발 환경 설정과 컨테이너 생성 및 실행을 할 수 있다.

그럼 JHipster 레지스트리, 카프카, MongoDB 모두 JHipster가 생성한 도커 파일을 활용해 설치 및 실행을 진행해보자.

먼저, JHipster 레지스트리를 실행해 보자. JHipster 레지스트리는 게이트웨이에서만 실행할 수 있다. 따라서 게이트웨이 디렉터리로 이동한 후 다음 명령어를 입력해 실행한다.

```
cd gateway
docker-compose -f src/main/docker/jhipster-registry.yml up
```

그다음으로 카프카를 실행한다. 카프카는 앞에서 개발한 모든 서비스에서 실행 가능하다. 하지만 모든 서비스에서 실행할 필요 없이 한 가지 서비스에서만 카프카를 실행해도 모든 서비스가 카프카를 이용할 수 있다. 따라서 새로운 명령 프롬프트나 터미널을 열어 게이트웨이 디렉터리로 이동한 후 다음 명령을 입력해 실행한다. 이때 -d 옵션은 백그라운드에서 실행하는 옵션으로, 카프카나 데이터베이스를 실행할 때 주로 사용된다.

```
cd gateway
docker-compose -f src/main/docker/kafka.yml up -d
```

단, 카프카를 실행할 때는 한 가지 주의해야 할 점이 있다. 위 명령을 입력하면 주키퍼, 카프카의 두 개의 컨테이너가 생성되는데, 주키퍼 컨테이너의 실행이 완료되지 않은 상태에서 카프카 컨테이너가 실행되는 경우 자동으로 카프카 컨테이너의 실행이 정지된다. 이 경우 서비스에서 카프카 메시지를 사용할 수 없다. 이처럼 주키퍼만 실행되고 카프카는 실행되지 않은 경우 도커 대시보드로 이동해서 직접 카프카를 실행할 수 있다. 다음에 나오는 그림을 참고해서 카프카를 개별적으로 실행하고 주키퍼와 카프카 모두 정상적으로 실행 중인지 반드시 확인한다.

먼저 도커 대시보드를 통해 직접 실행하는 방법을 알아보자. 상태 표시줄에서 실행 중인 Docker Desktop을 대상으로 마우스 오른쪽 버튼을 클릭한 후 도커 대시보드로 이동한다.

그림 9.2 상태 표시줄에서 도커 대시보드 선택

카프카 컨테이너 옆에 있는 'START' 버튼을 클릭해 카프카를 실행한다.

그림 9.3 도커 대시보드에서 카프카 실행

카프카가 정상적으로 실행된 경우 그림 9.4와 같이 주키퍼 컨테이너와 카프카 컨테이너가 모두 'Running' 상태로 표시된다.

그림 9.4 도커 대시보드 상태 확인

다음으로 MongoDB를 실행하자. MongoDB는 도서 카탈로그 서비스에서만 실행 가능하다. 따라서 도서 카탈로그 디렉터리로 이동해서 다음 명령을 실행한다.

```
cd bookCatalog
docker-compose -f src/main/docker/mongodb.yml up -d
```

이제 결과를 확인해보자. 도커 대시보드에 들어가서 그림 9.5와 같이 레지스트리, 카프카, MongoDB 컨테이너가 모두 정상적으로 실행 중인지 확인한다. 정상적으로 실행 중인 경우 컨테이너 이미지가 모두 초록색의 'Running' 상태일 것이다.

그림 9.5 도커 대시보드 상태 확인

9.2 게이트웨이와 마이크로서비스 동작시키기

이 책에서는 프런트엔드 개발 과정은 생략했다. 그 대신 이미 구현된 소스코드를 이 책의 깃허브 리포지토리에서 내려받아 실행해 보기 바란다.

우선 명령 프롬프트나 터미널을 열고 소스코드를 내려받을 폴더를 생성한 후 해당 폴더로 이동한다.

```
$ mkdir demoTest
$ cd demoTest
```

아래 명령어를 입력해 깃허브에서 소스코드를 다운로드한다.

```
$ git clone https://github.com/CNAPS-MSA/k8s.git
$ git clone https://github.com/CNAPS-MSA/gateway.git
$ git clone https://github.com/CNAPS-MSA/book.git
$ git clone https://github.com/CNAPS-MSA/bookCatalog.git
$ git clone https://github.com/CNAPS-MSA/rental.git
```

각 소스코드를 다운로드하면 다음과 같은 폴더가 만들어진다.

- gateway
- book
- bookCatalog
- rental

이제 게이트웨이와 각 마이크로서비스를 동작시켜 보자. 각 서비스가 게이트웨이에 등록될 수 있도록 게이트웨이를 먼저 실행한 뒤 나머지 서비스를 실행한다. 이때 각 서비스별로 명령 프롬프트 또는 터미널을 각각 새로 열어서 실행하고, 서비스 테스트를 종료하기 전까지는 터미널 창을 닫지 않도록 한다.

각 서비스 디렉터리의 루트 폴더에서 다음 명령을 입력해 실행한다. 먼저 게이트웨어 폴더로 이동한 후 실행 명령을 입력한다.

- 윈도우

  ```
  cd gateway
  mvnw
  ```

- 리눅스 또는 macOS

  ```
  cd gateway
  ./mvnw
  ```

게이트웨이와 같은 방식으로 다른 서비스를 모두 정상적으로 실행하면 다음과 같이 게이트웨이 서비스가 기동되고 localhost:8080으로 접속 가능하다는 출력 결과를 볼 수 있다.

```
2020-09-21 14:30:49.083  INFO 99272 --- [  restartedMain] com.my.gateway.GatewayApp
: Started GatewayApp in 22.021 seconds (JVM running for 22.692)
2020-09-21 14:30:49.089  INFO 99272 --- [  restartedMain] com.my.gateway.GatewayApp
:
----------------------------------------------------------
        Application 'gateway' is running! Access URLs:
        Local:          http://localhost:8080/
        External:       http://10.250.66.104:8080/
        Profile(s):     [dev, swagger]
----------------------------------------------------------
2020-09-21 14:30:49.089  INFO 99272 --- [  restartedMain] com.my.gateway.GatewayApp
:
----------------------------------------------------------
        Config Server:   Connected to the JHipster Registry running in Docker
----------------------------------------------------------
```

그림 9.6 게이트웨이 기동을 완료한 모습

다음과 같이 대출 서비스가 기동되고 localhost:8083으로 접속 가능하다는 사실을 알 수 있다.

```
2020-09-21 14:30:31.040  INFO 98974 --- [  restartedMain] com.my.rental.RentalApp
: Started RentalApp in 25.556 seconds (JVM running for 26.667)
2020-09-21 14:30:31.045  INFO 98974 --- [  restartedMain] com.my.rental.RentalApp
:
----------------------------------------------------------
        Application 'rental' is running! Access URLs:
```

```
        Local:          http://localhost:8083/
        External:       http://10.250.66.104:8083/
        Profile(s):     [dev, swagger]
        -------------------------------------------------------
2020-09-21 14:30:31.045  INFO 98974 --- [  restartedMain] com.my.rental.RentalApp
:
        -------------------------------------------------------
        Config Server:  Connected to the JHipster Registry running in Docker
```

그림 9.7 대출 서비스 기동 완료

다음과 도서 서비스가 기동되고 localhost:8081로 접속 가능하다는 사실을 알 수 있다.

```
2020-09-21 14:30:38.011  INFO 99140 --- [  restartedMain] com.my.book.BookApp
: Started BookApp in 22.316 seconds (JVM running for 23.017)
2020-09-21 14:30:38.015  INFO 99140 --- [  restartedMain] com.my.book.BookApp
:
        -------------------------------------------------------
        Application 'book' is running! Access URLs:
        Local:          http://localhost:8081/
        External:       http://10.250.66.104:8081/
        Profile(s):     [dev, swagger]
        -------------------------------------------------------
2020-09-21 14:30:38.015  INFO 99140 --- [  restartedMain] com.my.book.BookApp
:
        -------------------------------------------------------
        Config Server:  Connected to the JHipster Registry running in Docker
        -------------------------------------------------------
```

그림 9.8 도서 서비스 기동 완료

도서 카탈로그 서비스가 기동되고 localhost:8082으로 접속 가능하다는 사실을 알 수 있다.

```
2020-09-21 14:30:41.886  INFO 99216 --- [  restartedMain] com.my.bookcatalog.BookCata-
logApp    :
        -------------------------------------------------------
        Application 'bookCatalog' is running! Access URLs:
        Local:          http://localhost:8082/
        External:       http://10.250.66.104:8082/
```

```
    Profile(s):        [dev, swagger]
--------------------------------------------------------
2020-09-21 14:30:41.887  INFO 99216 --- [  restartedMain] com.my.bookcatalog.BookCata-
logApp       :
--------------------------------------------------------
    Config Server:    Connected to the JHipster Registry running in Docker
--------------------------------------------------------
```

그림 9.8 도서 카탈로그 서비스 기동 완료

9.3 웹 화면에서 시나리오 테스트하기

백엔드의 게이트웨이와 서비스가 정상적으로 실행됐음을 확인했다면 브라우저에서 http://
localhost:8080으로 접속해 웹 화면에서 테스트를 진행해보자.

먼저 브라우저에서 http://localhost:8080으로 접속한다. 정상적으로 접속되면 그림 9.9와 같
은 화면을 볼 수 있다.

그림 9.9 메인 화면

사용자 등록

그림 9.10은 사용자 등록 화면이다. 이곳에서 USER1의 로그인 아이디는 user1로, USER2의
로그인 아이디는 user2로 등록했다. 회원가입 시 로그인 아이디와 이메일은 다른 유저와 중복
되지 않아야 한다는 점에 주의하자.

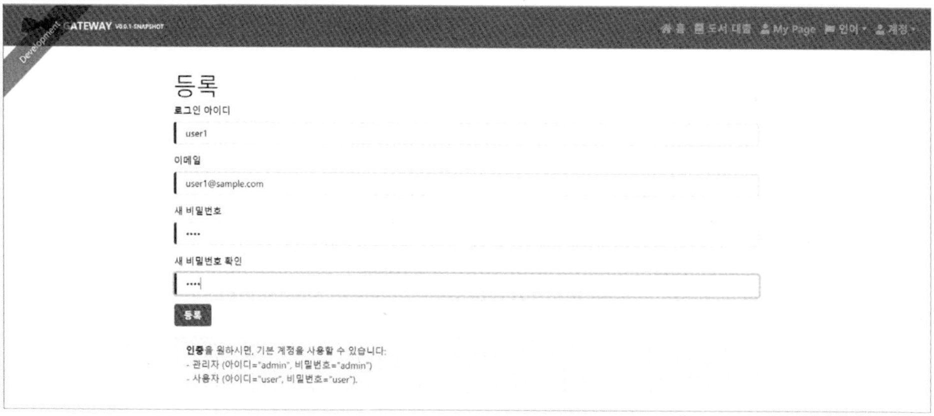

그림 9.10 사용자 등록

운영자 권한 부여

USER2에게 운영자 권한을 주기 위해서는 운영자 권한을 가진 계정으로 로그인해야 한다. 권한에 따라 접근할 수 있는 메뉴가 다르기 때문이다. 권한 관리는 사용자 관리 메뉴에서 수행할 수 있는데, 사용자 관리 메뉴는 운영자 권한을 가진 사용자만 접근할 수 있다. 기본 생성된 운영자의 로그인 아이디와 패스워드는 admin/admin이다.

기본 운영자로 로그인을 완료한 후 관리자 탭으로 이동해서 사용자 관리 메뉴로 이동한다. 사용자 관리 화면은 다음과 같다.

그림 9.11 사용자 관리 화면

사용자 관리 화면에서 2번 시나리오에서 생성한 user1과 user2 정보를 볼 수 있다. 사용자가 회원가입하는 경우 ROLE_USER 권한만 가지고 있음을 확인할 수 있다. USER2에게 운영자 권한을 줘야 하므로 user2의 오른쪽에 있는 수정 버튼을 눌러 다음과 같이 ROLE_USER와 ROLE_ADMIN 권한을 모두 부여한다(Shift 키를 누른 상태로 클릭한 뒤 저장을 클릭한다).

그림 9.12 사용자 권한 설정

그림 9.13 사용자 권한 설정 – 권한 부여

그럼 다음 페이지의 그림 9.14와 같이 user2 권한이 변경돼 있음을 알 수 있다.

그림 9.14 사용자 권한 설정 – 권한이 부여된 모습

다음은 도서 입고 처리 테스트다. 먼저 운영자 권한을 가진 user2로 로그인한다.

그림 9.15 운영자로 로그인한 메인 화면

재고 도서 등록

운영자는 3권의 재고 도서 정보를 등록한 뒤 재고 등록 처리한다(2권은 대출 가능, 1권은 대출 중).

원래 입고 처리 프로세스는 출판사나 도서 구매 업체가 시스템에 입고 도서를 등록하면 도서대출시스템 관리자가 도서를 등록하는 방식으로 이뤄진다. 하지만 예제에서는 운영자가 출판사나 도서 구매 업체 역할을 대신한다고 가정하고 진행한다. 따라서 운영자가 입고 도서를 등록하고 재고 도서 등록 메뉴를 통해 재고 도서로 등록하게 한다.

그림 9.16과 같이 상단의 Entities 메뉴에서 'In Stock Book'을 클릭해 입력 폼을 채운 뒤 저장해서 입고 도서를 등록한다.

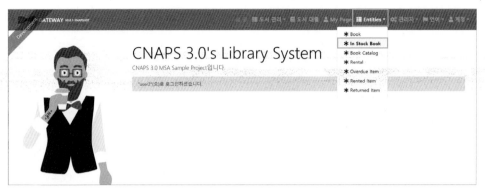

그림 9.16 입고 도서 등록 화면으로 이동

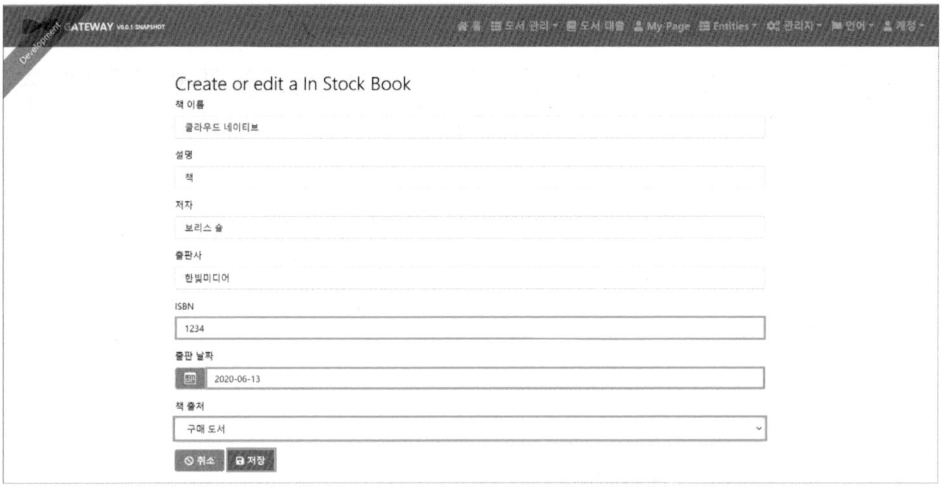

그림 9.17 입고 도서 등록

그 결과, 그림 9.18과 같은 화면을 확인할 수 있다.

그림 9.18 입고 도서 목록

이제 재고 도서 등록 메뉴를 통해 최종 재고 등록 처리를 진행해보자. 상단의 도서 관리 탭에서 도서 등록 메뉴로 이동한다.

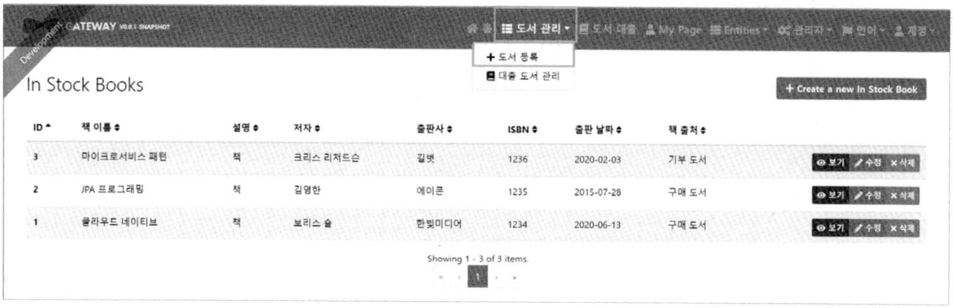

그림 9.19 도서 등록 메뉴로 이동

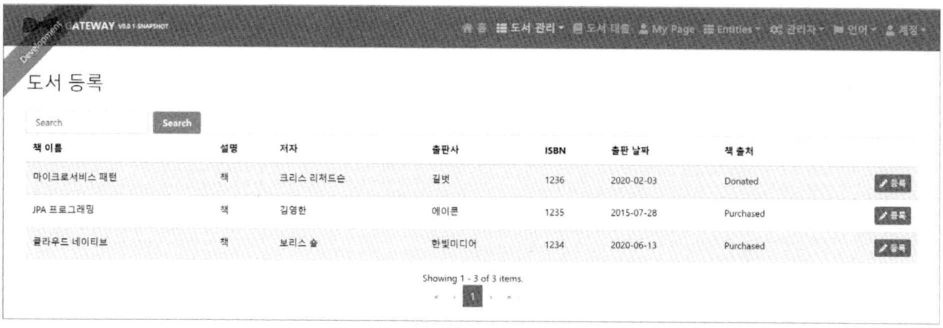

그림 9.20 도서 등록 목록

각 도서마다 등록 메뉴를 클릭해 입력 폼을 채운 뒤 저장해서 도서를 등록한다. 이때 3권의 입고 도서 중 한 권은 대출 중 상태로 처리한다. 결과는 그림 9.21과 같다.

그림 9.21 도서 등록 목록(대출 중 1권, 대출 가능 2권)

대출 중인 도서는 대출할 수 없다. 한 권의 책은 대출 중으로 처리했기 때문에 대출하기 버튼이 위 이미지와 같이 비활성화돼 있음을 확인한다.

이제 일반 사용자 계정으로 로그인해서 도서 정보 검색과 도서 대출 등을 테스트해 보자. User2에서 로그아웃한 뒤, User1로 로그인한 후 도서 대출 탭으로 이동해서 도서 정보를 검색한다.

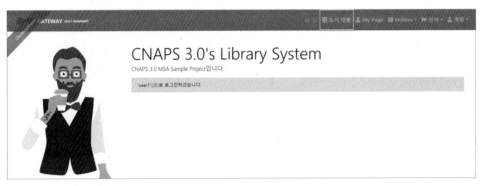

그림 9.22 USER1로 로그인된 상태

메뉴의 도서 대출로 이동한다.

도서 검색

검색어를 'JPA'로 입력한 뒤 Search 버튼을 클릭하면 그림 9.23과 같이 제목에 'JPA'라는 단어가 포함된 도서가 검색된다.

제목	설명	분류	작가	출판 날짜	대출 여부	대출 횟수 ⬦	
JPA 프로그래밍	책	Romance	김영한	2015-07-28	대출 중	0	👁 보기

Showing 1 - 3 of 3 items.

그림 9.23 도서 검색

도서 대출

다음으로 도서 대출을 테스트하자. 다시 도서 대출 메뉴로 이동한 뒤, 대출 가능한 도서 2권을 모두 대출한다. 대출하기 버튼을 클릭하면 다음 페이지의 그림 9.24와 같은 화면을 확인할 수 있다. 이때 Confirm 버튼을 클릭해 도서 대출을 완료한다.

그림 9.24 도서 대출 수행

대출이 완료되면 그림 9.25와 같이 대출 완료 알림이 나타나고, 해당 도서의 대출 버튼이 비활성화된다.

제목	설명	분류	작가	출판 날짜	대출 여부	대출 횟수	
JPA 프로그래밍	책	Romance	김영한	2015-07-28	대출 중	0	보기
마이크로서비스 패턴	책	Photography	크리스 리처드슨	2020-02-03	대출 중	1	보기
클라우드 네이티브	책	ComputerTechnology	보리스 슐	2020-06-13	대출 가능	0	보기 대출하기

그림 9.25 도서 대출 완료 화면

도서 반납

이제 반납 기능을 테스트해보자. 대출아이템, 반납아이템, 연체아이템 등 사용자의 기록은 상단 메뉴의 My Page를 통해 확인할 수 있다. 다음 페이지의 그림 9.26과 같이 My Page로 이동하면 대출 기능을 테스트한 두 권의 도서가 대출된 도서 목록에 표시되는 것을 확인할 수 있다. 또한 도서를 대출하면 도서당 30포인트를 적립할 수 있는데, 두 권을 대출해서 60포인트가 적립됐기 때문에 잔여 포인트가 1060인 것을 확인할 수 있다.

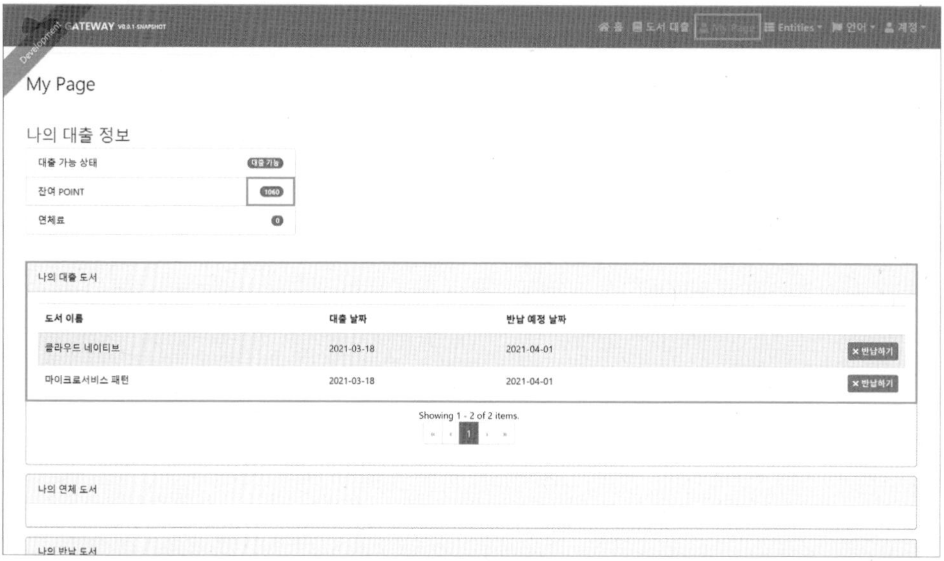

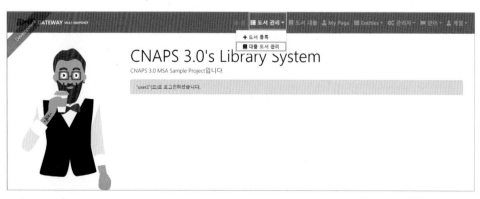

그림 9.26 My Page 화면

이제 두 권의 도서 중 한 권을 반납해보자. 위 화면에서 한 권의 도서를 반납하기 버튼을 눌러 반납한다. 이 책에서는 '클라우드 네이티브'라는 도서를 반납했다.

도서 연체 처리

다음으로 연체 기능을 테스트해보자. 본래 2주가 지난 도서는 연체아이템으로 자동으로 변경돼야 하지만 배치 기능은 구현에서 제외했기 때문에 관리자가 직접 도서 관리 기능에서 대출 중인 도서를 연체아이템으로 변경하는 것으로 대체했다. 따라서 User1을 로그아웃한 뒤, 관리자 계정인 User2로 로그인해서 User1이 대출한 도서 중 한 권을 연체 처리해 보자.

User2로 로그인한 뒤 도서 관리 탭에서 대출 도서 관리 메뉴로 이동한다.

그림 9.27 대출 도서 관리 화면으로 이동

대출 도서 관리로 이동하면 User1이 대출 중인 도서 한 권의 목록이 보인다. 연체 처리 버튼을 눌러 연체 처리한다.

그림 9.28 도서 연체 처리 수행

반납 처리

이제 다시 User2를 로그아웃하고 User1로 로그인해서 연체아이템을 반납해보자. User1로 로그인한 뒤 My Page 메뉴로 이동한다.

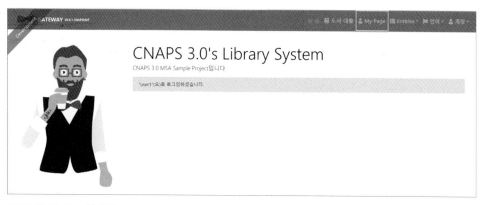

그림 9.29 My Page로 이동

그림 9.30과 같이 User2가 연체 처리한 도서가 나의 연체아이템 목록에 추가돼 있을 것이다. 또한 대출 가능 상태가 불가능으로 변경됐으며 연체료가 30포인트 누적돼 있다.

그림 9.30 도서 반납 처리

이번에는 연체아이템을 반납해보자. 나의 연체아이템 목록에 추가돼 있는 도서의 반납하기 버튼을 눌러 반납한다. 그 결과, 그림 9.31과 같이 나의 반납아이템 목록에 두 권의 도서가 있는 것을 확인할 수 있다.

나의 대출 도서		
나의 연체 도서		
나의 반납 도서		
도서 이름		반납한 날짜
마이크로서비스 패턴		2021-03-18
클라우드 네이티브		2021-03-18
	Showing 1 - 2 of 2 items.	
	« ‹ 1 › »	

그림 9.31 반납아이템 확인

대출 불가 확인

하지만 사용자가 연체된 도서를 반납했더라도 연체료를 정산하기 전까지는 대출 불가 상태가 해제되지 않는다. 이처럼 대출 불가 상태일 때 도서를 대출할 수 없는지 테스트해 보자.

도서 대출 메뉴로 이동해서 대출 가능한 도서를 대출 신청하면 그림 9.32와 같이 연체 상태이기 때문에 도서를 대출할 수 없다는 오류 메시지와 함께 대출이 완료되지 않는다.

그림 9.32 대출 불가 확인

연체 해제 처리

그렇다면 연체료를 결제해서 연체 상태를 해제해 보자. 먼저 My Page로 이동한 다음, 연체료 결제 버튼을 클릭해 연체료를 결제한다.

그림 9.33 연체료 결제

그림 9.34 연체료 결제

연체료 결제가 완료되면 그림 9.35와 같이 대출 가능 상태가 '대출 가능'으로 변경되며, 연체료 30포인트를 결제했기 때문에 잔여 포인트가 '1030'으로, 연체료는 '0'으로 변경된다.

그림 9.35 포인트 차감 확인

대출 가능 상태 확인

이제 다시 대출 가능 상태가 됐기 때문에 도서를 대출할 수 있다. 다시 한번 도서 대출을 시도해 보자. 도서 대출 메뉴로 이동한 후 대출하기 버튼을 클릭해 도서를 대출하면 그림 9.36과 같이 도서가 대출되는 것을 확인할 수 있다.

제목	설명	분류	작가	출판 날짜	대출 여부	대출 횟수⇕	
JPA 프로그래밍	책	Romance	김영한	2015-07-28	대출 중	0	👁 보기
마이크로서비스 패턴	책	Photography	크리스 리처드슨	2020-02-03	대출 중	2	👁 보기
클라우드 네이티브	책	ComputerTechnology	보리스 슐	2020-06-13	대출 가능	1	👁 보기 대출하기

그림 9.36 대출 가능 확인

또한 대출 완료 후, My Page를 확인해보면 도서 한 권을 대출했기 때문에 30포인트가 적립되어 잔여 포인트가 1060이 됐고, 나의 대출 도서 목록에 해당 도서가 추가돼 있다.

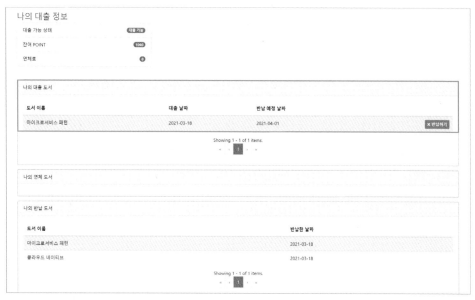

그림 9.37 포인트 적립 확인

이렇게 해서 웹 화면에서 시나리오 테스트를 모두 완료했다.

9.4 정리

로컬 데스크톱 환경에서 도커 컨테이너와 포트 번호를 분리해서 인스턴스를 구동해 지금까지 구현한 서비스를 시연했다. 대부분의 초기 단위 테스트는 이 같은 로컬 환경에서 수행된다. 이처럼 간단한 테스트를 통해 시연되고 피드백을 받아 지속적으로 시스템을 개선해야 한다.

그렇지만 이러한 로컬에서의 시연 및 테스트는 한계가 있을 것이다. 따라서 나음 장에서는 클라우드 환경에서의 빌드와 배포에 대해 알아보고 현재 개발된 서비스를 클라우드 환경에 배포해 보겠다.

애플리케이션 통합과
배포

애플리케이션의 배포를 이야기할 때 지속적 통합(CI)과 지속적 배포(CD)는 늘 강조되는 사항으로써, 비단 마이크로서비스에만 적용되는 개념은 아니다. 애플리케이션을 자주 빌드하고 빌드와 배포를 자동화하는 활동은 예기치 않은 결함이나 장애로부터 애플리케이션을 보호하고 궁극적으로는 애플리케이션이 지원하는 비즈니스를 빠르게 개선할 수 있게 한다.

이번 장에서는 마이크로서비스 애플리케이션을 어떻게 통합하고 배포하는지 알아본다. 먼저 지속적 통합과 지속적 배포에 대해 알아보고 이를 클라우드 환경에서 어떻게 적용할 수 있는지도 단계별로 상세히 살펴보겠다. 그다음에는 실제 클라우드 환경인 GCP(Google Cloud Platform) 기반의 쿠버네티스 환경에 이전 장에서 개발한 마이크로서비스 애플리케이션을 배포해 보겠다.

10.1 통합 및 배포 파이프라인 정의

지속적 통합이란 애플리케이션 소스코드의 변경 사항이 지속적으로 병합, 빌드, 테스트되는 것을 의미한다. 지속적 배포란 지속적 통합을 통해 준비된 애플리케이션이 테스트 및 프로덕션 환경에 자동으로 배포되는 것을 의미한다.

애플리케이션을 개발한다고 생각해보자. 개발자들은 작성한 소스코드를 형상관리 시스템에 커밋, 푸시하게 된다. 그 후 소스코드의 변경 사항들은 빌드, 테스트 과정을 거쳐 테스트 또는 프로덕션 환경으로 배포된다. 이러한 일련의 작업들을 자동화한 것이 지속적 통합과 지속적 배포라고 할 수 있으며, 이를 시각화해서 보여주는 것이 통합 및 배포 파이프라인이다.

그림 10.1은 이번 장에서 수행할 애플리케이션 빌드/배포 파이프라인을 도식화한 것이다. 이는 일반적인 클라우드 환경에서의 빌드/배포 프로세스에 해당한다.

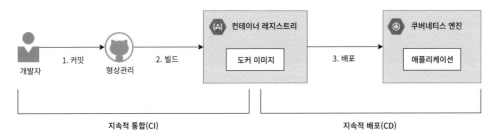

그림 10.1 지속적 통합과 지속적 배포 파이프라인

각 단계별 상세 태스크를 정리하면 다음과 같다.

표 10.1 지속적 통합과 지속적 배포의 상세 태스크

프랙티스	주요 활동	상세 태스크	작업 도구
지속적 통합	소스코드 확보 및 통합	▪ 소스코드 커밋, 푸시 ▪ 소스코드 풀(Pull)	형상관리 예) 깃허브
	빌드, 컨테이너화	▪ 소스코드 빌드 ▪ 도커 이미지 생성	빌드 도구 예) 도커, 코드빌드
	컨테이너 레지스트리 등록	▪ 레지스트리 푸시(Push)	컨테이너 레지스트리 서비스 예) 도커 허브, ECR, ACR, GCR
지속적 배포	컨테이너 이미지 확보	▪ 컨테이너 이미지 풀(Pull)	컨테이너 레지스트리 서비스 예) 도커 허브, ECR, ACR, GCR
	배포	▪ 배포 수행	배포 도구 예) 젠킨스, AWS CodePipeline, Azure DevOps Pipeline, GCP Cloud Build

가장 먼저 형상관리 시스템에 통합된 애플리케이션 소스코드를 빌드한다. 여기서 컨테이너 기술을 적용하지 않는다면 빌드 단계에서 생성된 .war, .jar 등의 결과물을 바로 배포하면 된다. 하지만 컨테이너 기술을 적용한다면 도커 이미지를 생성하고 이를 관리하기 위해 컨테이너 레지스트리에 등록한다. 다음으로 컨테이너 레지스트리에 등록한 도커 이미지를 사용해 쿠버네티스 환경에 애플리케이션을 배포한다.

이러한 모든 과정 또는 일부 과정을 빌드/배포 도구로 파이프라인을 구성해 자동화할 수도 있다. 이를 위한 대표직인 도구로 젠킨스가 있으며, 각 클라우드 벤더마다 빌드/배포를 지원하는 도구가 있는데 대표적으로 AWS CodePipeline, Azure DevOps Pipeline, GCP Cloud Build가 있다. 다음 절에서는 각 단계를 좀 더 자세히 살펴보겠다.

지속적 통합과 배포의 자동화

클라우드 환경에서 지속적 통합 및 지속적 배포는 다음과 같은 영역에서 자동화할 수 있다.

첫째는 애플리케이션 컨테이너 이미지 생성 과정의 자동화. 애플리케이션 실행에 필요한 파일 및 설정 값을 도커 파일로 한 번만 정의해두면, 이 도커 파일을 활용해 애플리케이션을 빌드하고 컨테이너 이미지를 생성할 수 있다. 다시 말해 매번 수동적으로 뭔가 설정하지 않아도 도커 파일로 애플리케이션 빌드 과정을 자동화할 수 있다.

둘째는 배포 설정 자동화다. 클라우드 인프라 환경(예: 쿠버네티스)에 애플리케이션을 배포할 때는 많은 설정값이 필요하다. 레플리카 수, 컨테이너 이미지 등 배포에 필요한 설정 값을 별도의 구성 파일에 명시해놓고 이를 통해 수동적인 작업 없이 배포를 자동화한다.

셋째는 각 공정의 연계 자동화. 앞에서 언급한 빌드, 배포 과정에서의 작은 의미의 자동화 작업들을 파이프라인으로 구축해서 전 과정을 마치 하나의 프로세스로 만든다. 코드 저장소에 소스코드가 커밋되면 이를 자동으로 인지하고 소스코드를 가져와서 빌드한다. 빌드가 끝나면 생성된 애플리케이션 컨테이너 이미지를 컨테이너 레지스트리에 저장한다. 이렇게 빌드 과정이 끝나면 레지스트리에 저장된 애플리케이션 컨테이너 이미지를 가져와 자동으로 애플리케이션 배포까지 완료한다. 소스코드의 커밋부터 빌드, 배포까지 파이프라인을 구축함으로써 자동화할 수 있다.

파이프라인은 젠킨스나 앤서블(Ansible), 각 클라우드 벤더에서 제공하는 데브옵스(DevOps) 도구를 사용해 구축할 수 있다. 이러한 도구를 활용하면 파이프라인의 진행 과정을 시각적으로 확인하고 각 연계를 완전히 자동화해서 적용할 수 있으나 이 책에서는 그 영역까지는 다루지 않았다. 다만 이 책에서는 컨테이너의 생성 자동화와 배포 구성 파일의 생성 자동화만 다루고, 각 활동의 연계는 수동으로 진행한다. 좀 더 자세한 자동화 영역에 대해서는 젠킨스[1]나 앤서블[2] 등의 도구를 살펴보길 바란다.

10.1.1 지속적 통합

앞에서 언급한 지속적 통합의 주요 활동을 진행 순으로 살펴보자.

빌드

빌드란 소스코드를 실행 가능한 소프트웨어로 생성하는 것을 말한다. 그 과정에서 컴파일, 테스트 등을 수행한다. 빌드 도구는 이러한 빌드 과정을 편리하고 쉽게 수행할 수 있게 돕는다. 다양한 빌드 도구가 있지만 최근에 가장 많이 사용되는 빌드 도구로는 메이븐(Maven)과 그레이들(Gradle)이 있다.

컨테이너화

컨테이너화란 애플리케이션을 컨테이너 이미지로 생성하는 것을 말한다. 그렇다면 컨테이너 이미지는 무엇일까? 컨테이너 이미지는 간단히 말해 애플리케이션 실행에 필요한 모든 것을 압축

---

1 https://www.jenkins.io/
2 https://www.ansible.com/

해놓은 것이라고 할 수 있다. 애플리케이션을 컨테이너화하는 데 가장 널리 알려진 도구는 바로 도커다. 도커는 컨테이너 이미지 빌드 및 실행의 핵심이 되는 도구라고 할 수 있다. 도커를 사용해 애플리케이션을 컨테이너화할 때는 미리 도커 데몬이 설치돼 있어야 하고 도커 파일도 작성해야 한다. 도커 파일은 컨테이너 이미지, 즉 도커 이미지를 생성하기 위한 설정 파일이다. 다음은 도커 파일의 예다.

```
FROM adoptopenjdk:11-jre-hotspot
VOLUME /tmp
COPY target/*SNAPSHOT.jar app.jar
EXPOSE 8080
ENTRYPOINT ["java","-jar","/app.jar"]
```

설정 값을 살펴보면 다음과 같다.

- FROM: 기본 베이스 이미지

- VOLUME: 런타임 시 사용할 데이터 볼륨

- COPY: 로컬의 파일을 도커 이미지로 복사

- EXPOSE: 런타임 시 네트워크에 연결할 포트

- ENTRYPOINT: 컨테이너가 시작됐을 때 실행될 명령어

위와 같이 도커 파일을 생성하고 나면 다음 명령을 활용해 도커 이미지를 생성할 수 있다.

```
$ docker build -t gateway:1.0 .
Step 1/5 : FROM adoptopenjdk:11-jre-hotspot
 ---> 892e858c0d61
...
Successfully built 99d871acd9a5
Successfully tagged gateway:1.0
```

도커 이미지가 제대로 생성됐다는 메시지가 출력된다. 다음은 가장 많이 사용하는 도커 명령어다.

표 10.2 도커 기본 명령어

명령어	설명
docker images	도커 이미지 목록 조회
docker push	도커 이미지 업로드
docker pull	도커 이미지 다운로드
docker rmi [이미지ID]	도커 이미지 삭제
docker build	도커 이미지 빌드

이렇게 애플리케이션을 빌드하고 도커 파일을 기반으로 도커 이미지를 빌드하는 것이 일반적인 방식이다. 하지만 도커 파일을 추가로 생성해야 한다는 점이 조금은 번거로울 수 있다.

그래서 최근에 구글에서는 jib[3]이라는 오픈소스 라이브러리를 출시했다. jib은 2019년에 구글에서 정식 출시한 자바 애플리케이션을 컨테이너화하는 오픈소스 기반 도구로서 jib 라이브러리를 이용할 경우 명령어 한 줄이면 도커 데몬을 별도로 설치할 필요도 없고 도커 파일이 없어도 도커 이미지를 생성할 수 있다. 또한 앞에서 말한 빌드 도구인 메이븐이나 그레이들에 플러그인만 추가하면 쉽게 적용할 수 있다. 이 책에서 사용한 개발 도구인 JHipster의 경우 이 플러그인이 자동으로 적용돼 있다. 개발 프로젝트 내의 pom.xml 파일을 보면 다음과 같이 설정돼 있음을 확인할 수 있다.

```
<plugin>
  <groupId>com.google.cloud.tools</groupId>
  <artifactId>jib-maven-plugin</artifactId>
  <version>${jib-maven-plugin.version}</version>
  <configuration>
    <from>
      <image>adoptopenjdk:11-jre-hotspot</image>
    </from>
    <to>
      <image>gateway:latest</image>
    </to>
  </configuration>
</plugin>
```

---

3 https://github.com/GoogleContainerTools/jib

주요 설정 값을 살펴보면 다음과 같다.

- from: 기본 베이스 이미지

- to: 빌드 후 생성될 이미지 ID로서 이미지 ID 를 변경하고 싶다면 해당 부분을 수정하거나 빌드 시 옵션으로 변경할 수 있다.

jib을 이용한 빌드는 다음과 같이 진행한다. 만약 로컬에 도커가 설치돼 있고, 해당 도커를 기반으로 빌드하고 싶다면 jib:build 부분을 jib:dockerBuild로 지정하면 된다.

```
./mvnw package -Pprod jib:dockerBuild -Dimage=gcr.io/$PROJECT_ID/gateway:latest
```

위 명령어에서 사용된 옵션은 다음과 같다.

- Pprod: 프로파일 정보

- Dimage: 컨테이너(도커) 이미지 ID. 이미지 ID 를 변경하고 싶을 때만 사용하고, 이 옵션 값이 없다면 pom.xml에 지정한 이미지 ID 로 생성된다.

컨테이너 레지스트리 등록

컨테이너 이미지를 생성하는 것까지 완료했다. 그렇다면 이렇게 생성한 컨테이너 이미지를 어떻게 관리해야 할까?

소스코드를 더는 파일 서버에 관리하지 않고 Git이나 SVN 등의 형상관리 시스템을 이용해 관리하듯이 컨테이너 이미지도 컨테이너 레지스트리를 통해 관리할 수 있다. 다시 말해, 컨테이너 레지스트리는 컨테이너 이미지를 관리하는 저장소로서 도커 이미지 같은 컨테이너 이미지를 업로드하고 다운로드할 수 있다. 이러한 컨테이너 저장소를 두면 검증된 컨테이너 이미지를 재사용할 수 있다는 장점이 있다.

이전에 도커를 접한 적이 있다면 도커 허브(Docker Hub)[4]를 들어본 적이 있을 것이다. 도커 허브는 도커에서 운영하는, 도커 이미지를 공용, 개인용으로 관리할 수 있는 공식 컨테이너 레지스트리다. 도커 허브 외에도 여러 클라우드 벤더에서도 자체적으로 컨테이너 레지스트리 서비스를 운영 및 제공한다. 대표적으로 AWS의 ECR, 마이크로소프트의 ACR, 구글의 GCR이 있다.

---

4 https://hub.docker.com/

10.1.2 지속적 배포

다음은 지속적 배포다. 클라우드 환경에 애플리케이션을 배포하는 형태에는 여러 가지가 있다. 일반적인 온프레미스 환경에서 자바 애플리케이션을 배포한다고 생각해보자. 빌드를 통해 생성된 .war 파일을 WAS(Web Application Server)에 배포하게 될 것이다. 클라우드 환경에서도 IaaS 서비스 모델에서는 크게 다를 바 없다. 배포되는 환경이 클라우드라는 점만 다를 뿐이다.

하지만 컨테이너 기술을 적용하고 더 나아가 쿠버네티스를 사용한다면 많은 것이 달라질 수 있다. 물론 이러한 기술들을 직접 구축해서 적용할 수도 있지만 클라우드 벤더에서는 이미 PaaS 서비스로 제공하기 때문에 이를 이용하면 더욱 쉽게 적용할 수 있다.

그럼 지금부터 쿠버네티스 환경에 애플리케이션을 배포하기 위해 먼저 쿠버네티스란 무엇인지 개념적으로 알아본 후 배포하는 방식은 어떤지 살펴보겠다.

쿠버네티스란?

쿠버네티스[5]는 가장 많이 알려진 컨테이너 오케스트레이션 시스템이다. 마치 컨테이너라고 하면 도커를 떠올리는 것처럼 컨테이너 오케스트레이션이라고 하면 쿠버네티스를 가장 먼저 떠올릴 것이다. 쿠버네티스는 구글에서 2014년에 프로젝트를 오픈소스화했는데 오래전부터 운영한 대규모 컨테이너 시스템에서 얻은 경험과 그 과정에서 발견한 여러 사례들의 집합체라고 할 수 있다. 쿠버네티스는 애플리케이션의 확장과 장애 조치에 용이하며, 특히 기본적으로 무중단 배포를 지원한다. 즉, 지속적인 배포가 가능하다고 할 수 있다.

쿠버네티스의 구성요소에는 오브젝트와 컨트롤러가 있다. 주요 요소를 살펴보자면 그림 10.2와 같이 기본 오브젝트인 파드(Pod), 서비스(Service) 등이 있고, 그러한 오브젝트를 관리하는 컨트롤러인 디플로이먼트(Deployment), 레플리카셋(ReplicaSet) 등이 있다.

먼저, 파드는 쿠버네티스에서 관리하는 배포 가능한 가장 작은 단위로서 파드에는 1개 이상의 컨테이너를 올릴 수 있다. 서비스는 이처럼 파드에서 실행 중인 애플리케이션이 네트워크 서비스로 노출할 필요가 있는 경우에 사용하는 오브젝트다. 쉽게 말하자면 서비스는 파드에 외부 요청을 전달하고 디플로이먼트는 파드를 관리한다고 생각하면 된다. 디플로이먼트는 파드를 직접 관리하지 않고 레플리카셋을 통해 관리하는데, 레플리카셋은 지정된 파드 개수에 대한 가용성을 보장한다.

---

5 https://kubernetes.io/ko/

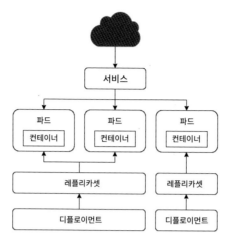

그림 10.2 쿠버네티스 구성요소

쿠버네티스 오브젝트 생성

쿠버네티스에 애플리케이션을 배포하려면 앞에서 말한 오브젝트들을 생성해야 한다. 오브젝트를 생성하고 관리하는 방법에는 3가지가 있는데 이번 절에서 각각 예시와 함께 살펴보겠다.

다음 예시에서는 모두 nginx 이미지를 사용해 디플로이먼트 오브젝트를 생성하고 nginx 컨테이너의 인스턴스를 구동하며, 이를 위한 3가지 방법을 보여준다. 참고로 여기서 사용하는 kubectl 명령어는 쿠버네티스를 관리하기 위한 명령줄 도구다.

1. 명령형 커맨드

   가장 간단한 방법으로, 명시한 컨테이너 이미지로 오브젝트를 생성한다.

   ```
   kubectl create deployment nginx --image nginx
   ```

2. 명령형 오브젝트 구성

   별도로 오브젝트 구성 파일을 생성하고 그것을 기준으로 오브젝트를 생성한다.

   ```
   kubectl create -f nginx.yaml
   ```

3. 선언형 오브젝트 구성

   폴더 내의 오브젝트 구성 파일들을 기준으로 오브젝트를 생성한다.

   ```
   kubectl create -f nginx/
   ```

2, 3번 예시에서는 반드시 오브젝트 구성 파일이 미리 작성돼 있어야 한다. 다음은 오브젝트 구성 파일의 예다.

```yaml
# deployment.yaml
apiVersion: apps/v1
kind: Deployment
metadata:
  name: my-nginx
  labels:
    app: nginx
spec:
  replicas: 3
  selector:
    matchLabels:
      app: nginx
  template:
    metadata:
      labels:
        app: nginx
    spec:
      containers:
      - name: nginx
        image: nginx:1.14.2
        ports:
        - containerPort: 80
#service.yaml
apiVersion: v1
kind: Service
metadata:
  name: my-nginx
  labels:
    run: my-nginx
spec:
  ports:
  - port: 80
    protocol: TCP
  selector:
    run: my-nginx
```

주요 항목은 다음과 같다.

- kind: 오브젝트 유형

- metadata.name: 생성 오브젝트명

- spec.replicas: 유지해야 할 파드 수

- sepc.selector: 디플로이먼트가 관리할 파드

- template: 디플로이먼트가 생성할 파드 정보

쿠버네티스 배포

쿠버네티스에 애플리케이션을 배포하려면 먼저 컨테이너 이미지가 필요하다. 직접 컨테이너 이미지를 생성해도 되고 도커 허브나 각 벤더 레지스트리에서 제공하는 공식 이미지를 사용해도 상관없다. 이미지가 확보되면 다음과 같이 배포하면 된다.

1. 디플로이먼트 생성

2. 서비스 생성

그럼 여기서는 nginx 이미지를 사용해 쿠버네티스에 nginx 애플리케이션을 배포해보자. 다음 명령어를 수행하면 된다(쿠버네티스 환경 설정은 10.2절을 참고해서 진행한다).

```
$ kubectl create deployment my-nginx --image nginx
deployment.apps "my-nginx" created
$ kubectl expose deployment/my-nginx --type=LoadBalancer --port=80
service/my-nginx exposed
```

다음 명령어를 통해 생성한 쿠버네티스 리소스를 확인해보자.

```
$ kubectl get all
NAME                            READY   STATUS    RESTARTS   AGE
pod/my-nginx-f97c96f6d-5g52d    1/1     Running   0          3m3s

NAME                  TYPE           CLUSTER-IP     EXTERNAL-IP     PORT(S)        AGE
service/kubernetes    ClusterIP      10.3.240.1     <none>          443/TCP        3m35s
service/my-nginx      LoadBalancer   10.3.244.186   34.xx.xx.xxx    80:32583/TCP   67s
```

```
NAME                            READY   UP-TO-DATE   AVAILABLE   AGE
deployment.apps/my-nginx        1/1     1            1           3m3s


NAME                                    DESIRED   CURRENT   READY   AGE
replicaset.apps/my-nginx-f97c96f6d      1         1         1       3m3s
```

파드를 비롯해 디플로이먼트, 레플리카셋, 서비스 오브젝트가 모두 생성된 것을 확인할 수 있고, 서비스에 외부 IP가 할당되어 노출된 것을 볼 수 있다.

service/my-nginx라고 적힌 곳의 EXTERNAL-IP 항목의 IP 주소로 브라우저에서 접속하면 다음과 같이 nginx 서비스가 구동된 모습을 확인할 수 있다.

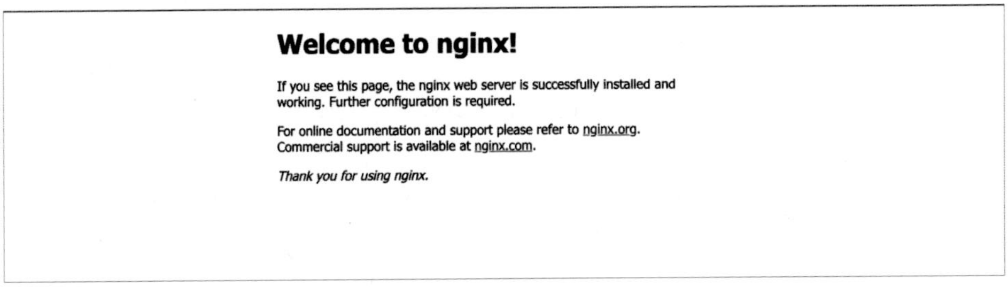

Welcome to nginx!

If you see this page, the nginx web server is successfully installed and working. Further configuration is required.

For online documentation and support please refer to nginx.org.
Commercial support is available at nginx.com.

Thank you for using nginx.

그림 10.3 nginx 배포 결과

kubectl을 통해 가장 많이 사용하는 기본 명령어는 다음과 같다.

표 10.3 쿠버네티스 기본 명령어

명령어	설명
kubectl create	쿠버네티스 오브젝트 생성
kubectl get	쿠버네티스 오브젝트 조회
kubectl describe	쿠버네티스 오브젝트 상세 정보 조회
kubectl delete	쿠버네티스 오브젝트 삭제

10.2 GCP 배포 환경 구성

그럼 앞에서 개발한 도서대출시스템을 쿠버네티스 환경에 배포해 보자. 그러자면 우선 쿠버네티스 환경이 필요하다. AWS, Azure, GCP 모두 관리형 쿠버네티스 환경을 제공하는데, 이 책에서는 GCP를 사용하기로 한다.

GCP(Google Cloud Platform)는 구글에서 제공하는 퍼블릭 클라우드 컴퓨팅 서비스다. 신규 가입 시 무료 크레딧이 제공되어 이 책의 실습을 진행하는 데 용이하다. 각자가 가진 지메일(Gmail) 계정으로 아래 페이지를 통해 회원가입을 진행한다.

- https://cloud.google.com/

회원가입을 완료하고 나서 콘솔에 접속하면 다음과 같은 화면이 나타난다. 그럼 이제부터 애플리케이션 배포를 위해 GCP 기본 환경 설정 및 쿠버네티스 생성을 진행하겠다.

그림 10.4 GCP 홈페이지

10.2.1 GCP 환경설정

GCP에서 제공하는 플랫폼 서비스들을 사용하는 방법에는 여러 가지가 있다. 먼저 GCP 콘솔을 통해 작업하거나 터미널에 접속해 작업할 수 있다. 또는 로컬에 SDK를 설치해서 클라우드에 원격으로 접속해서 작업할 수도 있다. 여기서는 GCP 터미널에 접속해서 작업하고 콘솔을 통해 작업 내용을 확인하려고 한다.

먼저, 콘솔에서 컨테이너 이미지를 관리하기 위한 서비스인 컨테이너 레지스터리를 터미널 환경에서 사용할 수 있도록 설정한다. 다음으로 터미널에서 클라우드 환경 및 프로젝트 정보를 설정해보자.

1. 컨테이너 레지스터리 사용 설정

   빌드를 통해 생성된 도커 컨테이너를 보관할 컨테이너 저장소가 필요하다. GCP 터미널 환경에서 컨테이너 레지스트리 서비스를 사용하기 위해 API를 활성화해야 한다.

   좌측 메뉴에서 [API 및 서비스] → [라이브러리]를 차례로 선택한 후 'Google Container Registry API' 서비스를 검색하고 [사용] 버튼을 클릭한다. 사용 설정이 성공적으로 완료되면 그림 10.5와 같이 'API 사용 설정됨'이라고 표시된다.

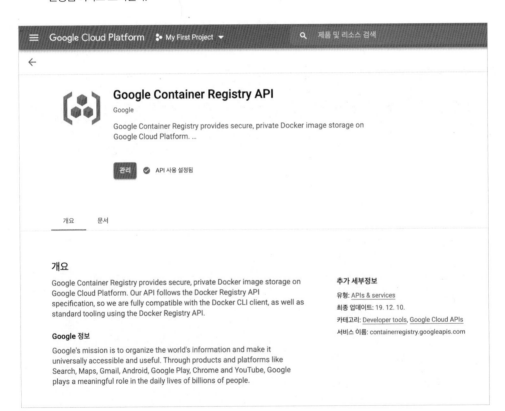

그림 10.5 Google Container Registry API 사용 설정

2. GCP 터미널 접속

우측 상단의 터미널 아이콘(그림 10.6의 사각형)을 클릭하면 하단에 터미널 창이 열리는데, 이곳에서 kubectl 명령어를 모두 사용할 수 있다. 이제부터 이 터미널에서 작업을 진행하겠다.

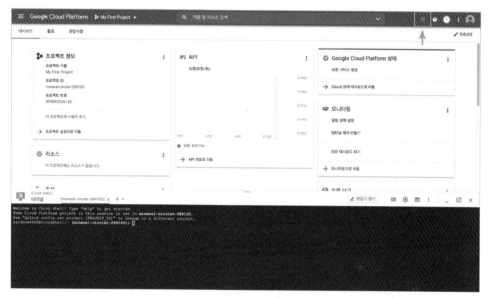

그림 10.6 GCP 터미널

3. 다음 명령을 입력해 project와 zone을 설정한다.

```
$ gcloud config set project [PROJECT_ID]    // 프로젝트 정보의 프로젝트 ID로 설정
$ gcloud config set compute/zone asia-northeast3-a
$ gcloud config list    // 설정 확인
[compute]
gce_metadata_read_timeout_sec = 5
zone = asia-northeast3-a
[core]
project = cnaps-project-286804
```

4. project 아이디를 환경변수로 등록한다.

```
$ export PROJECT_ID=$(gcloud config get-value core/project)
$ echo $PROJECT_ID
cnaps-project-286804
```

10.2.2 GKE 생성

이제 애플리케이션 배포를 위한 쿠버네티스 환경을 구축해보자. GKE(Google Kubernetes Engine, 구글 쿠버네티스 엔진)는 구글에서 제공하는 관리형 쿠버네티스 서비스로, 손쉽게 쿠버네티스 클러스터를 생성, 관리할 수 있다.

1. 다음 명령어로 쿠버네티스 클러스터를 생성한다. 완료되기까지 약 5분 정도 소요된다.

```
$ gcloud container clusters create cnaps-cluster \
        --zone asia-northeast3-a  --machine-type n1-standard-2 --num-nodes 3 \
        --enable-autoscaling --min-nodes 1 --max-nodes 5
```

앞에서 쿠버네티스 클러스터를 생성할 때 사용한 옵션은 다음과 같다.

- cnaps-cluster: 쿠버네티스 클러스터 이름

- zone: 존

- machine-type: 인스턴스 머신 유형

- num-nodes: 최초 생성 노드 수

- enable-autoscaling: 노드의 오토스케일링 사용 옵션

- min-nodes: 최소 노드 수

- max-nodes: 최대 노드 수

클러스터 생성이 완료되면 콘솔의 [Kubernetes Engine] → [클러스터]에서 다음 페이지의 그림 10.7과 같이 생성된 클러스터를 확인할 수 있다. 물론 GCP 터미널이 아닌 이 화면에서도 위 옵션을 참고해서 클러스터를 생성할 수 있다.

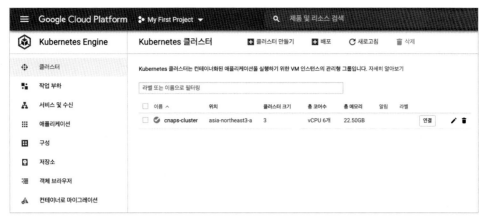

그림 10.7 쿠버네티스 클러스터 확인

2. 앞에서 생성한 클러스터를 인증한다.

```
$ gcloud container clusters get-credentials cnaps-cluster
```

이렇게 해서 GCP 설정이 끝났다. 다음 절에서는 JHipster를 이용해 애플리케이션을 빌드 및 배포해보자.

10.3 JHipster를 이용한 애플리케이션 배포

앞에서 설명했듯이 쿠버네티스 환경에 배포하려면 몇 가지 구성 파일이 필요하다. JHipster는 필요한 쿠버네티스 구성 파일들을 자동으로 생성하고 이를 기반으로 쉽게 배포할 수 있다. 여기서는 가장 먼저 GCP 환경에서 애플리케이션을 도커 이미지로 빌드한 후 컨테이너 레지스트리에 등록할 것이다. 그리고 나서 JHipster를 이용해 쿠버네티스 환경을 위한 배포 구성 파일을 생성하고, 이 구성 파일과 등록된 컨테이너 이미지로 애플리케이션을 배포하고 확인해 보겠다.

10.3.1 지속적 통합

배포할 애플리케이션인 도서대출시스템의 소스코드를 도커 이미지로 빌드하고 컨테이너 레지스트리에 등록해보자.

도커 이미지 빌드 및 컨테이너 레지스트리 등록

1. GCP 콘솔 화면에서 상단의 터미널 아이콘(그림 10.8의 사각형)을 클릭하면 하단에 터미널 창이 열린다. 이제부터 이 터미널에서 작업을 진행하겠다.

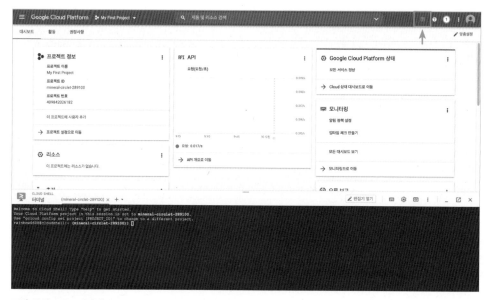

그림 10.8 GCP 터미널

2. 도서대출시스템의 예제 코드를 내려받을 폴더를 생성하고 해당 폴더로 이동한다.

   ```
   $ mkdir cnaps && cd cnaps
   ```

3. 다음 명령을 차례로 입력해 깃허브에서 소스코드를 내려받는다.

   ```
   $ git clone https://github.com/CNAPS-MSA/k8s.git
   $ git clone https://github.com/CNAPS-MSA/gateway.git
   $ git clone https://github.com/CNAPS-MSA/book.git
   $ git clone https://github.com/CNAPS-MSA/bookCatalog.git
   $ git clone https://github.com/CNAPS-MSA/rental.git
   ```

각 코드는 다음과 같은 내용을 담고 있다.

- k8s: 배포 구성 파일

- gateway: 프런트엔드 및 게이트웨이 서비스

- book: 도서 서비스

- bookCatalog: 도서 카탈로그 서비스

- rental: 대출 서비스

4. 도커 이미지를 빌드한 후 컨테이너 레지스트리에 푸시한다. 이때 jib 라이브러리를 이용하면 도커를 별도로 설치할 필요 없이 도커 이미지를 빌드하고 컨테이너 레지스트리에 푸시하는 작업까지 한 번에 수행할수 있다.

```
$ cd gateway
$ ./mvnw package -Pprod -DskipTests jib:build -Dimage=gcr.io/$PROJECT_ID/gate-
way:latest
$ cd book
$ ./mvnw package -Pprod -DskipTests jib:build -Dimage=gcr.io/$PROJECT_ID/book:lat-
est
$ cd bookCatalog
$ ./mvnw package -Pprod -DskipTests jib:build -Dimage=gcr.io/$PROJECT_ID/bookcata-
log:latest
$ cd rental
$ ./mvnw package -Pprod -DskipTests jib:build -Dimage=gcr.io/$PROJECT_ID/rent-
al:latest
```

도커 이미지를 빌드할 때 사용한 옵션은 다음과 같다.

- Pprod: 프로파일 정보

- DskipTests: 메이븐 빌드 시 테스트 생략 여부

- Dimage: 컨테이너(도커) 이미지 ID. 구글 레지스트리에 등록하려면 다음과 같은 명명 규칙을 준수해야한다.

  - gcr.io/{프로젝트 ID}/{이미지명}:{태그}

콘솔 화면에서 [Container Registry]의 [이미지] 메뉴로 이동하면 다음과 같이 방금 빌드한 도커 이미지가 등록된 것을 확인할 수 있다.

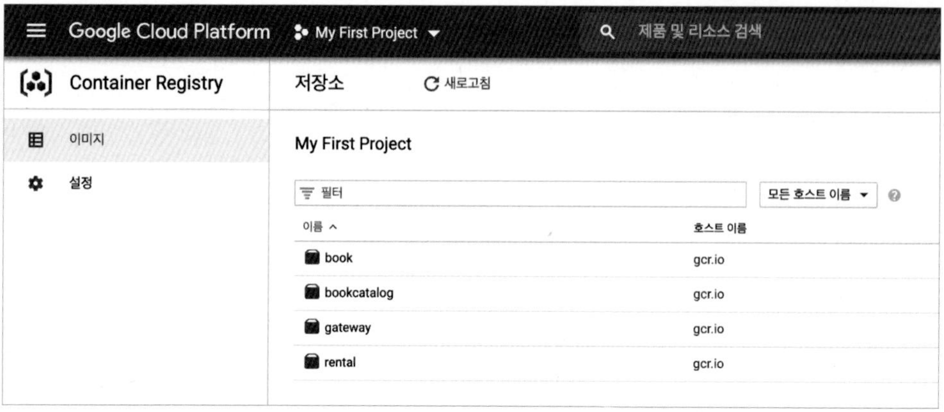

그림 10.9 GCP 컨테이너 레지스트리

10.3.2 지속적 배포

배포 구성 파일을 생성하고 애플리케이션을 배포해보자.

배포 구성 파일 생성 및 수정

앞에서 JHipster를 이용해 손쉽게 마이크로서비스를 개발한 것처럼 배포 구성 파일도 JHipster
를 이용해 손쉽게 생성할 수 있다. 앞에서 개발한 마이크로서비스를 조회하고 그것을 기반으로
구성 파일을 생성해보자.

여기서 배포할 도서대출시스템의 경우 다음 작업이 모두 완료된 파일을 제공하므로 다음 과정
은 참고만 해도 된다(https://github.com/CNAPS-MSA/k8s.git).

1. 마이크로서비스를 조회한다. 현재 게이트웨이와 3개의 마이크로서비스로, 총 4개의 애플리케이션으로 구
   성돼 있다.

```
$ ls
book
bookCatalog
gateway
rental
```

2. 구성 파일을 넣을 폴더를 생성하고, 해당 폴더로 이동한다.

```
$ mkdir k8s
$ ls
book
bookCatalog
gateway
k8s
rental
$ cd k8s
```

3. 배포 구성 파일을 생성하기 위한 JHipster 명령을 실행한다.

```
$ jhipster kubernetes
```

그러면 JHipster에서 옵션을 제시하고 다음과 같이 옵션을 선택하며 진행한다.

```
INFO! Using JHipster version installed globally
INFO! Executing jhipster:kubernetes
  Welcome to the JHipster Kubernetes Generator
Files will be generated in folder: /Users/git/cnaps/k8s
∨ Docker is installed
WARNING! kubectl 1.2 or later is not installed on your computer.
Make sure you have Kubernetes installed. Read https://kubernetes.io/docs/setup/


? Which *type* of application would you like to deploy? (애플리케이션 유형 선택)
  Monolithic application
  Microservice application (마이크로서비스 애플리케이션)
? Enter the root directory where your gateway(s) and microservices are located (../)
(루트 디렉터리 설정. 기본값으로 설정하기 위해 엔터 입력)
4 applications found at /Users/git/cnaps/


? Which applications do you want to include in your configuration?
(설정에 포함할 애플리케이션 설정. 모두 선택)
 ⊙ book
 ⊙ bookCatalog
 ⊙ gateway
>⊙ rental
```

? Do you want to setup monitoring for your applications? (모니터링 설정 여부)

> **No** (아니오)

  Yes, for logs and metrics with the JHipster Console (based on ELK and Zipkin)

  Yes, for metrics only with Prometheus

? Which applications do you want to use with clustered databases (only available with MongoDB and Couchbase)? (데이터베이스 클러스터에 사용할 애플리케이션 선택)

>○ **bookCatalog** (선택 안 함. 기본값으로 설정하기 위해 엔터 입력)

? Which applications do you want to use with clustered databases (only available with MongoDB and Couchbase)? **bookCatalog**

JHipster registry detected as the service discovery and configuration provider used by your apps

? Enter the admin password used to secure the JHipster Registry **(admin)**

 (레지스트리 관리자 비밀번호 설정. 기본값으로 설정하기 위해 엔터 입력)

? What should we use for the Kubernetes namespace? **(default)**

 (쿠버네티스 네임스페이스 설정. 기본값으로 설정하기 위해 엔터 입력)

? What should we use for the base Docker repository name? **gcr.io/cnaps-project**

(도커 이미지 리포지토리 설정)

? What command should we use for push Docker image to repository? **(docker push)**

(도커 이미지 푸시 명령어 설정. 기본값으로 설정하기 위해 엔터 입력)

? Do you want to enable Istio? (Use arrow keys) (이스티오 설정 여부)

> **No** (아니오)

  Yes

? Choose the Kubernetes service type for your edge services (Use arrow keys)

(쿠버네티스 서비스 유형 선택)

> **LoadBalancer - Let a Kubernetes cloud provider automatically assign an IP**

(로드 밸런서로 선택)

  NodePort - expose the services to a random port (30000 - 32767) on all cluster nodes

  Ingress - create ingresses for your services. Requires a running ingress controller

? Do you want to use dynamic storage provisioning for your stateful services? (Use arrow keys) (동적 저장소 설정 여부)

> **No** (아니오)

  Yes

위 작업이 성공적으로 수행되면 다음과 같은 파일이 자동으로 생성된다.

```
create kubectl-apply.sh
create book-k8s/book-deployment.yml
create book-k8s/book-service.yml
```

```
create book-k8s/book-mariadb.yml
create bookcatalog-k8s/bookcatalog-deployment.yml
create bookcatalog-k8s/bookcatalog-service.yml
create bookcatalog-k8s/bookcatalog-mongodb.yml
create gateway-k8s/gateway-deployment.yml
create gateway-k8s/gateway-service.yml
create gateway-k8s/gateway-mariadb.yml
create rental-k8s/rental-deployment.yml
create rental-k8s/rental-service.yml
create rental-k8s/rental-mariadb.yml
create K8S-README.md
create messagebroker-k8s/kafka.yml
create registry-k8s/jhipster-registry.yml
create registry-k8s/application-configmap.yml
```

생성된 파일 중 주요 파일은 다음과 같다.

- kubectl-apply.sh: 쿠버네티스 리소스를 생성하는 셸 스크립트

- {애플리케이션}-deployment.yml: 쿠버네티스 디플로이먼트 구성 파일

- {애플리케이션}-service.yml: 쿠버네티스 서비스 구성 파일

- {애플리케이션}-mariadb.yml: MariaDB 구성 파일

- {애플리케이션}-mongodb.yml: MongoDB 구성 파일

- kafka.yml: 카프카(메시지큐) 구성 파일

- jhipster-registry.yml: JHipster 레지스트리 구성 파일

- application-configmap.yml: 쿠버네티스 컨피그맵 구성 파일

4. MariaDB 구성 파일을 수정한다.

데이터베이스에서 한글을 지원하도록 구성 파일에 옵션값을 추가한다. 아래의 총 3개의 구성 파일에 동일하게 추가한다.

- book-k8s/book-mariadb.yml

- gateway-k8s/gateway-mariadb.yml

- rental-k8s/rental-mariadb.yml

〈변경 전 - 예시: book〉

```
...
    containers:
      - name: mariadb
        image: mariadb:10.5.3
        env:
          - name: MYSQL_ROOT_PASSWORD
            valueFrom:
              secretKeyRef:
                name: book-mariadb
                key: mariadb-root-password
          - name: MYSQL_DATABASE
            value: book
...
```

〈변경 후〉

```
...
    containers:
      - name: mariadb
        image: mariadb:10.5.3
        env:
          - name: MYSQL_ROOT_PASSWORD
            valueFrom:
              secretKeyRef:
                name: book-mariadb
                key: mariadb-root-password
          - name: MYSQL_DATABASE
            value: book
        args:
          - --lower_case_table_names=1
          - --skip-ssl
          - --character_set_server=utf8mb4
          - --explicit_defaults_for_timestamp
...
```

5. 쿠버네티스 리소스 생성을 위한 셸 스크립트 순서를 수정한다. 마이크로서비스 애플리케이션이 구동되면서 카프카 구동 여부를 점검하기 때문에 작업 편의상 수행 순서를 조정한다.

〈변경 전〉

```
...
default() {
    suffix=k8s
    kubectl apply -f registry-${suffix}/
    kubectl apply -f book-${suffix}/
    kubectl apply -f bookcatalog-${suffix}/
    kubectl apply -f gateway-${suffix}/
    kubectl apply -f rental-${suffix}/
    kubectl apply -f messagebroker-${suffix}/

}
...
```

〈변경 후〉

```
...
default() {
    suffix=k8s
    kubectl apply -f registry-${suffix}/
    kubectl apply -f messagebroker-${suffix}/
    kubectl apply -f gateway-${suffix}/
    kubectl apply -f book-${suffix}/
    kubectl apply -f bookcatalog-${suffix}/
    kubectl apply -f rental-${suffix}/

}
...
```

애플리케이션 배포

애플리케이션을 배포할 준비가 끝났다. GCP 터미널에 접속해 애플리케이션을 배포해보자.

1. GCP 콘솔 화면에서 우측 상단의 터미널 아이콘(다음 페이지의 그림 10.10의 우측 상단 박스)을 클릭하면 하단에 터미널 창이 열린다. 이제부터 터미널에서 작업을 진행하면 된다.

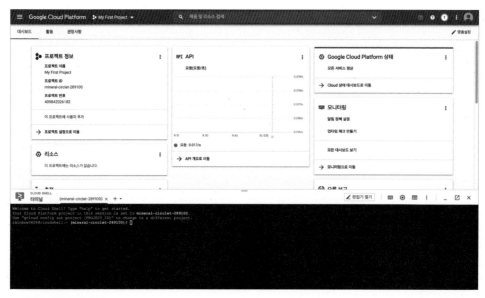

그림 10.10 GCP 터미널

2. 쿠버네티스 구성 파일 폴더로 이동한다.

   $ ~/cnaps/k8s/

3. 쿠버네티스 구성 파일 수정

   쿠버네티스 디플로이먼트 리소스를 생성할 때 컨테이너 레지스트리에 등록한 이미지를 내려받을 수 있게
   다음과 같이 수정한다. 아래 4개의 파일에서도 모두 프로젝트 ID 부분을 수정한다.

   ▪ gateway-k8s/gateway-deployment.yml

   ▪ book-k8s/book-deployment.yml

   ▪ bookcatalog-k8s/bookcatalog-deployment.yml

   ▪ rental-k8s/rental-deployment.yml

   〈변경 전〉
   ```
   ...
           containers:
             - name: gateway-app
               image: gcr.io/cnaps-project/gateway
   ...
   ```

〈변경 후〉

```
...
        containers:
          - name: gateway-app
            image: gcr.io/cnaps-project-286804/gateway
...
```

4. 이제 쿠버네티스 리소스를 생성하는 셸 스크립트를 실행한다. 이 스크립트를 실행하면 각 서비스 구성 파일을 기반으로 리소스가 생성된다.

```
$ ./kubectl-apply.sh -f
configmap/application-config created
secret/registry-secret created
service/jhipster-registry created
statefulset.apps/jhipster-registry created
deployment.apps/jhipster-kafka created
service/jhipster-kafka created
deployment.apps/jhipster-zookeeper created
service/jhipster-zookeeper created
deployment.apps/gateway created
service/gateway created
… 이하 생략
```

5. 쿠버네티스 리소스 상태 확인

쿠버네티스 파드 리소스 전체를 조회한다. 다음 명령어로 서비스가 정상적으로 기동됐는지 확인할 수 있다. 모든 파드가 다음과 같이 STATUS 항목이 Running이면 정상적으로 기동된 것이다.

```
$ kubectl get pods
NAME                                    READY   STATUS    RESTARTS   AGE
pod/book-7d67596bb9-b7cbn               1/1     Running   0          33m
pod/book-mariadb-86c84b4dc4-dcv7g       1/1     Running   0          33m
pod/bookcatalog-7f64d657d4-xk9rt        1/1     Running   0          33m
pod/bookcatalog-mongodb-0               1/1     Running   0          33m
pod/gateway-5f8bb9f8f5-zq98x            1/1     Running   0          33m
pod/gateway-mariadb-7958dbcffc-6xbb8    1/1     Running   0          33m
pod/jhipster-kafka-85f64cc674-s89x8     1/1     Running   0          33m
pod/jhipster-registry-0                 1/1     Running   0          33m
pod/jhipster-registry-1                 1/1     Running   0          33m
```

```
pod/jhipster-zookeeper-55755c6f65-5fxnj    1/1    Running    0    33m
pod/rental-7c868d57f4-pvg28               1/1    Running    0    33m
pod/rental-mariadb-759fcf5f9c-zdr4k       1/1    Running    0    33m
```

쿠버네티스 클러스터에 배포가 완료되면 그림 10.11과 같은 모습일 것이다. 각 마이크로서비스
별 파드가 생성되고 디플로이먼트, 서비스, 레플리카셋이 각각 생성됐다. 마이크로서비스가 사
용할 저장소 및 비동기 통신 메커니즘을 지원할 카프카를 위한 파드가 생성된 것을 확인할 수
있다. 또한 애플리케이션의 게이트웨이 및 프런트엔드 역할을 수행할 파드도 생성됐고, 애플리
케이션 레지스트리 파드도 생성됐다. [6]

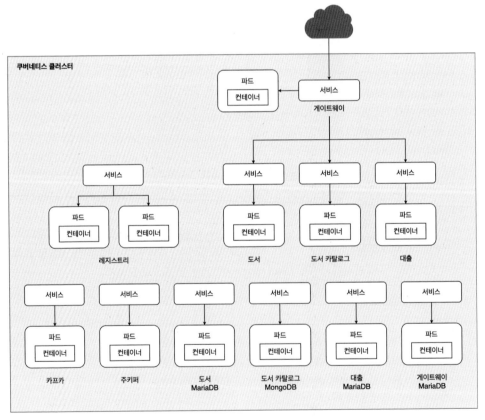

그림 10.11 쿠버네티스 배포 구조

---

6   도커 컨테이너 저장소 역할을 제공하는 GCP의 플랫폼 서비스 이름도 레지스트리이고 마이크로서비스 탐색을 위한 기능을 제공하는 애플리케이션 서비스 명
칭도 레지스트리다. 전혀 다른 개념이니 헷갈리지 말자.

오토스케일링

그림 10.11을 보면 레지스트리를 제외한 나머지 서비스는 모두 1개의 파드만 생성돼 있다. 만약 도서 카탈로그의 서비스 사용량이 증가해서 인스턴스를 늘리고 싶을 때는 어떻게 해야 할까? 쿠버네티스에서는 간단하게 다음과 같은 명령을 통해 오토스케일링을 수행할 수 있다.

1. 오토스케일링 명령어를 수행한다.

```
$ kubectl scale deployment bookcatalog --replicas=3
```

2. 오토스케일링 결과를 확인한다. 파드가 총 3개로 생성된 것을 확인할 수 있다.

```
$ kubectl get pod | grep bookcatalog
bookcatalog-675954cd6b-bzpvx    1/1    Running    0    4s
bookcatalog-675954cd6b-kz8c6    1/1    Running    1    2m48s
bookcatalog-675954cd6b-vn7hk    1/1    Running    0    5s
bookcatalog-mongodb-0           1/1    Running    0    3m49s
```

서비스 확인

1. 게이트웨이 서비스 리소스를 조회한다.

```
$ kubectl get service/gateway
NAME       TYPE           CLUSTER-IP    EXTERNAL-IP     PORT(S)          AGE
gateway    LoadBalancer   10.3.241.6    34.xx.xx.xxx    8080:31348/TCP   10m
```

2. 웹 브라우저에서 1번에서 확인한 EXTERNAL-IP에 접속한다. 이때 포트 번호까지 포함해서 http://EXTERNAL-IP:8080으로 접속하면 된다. 이때 다음과 같은 게이트웨이 화면이 나타나면 애플리케이션이 정상적으로 배포된 것이다.

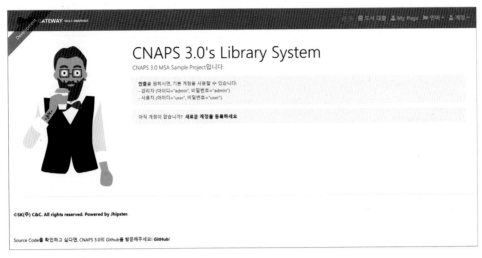

그림 10.12 게이트웨이 메인 화면

9장에서 시연한 시나리오 대로 서비스를 테스트해보자. 정상적으로 작동하는 것을 확인할 수 있을 것이다.

서비스 삭제

1. 쿠버네티스 클러스터에 생성한 리소스를 모두 삭제한다. 해당 리소스를 삭제하지 않고 두면 과금이 발생할 수 있어 실습 후에는 반드시 삭제한다.

```
$ kubectl delete all --all
pod "book-7f896fc975-cbw2t" deleted
pod "bookcatalog-675954cd6b-vhkjd" deleted
pod "gateway-7d9c88c94f-l2bq7" deleted
pod "rental-774f45d9fb-zpm8m" deleted
...
service "book" deleted
service "bookcatalog" deleted
service "gateway" deleted
service "rental" deleted
... 이하 생략 ...
```

2. 다음 명령으로 쿠버네티스 클러스터도 삭제한다.

```
$ gcloud container clusters delete cnaps-cluster
```

10.4 정리

이번 장에서는 클라우드 환경에서 애플리케이션을 통합하고 배포하기 위해 먼저 지속적인 통합과 지속적인 배포란 무엇인가에 대해 알아봤다. 지속적 통합과 관련해서는 도커와 컨테이너에 대해 알아보고, 지속적 배포와 관련해서는 쿠버네티스를 살펴보고 간단한 애플리케이션을 배포했다.

다음으로 배포 환경인 GCP를 직접 설정하고, 마지막으로 JHipster를 이용해 배포에 필요한 구성 파일을 생성해서 이를 기반으로 GCP에 애플리케이션을 배포하고 오토스케일링도 수행했다.

11

에필로그

다음 그림은 애플리케이션 개발과 배포 방식의 진화 과정이 잘 나타나 있는 자료다.

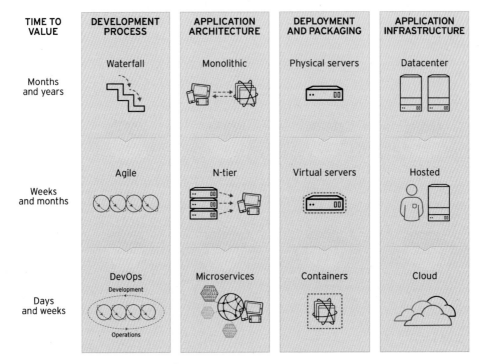

그림 11.1 애플리케이션 개발과 배포의 진화 [1]

보다시피 비즈니스 변화 속도는 연간/월간에서 하루/주 단위로, 개발 프로세스는 워터폴 프로세스에서 데브옵스 프로세스로, 애플리케이션 아키텍처는 모노리스에서 마이크로서비스로, 배포 단위는 물리 서버에서 가상화된 컨테이너로, 인프라는 데이터 센터에서 클라우드 환경으로 바뀐 것을 볼 수 있다.

이처럼 개발 프로세스, 아키텍처, 배포 방식, 인프라 구조의 변화가 연계되어 기업의 비즈니스 속도에 맞춰 진화하고 있다.

소프트웨어 분야는 매우 빠르게 변화하기 때문에 세부 기술 영역에만 집중하면 그 변화의 본질을 파악하기 힘들다. 개별 지식을 아는 것에 앞서 변화 흐름을 이해하기위해 노력해야 한다. 왜 변화가 필요하게 됐는지, 어떤 방향으로 나아가는지 변화 흐름을 이해하면 개별 지식은 쉽게 파악할 수 있다.

---

1 Making old applications new again: https://www.redhat.com/cms/managed-files/co-modernization-whitepaper-inc0460201-122016ka-ta-v1-en.pdf

이 책의 서두에도 언급했지만 이 책이 클라우드 애플리케이션 개발자가 되거나 역량 전환이 필요한 사람들을 위한 입문서가 되길 바란다. 특히 클라우드 환경이 아닌 레거시 환경의 모노리스 애플리케이션을 오랜 기간 동안 접했던 개발자는 먼저 이러한 변화 흐름을 반드시 이해하는 것이 중요하다.

그렇지 않다면 리액트, 쿠버네티스, 여러 CSP 클라우드 서비스, 스프링 부트, 카프카 등의 개별 기술의 파도에 치여 헤맬 수밖에 없다. 왜 이러한 기술이 필요하게 됐는지, 이런 기술이 어떠한 기술로 대체될 수 있는지를 알기 위해서는 기술 진화의 흐름과 전체 맥락을 봐야 한다.

따라서 이 책에서는 마이크로서비스 개발에 필요한 클라우드 인프라, 아키텍처, 개발 프로세스, 설계 기법 등의 연계된 흐름을 설명하려고 노력했다. 각각이 너무 광범위한 분야여서 하나하나 깊이 있게 살펴보지는 못했지만 변화된 클라우드 환경에 입문한 애플리케이션 개발자가 클라우드에 최적화된 마이크로서비스를 개발하기 위해 알아야 할 기술 요소와 기법들을 아키텍처 정의부터 애플리케이션 설계, 개발, 배포까지의 소프트웨어 개발 라이프 사이클(SDLC; Software Development Life Cycle)을 따라가며 살펴봤다.

이번 에필로그에서는 앞에서 살펴본 주제들을 간략히 정리하고, 이 책에서 미흡했던 사항들을 보완하기 위해 추가 학습이 필요한 기술 영역과 도움이 될 만한 책을 소개하고자 한다.

아키텍처 영역

2장 'MSA의 이해'는 클라우드 아키텍처 정의에 대한 설명이다. 아키텍처 정의의 흐름이 강 결합에서 느슨한 결합의 유연한 아키텍처로 변화하고 있다는 것을 이해했고, 여러 오픈소스를 활용해 이것이 가능하다는 것을 이해했다. 또한 마이크로서비스 아키텍처를 외부와 내부로 구분하고 외부의 인프라, 플랫폼 아키텍처링 시 고려해야 할 사항과 패턴에 대해 살펴봤다. 특히 애플케이션 패턴으로 이벤트 기반 아키텍처와 SAGA, CQRS 패턴 등을 설명했는데, 유연한 마이크로서비스를 만들기 위해 반드시 알아둘 필요가 있다.

대표적인 CSP(AWS, Azure, GCP)의 다양한 클라우드 서비스를 자세히 이해할 필요가 있다. 특히 클라우드 플랫폼의 사실상 표준이 된 쿠버네티스에 대한 좀 더 깊이 있는 학습도 반드시 필요하다. 쿠버네티스 관련 서적은 매우 다양하니 추천은 생략하겠지만 반드시 한 권은 읽길 바란다.

3장 '마이크로서비스 애플리케이션 아키텍처'에서는 애플리케이션 관점에서 유연한 시스템을 만들기 위한 레이어드 아키텍처, 헥사고날 아키텍처, 클린 아키텍처를 소개하고 바람직한 마이크로서비스 내부 구조를 정의해 봤다.

아키텍처에 대해 좀 더 깊이 있게 이해하기 위해서는 다음과 같은 책을 추천한다.

- 《마이크로서비스 패턴》(길벗, 2020)

    이 책에서 언급한 다양한 MSA 패턴들을 좀 더 깊게 이해할 수 있는 책이다.

- 《클린 아키텍처》(인사이트, 2019)

    객체지향 설계 원칙에 대해, 그리고 유연한 애플리케이션 아키텍처 설계 원칙을 배울 수 있는 책이다.

- 《엔터프라이즈 애플리케이션 아키텍처 패턴》(위키북스, 2015)

    마틴 파울러의 고전으로, 현재 실무에서 빈번히 언급되는 애플리케이션 아키텍처 패턴에 대해 처음으로 설명한 책이며, 애플리케이션 개발자가 좀 더 나은 아키텍처 설계를 위해 반드시 읽어야 하는 책이다.

개발 프로세스 영역

4장 '마이크로서비스와 애자일 개발 프로세스'에서는 점진 반복적인 애자일 개발 프로세스에서 마이크로서비스를 설계 및 개발하는 공정을 설명했다.

현대 개발 프로세스의 주류인 애자일 및 데브옵스 프로세스에 대해서는 반드시 이해할 필요가 있다. 특히 애자일 방법론 중 가장 대중적인 XP와 스크럼, 칸반에 대해 꼭 살펴봐야 한다.

애자일 관련 서적은 매우 많고 다양하기 때문에 별도로 소개하지 않겠다. 다만 애자일은 개발 프로세스일뿐만 아니라 개발 철학이자 문화임을 알아야 한다. 이를 위해 애플리케이션 개발자로서의 철학 및 바람직한 자세를 배울 수 있는 책을 소개한다.

- 《소프트웨어 장인》(길벗, 2015)

    소프트웨어 개발자로서의 철학 및 자세, 역량, 앞으로 전진하기 위한 실천 방안들을 배울 수 있다.

설계 영역

5장 '마이크로서비스 설계'에서는 도메인 주도 설계를 중심으로 도메인 중심으로 마이크로서비스를 식별하고 서비스 내부의 도메인 모델을 설계하는 방법을 설명했다.

앞서 살펴본 것처럼 마이크로서비스를 개발하는 개발자 입장에서 알아야 할 여러 영역(인프라, 플랫폼 아키텍처, 개발 프로세스, 애플리케이션 아키텍처 등)이 있지만 이러한 영역은 사실 애플리케이션 개발자의 주 영역과 책임은 아니다. [2]

---

2   책임자는 클라우드 아키텍트, 플랫폼 엔지니어, 데브옵스 엔지니어다.

애플리케이션의 목적은 비즈니스 문제 영역의 복잡성을 통제함으로써 비즈니스 변화에 빨리 대응할 수 있게 하는 것이며, 그러한 시스템은 도메인의 본질에 집중하고 기술에 유연해야 한다. 애플리케이션 개발자는 그러한 시스템을 만들기 위해 노력해야 하므로 애플리케이션 개발자에게 가장 먼저 요구되는 역량은 비즈니스 문제 영역인 도메인의 복잡성을 이해하고 여기서 본질을 찾아 애플리케이션으로 쉽고 빠르게 표현하는 것이라 할 수 있다.

애플케이션 설계에 대한 관심이 점점 떨어지고 중요성이 간과되고 있지만 애플리케이션 개발의 본질은 도메인의 문제 영역을 쉽고 유연하게 표현하는 것이며, 이를 위한 기본 역량은 설계임을 명심해야 한다. 그렇기에 이 책에서도 도메인 모델 기반 애플리케이션 설계 기법인 도메인 주도 설계와 이벤트 스토밍을 중심으로 다뤘다. 심화 학습을 위해 다음과 같은 훌륭한 객체지향 서적과 도메인 주도 설계와 관련된 책을 추천한다.

- 《UML과 패턴의 적용》(홍릉과학출판사, 2005)[3]

  객체지향 설계의 개념 및 기본 객체지향 설계 패턴을 학습할 수 있는 책이다.

- 《도메인 주도 설계》(위키북스, 2011)

  에릭 에반스가 도메인 주도 설계를 처음으로 소개한 책이며, 복잡한 문제 영역을 이해하고 애플리케이션으로 표현하기 위한 기법인 전략적 설계, 전술적 설계의 개념을 이해할 수 있다.

- 《도메인 주도 설계 핵심》(에이콘, 2017)

  반 버논이 다소 어렵게 느껴지는 도메인 주도 설계의 핵심을 쉽게 설명한 책이다.

- 《도메인 주도 설계 철저 입문》(위키북스, 2020)

  도메인 주도 설계의 개발 패턴인 전술적 설계 요소들을 쉽게 이해할 수 있는 책이다.

- 《Introducing EventStorming》(Leanpub, 2019)[4]

  알베르토 브란돌리니가 이벤트 스토밍을 소개한 온라인 도서로, 아직도 집필 중이다. 아직 국내서로 번역되지는 않았다.

개발 영역

7장부터 마이크로서비스 개발 사례를 소개했다. 7장에서 개발하는 예제 애플리케이션의 특징으로는 크게 도메인 모델 중심, 카프카를 이용한 이벤트 기반, 스프링 부트, JHipster를 이용한 마이크로서비스로 정리할 수 있다.

---

3 안타깝게도 현재 절판된 책이지만 중고 서적으로라도 구해서 볼 만큼 가치가 있는 책이다.
4 https://leanpub.com/introducing_eventstorming

참고할 만한 개발 관련 서적은 시중에 매우 많으므로 따로 추천하지 않겠다. 기본적으로 스프링 클라우드 및 스프링 부트와 관련된 지식이 필요하고, 특히 도메인 모델 중심의 개발을 위해서는 반드시 JPA에 대한 지식이 필요하므로 JPA 관련 도서를 소개한다.

- 《자바 ORM 표준 JPA 프로그래밍》(에이콘, 2015)

  기존에 SQL 매퍼만을 사용했던 개발자들이 OR 매퍼인 JPA를 접하는 데 도움이 되는 책으로서 쉽게 읽을 수 있고 실용적인 지침을 준다.

10장에서는 빌드, 배포에 관련된 내용을 살펴봤다. 클라우드 환경에서 마이크로서비스 개발자에게 추가된 새로운 역할이 빌드/배포다. 빌드/배포에 대한 자동화가 마이크로서비스 개발 환경과 데브옵스 문화의 기반이 되고 있다.

이 책에서는 테스트에 대해 많은 부분을 다루지 않았지만 서비스를 민첩하게 출시하기 위해서는 품질을 보장하는 테스트가 매우 중요하다. 단위 테스트 도구를 비롯해 빌드/배포 도구와 연계되는 테스트 자동화 기법에 대해 학습하기 바란다.

책을 통해 배운다는 것은 나보다 앞서가거나, 함께 가고 있는 선배 및 동료와 시간과 공간을 초월해서 대화하고 협업하고 배우는 것이라 생각한다. 앞에서 설명한 지식 영역과 책들을 통해 더욱 발전하고 진취적인 개발자, 가치 있고 아름다운 애플리케이션을 추구하는 개발자로 성장하길 바란다. 특히 배움을 공유하고 협업하는 것이 즐겁고 항상 겸손한 개발자가 되길 바란다.

마지막으로 《소프트웨어 장인》에 나온 소프트웨어 엔지니어로서의 다짐을 인용하며 이 책을 마무리하겠다.

> "소프트웨어 장인의 최종적인 목표는 전 세계적으로 소프트웨어 프로젝트들의 품질과 성공 비율을 오늘날보다 높아지도록 하는 것이다... 소프트웨어 장인은 아침에 일어나서 출근하고 급여를 받는 것 이상을 생각한다. 주변의 것들을 더 나아지게 하고 우리가 사는 세상을 변화시킬 것을 생각한다. 소프트웨어 장인이 된다는 것은 잘 짜여진 코드를 만드는 소프트웨어 개발자가 되는 것에서 훨씬 나아간다. 그것은 우리 삶의 철학이다. 탁월함의 추구를 본성처럼 만든다. 우리 사회의 진화를 이끄는 일에 무한한 자부심을 갖는다."
>
> 출처: 《소프트웨어 장인》(길벗, 2015)